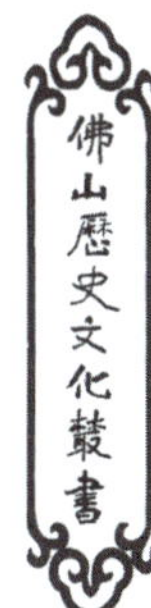

第七辑

广府名士梁九图

刘晓亮　著

『佛山历史文化丛书』编委会　编

SPM 南方传媒
广东人民出版社
·广州·

图书在版编目（CIP）数据

广府名士梁九图 / 刘晓亮著. —广州：广东人民出版社，2022.11

（佛山历史文化丛书. 第七辑）

ISBN 978-7-218-16083-2

Ⅰ. ①广… Ⅱ. ①刘… Ⅲ. ①梁九图—传记 Ⅳ. ①K825.6

中国版本图书馆CIP数据核字（2022）第178850号

GUANGFU MINGSHI LIANG JIUTU

广府名士梁九图

刘晓亮 著

出 版 人：肖风华

责任编辑：廖志芬
责任技编：吴彦斌 周星奎
封面设计：集力书装 彭 力
装帧设计：友间文化

出版发行：广东人民出版社
地 址：广州市越秀区大沙头四马路10号（邮政编码：510199）
电 话：（020）85716809（总编室）
传 真：（020）83289585
网 址：http://www. gdpph. com
印 刷：佛山市高明领航彩色印刷有限公司
开 本：787毫米×1092毫米 1/16
印 张：28.5 字 数：409千
版 次：2022年11月第1版
印 次：2022年11月第1次印刷
定 价：92.00元

如发现印装质量问题，影响阅读，请与出版社（020-85716849）联系调换。
售书热线：（020）87716172

“佛山历史文化丛书”编辑委员会

总序

佛山——站在文明续谱的桥头堡上

罗一星

假如把两千年来的岭南历史文化比喻为一串人文项链，那么在这串人文项链上就有几颗耀眼的明珠，秦汉时期的南越国文明、隋唐时期的广州贡舶贸易、宋元时期的珠玑巷南迁、明清时期的佛山崛起和珠江三角洲的开发、清代的广州中西贸易、近代中华民国政府的建立，都是既有地方特色也有全国意义的“和璧隋珠”。

“未有佛山，先有塔坡”的谚语，浓缩了“佛山”之名的渊源。据说东晋时有西域僧到塔坡冈结茅讲经，不久西还。唐贞观二年（628），乡人见塔坡冈夜放金光，掘地得铜佛像三尊和圆顶石碑一块，碑有联云：“胜地骤开，一千年前青山我是佛；莲花极顶，五百载后说法起何人。”乡人十分诧异，遂建塔崇奉，并因此名其乡曰“佛山”。唐宋时期，中国的经济重心不断南移。尤其是北宋末年以来，建炎南渡、元兵入主，大批的士民渡岭南来。佛山也在此时形成聚落，史称“乡之成聚相传肇于汴宋”。明清时期佛山迅速崛起，成为举世闻名的“四大名镇”和“天下四聚”之一，以出产精美的“广锅”而誉满天下。时人“春风走马满街红，打铁炉过接打铜”的诗句，就是对佛山冶铁业盛况的生动写照。佛山在制造业上的成就和中心市场功能，决定了她在中国城市发展史上的重要地位。然而，佛山所具有的价值还不仅在于此。佛山是明清时期因经济因素发展起来的中心城市，不同于传统的郡县城市。在其兴起发展的过程中，传统社会结构与新兴经济因素之间相互调适，兼容发展，透射着理性之光。因此，研究佛山都市化的过程与社会结构的互动变迁，有助于我们理解和把握传统中国城市发展的多样性，有助于我们摒弃概念化的中国城市发展形态的认知模式。此外，佛山还集中了岭南传统社会的各种文化现象，它们五色杂陈，大放异彩，其典型性远胜于广州，这又使研究佛山的文化现象具有非同一般的意义。

纵观佛山的历史地位和文化价值，每一点都离不开岭南独特地缘人文的滋养，每一页都关联着中华悠久文化的传承。如此既有结构性因素又有精致性内容的文明篇章，值得每一位热爱佛山历史文化的人士投身书写、共同编织。笔者在此仅发其端要，以就教于方家。

佛山是“广佛周期”的双主角之一

历史是时间和空间发展次序的结合体。自17世纪初至19世纪末，岭南区域出现了一个经济发展的高峰期——广佛周期。在广佛周期存在的时间内，以广州、佛山为中心的城市体系得到空间的迅速布局和层级的系统发展，其城市化的程度居全国领先地位。广州、佛山两大中心城市外贸和内贸互补功能的发挥，使因地理和人文环境差异而形成的岭南独特的三种市镇空间结构整合为一体。此时佛山扮演着双重城市角色，既是岭南二元中心市场体系的中心城市，承担广货与北货宏大交流的商贸枢纽；又是国内最大的综合型民生日用品生产基地，满足国内及海外的产品多样性需求。从佛山运出的精美广货及其丰厚利润，吸引了十八省商人和四远来谋生的手工业者。“走广”成为全国商人的时髦行动和共同追求。当时“汾江船满客匆匆，若个西来若个东”的大规模商品流转的盛况，常年不辍。

在广佛周期，佛山商业繁荣远胜于广州的情景见诸中外史籍。法国传教士道塔·塔鲁塔鲁和道·冯塔耐，分别于1701年和1703年到过佛山，他们描述佛山是一个约有100万人口的巨大聚落，并称佛山既没有城墙也没有特别长官，在汾江河上的大船有5000艘以上。康熙时人吴震方《岭南杂记》记载："佛山镇……天下商贾皆聚焉。烟火万家，百货骈集，会城百不及一也。"《南越游记》的作者陈徽言也说："俗称天下四大镇，粤之佛山与焉。镇属南海，商贾辐辏，百货汇集，夹岸楼阁参差，绵亘数十里。南中富饶繁会之区，无逾此者。"徐珂的《清稗类钞》也说：佛山的"汾水旧槟榔街，为最繁盛之区。商贾丛集，阛阓殷厚，冲天招牌，较京师尤大，万家灯火，百货充盈，省垣不及也"。清代到佛山的徽州商人也记载："佛山，居天下四镇之一，生意比省城大。"这里说的"会城""省垣""省城"均指广州。在此举例说明清代佛山商业规模比广州大的历史事实，并不是刻意夸大佛山的历史地位，而是指出，佛山的历史地位显然被长期低估，应该给予应有的重视和正确评价。

只要对广州、佛山两个市场的商品结构、商人组织和市场网络进行比较研究，就可知广州市场上各省运来的货物绝大多数是清朝允许出口的商品；各省运回的商品更是清一色的洋货，这说明广州商品与对外贸易相联系。佛山市场上，洋货寥寥，广货（或称"南货"）充斥，生产用品和民生日用品占主导地位，这表明佛山市场的商品与国内、省内贸易相联系。各省商人运来的"北货"（或称外江货）在佛山市场与广货大规模交流。佛山林立的外省商人会馆和形成的外省商人聚居区，都表明佛山与广州是两个功能不同的中心市场。

广佛周期开始于17世纪初的明朝末年，迄于19世纪末的清朝末年，历时三百年左右。这一周期以广州、佛山为中心形成一个地跨两广、河海相连的岭南市场体系。如果把岭南中心市场比喻成一座巨大的中外贸易桥梁，那么，广州和佛山，就犹如这座桥梁的两个桥头堡，一头连接海外市场，一头连接国内市场，它们功能各异，自成一体，然又互相联系、互相配合。这种二元中心市场模式，是因佛山城市地位的迅速上升并成为双主角之一而确立的。

佛山是中华铸造文明的重要支点

冶铁业是明清时期佛山的支柱产业，带动了佛山众多制造行业的共同发展。但是佛山冶铁业的真正贡献，却是对中华铸造文明的传承和支撑。人类从史前时代进入文明时代，是以金属的发现、金属工具的制作使用为标志的。有了对冶金术的规律性把握和持续控制的技能，人类才能从自在走向自为。世界文明史上，古埃及、古巴比伦、古印度和中国是四大铸造文明古国，也是东方铸造文明的典型代表。他们以其先进的铸造技术成为所在区域的核心国家，并依靠铸造技术优势与周边国家进行交流。中国在夏代开始进入青铜时代。铸造技术支撑了礼仪大国的呈现，西周铸造的大型礼器作为镇国之宝，把礼仪文字和刑法文字铸在鼎上，形成了中华独特的铸造文明。中国在战国时期进入铁器时代，锐利的刀剑和犁耙，高大的铁塔和钟鼎，每一件铸铁品，都记录了华夏文明的历程。西汉时中国的生铁冶铸技术传到中亚地区，东汉三国时中国的刀剑制作技术传到日本并发展为倭刀锻造技术。日本、越南的铸钟、铸镜、失蜡法、生铁冶铸等技艺也是从中国传入的。正如华觉明先生指出："中国以生铁铸造为基础的整个钢铁生产，产生了焕发异彩的钢铁文化。在世界文化史上，青铜礼器制作和两千年的铁水长流，均为中国所独有。所以说，中国的文明是铜和铁浇灌的文明。"

唐代以后冶铁技术不断南移，南汉时广州光孝寺的东西两铁塔的铸造技术已臻完美，塔身铸有上千个佛像，称为千佛塔。南宋著名学者洪咨夔的《大冶赋》这样讴歌了南方冶铸产品运输的盛况："铁往铜来，锡至铅续。川浮舳舻之衔尾，陆走车担之襁属。出岭峤，下荆蜀。绝彭蠡洞庭而星驰，泝重淮大江而电逐。"这里所说的"岭峤"，指的就是五岭山脉。明代后起的广铁誉满天下，佛山承接了中华传统失蜡法铸造技术，又独创了“红模铸造法”，成为与遵化齐名的两大冶铁中心之一。遵化冶铁业在正德八年（1513）被明王朝停办后，佛山更是后来居上，一枝独秀。祖庙现存的大型铜铁礼器中，有明景泰年间铸造的北帝铜像，重2.5吨，是明代国内最大的青铜造像；有明成化年间的铜钟，重约1吨，钮钟设计为精细的龙身造型，独具匠心，造型精美；有明嘉靖年间的铜镜，铜质光泽如新，形制巨大，为祖庙重器，是明代国内最大的铜镜；有铸于嘉庆年间的大铁鼎，该鼎通高2.6米，以镂空金钱图案装饰，铭文工整古朴，全鼎浑然一体，气势非凡。明清两代，中国铁钟为东南亚诸国所追求。作为庙宇的镇庙之宝，佛山铸造的铁钟尤为当地寺庙首选，占据了东南亚诸国寺庙梵钟的主导地位。佛山的大铁锅更是备受欢迎。明清时期，广锅出口日本，大获盈利，大者一口价银一两。雍正年间，佛山铁锅大量销往外洋，洋船每船所载多者两万斤，少者五六百斤。“其不买铁锅之船，十不过一二。”清中叶后，出国谋生的广府华侨群体，也把广锅传入美国旧金山、澳大利亚墨尔本。两广总督张之洞就曾在给光绪皇帝的奏折中称：佛山铁锅每年出口新加坡、新旧金山约五十万口。从此英语出现了“WOK”（粤语“镬”音）一词，专指圆形尖底的中国锅（Chinese Wok）。

《左传》有云：“国之大事，在祀与戎。”除了礼器、民生用品和生产器具外，佛山铸造还担负起了皇朝的国防任务。明清两朝均用佛山铸造的铁炮在全国布防，从辽东到宣大边塞，从虎门到广州城防，从水师战船到海关缉私艇，比比皆然。佛山生产的铁炮从五百斤到一万斤皆有，清道光年间，佛山成为国内供应海防大炮的最大军火基地，广东官府曾一次性订购铜铁炮2400余门。作为支柱产业，佛山铸造业带动了佛山手工业体系的其他上百个金属加工业的发展。佛山的铜铁铅锡金等锻造行业，门类齐全，制造精细，所出产品涵盖了建筑装饰、民生日用的各个方面。入清以后，佛山的手工业进入全面发展阶段，以冶铁业为主干，以陶瓷业和纺织业为辅助，带动了造纸业、成药业、颜料业、爆竹业、衣帽业、扎作门神业的百业兴旺。多样性、派生性、互补性，构成了此时佛山手工业体系的有机结合形态。

世界科技史泰斗李约瑟认为，欧洲的生铁铸造技术是从中国传入的。因为在中世纪，只有中国能提供数量庞大的铁和钢。由此可见，中国的铸铁技术在古代和中世纪曾长期处于领先地位。而自16世纪至19世纪持续兴旺的佛山制造业，既是中国铸造技术和产品输出的高地，更是中华铸造文明的重要支点。它支撑着几千年来中华铸造文明的光荣延续，支撑着中国作为东方铸造文明大国地位的世代辉煌。

佛山既是岭南文化的核心基地，也是中华传统文化的宝库所在

岭南文化有四大内容在佛山诞生发展，它们是明儒心学、状元文化、祖庙文化和粤剧文化。

明儒心学发端于江门，而传播于西樵。明儒心学为明代广东新会学者陈献章（号白沙）所创，陈白沙提倡“道心合一”，以静坐体认天理为宗旨。湛若水（号甘泉）师从陈献章十余年，成为白沙先生最有成就的学生。弘治十八年（1505）湛若水会试第二，授官翰林院编修，当时王守仁（号阳明）在吏部讲学，湛若水“与相应和”。其后各立宗旨。“守仁以致良知为宗，若水以随处体认天理为宗。”时称“王湛之学”，分执明中叶理学之牛耳。正德年间，湛若水到西樵山筑舍讲学。当时致仕归家的方献夫、霍韬也相继进入西樵山与湛若水切磋砥砺，日研经书，讲学授徒。湛若水建大科书院，方献夫建石泉书院，霍韬建四峰书院，西樵山中三院鼎峙，藏修讲学，四方士子入山求学者甚众。霍韬在此时撰著了《诗经注解》《象山学辨》《程朱训释》等书，后刊行于世。当时方献夫致信王阳明说：“西樵山中近来士类渐集，亦颇知向方……甘泉大有倡率讲明之意。近构学舍数十于山，以延学者，将来必有成就，此亦一盛事也。”王阳明对此嘉许，称“英贤之生，同时共地，良不易得。乘此机会，毋虚岁月，是所望也”。西樵山中的书院，培养出一批像霍与瑕这样的佛山子弟。湛若水在嘉靖初年复回朝，历任礼、吏、兵三部尚书。方献夫、霍韬亦踵其后，于嘉靖年间分别继任吏部、礼部尚书。此时的南海士大夫均以理学相高，如梁焯（曾任兵部职方司员外郎）成进士后，即游学于王阳明处，并录有《阳明先生问答传习录》传世；庞嵩（曾任应天通判）早年亦游学王阳明门下，以后复从湛若水游。湛若水曾说“北有吕泾野，南有庞弼唐，江门之学遂不坠”。何维柏（曾任南京礼部尚书）年轻时负笈于西樵山，与湛若水、霍韬论学“多所默契”，致仕后创立天山书院，“阐发陈白沙绪论，四方从游者甚众”。冼桂奇（曾任南京刑部主事）登第前即“师事湛甘泉”，致仕归家后筑精舍讲学，遂“以一代理学为世儒宗”。南海士大夫在西樵山研讨理学的学术圈子，还吸引了当时当政的两广官员。例如广东巡按御史洪垣，嘉靖十一年（1532）进士，湛若水在京师讲学时，“垣受业其门”，后出按广东，经常到西樵山求学。这样，湛若水、方献夫、霍韬以及南海士大夫群体，以西樵山为平台，传播易理，弘扬白沙心学，并以其理学上的学问和为官实践，深刻地影响了中国的儒家文化。五百年来，西樵山一直作为中华士子见贤思齐的文化名山而存在。正如明代学者方豪所言：“西樵者，天下之西樵，非岭南之西樵也。”

状元文化不属佛山独有，但以佛山最为杰出。佛山自古科甲鼎盛，南汉的状元简文会和南宋的状元张镇孙名节自持，是佛山士子中初露头角者；而明代不断涌现的状元和会元，则令佛山科名雄视岭南。明成化年间石硝乡的梁储考中会元（官至内阁首辅），明弘治年间黎涌乡的伦文叙状元及第，明正德年间石头乡的霍韬亦夺魁会元。其后，伦文叙之子伦以训亦中会元。黎涌、石硝、石头相隔不到五里，人称“五里四会元”。而伦文叙一家父子四人，文叙连捷会元、状元，以训连捷会元、榜眼，以谅为解元、进士，以诜亦为进士，因而又有“父子四元双进士”之誉，人称“海内科名之盛，无出其右，所谓南伦北许也”。还有明万历年间状元黄士俊亦蟾宫折桂，清末时状元梁耀枢也独占鳌头。明清两代，佛山一共出了五个状元、三个会元。清代佛山科名依然头角峥嵘，时人有“广郡科第之盛甲于粤中，南海科第之盛甲于广郡，佛山科第之盛又甲于南海”之说。以科举出仕的有湖南巡抚吴荣光，四川总督骆秉章，咸丰探花李文田（礼部右侍郎），梁僧宝（鸿胪寺少卿兼军机），戴鸿慈（协办大学士、法部尚书，出洋五大臣之一），张荫桓（户部左侍郎、驻美国公使）。还有在三湖书院就读的康有为和在佛山书院就读的梁启超、署理邮传部大臣梁士诒等。这些人才的出现，使佛山成为名副其实的“气标两广的人文之邦”。为什么佛山状元、会元在明代中叶呈群体性涌现？为什么明代佛山籍大吏在嘉靖朝宠命优渥？状元文化留下了何种文化基因？要回答这些问题，就要对科举制度进行探讨，对皇权体制进行分析，对中华传统文化进行整体把握。唯其如此，研究佛山的状元文化，就具有了特殊的价值。

祖庙文化为佛山所独有。在中国城市发展史上，如果说有一座庙宇与一座城市的命运休戚相关，那就是佛山祖庙。明清时期的祖庙，是当时佛山人的信仰高地和心灵归宿。可以这样形容两者之间的关系：祖庙之于佛山镇，事事相关；祖庙之于佛山人，代代相系。明正统十四年（1449）发生的一场长达半年的佛山保卫战，把祖庙和北帝深植在佛山先民心中。当时为了保卫佛山自明初以来积累的劳动成果，佛山先民有二十二老以祖庙为指挥部，罄其财产，分铺防卫，万人一心，众志成城，终于保住佛山不受掠夺。事平之后，明王朝敕赐祖庙为灵应祠，列入官府谕祭。佛山先民遂把佛山全境分为二十四铺，分区管理，从此佛山脱离乡村形态，走上了城市化的发展之路。祖庙也成为珠江三角洲最大的北帝庙，并诞生了出秋色、烧大爆、北帝坐祠堂等民俗庆会和祖庙建筑群。明清时期，祖庙还是佛山士绅议事决事的中心，佛山民间自治组织明代的“嘉会堂”和清代的“大魁堂”均设于此。至今悬挂于祖庙大殿外的“廿七铺奉此为祖，亿万年惟我独尊”的对联，就是对祖庙在佛山地位的精辟写照。千百年来，祖庙以其独特的人文之光滋养着佛山这片土地，也给这片土地留下了享誉千年的人文瑰宝和古建华章。因此，研究祖庙千百年来亦庙亦祠的发展脉络，可以发现岭南人文的精彩篇章。从这个意义上说，解读了祖庙的文化内涵，就可以理解佛山的民间信仰；解读了佛山的民间信仰，就可以理解中华文化之博大。

粤剧文化的诞生和发展与佛山有直接的关系。粤剧行语有云："未有吉庆，先有琼花。""吉庆"是指同治年间设在广州的粤剧吉庆公所，"琼花"是指雍正年间设在佛山的琼花会馆，两个都是粤剧的行会组织。琼花会馆在前，吉庆公所在后，二者有明显的承继关系，然时间相差上百年。粤剧在佛山的诞生，并不是偶然的。戏剧的发展与社会经济发展密切相关。首先，佛山神庙和宗族祠堂众多，需要大量的神功戏酬神；其次，商人和侨寓的大量涌入，使会馆以及单身汉的数量迅速增加，需要演剧酬谢行业神和丰富业余生活；再者，数量庞大的手工业者常常要庆贺师傅诞和满师礼。土著的祭祀需要、侨寓的文化生活需要和工商业者的行业惯例需要三者相结合，为粤剧的诞生提供了"肥沃的土壤"。雍正年间，北京名伶张五，号称"摊手五"，南来佛山，寄居佛山镇大基尾。张五以京戏昆曲授诸红船子弟，变其组织，张其规模，创立琼花会馆。琼花会馆建立于雍正年代的事实，可以在乾隆十七年（1752）陈炎宗修《佛山忠义乡志》之《佛山总图》中标出的"琼花会馆"一建筑得到证实。琼花会馆建立后，规范了粤剧剧种和十行角色，培养了大批粤剧人才，从而使粤剧走向蓬勃发展的阶段。粤剧宛如逾淮之橘、出谷之莺，从而独树一帜，向广州、珠江三角洲乃至广西东南部迅速发展。张五从此被粤剧艺人尊奉为"张师傅"。咸丰四年（1854），因琼花会馆戏班参加红巾军起义，清军平毁了琼花会馆。此后粤剧班子均散向四乡及流集于广州谋生，同治年间遂在广州设立吉庆公所。由此可见，佛山是粤剧诞生的地方，又是粤剧发展的基地。粤剧与佛山社会生活息息相关，互相依存，共同发展，并成为中华传统戏剧的重要剧种。

上述岭南文化的四大内容都在佛山诞生或发展，其成长过程中的“佛山”烙印固然明显，而其对中华文化的影响也是显而易见的。此外佛山收藏的木鱼书、木版年画、扎作工艺品、石湾瓦脊、石湾公仔等文物作品，现存的祠堂和锅耳形建筑，以及北帝巡游、出秋色、行通济等习俗庆会和武术、中药、传统广府菜肴等，都具有典型的岭南特色，其中不少属于非物质文化遗产。所以说佛山既是岭南文化的核心基地，也是中华传统文化的宝库所在。

唯书有华，赠人如锦。“佛山历史文化丛书”将以各位著者多年的研究成果和独特视角，为您展开丰富多彩、颇具价值的佛山历史文化长卷，让海内外朋友捧如甘饴，感受佛山的内涵与精彩；让生于斯长于斯的老佛山人重拾瑰宝，不忘初衷；让来自他乡的新佛山人感受传统，仰之爱之。笔者身非佛山公，却心萦佛山乡，几十年来对佛山历史文化持续关注与爱护，情有独钟，从未释怀。因为笔者深深地知道，从古到今，佛山一直站在文明续谱的桥头堡上。

（作者系历史学博士、中国社会经济史学者、佛山史专家、广州市东方实录研究院院长，著有《明清佛山经济发展与社会变迁》）

“佛山历史文化丛书”编撰凡例

一、国家历史文化名城佛山，明清时期与汉口镇、景德镇、朱仙镇并称全国“四大名镇”，与北京、汉口、苏州并称“天下四聚”，文化积淀深厚。“佛山历史文化丛书”（简称丛书）于2016年启动，每年一辑，每辑10种，是佛山市一项系统性大型文化工程。

二、丛书以习近平新时代中国特色社会主义思想为指导，坚持以人民为中心的创作导向，坚持为人民服务、为社会主义服务的根本方向，坚持百花齐放、百家争鸣的方针，深入反映佛山历史文化的总体风貌，多角度、多层面地发掘佛山多姿多彩的历史文化，全面、系统地解读佛山优秀历史文化的底蕴和创造力。

三、丛书旨在用当代眼光审视佛山历史，开掘源远流长、积淀深厚的佛山历史文化内蕴，揭橥历史上的佛山如何得天时、出地利、尽人和地创造，为佛山经济社会的可持续发展，提供可借鉴的文化资源。

四、丛书的写作，基于丰富深厚的历史文献、历史文物，并配以彩图，图文并茂，力争兼具学术性与通俗性，将佛山优秀历史文化的诸多层面，立体呈现出来，激励兹土兹民以及关注佛山在中国历史文化和现实改革开放版图地位的各界贤良，让他们更深入地理解和认同佛山。

五、丛书所称“佛山”，指今天广东省佛山市行政区划而不限于历史上的佛山镇，包括禅城、南海、顺德、高明、三水五区约3800平方公里范围内与历史文化相关的人、地、物、事。如果课题内容与相邻区域有交叉，撰稿人应根据史实，酌情处理。

六、丛书内容大致可分为：佛山历史环境地理、佛山工商业、岭南文化遗产、佛山历史人物。具体展开为八大方面：（1）红色文化主题：对新中国成立和建设作出较为重要贡献的人物和群体，需要关注；（2）变革与创新主题：在政治、经济和社会创新变革等方面有重大的贡献，推动中国历史进程的历史人物和事件，应该总结；（3）历史地理主题：近海水文化环境格局，以及和广州的双城面貌，对于成陆的佛山和佛山产业布局、产业调整，关系极大，因而佛山水环境、地名、地理、古人类活动等，均需梳理；（4）生态文明主题：佛山先民创造性地利用湿热低洼的地理气候条件，广筑堤围，在地少人稠的佛山，以可持续、立体种养的“基塘”农业，率先实现农桑的商品化生产，一些世家大族、名村名镇应运而生，其成就和遗产对于今天乃至未来，仍不乏启示，理应关注；（5）工商业主题：以工商业著称的佛山，其丰富的工商业史料、商业伦理、工商业品牌、企业、产业、行业、行会等，都在网罗之内；（6）岭南文化主题：作为广府文化重镇，广府文化的代表性符号诸如粤剧、南音、南狮、粤语、粤菜、广锅、石湾瓦、秋色、剪纸、武术等，或者由佛山发轫，或者由佛山光大，正该系统整理；（7）历史名人主题：佛山百业兴旺，名匠作手代不乏人，而且科甲之盛，傲视岭南，名医留下的验方良药、名师传下的武功招式、大家留下的丹青墨迹、名人书写的诗文传说，至今还滋养着这块土地，甚至进入中国文化的谱系，应予整理；（8）对外交流主题：佛山是海上丝绸之路的重要节点之一，更是重要的产品制造输出地，从佛山出发以及归往、过境佛山的客流物流，在一个覆盖南洋群岛、遍及全球的范围内，留下了鲜明印迹，值得挖掘。

七、丛书立传所涉人物，原则上为历史上的佛山籍优秀先贤，包括原籍佛山者、入籍佛山者和寄籍佛山者，他们在经济、政治、文化、社会、科技等领域为本土、为国家作出过重大和杰出贡献。

八、丛书以研究性著述为主，凡引用佛山历史文献和其他历史文献，均须经由作者消化释读，转换为作品论证说明的有机成分。

九、丛书属原创性研究论著，原则上不主张集体作品。著述者必须严格遵守《中华人民共和国著作权法》等相关规定，在引用文献和使用图片时，不得引用版权不明或有争议的作品。

十、除学术委员会指定邀请的相关学者撰述外，丛书绝大多数课题，都面向全社会公开征集作者。作者根据丛书编辑部所悬标的，提出书面申请，完成作者学术履历、团队构成、先期成果和著述大纲等内容的填写，经学术委员会审定通过后，与编辑部签约，进入课题调研和文本写作程序。

十一、丛书所用文字，除引用古籍而又无相应简化汉字的特殊情况外，行文一律使用通用规范汉字，避免异体字和繁体字。例外而非用不可时，须出注说明。

十二、丛书使用的标点符号和数字，须遵照国家相关出版法规的规定。

十三、丛书所用人名、地名、书名、民族名、外文名、机构名、专业术语、专有名词等，全书应统一。外来译名，应注明原文，以便核查、检索。

十四、丛书从第三辑开始，回溯提供已出版书目，供公众参考，提供线索，不断丰富课题、及时调整选目，裨益丛书。

序一

《易》曰：天下同归而殊途，一致而百虑。夫以岭表之遥瞻魏阙，然风雅之士，代不乏人。自曲江度岭，白沙凿壁，南风竞爽，世所共知。而顺德梁氏，尤多风流名士。紫藤居士梁九图，夙慧颖悟，时人比之士衡、子安。及长，书画诗文，无所不工。然以布衣终其一生，虽高卧草庐，啸歌自得，当世之士，或称道之，而时过境迁，则以身之不显而难以名世。所幸名迹俱存，璞玉待雕，而今各方有司揄扬当地名贤，掘发潜光，紫藤居士著述宏富，沾溉后人，褒而显之，实其宜矣。

刘君晓亮博士，虽燕赵之士，然入粤有年，沐浴南音，心期风雅，耽于梁园，发久留之叹。故值此疫年，犹自爬抉，孜孜矻矻，表彰名德，其情可感，其志可嘉。刘君长于杜诗研究，博士论文又以其乡贤高步瀛为题，而今又另辟一径，愿执鞭于汾江先生，研几探赜，成果粲然可观。吾尝与刘君灯前细论，商量新旧，今欣见其成，聒此小序，虽难避风雅附庸之嫌，然甘为风雅之鼓吹可矣。是为序。

徐国荣

辛丑岁初于二南斋

序二

晓亮兄《广府名士梁九图》即将出版，特请我写篇序言，接到这一邀请，我内心惭愧而欣喜。惭愧的是，在佛山梁园工作十余年，研究园主梁九图应该是分内工作，但因自身懒惰未能克己力行，而让园外人士“捷足先登”，实在有愧于自己身份。但学术为公，晓亮兄完成了本人心心念念的事业，欣喜是内心的主旋律。因此，我非常高兴能为这部著作写序，也借此谈谈自己的感想。

佛山松桂里梁氏家族是清晚期佛山的名门望族，族人既有富商巨贾、也有达官贵人，文人骚客更是代有人才，诗集文编时时刊印。读书治学之余，他们莳花种草，营建园林。无怠懈斋、寒香馆、群星草堂、十二石山斋、汾江草庐，陆续建成，形成了以“梁园”为统称的园林群，不仅享誉当时，更成为如今佛山的文化名片，标志性景点。多年来，普通游客将梁园作为人文景观来欣赏，专家学者将其作为岭南园林标本来研究，但除了几篇零星论文和历史散文外，很少有学者将园林主人作为个案加以研究并形成专著，这其实是片面的。园林并不是自然风光，它其实是人文作品，其中一砖一瓦的排布，一草一木的种植，都体现了园林主人的思想内涵和审美特点。在讲求个性的园林艺术世界中，如果不看懂背后的人，是无法真正理解其中的造园特色。因此，深入细致地研究园林主人，研究园林背后的家族，都是必要的。从这一点来说，就可理解晓亮兄的《广府名士梁九图》选题的重要性。

在本书中，晓亮兄通过扎实的文献阅读和深厚的文学理论素养，从他的身世经历、社会交游、文章著述三个方面，尽最大可能还原了梁九图的诗文人生。尤其是对其主要著作的梳理，将梁九图在岭南文学史的上诸多贡献，进行了首肯。如《十二石山斋诗话》体现的诗学思想、《岭表诗传》对岭南诗史的建构、《纪风七绝》对竹枝词文献的保存，都是前人所未能研究和认可的，用“添补学术空白”来评定并不为过。现如今，我们常常用后现代史学的思维来讲，历史是建构出来。这也就意味着，历史书写与真实的历史存在着很大不同，历史书写体现着书写者的思想见识和轻重取舍，甚至因为无知而导致的遗漏。当然，我并不是说因为之前对梁九图忽视，而这次要将梁九图捧上岭南文学史的神坛，但至少要客观地给予定位。学者桑兵曾提出研究历史人物要“四面看山”，也就是说不仅要看他自己怎么说的，也要看时人对他的评价，前前后后、左左右右地展现一个人的真实面目。晓亮兄在书中引用了吴弥光等十余位时人对梁园的评价，均认为梁九图是程可则、梁佩兰等清初诸老的继承人，虽然其中不乏社交中的溢美之词，但确实肯定了梁九图的诗文贡献，我想这也是本书的重要价值。

当然，对于佛山人物研究，这已经不是梁九图的个案问题了。以南海为例，明清时期南海县（包括佛山镇）不仅是广州府的首县，岭南的大邑，更是文化强县。这里走出的士子在明代中期形成了“南海士大夫集团”，这里的文化氛围又在清代培育出书画鉴藏家吴荣光、封疆大吏骆秉章、大藏书家孔广陶、影响中外的政治改革家康有为等多位名人，可谓底蕴深厚、人才辈出。但与这深厚底蕴相比，我们的挖掘程度还不够，很多名人及其所承载的历史文化被尘封于故纸堆中，遗忘得似乎从未发生。而影视剧描写的又多是佛山的武术、拳师。要改变这一现状，挖掘和整理文献是最佳办法。文化不是无源之水、无本之木，而历史文献材料正是我们文化发展的源头与根本，对其投入时间精力，是一项“磨刀不误砍柴工”的重要工作。

近年来，随着《佛山历史文化丛书》的出版，佛山历史的研究工作已经逐步深入，将众多尘封在故纸堆中的史实呈现出来，“底蕴深厚”将不再是一句宣传口号，而是实实在在地展现在那一本本的学术著作中。晓亮兄《广府名士梁九图》能够入选，不仅说明编委会慧眼识珠，也说明这的确是一本为佛山历史文化添砖加瓦的佳作。

全书虽是人物研究，但更多是通过文献梳理，来彰显人物的精神。以证据说话，结合各种统计方法，以科学精神来得出结论。无戏说、无虚构，是一部能够称得上标杆的佛山历史人物个案研究。当我们都喜欢宏大叙事的时候，谈个案似乎贬低了这部书的价值。其实不然，著名史学家余英时曾言：“我不写通史，往往集中精神研究每一个时代的特殊问题。但‘通’的观念永远在我心里。”我觉得佛山历史文化研究，也应该秉持这一标准，扎扎实实推进个案研究，集中精力研究特殊问题，待个案成熟，百川归海，离那部“佛山通史”就不远了。

我对诗学是门外汉，对晓亮兄的大作，仅能从文献学的角度提出自己的一知半解。但作为学史出身的我，喜欢从背后的社会关系探讨个人思想，也借此向晓亮兄和读者提出一个问题，即是否能从梁氏家族的家族传统考虑梁九图的诗学倾向。

佛山松桂里梁氏家族是个重视实学的家族，梁九图父亲梁玉成弃儒从商，善于经营，从事贩盐生意，使得家族资产获增百倍。经营之余又通岐黄之术，治病救人又成为其行善积德的重要方式。叔父梁可成，对当时流行的天花病颇为重视，在佛山设立痘局，专门诊治天花病。这种淡化功名、重视实用之学的传统在梁氏家族代有传承。兄长梁九华，早年也有意功名，但科场不顺，乡试屡次不第。后虽以贡生身份谋得了大理寺评事的官职，又遇父亲去世，遂绝意仕途，开始讲求“实践之学”，并逐渐承担了大家长的职责。乡志记载，梁九华“为理家事如己事，诸侄有不遵教者，垂涕导之，侄亦敬之如父。治家严肃，玩好之物必禁。教子弟治生，曰贸易、曰买田，外此有可生财者，戒勿道”。他自身又懂得堪舆和建筑之学，家族内祠堂墓地的营造，均可亲自谋划设计，不必借人之手。堂兄梁应棠，性虽聪颖，但不乐仕进。有人劝他考功名，走仕途，他回应“仕途险阻，不若耕读之乐也”。平日热心乡里之事，继承其父事业，开展天花治理工作。嘉庆十年（1805），南海人邱熺将牛痘接种法传入中国。此后，该接种法在中国迅速传播。梁应棠因地利之便，很快将此接种法引入佛山。在镇内，免费为民众接种牛痘，效果很好，风行一时，造福一方。堂侄梁世澂热心公共事务，善于会计之学。任职大魁堂值事期间，对灵应祠所属田产、义仓公粮等资产管理甚细。认真清查资产，逐一核算丈量灵应祠、田心书院、义仓的公产，并找回丢失的田产七十亩，商铺五间。绘图记录，登记造册，杜绝年久失察，资产流失。加强对主要管理人员监督，举报贪污人员，制定管理章程，一时风清气正，颇获时誉。

由此可见，梁氏家族绝不是阔谈高论、清谈无为的家族。在这样求真务实的家风氛围中，梁九图的“诗本性情，自然流露”诗歌理念，以及重视风俗诗的思想，是否存在一种互为因果的联系，是否值得探讨，都是可供方家和读者思考的问题。即使这二者之间无明确的史料记载，但文学史与社会史的交叉研究，想必晓亮兄也会认同。

晓亮兄是我的同乡，也是校友，年龄相仿，经历略同。能在岭南大地相遇相知，实在是难得的缘分。他在紧张的教学之余，依然孜孜不倦于学术研究，其扎实的学术功底，让我由衷钦佩，自叹不如。我希望他能继续关注佛山的历史文化，进一步研究佛山人文历史，通过扎实的个案研究，将真正的佛山文脉梳理出来，将深厚的文化底蕴挖掘出来，我拭目以待。

韩健识于佛山梁园

2021年3月30日

佛山梁园正门（佛山市禅城区博物馆供图）

佛山梁园宅第区（佛山市禅城区博物馆供图）

目录

绪论

文化历史

第一节　从文化名人到名人文化

岭南[①]虽偏处天南，但其开化并不晚，只是相对于中原内陆而言，其速度较为缓慢。历史上，从唐至宋，岭南也涌出了张九龄、余靖等文化名人。到了明清，岭南不仅成为封建中国的文化版图和政治版图中不可缺少的一部分，且发挥了越来越重要的作用。尤其到了近代，岭南更成了近代化、乃至现代化的前沿，也成了改革和革命的策源地，涌现出了一大批革命志士和文化名人。在漫长的历史进展过程中，岭南这片土地上镌刻了一个又一个文化名人，成为我们今人回望历史、缅怀先人、感怀当代与眺望未来的重要纽带，这其中便有梁九图。

一、作为文化名人的梁九图

梁九图（1816—1880[②]），初名九芝，字芳明，亦字福草，自号十二

---

① 本书所称岭南，指今天行政区划上的广东。

② 梁九图之生年，据其《题粤台饯别图和祁春浦太史年伯隽藻韵》题下序“道光乙酉九图生十龄”，道光乙酉为1825年，往前推九年，故其生年应为1816年无疑。但其卒年，江庆柏编著《清代人物生卒年表》载梁九图，卒年标示“？”，意谓不知。详江庆柏编著：《清代人物生卒年表》，北京：人民文学出版社，2005年，第733页。《佛山历代诗歌三百首》梁九图小传，卒年为1860年，详万伟成编著：《佛山历代诗歌三百首》，广州：广东人民出版社，2017年，第257页。王建玲著《梁园》，其中“‘汾江先生’梁九图”一节，梁九图卒年为1862年。详王建玲：《梁园》，广州：广东人民出版社，2007年，第44页。黄国扬在《清代名士梁九图》一文中，于梁九图生卒年不详。李遇春、盛翔以及顺德市博物馆均持“1860年卒”之说，后文还会提及此三种文献，故此不赘。冼宝干纂《（民国）佛山忠义乡志》有《梁九图传》，明确说梁九图“卒年六十有五”，那么根据其生年推知，可确定梁九图卒年为1860年。详冼宝干纂，佛山市图书馆整理：《（民国）佛山忠义乡志》，长沙：岳麓书社，2017年，第629页。

石山人，又署福草居士、石圃居士等。[①]张维屏称其“紫藤居士”，时人亦称“汾江先生”，广州府顺德县龙渚堡麦村人（今佛山市顺德区杏坛镇麦村）。

作为一个文化名人，梁九图的声名早在孩童时便为人称道。中国古人惯以“神童”之类的称谓称赞小孩子，一些人也习惯将自己的这种“夙慧”追溯至童年时代，这样的例子在南朝宋刘义庆（403—444）所撰的《世说新语》及后世的史志里俯拾即是。这些“神童”所彰显出来的，是他们在诗、文、书、画等方面的天赋，如《旧唐书》称王勃“六岁解属文，构思无滞，词情英迈，与兄勔、勮，才藻相类。父友杜易简常称之曰：‘此王氏三珠树也。’”[②]唐代诗人杜甫（712—770）晚年回首自己的一生，写了一首“传记体”诗歌《壮游》，其中有云：“往昔十四五，出游翰墨场。斯文崔魏徒，以我似班扬。七龄思即壮，开口咏凤凰。九龄书大字，有作成一囊。”[③]早在“十四五”的年岁，杜甫已经在“翰墨场”（文坛）中出游了。而当时像崔尚（唐久视元年进士）、魏启心（中宗神龙二年管乐科及第）这样的进士，都称赞杜甫，说他好比东汉时的文章大家班固和扬雄。为什么呢？杜甫接着便说自己七岁时便“思即壮”（文思敏捷豪迈[④]），作起诗来，“开口咏凤凰”；九岁时的书法已经“有作成一囊”。这里的七岁、九岁虽可能并非实写，但杜甫少年能文能书却是不争的事实。清人石韫玉在其《舒铁云传》中称赞嘉庆时大兴诗人舒位（1765—1815）云：“少颖悟，读书十行俱下，十岁能文。希忠抚之曰：‘此吾家千里驹也。’年十四，随父任永福，官舍后有铁云山，因

① 《（民国）佛山忠义乡志》卷十八《杂志》载：“梁福草比部九图生时，其父玉成夜梦张芝来而寤，母方临蓐，举室皆见古衣冠人排闼入，忽失所在。正骇愕间，已呱呱坠地，故初名九芝。”冼宝干纂，佛山市图书馆整理：《（民国）佛山忠义乡志》，第1000页。

② ［后晋］刘煦等撰：《旧唐书》卷一百九十《文苑·王勃传》，北京：中华书局，1975年，第5005页。

③ 萧涤非主编：《杜甫全集校注》，北京：人民文学出版社，2013年，第4084页。

④ 萧涤非主编：《杜甫全集校注》，第4086页。

自号‘铁云山人’。会安南使人入贡，永福君奉大府檄出关馆伴，挈位同行。位赋《铜柱》诗，使者携归安南，由是其国中贵人皆知位为中国才子。”①这里也说舒位十岁就“能文”，十四岁时写的《铜柱》诗流传安南（越南）。

梁九图也是一个如舒位一般的神童。《（民国）顺德县志·梁九图传》载：“九图承先世德荫，生有夙慧，十岁能诗。曾题《粤台饯别图》和祁相国寯藻韵，极佳赏异，目为神童，名遂噪。”②梁九图写了一首诗，得到了祁寯藻（1793—1866）的称赞，认为他是个“神童”。与梁九图有交、但稍长于梁九图的黄培芳（1778—1859）云：“福草以十龄工诗，传闻海内。”③道咸时期的杨霈曾说：“闻福草少即能诗，天分殆有过人者。”④与舒位一样，梁九图早岁能诗，且因为一首诗而声名大噪。因此张维屏也称其“紫藤居士，士衡盛藻，子安妙龄”。⑤将他的文采比为陆机，年龄有似少年王勃。梁九图“博学工文”，“日手一编，吟咏撰述不辍”⑥，他虽一生布衣，却因博学而成就了他“诗人”“书画家”等美名。

作为一个文化名人，更主要的是他所实践、积淀的名士色彩。士在漫

---

① ［清］舒位著，曹光甫点校：《瓶水斋诗集》（附录），上海：上海古籍出版社，2009年，第797页。

② 周之贞、冯葆熙修，周朝槐等纂：《（民国）顺德县志》卷十七《梁九图传》，《中国地方志集成·广东府县志辑·康熙顺德县志 民国顺德县志》，南京：江苏古籍出版社，2003年，第692页。

③ 符葆森引黄培芳语，［清］符葆森辑：《国朝正雅集》卷八十五，清咸丰六年（1856）京师半亩园刻本。

④ 符葆森引杨霈语，［清］符葆森辑：《国朝正雅集》卷八十五，清咸丰六年（1856）京师半亩园刻本。

⑤ ［清］张维屏：《紫藤馆诗钞序》，陈建华主编：《广州大典》第五十六辑集部别集类总第467册《紫藤馆诗钞》，广州：广州出版社，2015年，第3页。按，为行文简洁，后引此书皆据该本，省称“《广州大典》影印本”。

⑥ 周之贞、冯葆熙修，周朝槐等纂：《（民国）顺德县志》，第692页。

长的传统中国已形成一种“传统”，且随着时代的发展，“士”的内涵也跟着发生变化。“但是无可争辩的，文化和思想的传承自始至终都是士的中心任务。”[①]“士”居于“四民”（士、农、工、商）之首，因此，历来读书人、商人等，都追求成为一个“名士”。在《论语·泰伯》中，曾子发挥老师孔子“士志于道”的思想，他说：“士不可以不弘毅，任重而道远。仁以为己任，不亦重乎？死而后已，不亦远乎？”[②]余英时先生指出：“（曾参的）这一原始教义对后世的‘士’发生了深远的影响，而且愈是在‘天下无道’的时代也愈显出它的力量。”[③]梁九图的名士风范，正体现了曾子所谓的“弘毅”“仁以为己任”。另外，除上面提到的能诗工文外，其风范在《梁九图传》中得到了较为全面的概括，如喜山水、工丹青，尤其是乐善好施、扶贫助残等[④]，体现出“为天下”的崇高志向，兹不赘述。

不过我们也看到，作为一个文化名人，梁九图因未出仕，故未能在政治上造福一方；虽然他也有捐资赈灾等义行，但其背后的支撑是殷厚的家资。所以，梁九图身上更多的是传统士大夫在读书、持家等方面所体现出的共性：以诗、文抒发怀抱，以书、画陶冶性情。但也正是他在诗文书画方面的造诣，以及仁者情怀，使他成为了一个文化名人，也使得声名远播，流传至今。

---

① 余英时：《引言——士在中国文化史上的地位》，余英时著：《士与中国文化》，上海：上海人民出版社，2003年，第1页。

② 《十三经注疏》整理委员会整理：《论语注疏》，北京：北京大学出版社，2000年，第115页。

③ 余英时：《引言——士在中国文化史上的地位》，余英时著：《士与中国文化》，第2页。

④ 具体参周之贞、冯葆熙修，周朝槐等纂：《（民国）顺德县志》，第692页。按黄国扬《清代名士梁九图》一文，内容多与《梁九图传》一致。

二、“梁九图”所内隐的名人文化

文化名人在其所生活的时代已经不仅仅是“一个人”，连同其产生的时代效应经过历史的沉淀，也早已超越时空，成为人类宝贵的精神财富，这一点对名人籍贯所在地的影响更为显著。所以我们会看到世界各地都竞相把名人与地域和文化结合起来，以完成一定时空范围内传统的构建以及文化的传承，如孔子之于齐鲁、屈原之于荆楚等等。

作为一个文化名人，梁九图所内隐的文化因子，首先是传承了传统士大夫之于诗文书画的那份造诣。传统士大夫人人能作诗文，但处于道咸时期的梁九图，其诗文造诣在20世纪至今所建构的古典文学史里看不到任何迹象，即使今人所进行的学术研究，也鲜有将梁九图的诗文纳入到研究视野当中。我们看到的是他与张维屏、黄培芳等人“诗酒酬唱，提倡风雅”①；江都（今江苏扬州）符葆森（1814—1863）将梁九图的诗辑入《国朝正雅集》，以广宇内，时人也间有揄扬，但梁九图的诗歌成就到底如何，大多数人并不知道，甚至连佛山本地人也背不出一首梁九图的诗歌。这恰是我们展开本书的关键内容。

其次，梁九图所代表的是佛山梁氏一族，这个家族所积淀、传承的文化内核，是我们今天应该予以传承、转化的重要内容。《梁九图传》载：“（梁九图）父玉成，字恕堂，兄弟三人，随父国雄由顺德迁居佛山。”②梁玉成经商，其弟梁蔼如从政，官至内阁中书，三弟梁可成从医。梁九图一辈，有梁九章、梁九华。梁九图的儿子梁僧宝曾官礼部员外郎、军机处行走等职；儿子梁禹甸从武，中法战争时随钦差大臣彭玉麟督办粤防，积劳成疾，英年早逝；梁可成的儿子梁应棠继承父志从医，等等。梁氏一族，自梁国雄一直传衍到现当代，香火不辍。而这个家族所积淀的文化内

---

① 周之贞、冯葆熙修，周朝槐等纂：《（民国）顺德县志》，第692页。

② 周之贞、冯葆熙修，周朝槐等纂：《（民国）顺德县志》，第692页。

核，用禅城区博物馆馆藏研究部韩健主任的总结最为恰当——淡泊名利、重视实用之学的精神在梁氏家族代有传承[①]。以梁九图为例，“性雅淡，不乐仕进”“设佛山育婴堂，筑通济桥、石路，建高秧地茶亭诸义举，靡不竭力筹资，董成厥事”[②]。以自己一族的力量造福一方百姓，这是今人应该学习和发扬的精神。

再次，梁九图亲手参与构建的梁园，与顺德清晖园、东莞可园、番禺余荫山房并列“广东四大名园”，负载着顺德人一代又一代的记忆。从私家住宅转变为公众文化记忆场所，这是梁九图所代表的梁氏家族留给今人的又一笔文化遗产。如今的梁园虽经过修复，但其蕴含的人文景观、历史记忆却并不受损，反而因时间的累积与今人的传扬而越发深入人心，成为顺德的一张文化名片。

第二节 今人所认识的梁九图

我们对梁九图的认识，主要取决于历史文献的记载，以及今人所做的“解释”或研究工作。梁九图虽是当时的名士，但不管是生前还是身后，历史文献对梁九图的记载并不多见。也正因此，今人对梁九图的研究也不多。

一、历史文献中的梁九图

从文献记载来看，梁九图在当时虽有声名，但其身后影响相对较小，所以，对于他声名事迹记载的文献也相对较少。与梁氏家族有姻亲关系的吴荣光（1773—1843）所纂修的《（道光）佛山忠义乡志》［道光十年

---

① 黎红玲：《历史学者韩健：从梁园家族看佛山务实精神》，《佛山日报》第A03版《文化周刊·文苑》，2019年8月18日。

② 周之贞、冯葆熙修，周朝槐等纂：《（民国）顺德县志》，第692页。

（1830）刻本］，未见著录梁九图，此时梁九图仅十五岁。清郭汝诚所修《（咸丰）顺德县志》［咸丰六年（1850）刻本］，收录了梁九图族叔梁翰及仲父梁靄如的传记。此时梁九图已四十岁，但仍未被收进县志。至周之贞、冯葆熙纂修《（民国）顺德县志》［民国十八年（1924）刻本］，在《列传》中才有《梁九图传》，《艺文略》中亦收录梁九图相关著述。至冼宝干所编纂的《（民国）佛山忠义乡志》［民国十二年（1923）刻本］，在卷十四《人物志》中收录《梁九图传》，在《艺文志》中不仅较全面地收录了梁九图相关著述，还收录了他的一些文章。《（民国）顺德县志》和《（民国）佛山忠义乡志》二书中的《梁九图传》是迄今为止有关梁九图较为全面的介绍，内容大致一样。该文仿古代史书列传体叙述方式，简略交代梁九图祖梁国雄，父辈梁玉成、梁藹如、梁可成三兄弟，勾勒梁九图的性格、提携后进、义举等。唯《（民国）佛山忠义乡志》多了一段“论曰”，与古代正史列传后的“赞”“乱”一样，是对梁九图的盖棺定论。今抄录于此，以使今人亦能睹福草先生之“流风”：

> 论曰：昔陶彭泽以诗酒名，米襄阳以书画著，以爱石闻，诚哉古之传人也。先生高卧草庐，耽诗酒书画为乐，庭罗奇石，日对怡情，啸歌自得，殆今之陶君、米老非耶？至其著述宏富，沾溉后人，教育英才，诱掖成德，又岂陶君、米老所能及哉？迄今缅想流风，犹动人景仰低徊，穆然向往。假令先生而在，为之执鞭，所忻慕焉。[①]

将梁九图与陶渊明（369？—427）[②]和米芾（1051—1107）放在一起评析，且认为陶、米二人在“著述宏富，沾溉后人，教育英才，诱掖成德”

① 冼宝干纂，佛山市图书馆整理：《（民国）佛山忠义乡志》，第629页。

② 陶渊明生卒年比较复杂，各家意见不一，这里采用的是龚斌先生的说法。

方面，还不及梁九图。这虽然有点拔高溢美，但确是梁九图作为一个文化名人的内核。这段“论曰”还特称梁九图为“先生”，是有着特殊意义的。在这段“论曰”后又有段按语，对为什么称梁九图为先生进行了解释：

> 志传与史传同，王公贵人，皆在书名之列。惟独行之士，高邈寡俦，则称先生。或君之，或公之，如《史记·四皓传》，及褚少孙亦称先生是也。宋明诸儒多称先生，不以爵位掩其闻誉，所谓修其天爵者，人亦得以天爵归之矣。九图锱尘轩冕，得天山高致，其奖掖后进，振坠起衰，皆斯文所托命，非寻常词人之比。故援《春秋》书字之例，称“福草先生”，贵之也。本志称先生者五人，史例舆评，并合符契，特于本传发其凡焉。[①]

特意称梁九图为先生，以表彰他“奖掖后进，振坠起衰”之精神。

与梁九图同时之符葆森辑有《国朝正雅集》，收录梁九图诗，并有梁九图小传，但很简单：“梁九图，初名芝，字芳明，一字福草。广东顺德县人，官刑部司务，著有《紫藤馆诗文钞》。”[②]这里的官职并非梁九图通过科考而得，实是由其子梁僧宝而荫封。

古典诗歌研究大家钱仲联先生所编《清诗纪事·道光朝》收录梁九图，小传也很简单：“字福草，广东顺德人。曾官刑部。有《紫藤馆诗文钞》《十二石山斋诗话》。”并辑录张维屏《谈艺录》论梁九图云：“福草少日即以诗名，既而与年俱进，著书十数种，不胫而走。性慷慨，重友朋，敦信义，有陈太邱、孔北海之风。”后录梁九图《南汉宫词》《自衡湘返得蜡石十二色因颜余居》《题惠州西湖图》《太湖夜归》四首诗、

---

① 冼宝干纂，佛山市图书馆整理：《（民国）佛山忠义乡志》，第629页。

② ［清］符葆森辑：《国朝正雅集》卷八十五，清咸丰六年（1856）京师半亩园刻本。

《挽陈闰娘句》及相关本事[①]。

二、梁九图的“多面向”

梁九图工诗能文，精书擅画，又博涉典籍，因此著述较多，虽流传至今之作不多，然亦有可观。但20世纪至今，大多从“文化名人”的角度对梁九图进行介绍，如黄国扬先生所撰《清代名士梁九图》，综合了民国《佛山县志》、民国《佛山忠义乡志》所载梁九图传记资料改写而成，对梁九图家世亦有介绍[②]。再有就是一些报刊文章，如沈开倩《梁九图：真名士自风流》[③]、韩健《梁九图的幸福生活》[④]等，为我们展示了梁九图的一些“面相”。

梁九图是著名的书画家。其《自题十二石斋四首》其四云：“扣门过访多生客，除却求书便寄诗。”[⑤]其《舟中漫兴》诗亦云：“酒虽天限常思饮，书怕人求转恨工。”并于此句下自注云：“时索书者纷扰，移舟避之。”[⑥]足见其书名远播。

其画名亦著。清末民初李慈铭曾题其《仿郑所南画兰册》有“老笔出尘外，闭门歌楚些。天怀想高淡，诗思见萌芽。空谷琴能语，香丛石是家。应教五岭外，不长素馨花。”[⑦]顺德画家“苏仁山曾客居其家作画”。[⑧]故《顺德书画人物录》载：“（梁九图）工书画，能写篆书，喜画

---

① 钱仲联主编：《清诗纪事·道光朝》（影印本），南京：凤凰出版社，2004年，第2730页。

② 文载《广东史志》1998年第4期，第52—53页。

③ 文载《南方都市报》第FA08版，2008年8月19日。

④ 文载《佛山日报》第B01版，2014年11月8日。

⑤ ［清］梁九图辑：《十二石山斋丛录》卷一，陈建华主编：《广州大典》影印本第49辑子部杂家类总第398册，第5页。

⑥ ［清］梁九图撰：《紫藤馆诗钞》，《广州大典》影印本，第14页。

⑦ 汪兆镛纂：《岭南画征略》卷六，周骏富辑：《清代传记丛刊》第80册《艺林类》18，台北：明文书局，1985年，第206页。

⑧ 谢文勇编：《广东画人录》，广州：岭南美术出版社，1985年，第187页。

兰花。顺德市博物馆藏有他写的《篆书七言联》《篆书九言联》及他画的《墨兰图》。广东省博物馆藏有他画的《墨兰图册》及他写的《篆书九言联》《行书扇》。佛山市博物馆藏有他画的《墨兰图轴》《墨兰团扇》《墨兰册页》及他写的《行书七言联》《草书七言联》《篆书九占联》。”[①]但今人对梁九图的书画成就并未予以太多关注。李遇春以目前发现最早的广东名人笔墨润例实物“十二石山斋笔单”为例，对此笔单包括润格采用银本位方式，并引入了“中员（圆、元）”，由此窥探当时的民间经济活动；通过对比此笔单书法作品比绘画作品价高，揭示梁九图的价值观；由此笔单中书画作品按质论价，而非通行的按尺“行规”，揭示中国书画艺术品市场价格定位的发展雏形。[②]此文虽非专论梁九图的书画，但却侧面揭示出梁九图书画艺术的闻名。非闻名则无市场，而正因为闻名有市场，才有此笔单。

图0-1 梁九图墨兰圆扇面（佛山市禅城区博物馆供图）

梁九图以画兰著称。陈滢将梁九图纳入学者画家群，以香港艺术馆收藏的两件兰画作品为例，分析其画兰艺术时总结到：

> 作者以书法般的线条挥写作画，将兰草的叶子撇得很长，将兰花的花朵点染得很清润。其顺逆起伏，收放聚散，浓淡轻重

① 顺德市博物馆编：《顺德书画人物录》，广州：中山大学出版社，2001年，第101页。

② 李遇春：《现存广东最早自订书画润格实例之“十二石山斋笔单”》，《岭南文史》2016年第2期，第68页。

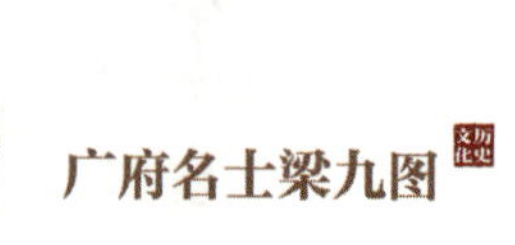

显得洒脱自如。既有草书的神态飞动，墨飞线舞，形势或相钩连不断，或笔断而意连；又有行书的运笔徐缓，情态平和，笔力清劲。那沉雄而清淡的笔痕墨道，尽显书法的韵律与节奏之妙，体现了书法与绘画相结合的意趣和美感，从中可见清代文人画以草书入画，崇尚恣肆之美的时代风尚。[①]

这段分析十分精到，可以看出梁九图书画融为一体，同时又不失文人、名士的那股风格，可做梁九图兰画艺术的盖棺定论。

梁九图及其兄梁九华都喜石，梁九图还有一小卷《谈石》，一共6条，被黄宾虹、邓实收入所编《美术丛书》二集第七辑[②]。笔者查到一篇署名薛胜奎所作《梁九图与〈谈石〉》，对《谈石》作了疏解，揭示出了梁九图喜爱腊石的原因及梁九图摆置腊石的心得。[③]

梁九图还是一个诗人。在古代，但凡文士墨客，皆能吟咏。梁九图曾“辟汾江草庐为咏觞地，树石花鸟，池馆桥亭，别饶幽致，时与张维屏、黄培芳、吴炳南、岑澂诸公诗酒唱酬，提倡风雅”。[④]流传至今的梁九图诗虽不多，但却有可观，然至今天，只有盛翔一篇论文，对梁九图所作42首山水诗进行了内容上的分类及艺术特点上的归因分析，并简要指出了梁九图山水诗对岭南诗坛的影响。[⑤]不过，梁九图所作山水诗是否为42首还值得商榷。另外，梁九图诗也非仅山水一类题材，因此，其可供探析的地方还很多，只是今人尚未着笔。今人万伟成编选《佛山历代诗歌三百首》，也仅收录梁九图两首诗《汾江草庐春日》《自衡湘返得腊石十二色因颜余

---

① 陈滢：《岭南花鸟画流变：1368—1949》，上海：上海古籍出版社，2004年，第180页。

② 黄宾虹、邓实：《美术丛书》，杭州：浙江人民美术出版社，2013年，第252—256页。

③ 薛胜奎：《深口图与〈淡石〉》，美篇网，2021年1月7日访问。

④ 周之贞、冯葆熙修，周朝槐等纂：《（民国）顺德县志》，第692页。

⑤ 盛翔：《梁九图山水诗研究》，《肇庆学院学报》2017年第6期，第11—15页。

居》[①]，但这里的诗题“汾江草庐春日”是有一点点不符合实情的。

梁九图以其泛览博学，还写作了诸如《十二石山斋丛录》《十二石山斋诗话》等笔记、诗话，然迄今无人问津；梁九图还热衷编书，编有《岭表诗传》《纪风七绝》等，亦久藏秘阁，空落埃尘。

提及梁九图，那必然想到梁园，所以，今人对梁园的介绍相对较多，如黄强《广东四大名园考》[②]、陆衍群《浅谈佛山梁园的造园艺术》[③]、莫少敏《广东四大名园——梁园》[④]、林卓峰《广东四大名园》[⑤]、刘庭风《岭南园林之七——梁园》[⑥]、罗一星《岭南人文图说之二十九——佛山梁园与梁氏家族》[⑦]、陆琦《佛山梁园》[⑧]、霍艳虹与韩健《明清佛山园林考》[⑨]等，这些文章大同小异，对梁园的“前世今生”作了介绍。还有从造园艺术角度，对梁园的艺术审美予以揭示的，如陆秀兴《岭南四大名园的空间布局及其审美取向研究》[⑩]，对梁园的空间布局特色进行了美学分析。还有引入“声观”角度对梁园进行研究的，如朱健钦《广东岭南古典园林的声景观研究——以广东四大名园为例》[⑪]，等等。通过这些研究，我们基

---

① 万伟成编著：《佛山历代诗歌三百首》，广州：广东人民出版社，2017年，第257、376页。

② 黄强：《广东四大名园考》：《广东民族学院学报（社会科学版）》1997年第1期，第83—88页。

③ 陆衍群：《浅谈佛山梁园的造园艺术》，《中外建筑》1997年第3期，第48—49页。

④ 莫少敏：《广东四大名园——梁园》，《南方建筑》1998年第3期，第62—64页。

⑤ 林卓峰：《广东四大名园》，《花木盆景》2002年第12期，第34—35页。

⑥ 刘庭风：《岭南园林之七——梁园》，《园林》2003年第7期，第7—8、22页。

⑦ 罗一星：《岭南人文图说之二十九——佛山梁园与梁氏家族》，《学术研究》2006年第5期，第150页。

⑧ 陆琦：《佛山梁园》，《广东园林》2006年第6期，第62页。

⑨ 霍艳虹、韩健：《明清佛山园林考》，《风景园林》2016年第6期，第24—29页。

⑩ 陆秀兴：《岭南四大名园的空间布局及其审美取向研究》，暨南大学2010届硕士学位论文。

⑪ 朱健钦：《广东岭南古典园林的声景观研究——以广东四大名园为例》，《建筑设计管理》2015年第5期，第68—70页。

本可以在头脑中建构起一个“虚拟”的梁园了，不仅了解了梁园的历史、布局，还见识了梁园的审美特色。

王建玲所著《梁园》一书，从梁园古今、梁园造园特色、梁园主要景区、梁氏名人选介、名人咏梁园等五方面内容进行了全面分析，是迄今为止有关梁园、梁氏研究最为深入的一本书。

总的来说，既有的文献还未能立体、全面展示梁九图，尤其本书拟重点描绘的用来为梁九图名士色彩作注脚的“文学世界”，可以说今人尚未涉足。

第三节　本书的主要内容

本书将梁九图定位为一个文化名人，以他流传至今的著述为论述范围，为他的“名士色彩”作“注脚”。

梁九图是清代道咸时期的文化名人，能诗文，工书画，因此，他的交游十分广泛，诗文书画更作为一种交游媒介，供其与当时众多文士共同构筑起一道风雅图景。文士交游所产生的影响既包括文化层面、思想层面，还涉及时人心态层面。因此，本书通过搜集相关史料，首先勾勒出梁九图的“朋友圈”，为今人描摹出梁九图名士色彩的辐射范围。此不仅可以见出梁九图个人的师承，也可见出当日岭南士人交往的人文风景。诗文酬唱之外，则可见当日文化发展之盛。

今人相关著作对梁九图著述的著录或不全，或较为简单，本书通过考核相关文献，对梁九图所有著述进行了详细考证，以见出其作为名士的底蕴。佛山梁氏在当时富甲一方，又皆乐善好施。梁九图则利用殷实的家资，多为时人刊刻诗稿。对梁九图所刊刻诗稿进行考索，不仅可见当日诗歌创作的实景，也可见出梁九图为保存地方文献所做出的努力。

自明朝以来，岭南诗歌开始在中国诗歌发展史上占据一定地位。虽当

今文学史著作里没有对梁九图诗歌的评定，但梁九图的诗艺在当时广为人知，且能够入选符葆森所编撰的《国朝正雅集》。本书对梁九图存世诗歌进行了全面搜集，并将其置于道光时期的清代整个诗坛，对其诗歌艺术进行了全面评析。

梁九图也是当时著名的书法家和画家，虽传世作品不多，但这两项艺术也是其名士的“注脚”。本书对其书画创作文献进行了搜集，并据存世作品进行了分析，以见出其在岭南书画史上的地位。

古人读书有间，又喜钞书。梁九图存世及亡佚的著述，主要以这类钞书式的杂著体为主，对这些杂著体著作的研究，能够为今人还原他的读书生活，也能够见出他的主要旨趣。本书以其存世体量最大的《紫藤馆杂录》为主，探析了此书的编撰体例与成书渊源；通过稽考其所引书，来见出他的读书范围和兴趣；并探索其着意好奇、表彰忠义、贬斥腐朽、订正旧说等方面的创作价值。

梁九图不仅写诗、读诗，还评诗、刻诗。其中，他的《十二石山斋诗话》是岭南诗话中较著名的一种，内容丰富，建树较多，既深隐了他的诗学思想，更呈现出多元价值。本书详细介绍了《十二石山斋诗话》的体例和内容，对梁九图的诗学思想进行了探源，并揭示了《十二石山斋诗话》的诗学价值和历史文献价值。

梁九图身边有很多诗友，其中，他与挚友吴炳南曾合辑岭南地域诗歌总集《岭表诗传》①。本书将《岭表诗传》置于历代岭南地域诗歌总集编撰的背景下予以分析，对其编撰体例、选诗特点进行了揭示。重点分析了该诗歌总集对岭南诗歌史、佛山诗歌史的建构作用。揭示出该总集在保存和传承岭南诗歌文献、校勘现今整理出版的岭南诗歌、窥见岭南诗歌特色和源流等方面的价值。

---

① 《岭表诗传》分《岭表明诗传》六卷及《国朝岭表诗传》十卷。

梁九图一生非常关心风土民情，故曾辑《纪风七绝》，为我们呈现了清代道光以前的节日习俗、传统礼俗、地域特产、异族风情等，颇具文化价值，为今天开展人类学、风俗学、社会学、民族学等学科的研究均提供了文献价值。

在开展上述内容的分析时，本书既立足文学、文化研究的传统方法，也适当引入学界较为前沿、且实用的一些前瞻性方法，从而使得本书提出的任何观点都能够经得起推敲。但设想与实践有时难免存在距离，这是本人能力所致，敬请方家指正。

第一章

风雅图景：梁九图交游考述

名士雅集，渊源有自。历史上有名的西汉梁孝王的西园雅集、曹魏邺下之游、西晋石崇的金谷园雅集、西晋王羲之等人的兰亭雅集、中唐白居易等人的香山九老会、北宋驸马都尉王诜领衔的西园雅集等等，不仅吸引着一代代文人墨客的向往，促使他们以诗文书画各种文艺样式来书写、描画这些风雅图景，也刺激着后世士人竞相模仿。“夫风雅以梁园为称首，尚矣……文学之士，曳长裾，飞广袖，相与游曜华之宫，集忘忧之馆，酒酣作乐，授简抽豪，……何其盛欤！后世骚人才子，若子美、太白客游于梁，往往登台怀古，慷慨歌呼。”[①]汉时的梁园，惹得唐时的李白、杜甫“慷慨歌呼”。梁九图作为当时的岭南名士，与之交往者，也多是文人墨客，彼此

图1-1 ［元］赵孟頫（传）《西园雅集图》，绢本，设色131.5×67厘米（台北故宫博物馆藏）

① ［清］宋荦：《梁园风雅序》，［明］赵彦复选，［明］汪元范校：清康熙陆廷灿刻本《梁园风雅》。

如前世之雅集一样，共同构筑起一幅风雅图景，不仅在当时产生了深远影响，直到今天也仍令人回望无限。

第一节　家族风习：梁九图与梁氏族人交游考

自梁国雄迁居佛山松桂里后，佛山梁氏经梁玉成、梁蔼如辈之经营，至梁九图、梁九章辈之发展，至此，可谓达佛山梁氏声望之顶点。梁九图与梁氏族人如叔父辈的梁蔼如，同辈梁九章、梁邦俊等均过从甚密。

一、仲父梁蔼如

梁蔼如（1769—1840），字远文，号青厓[①]。汪宗衍《岭南画人疑年录》有梁蔼如，生年系为乾隆三十四年（1769），卒年阙如[②]。《顺德书画人物录》《梁园》二书均定梁蔼如卒年为1840年，未言何据[③]。笔者据梁九图《紫藤馆杂录》“善征”条载“后仲父年七十二亲见三孙始逝”[④]，又《（民国）佛山忠义乡志·梁蔼如传》载：“卒之岁，语人曰：‘孔圣七十二，

图1-2　梁蔼如油画像（佛山市禅城区博物馆供图）

① 青厓，或青崖，文献记载不一，两者皆有，但以“青厓”居多。本书行文统一使用“青厓”，引文或图片等遵循原文稿。

② 汪宗衍纂：《岭南画人疑年录》，周骏富辑：《清代传记丛刊》第80册《艺林类》18，第406页。

③ 顺德市博物馆编：《顺德书画人物录》，第98页；王建玲：《梁园》，第36页。

④ ［清］梁九图撰：《紫藤馆杂录》，陈建华主编：《广州大典》影印本第四十九辑子部杂家类总第397册，第730页。

予小子安能逾其期耶？’病数日而卒，殓时面如生。”[1]可知梁蔼如享年七十二岁，卒年当为1840年。

《（咸丰）顺德县志》有梁霭如传，但附于梁翰传后，较简单：

> 翰族弟霭如字远文，号青厓。生而澹静，亦与兄弟侨居佛山。性好读书，由嘉庆戊辰举人，会试不第，留京，就内阁中书。甲戌成进士，即补其缺。旋告假归，见南海庶常谢兰生、县令黎阶平，相与讲明心见性之学，运气调息无间。尝自言：“酒、色、财、气，四者不能累之。”识者咸称其自道所得，非欺人语。著有《无怠懈斋集》。[2]

这条传仅可略见梁霭如之心性。张维屏《国朝诗人徵略二编》卷五十七收梁蔼如诗，有小传，较《（咸丰）顺德县志》所载稍详：

> 广东顺德人，嘉庆十九年进士，官内阁中书，有《无懈怠斋诗集》[3]。君补内阁中书，充文渊阁检阅、方略馆分校。例得议叙，僚友梁慎猷自言困苦，欲得议叙迁官，君慨然让之。君居官数年，居家数十年，事亲以孝，处己以约，待人以厚。尝公车北上，已度岭，闻母病，即遄返。生平不侈饮食，不饰服御，不治园圃。居斗室中，好静坐，时趺坐榻上，如老僧入定。寡嗜欲，妻不能育，劝纳妾，举一子，即不入内室。子质弱，或以为言，

---

① 冼宝干纂，佛山市图书馆整理：《（民国）佛山忠义乡志》，第628页。

② 广东省地方史志办公室辑：《广东历代方志集成·广州府部·咸丰顺德县志》卷二五，广州：岭南美术出版社，2006年，第625页。

③ 据梁九图《十二石山斋诗话》卷三、《十二石山斋丛录》卷七所记，及此传后文亦提及梁蔼如诗集，知此处“懈怠”乃刻印时误倒。

君曰："吾兄有六子，吾子倘不成立，择兄子入继可也。"其天性恬淡如此。至于利人济物之事，则其心惟恐不周，其力惟恐不至也。尝谓："范文正公义田最可法，惜无力行之。"于是族党乡闾贫乏者给以粮米，不能婚姻者助以赀财，有来借贷者酌多寡应之。壬辰岁大祲，君倡赈，由族而乡，远近皆效之。他如濬溪流以通舟楫，修道路以便往来，若此者皆不可枚举。何处己则俭约，而待人则丰且厚耶？此其立心行事，当于古人求之；若今人，则未易数数觏也。

君好吟咏，善书画，有《无怠懈斋诗集》。诗学陶、韦，篆学《峄山碑》，隶学《夏承碑》，草书学右军，真书学鲁公，行书学坡公，画学一峰老人。得其书画者，寸缣尺素皆珍之。[①]

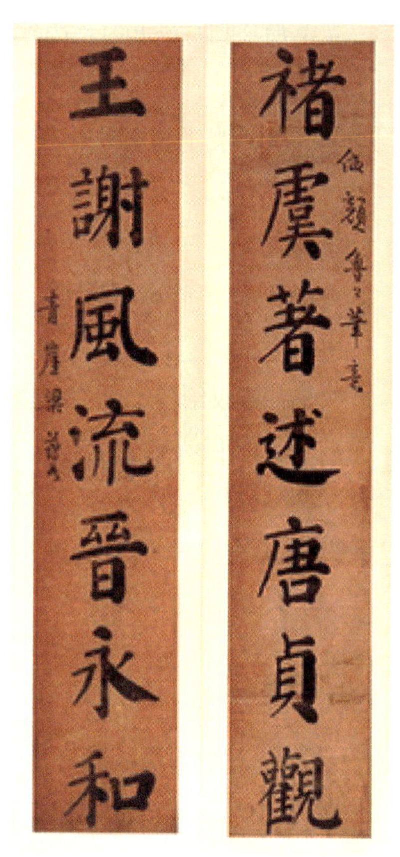

图1-3　梁蔼如书法（佛山市禅城区博物馆供图）

由上面这段小传可见出，不管是做人行事，还是学书论画，梁蔼如对梁九图的影响都非常深。《国朝诗人徵略二编》收梁蔼如诗2首（有题无诗），其中一题为《草书歌示侄[②]九图》，知梁蔼如平日常教九图习书法。

① ［清］张维屏：《国朝诗人徵略二编》，周骏富辑：《清代传记丛刊》第23册，第684—685页。

② 原刻作"姪"，今按规范字改作"侄"。

梁蔼如平时对梁九图之诗亦有评点，《十二石山斋诗话》卷五载：

渔洋生平不喜和韵。余祖其意，凡索和之作，每不留稿，惟十龄时仲父青厓以《粤台饯别图》命题，用祁尚书春浦年丈索画原韵，有“浓烟湿雨寺旁寺，远塔孤帆洲外洲”句，仲父谓通体自然，而“洲”韵尤峭拔，故姑存之。①

梁蔼如不仅给侄子出“命题作文”，对其“答卷”也非常满意。

此外，在做人做事上，梁蔼如也不忘教导侄子，如梁九图记载说：“仲父中翰青厓先生……晚年尝训图曰：‘方外无端，人不可与交。’”② 方外即僧人、道士。不过与梁九图相交之方外人士很多。

梁九图对仲父梁蔼如之诗艺亦赞赏有加，如《十二石山斋诗话》卷三载：

仲父青厓中翰著有《无怠懈斋诗集》，五古近韦、柳，五律近王、孟，集中二体最为擅场。七律亦有可传，如《涿州望楼桑村》云：“无复浓阴映郡门，楼桑终古自名村。云霞尚護青龙气，风雨仍栖赤帝魂。大泽茫茫迷水石，平沙莽莽散鸡豚。行人立马知何处，指点高原落照昏。”较之永城李文定公作，亦不多让。③

梁九图认为梁霭如的五古接近韦应物、柳宗元，五律接近王维、孟浩

---

① ［清］梁九图辑：《十二石山斋诗话》，陈建华主编：《广州大典》影印本第五十八辑集部诗文评类总第519册，第529页。梁九图《题粤台饯别图》诗见《紫藤馆诗钞》。

② ［清］梁九图辑：《紫藤馆杂录》卷十二，《广州大典》影印本，第701页。

③ ［清］梁九图辑：《十二石山斋诗话》卷三，《广州大典》影印本，第479页。

然。并举其所作七律《涿州望楼桑村》，认为不减李文定公所作同题诗。

梁九图、吴炳南所辑《国朝岭表诗传》载梁蔼如诗11首[①]。其中有首《山居示侄九图》，这种表白心境之作，仍不忘告示侄子，足见叔侄二人感情匪浅。

二、族叔梁日初

梁日初，字翼文，一字介眉，生卒年不详。顺德人，有《梦醒斋吟稿》。据梁九图《十二石山斋丛录》载："族叔介眉素善饮酒，今年近五十，气质稍弱。"[②]《十二石山斋丛录》刻于道光二十八年（1848），以此往前推"近五十"，可推知梁日初生年不早于嘉庆三年（1798）。梁九图《十二石山斋诗话》《十二石山斋丛录》有多条关于族叔介眉，可推知其与梁九图交往匪浅。梁九图十二石斋建成后，邀众诗友题咏，梁日初作有《十二石山斋颂》：

> 翳石之质，肖形象物，天地秘藏，间世一出；翳石之色，温润而栗，如越浦柑，如洞庭橘；翳石之德，静而能默，呼丈呼兄，为友为客。当其未获，沉沙委碛，牧竖樵童，轻抛易掷。阮孚蜡屐，岩搜穴剔，袖自衡湘，珍逾拱璧。石臞故宅，年余二百，传之吾家，一堂翰墨。花晨月夕，留（流）连赏识，坐卧其间，悠然自得。[③]

此颂对梁九图所获十二石进行了质、色、德三方面的赞颂，由表及

① ［清］梁九图、吴炳南辑：《国朝岭表诗传》卷七，陈建华主编：《广州大典》影印本第五十七辑集部总集类总第497册，第675—676页。

② ［清］梁九图辑：《十二石山斋丛录》卷八，陈建华主编：《广州大典》影印本，第98页。

③ ［清］梁九图撰：《十二石山斋丛录》卷八，陈建华主编：《广州大典》影印本，第98页。

里，由物及人，十分贴切。梁九图对这个族叔也很熟悉：

族叔介眉体弱善病，坐致困阨，尝自纪贫病呈诸同人五首，联接一片，语皆沉痛，中有“一家骨肉双流泪，万种情怀半断肠”“家贫空说多文富，面瘦何曾众口肥”等句，俱警练。

丙午仲春阴雨连旬，族叔介眉《即事》句云：“余寒迟草木，积雨短光阴。”“短”字最练。[①]

《十二石山斋丛录》亦选录梁日初《梦醒斋吟稿》二首《永福陵》《梦里吟》，其中《永福陵》亦见《十二石山斋诗话》《国朝岭表诗传》。

三、弟兄辈的梁九章、梁九华、梁邦俊

1. 伯兄梁九章（1787—1842）

九章字修明，号云裳，别署“九十九峰山人”，梁玉成长子。据梁九图所纂《梁氏支谱》载：“（九章）原名九莲，诞日阶前瓷盘所栽莲开九花故名。”[②]《（民国）佛山忠义乡志》有传载：

嘉庆丙子（1816）顺天乡试，选国史馆誊录。《一统志·臣工列传》告成，议叙得四川布政司经历，洊擢知州。大吏奇其才，每畀重任，艰巨辄胜。旋以亲老回籍，不复出。笃亲属，族人赖以举火数十家。工画梅，人争购之，时论称其秀逸中见古劲，当与金冬心并驱争先。喜鉴藏古今法书名画，刻有《寒香

① ［清］梁九图撰：《十二石山斋丛录》卷八，陈建华主编：《广州大典》影印本，第98—99页。

② ［清］梁九图纂：《梁氏支谱》，清咸丰钞本。

馆帖》六卷。当时粤中鉴藏家，南海则有叶氏风满楼、吴氏筠清馆，及梁氏寒香馆而三。久居京师，与翁鸿胪方纲、郭编修尚先、李太守威诸公游，故搜罗多而精。迨其归也，筑寒香馆于汾水曲，古梅奇石，环列左右。汾水为粤城上游要地，南北士大夫往来络绎，道过者多与之订缟纻交，而应酬赠答，佳章隽句，又往往清丽缠绵。惜不自检拾，仅余《画梅赠吕隐岚》一绝，云："与君同住梅花国，日写梅花数百枝。不及会稽童二树，三千三百十三诗。"晚岁精医，著有《医法精蕴》四卷，未梓，藏于家。卒年五十有六。诗人吴炳南哭以诗，中有句云："石多顽趣今无主，梅有花神亦哭君。"其风雅盖可知矣。①

梁九章从政有政声，人品亦出众。梁九图有《送伯兄云裳之官西蜀》诗，云："此日汾江上，离情酒一樽。几人同折柳，一路听啼猿。欲慰严亲念，难忘圣主恩。前途知叱驭，当不愧王尊。"②似应当是上文所提梁九章到四川任布政司之事。

图1-4　梁九章《墨梅图轴》（佛山市禅城区博物馆供图）

对于他工画梅、喜收藏、嗜奇石，《顺德书画人物录》亦记载："工画梅，嗜石，喜收藏书画。佛山市博物馆藏有他画于道光己亥年（1839）的《梅花图轴》，画于咸丰己未年（1859）的《墨梅图轴》《梅花册》《梅花团

① 冼宝干纂，佛山市图书馆整理：《（民国）佛山忠义乡志》，第629—630页。

② ［清］梁九图撰：《紫藤馆诗钞》，陈建华主编：《广州大典》影印本，第9页。

扇》。”[①]

梁九章辞归故里后，于西贤里（今松风路与筷子路一带）筑寒香馆，与梁九图所筑十二石斋相望。寒香馆筑起后，一时成了文人墨客流连唱酬之地，所谓“南北士大夫往来络绎，道过者多与之订缟纻交（交情深厚）”。一个雪夜，梁九图过访寒香馆，并与何方流、梁九章共同赋诗：

> 冷逼梅魂夜气严，万花斗雪出重檐。高枝时与月窥阁，落瓣偶随风入帘。对影鹤应怜尔瘦，熏香罏不倩人添。罗浮我有前生梦，翠羽应妨破黑甜。[②]

《（民国）佛山忠义乡志》收此诗，题目作《雪夜寒香馆观梅》，要比《紫藤馆诗钞》所收题作《雪夜过寒香馆与何方流云裳兄同赋》更贴合诗的内容。开篇一联即将寒梅斗雪的锐气写出，混着冷气直逼人的肺腑。颔联一高一低两个视角，写出了寒梅的“凌寒独自开”与随风凋落。颈联暗化“梅妻鹤子”之典，用以说明梁九章寒香馆的幽居生活。最后“罗浮梦”亦用梅花典故，表达自己愿伴梅花入睡。“黑甜”指的是酣睡。

梁九图对诸兄弟之情眷眷于心，有一次登海南五指山，写了一首《登五指山怀伯兄云裳仲兄耕云从兄虞臣》[③]，尾联云：“登高望兄弟，归思渺何穷。”[④]登高想到诸兄弟，归思顿起，情深无限。

梁九章对梁九图也非常赏识。“道光丙申年（1836），梁九章将多年集藏的书法碑帖，选取精者，摹刻上石，并以馆号命题为‘寒香馆法

---

① 顺德市博物馆编：《顺德书画人物录》，第101页。

② ［清］梁九图撰：《紫藤馆诗钞》，陈建华主编：《广州大典》影印本，第10—11页。

③ 此题中的仲兄耕云是梁九仪，从兄虞臣是梁同济。

④ ［清］梁九图撰：《紫藤馆诗钞》，陈建华主编：《广州大典》影印本，第15页。

帖’。”“首页有梁九图亲笔题名‘寒香馆藏真帖’。”[①]兄弟二人，合力为当时及后世的书法界提供了一本精致的碑帖样本。

2. 季兄梁九华（1804—1853）[②]

梁玉成一生育有六子，其中梁九图最末。三子梁九华字常明，号灯山，生性聪敏，被仲父梁蔼如称为“千里驹”。

梁九华与梁九章、梁九图一样喜石，梁园的重要组成部分“群星草堂”，即梁九华所辟建。“由群星草堂、秋爽轩、船厅和回廊组成的石庭被称为‘岭南庭园之佳构’。”“因梁九图有足疾，不便登山，故对石庭特别喜爱，常与梁九华相品题，留下了‘垂老弟兄同癖石，忘形叔侄互裁诗’的佳句。”[③]梁九华所建的群星草堂也曾请梁九图书写楹联，梁九图记载到：

> 余性癖石，故有“饱看怪石当游山”之句，然所好独蜡石耳。予季兄灯山部曹则兼爱英德、太湖二种。于禅山新辟园林，罗怪石数百，点缀其中，几有平泉绿野之胜。门外池塘数亩，蕹荷杂沓，殊觉悦目。自题其堂曰群星草堂，盖取石有群星象之义。尝命余书楹帖。偶记李雨村题梁家园有“窗外小丘如列岫，门前积水当湖看”之联，宛然吻合，即挥篆，悬其中焉。[④]

梁九图擅篆书，故以篆体为群星草堂写了一副楹联。

---

① 郑克祥：《一枝藏雪影 清白写芳心——梁九章生平考略及其〈墨梅图〉赏析》，《文物鉴定与鉴赏》2017年第3期，第17页。

② 此处梁九华卒年，据王建玲《梁园》。

③ 王建玲：《梁园》，第43页。

④ 梁九图撰：《紫藤馆杂录》卷十二，陈建华主编：《广州大典》影印本，第707页。

图1-5　佛山梁园群星草堂石庭（佛山市禅城区博物馆供图）

3. 从兄梁邦俊（1808—1843）

梁邦俊字伯明，号小匡。梁蔼如子，梁九图从兄。陈勤胜所撰《小匡墓志》载：

先生以书画诗文自娱，生平尤乐善不倦……兼工诗画，与同邑何小冶明经、刘雨湖上舍、吴星侪茂才及其从弟福草比部相唱和。画学倪迂，间仿二米。性仁厚，族之贫者，月济以粟。人德之，则曰此先君之意。……生平自奉甚约，与友交，缓急相恤，无吝容。邑有地名仰船洋，乱石荦确，西潦至，舟触即坏。君谋夷其石筑堤，俾榜人挽舟有路，未果而卒。其嗣君偕其昆仲踵成之，往来者相与颂于涂，实君倡始也。中翰公殁三年，君以营坟茔积劳成疾，工将竣，遽卒，年三十有六。闻讣多痛悼，有辍炊者。素善《易》筮，多奇中，著《易数管窥》一卷。喜彰幽隐，

人有片语可传，必手录而品骘之，名曰《小厓说诗》，福草为刊板以行。君屡困棘闱，荐而不售，仅援例为太常寺典簿，又不永年，人咸惜之。然蓄道德，能文章，于物亦克有济，人皆谓中翰公有子云。[①]

梁邦俊生卒年一般均不详，然据此墓志所云梁蔼如殁后三年，梁邦俊因为给父亲修造坟墓而积劳成疾，未等竣工即卒。由梁蔼如逝于1840年，可知梁邦俊卒于1843年。又《墓志》交代其享年三十六岁，故其生年当为1808年。《顺德书画人物录》亦载："（梁邦俊）工诗画，画学倪元林、米友章、米元仁。著有《焚香省过斋诗稿》。"[②]

梁九图与梁邦俊过从甚密，诗酒唱和之余，还曾一起登览白云山，梁九图有《随雨湖师灯山兄小厓兄登白云山》一诗纪行。还有一次，梁邦俊与刘雨湖、何星垣（竹溪）、吴炳南及梁九图在珠江雅集，作诗送春，吴炳南先成一诗，令在座皆"粲然"[③]。梁邦俊卒后，梁九图悲不自胜，写了一首《哭从兄小厓》："闻凶涕泪一齐零，闾里炊烟尽日停。我更伤心难恸哭，老人堂上不能听。"其中第二句后梁九图自注到："闻讣日，吾族多为之罢炊"[④]与《墓志》所载"闻讣多痛悼，有辍炊者"一致。

梁邦俊诗流传不多，张维屏《听松庐诗话》载其《题仇十洲画阿房宫障子》七古一首，另《国朝诗人徵略二编》有摘句四联[⑤]。梁九图《国朝岭表

① ［清］陈勤胜撰：《小厓墓志》，［清］张维屏：《国朝诗人徵略二编》卷六十四，周骏富辑：《清代传记丛刊》第23册，第961—963页。

② 顺德市博物馆编：《顺德书画人物录》，第101页。

③ ［清］梁邦俊撰：《小厓说诗》卷三，陈建华主编：《广州大典》影印本第五十八辑集部诗文评类总第517册，第282页。

④ ［清］梁九图撰：《紫藤馆诗钞》，陈建华主编：《广州大典》影印本，第16页。

⑤ ［清］张维屏：《国朝诗人徵略二编》卷六十四，周骏富辑：《清代传记丛刊》第23册，第964页。

诗传》载其《夜起》一首。又《十二石山斋诗话》录其《塞下曲》[①]一首。符葆森《国朝正雅集》卷八十四收梁邦俊《鲁仲连》《塞下曲》两首诗。

据梁九图著述所提及，其族人与之交游者，尚有族伯戢庵先生梁翰[②]、族兄梁诗拔[③]、族兄梁云锦[④]等，因所交往事迹文献记载较少，故从略。

梁九图与族人的交往，尤其是梁蔼如、梁九章、梁九华等，因志趣相投，所以对梁九图做人做事都产生了一定影响。在修德立言上，梁九图得族人的感染而成就了自己一生的美名。而梁氏族人之间文学上的相互切磋，也使其形成了一种“具有文化价值意义的家族性文学共同体，并产生了丰富的创作成果”，梁氏族人共同形成了代表佛山梁氏的“文化倾向、人文情感、话语方式和文学经验”[⑤]。同治时，嘉定张修府将梁翰、梁蔼如、梁九图、梁诗拔四人诗合刻为《竹林诗略》，并在序言中盛赞“今梁氏一门，彬彬若是，骚坛槃敦，萃于户庭，直与唐宋诸贤媲美，可谓盛矣”。[⑥]梁九图及其先辈、同辈的盛名也深刻影响了梁氏后人，有人曾指出：“据不完全统计，从十四世至十九世的梁氏族人中，仅出版的个人专著就有近50种（不包括未刊行的）。”[⑦]

---

① 按，据张维屏《国朝诗人徵略二编》所载摘句后附诗题，此诗题当作《拟塞下曲》。

② 参《十二石山斋诗话》卷一、卷四，第449页、第509页；《紫藤馆杂录》卷十二，第707页；《（咸丰）顺德县志》卷二十五《梁翰传》，第625页；《（民国）佛山忠义乡志》卷十四《人物志九》，第735页；《顺德书画人物录》，第96页。《国朝岭表诗传》收梁翰《秩满入都舟发汾江别弟遇超》《土木怀古》两首诗。

③ ［清］梁九图辑：《十二石山斋诗话》卷一，陈建华主编：《广州大典》影印本，第451页。符葆森《国朝正雅集》卷八十四收梁诗拔《哭门人苏仪周》《对镜词》二首诗；《国朝岭表诗传》收梁诗拔《哭苏仪周》。

④ ［清］梁九图辑：《十二石山斋诗话》卷四，陈建华主编：《广州大典》影印本，第519页。

⑤ 罗时进：《家族文学研究的逻辑起点与问题视阈》，罗时进：《文学社会学——明清诗文研究的问题与视角》，北京：中华书局，2018年，第3页。

⑥ ［清］张修府：《竹林诗略》（序），冼宝干纂，佛山市图书馆整理：《（民国）佛山忠义乡志》卷十五《艺文志二》，第860页。

⑦ 王建玲：《梁园》，第15页。

第二节　志趣熏染：梁九图与师友辈交游考

古人重师友之谊，尤重知己之感。从对伯牙、子期“高山流水”的演绎、传播，到杜甫晚年所慨叹的“百年歌自苦，未见有知音”[①]，人们都希望从师友们对自己的认知中而获得理想的人生境地。师友之间的志趣熏染也刺激着彼此形塑完美的人格、实现人生的价值。前代师友交游的历史也都成为后人所追崇模仿的佳话，前代师友交游的场景也一次次在后人的追崇模仿中复现，共同汇入历史发展的长河，让后人的后人看到了一幕幕雅集盛景，亦复令今人感叹。

梁九图作为当时佛山、乃至岭南的文化名人，与之结交的都基于共同的志趣，或因为诗文，或因为书画；或慕名十二石斋的大名，或久闻佛山梁氏的佳声。总之，其场景至今让人向往。

一、梁九图的老师

刘潜蛟，字跃然，一字雨湖，生卒年不详，顺德人，著有《太乙亭诗草》。“嘉庆初设帐于佛山深水瓯，品端学邃，善书工诗。梁九图少日曾从之游。”[②]《（民国）佛山忠义乡志》卷十四有传。

梁九图诗文书画兼擅，但其老师，今可知者只此一人。梁九图《汾江随笔》曾记载：

> 余少受诗法于雨湖师，专以汉魏盛唐为主，锦囊呕心，凡稿必经数易，故岁得无多。当时入粤诸名流，如秦小岘侍郎、伊

① ［唐］杜甫著，［清］仇兆鳌注：《杜诗详注》，北京：中华书局，1979年，第1950页。

② 冼宝干纂，佛山市图书馆整理：《（民国）佛山忠义乡志》，第737页。

墨卿太守，皆立为推毂，乃野言山貌，颇以揽环结佩为劳。家极贫，饶于图史。偶过市，见香光残本，遽脱裘易之。李咸用之典衣买集，杜荀鹤之卖屋添书，同兹风趣。[①]

此段记载虽简，却可见刘雨湖德行之大概，如对后进之“推毂”、虽贫却爱书等。

梁九图诗名远播，与刘雨湖之教导分不开。刘雨湖对梁九图之诗称赞有加，梁九图曾记道：“雨湖师尝向余诵同邑苏赤崖炳南《宫怨诗》，谓其含蓄蕴藉，雅近唐音。余适成一首，质之于师，师谓‘允堪伯仲’。”[②]而梁九图对刘雨湖之诗名亦多推扬，如：

刘雨湖师诗喜操唐音，《梅村闻笛》一绝有江上峰青之响，诗云：“空山何处美人家，拟访仙踪趁月华。万树梅花一声笛，梅花村里落梅花。”其妙处尤在善叠也。[③]

指出刘雨湖此诗善于叠用“梅花”。再如：

悼亡诗哀恻动人，多属私情之作。雨湖师《吞声吟》云：“一番内顾一伤神，中馈先销石灰身。念我双亲年渐老，羹汤调剂倩谁人？”明发之思随处流露，与儿女情长者迥别矣。[④]

---

① ［清］梁九图撰：《十二石山斋丛录》卷八，陈建华主编：《广州大典》影印本，第89—90页。

② 梁九图辑：《十二石山斋诗话》卷四，陈建华主编：《广州大典》影印本，第521页。

③ ［清］梁九图辑：《十二石山斋诗话》卷一，陈建华主编：《广州大典》影印本，第448页。

④ ［清］梁九图辑：《十二石山斋诗话》卷八，陈建华主编：《广州大典》影印本，第604页。

因此，梁九图与吴炳南编《国朝岭表诗传》，于刘雨湖收录11首诗。梁九图《十二石山斋丛录》亦收录《笠亭诗拾》中所收刘雨湖8首诗。《十二石山斋诗话》中收刘雨湖《咏姑苏台》《朝汉台作》《咏彦章》《咏荆轲作》等诗，均称赞有加。

除了教习诗法，刘雨湖与梁九图等人也常常一同游览、唱和，如刘雨湖与梁蔼如、吴炳南、梁九图同登罗浮山[①]，刘雨湖与梁九华、梁邦俊、梁九图同登白云山。而从刘雨湖《春晓过梁六山斋信宿而去》可见，刘雨湖有时还在梁九图十二石斋留宿，关系可想而知。何星垣有《漱珠桥题酒家壁同介峰师刘雨湖吴星侪吴晓阁梁福草》，梁九图、刘雨湖等人“拈韵分题”。梁九图所辑《汾江草庐唱和诗》，其中也有刘雨湖和作。这些都可见刘雨湖与梁九图师徒情谊。尤其是梁九图还将刘雨湖及其父亲刘扶山二人诗选刻流布，张维屏称赞说“可谓笃于师门者矣”[②]。

二、梁九图的诗朋

在为梁九图的《十二石山斋图》题咏中，有一篇比较特殊，便是番禺陈澧（1810—1882）所作《十二石斋铭》。这是一篇铭文，其中结尾两句云：“湟溱可作，与结诗朋。”[③]“湟溱”指的是十二石斋前身的主人程可则（1627—1676）[④]，明末清初岭南的著名文士，“岭南七子”之一，所著《海日楼诗文集》也常见诸梁九图的著述中。陈澧对梁九图的评价很高，认为他能够像程可则一样，不仅能成就一代诗名，也能够借此结交众多诗朋，而现实也恰印证了陈澧的评价。杨霈也说：“（梁九图）又能焚香一

① 刘雨湖有《罗浮同梁青厓吴星侪梁芳明》，见［清］梁九图、吴炳南辑：《国朝岭表诗传》卷八，陈建华主编：《广州大典》影印本，第690页。

② ［清］张维屏：《国朝诗人徵略二编》卷六十四，周骏富辑：《清代传记丛刊》第23册，第958页。

③ ［清］梁九图撰：《十二石山斋丛录》卷六，陈建华主编：《广州大典》影印本，第78页。

④ 此处程可则生卒年，据万伟成编著《佛山历代诗歌三百首》“程可则小传”，第22页。

室，杜门扫轨，拜石品花之下，聚古今名流巨集，寝食于其间……五百四峰而后别树一帜，抑复何难！”[①]“五百四峰”指的是乾嘉年间顺德有名的诗人黎简（1747—1799）。梁九图有众多诗朋，彼此之间一如传统文士，日常交往之外，主要是燕集、结社和访谒。

1. 燕集

有学者曾论道：“雅集是中国古代文人的重要文化生活，也是他们参与社会活动的重要途径，其与文学集团、文艺流派往往互促互成，因雅集而产生的文学作品更在客观上推动了文人生活艺术化与日常经验经典化的进程。”[②]梁九图等人的雅集便是“文人生活艺术化”的鲜明代表。吴炳南在为梁九图的《十二石斋诗集》所作的序言中说：“谢灵运山水方滋，杜牧之烟花自喜，诗天酒地，占尽遨头，草笠芒鞋，鼓来行脚，欢场录别，胜地纪游……。”[③]这里把梁九图比作谢灵运、杜牧，说他遨游山水、出入青楼，与人诗天酒地，惹人注目。梁九图一生足迹虽不广，大部分时间活动于岭南，尤其待在十二石斋、汾江草庐、紫藤馆中，但与之燕集者却不少。

《汾江随笔》载：

> 长白瑞振堂司马与余伯兄云裳交称莫逆，常至寒香馆中科松洗竹，童仆忘为贵官也。痴于临池，日必尽数十纸，案牍之旁，淋漓墨瀋。暇则与吾辈泫匏唱和，哀丝豪竹，感怆中年，所谓秋士多悲者，非欤？[④]

---

① ［清］符葆森辑：《国朝正雅集》卷八十五。

② 谷卿：《论元代雅集品题的内涵特质——以作为雅集物证的书画原迹为中心》，《文学评论》2017年第1期，第151页。

③ 冼宝干纂，佛山市图书馆整理：《（民国）佛山忠义乡志》卷十五《艺文志一》，第854页。

④ ［清］梁九图撰：《十二石山斋丛录》卷一，陈建华主编：《广州大典》影印本，第11页。

瑞麟，具体事迹不详。“临池”是学习书法。瑞麟与梁九章交往频繁，常到梁九章寒香馆中写字作画，并与梁九图等人饮酒唱和。

《岭南琐记》载：

> 漱珠桥当珠海之南，酒幔茶樯，往来不绝。桥旁楼二，烹鲜买醉，韵人妙妓，镇日勾留。余与介峰太史、星侪茂才、竹溪山人辈尝于此作销夏。曾拈韵分题，竹溪有诗云：“酒旗招展绿杨津，隔岸争来此买春。半夜渡江齐打桨，一船明月一船人。”余戏呼为何一船。[①]

介峰太史是何惠群，字和先，顺德伦教羊额村人，嘉庆九年（1804）甲子科第一名举人、解元，嘉庆十四年（1809）己巳科二甲第七十九名进士，由庶吉士改官新昌知县，著有《饮虹阁诗稿》四卷。[②]星侪茂才是吴炳南。竹溪山人是何星垣，字六符，一字竹溪，顺德人，著有《读画亭吟稿》。《国朝岭表诗传》录诗6首，《十二石山斋丛录》录诗7首。据何竹溪所作《漱珠桥题酒家壁同介峰师刘雨湖吴星侪吴晓阁梁福草》，知梁九图等人的“销夏”“拈韵分题”，还包括刘雨湖、吴晓阁二人。梁九图戏呼何竹溪为“何一船”，是因何竹溪“一船明月一船人”一句较醒目，故戏仿古人如呼唐末诗人郑谷为“郑鹧鸪”等来称呼他。文人韵事，自古而然，这也体现出梁九图对何竹溪此诗的称赞。

再如《十二石山斋诗话》载：

> 余邑钟虞廷茂才簾性谦冲，自言吟咏半生，罕有当意者，

---

① ［清］梁九图撰：《十二石山斋丛录》卷二，陈建华主编：《广州大典》影印本，第24页。按此条亦见《紫藤馆杂录》卷十五，陈建华主编：《广州大典》影印本，第773—774页。

② 梁燕编著：《佛山历代状元进士谱》，广州：广东人民出版社，2020年，第282页。

> 每不肯轻以示人。丙午春，偶燕集紫藤馆，席间行令，各诵近作一首，违令者罚巨觥。虞廷素不善饮，勉诵其《题杨妃春睡图七律》云："马嵬魂断已千春，谁绘风流帐里身。一梦若教长化蝶，三郎何事竟蒙尘？宠分韩虢香襟暖，情失邠宁大被亲。太息罗衣环上系，晓筹无复报鸡人。"亦楚楚有致。[①]

燕集行令，而行令内容是彼此近作，更显出古代文人诗酒文会的独特魅力，与普通酒徒的行令猜拳迥若天壤。

梁九图曾有湖湘之行。一次在道州（今湖南道县）时，还与宛平赵小魏慕野、湘潭张勉亭士勤、曾璧人如璋、侯官林子俊其英等作送春会，会上梁九图亦作了一首绝句。[②]

梁九图还建有汾江草庐，"与词人雅集，为觞咏地"，经常举办雅集。当时文士名流，亦往往拜访草庐。如陈璞有《汾江草庐雅集赋呈福草先生二首》、黄培芳有《遇梁福草先生草庐》[③]。梁九图更是将汾江草庐诸人唱和诗辑为了《汾江草庐唱和诗》（二卷），并予以刊布流衍。此外还有十二石山斋唱和，规模更大，后文详述。

像这样的燕集、诗会，对于梁九图等文士来说再普通不过了，但对于普通民众来说，却是一幅向往的风雅图景。

2. 结社

自古文士好结社，明清以来，结社之风更甚。罗时进在分析"地域文学社群"时指出：

> 地域文学社群与一般意义上的社团流派相比具有一些不同的

---

① ［清］梁九图辑：《十二石山斋诗话》卷二，陈建华主编：《广州大典》影印本，第468页。

② ［清］梁九图辑：《十二石山斋诗话》卷七，陈建华主编：《广州大典》影印本，第572页。

③ 冼宝干纂，佛山市图书馆整理：《（民国）佛山忠义乡志》卷十《风土志二》，第444页。

> 特征：其成员往往限于一个地区或郡邑，活动多在地方基层；参与者身份不等，但在文学活动中一般以“自然文化人”出现；召集者多为一地之望重者，其中不乏一时文坛领袖；维系社群存在的除文化精神外，更多的是依赖社约以及履行社约的社集活动；人际之间往往同仁相得，相互标榜，竞文才风流，少异同纷争。①

岭南诗社之影响卓著者，首推元末明初的南园五子（孙蕡、赵介、王佐、黄哲、李德），后又有“南园后五子”（欧大任、梁有誉、黎民表、吴旦、李时行），先后辉映，在岭南文化史上占据重要地位。

梁九图以当时的“名士”身份，甚至作为佛山一地、乃至整个岭南地区有名的“文化人”“望重者”，也曾与同道结过诗社。《十二石山斋诗话》载：

> 佛山无山，无以为游眺之所。余与吴朴园、唐冠山、陈云史、廖顾庐、何兰皋五孝廉，郭仙航、邵心根、罗涧泉、莫鹿宾、吴星侪五茂才，暨张云根道人辈得莺冈一小邱，培以土石，亦足望远，各携植花竹芭蕉，合数百株，近已成荫，暇则觞咏其间，结一社，名觞咏社，分题同赋，得诗渐多，拟梓其诗为《觞咏集》，未知何日始能毕愿也。②

梁九图等人结成了觞咏社，人员至少12人。地点在佛山莺冈，“莺冈在丰宁铺。高可五丈许，弥望田间诸小丘，仅高数尺，则此冈固翘然尊

① 罗时进：《地域社群：明清诗文研究的一个重要维度》，罗时进：《文学社会学——明清诗文研究的问题与视角》，第59页。

② ［清］梁九图辑：《十二石山斋诗话》卷三，陈建华主编：《广州大典》影印本，第499—500页。

矣。……曰莺冈者，以丘首昂若莺鸣也。”[1]这个诗社的主要活动便是“分题同赋”，但社中同人所写的诗最终也未能刊刻，实为遗憾。

3. 访谒

吴炳南为梁九图所作的《十二石山斋记》描写道：

> 吾闻是斋也，旧为程子周量蕺山之堂，自周量没而荒芜者百有余年，福草卜此以居乎，朝吟夕讽，复能召俦命侣，讲习乎声诗，国初诸老之风流，信于兹未坠也。[2]

梁九图之声名与十二石斋相得益彰，故引来众诗朋访谒不断，或求梁九图品诗，或求梁九图题字，诚所谓“风流未坠”。如《十二石山斋诗话》卷二载：

> 南海黄子刚参军瑞图工画山水，笔法酷似陈白阳。丙午春，袖所著《妙有村唫草》见访。余最赏其“耽吟成癖宁非累，知拙能藏便是才”及“异人不必皆山泽，名士何妨住市廛”等句，子刚亦服为知言。[3]

梁九图之摘句、评诗，得到了黄子刚等人的肯定。如《十二石山斋诗话》卷四载：“南海周灵椒子祥近以其《眠琴书屋诗草》介霍香谷茂才属余点定，诗笔极清。”[4]周子祥通过霍香谷，求梁九图点定（点校、品鉴）他的《眠琴书屋诗草》。如《十二石山斋诗话》卷五载：“李湘筠大令尝

① 冼宝干纂，佛山市图书馆整理：《（民国）佛山忠义乡志》卷一，第47页。

② ［清］梁九图撰：《十二石山斋丛录》卷六，陈建华主编：《广州大典》影印本，第65页。

③ ［清］梁九图辑：《十二石山斋诗话》卷二，陈建华主编：《广州大典》影印本，第473页。

④ ［清］梁九图辑：《十二石山斋诗话》卷四，陈建华主编：《广州大典》影印本，第511页。

以便面索书，请录旧作，余为录咏古二首，《朱仙镇》云……（作者按：诗略）。《韩侂胄》云……（作者按：诗略）。后华荔生文梳见之，叹赏不止，即携湘筠过访，并袖其稿求余订定。”[①]李湘筠请梁九图为他的便面题字，梁九图把自己的近作，两首咏古诗题写在了上面。华文梳见到了梁九图题写的便面，应该是欣赏梁九图的两首咏古诗，所以便与李湘筠一起拜访梁九图，并拿着他自己的诗稿请梁九图订正。再如《十二石山斋诗话》卷八载：“家柳衢见余所著诗话，凡有近作，必来就正。余谓足下虚心如此，不患不传，愧余不能传足下之诗耳。”[②]梁柳衢看到了梁九图所著《十二石山斋诗话》，应该是服膺梁九图对诗歌的妙赏，因此，只要有新作品，必定到梁九图处，请梁九图指正。

再如《十二石山斋诗话》卷三载：“古冈彭五岭树楳客于禅山，闻余有诗癖，因来访谒。余索存稿，言行箧未携，命笔录近体数首，其中佳句，如《春晴》云：‘雨过添花气，云崩漏日痕。’《冬夜》云：‘寻梦每攲枕，畏寒时媵床。’《客禅山赠诸知己》云：‘好友每于贫贱得，新诗都属别离多。’《暮春病中寄玉台上人》云：‘春如过客常轻别，愁似无家不肯归。’都觉清新。”[③]古冈，即古代冈州，清代时改名新会。彭树楳客宿佛山，听说梁九图有诗癖，即前去拜访。

再如《十二石山斋诗话》卷三载：“归善张翰生玉堂现为新会营参将，因诗而交星侪及余，精指头书，其《偶题》有‘指墨泼从投笔后，拳书挥自督师前’，诚有雅歌投壶气象。”[④]归善，今广东惠阳。张翰生虽为参将，但因为喜欢诗，亦能诗，从而与吴炳南、梁九图相交。

---

① ［清］梁九图辑：《十二石山斋诗话》卷五，陈建华主编：《广州大典》影印本，第542—543页。

② ［清］梁九图辑：《十二石山斋诗话》卷八，陈建华主编：《广州大典》影印本，第605—606页。

③ ［清］梁九图辑：《十二石山斋诗话》卷三，陈建华主编：《广州大典》影印本，第482页。

④ ［清］梁九图辑：《十二石山斋诗话》卷三，陈建华主编：《广州大典》影印本，第486页。

梁九图是个大雅之人，所以，他曾赠人“诗床”：“施愚山制诗帐赠林茂之，徐蝶园制诗枕招名流题咏。余曾制诗床赠陈梦生，镌唐人绝句三十首于其中，亦佳话也。”[①]施润章制作诗帐（题上诗的帐幔）赠给林茂之，招来很多名士也在帐幔上题诗。徐蝶园制作了一个枕头，也在上面题诗，并招当时名流题诗。梁九图也仿施、徐二人之雅事，制作了一张床，并在上面镌刻了唐人绝句三十首，赠给了陈梦生。

梁九图亦工书法，所以，有很多人因为求梁九图题字从而与之相交，彼此间亦常常品诗论画。如《十二石山斋诗话》卷三载：“灵山张远山茂才锡封工草书，颇有论坐帖意，因慕贤上人，访余于禅山，出《惠州西湖图》索题，余援笔成二绝……（诗略）。”[②]此二绝亦为《清诗纪事》收录[③]。再如《十二石山斋诗话》卷七载：“何汉槎少尹守正赴任福建时，索余书数十纸，舟泊汾江相待，忙迫中字间舛误，因记方子云句云：‘酒因赊得瓶难满，书为催成字易讹。’”[④]

另梁九图在世时，其所作《紫藤馆诗钞》《十二石山斋诗话》均已付梓，并转赠诗朋，所以，也有人求梁九图诗者，如《十二石山斋诗话》卷五载：

> 仲父中翰公《无怠懈斋诗》刊行后，拙集《紫藤馆诗》亦付梓。南海李孟夔孝廉鸣韶在陈云史孝廉文瑞座上一见，即爱不忍舍。明日，致札于云史云：“青厓先生诗品高淡，恰肖其为人；

---

① ［清］梁九图撰：《紫藤馆杂录》卷十六，陈建华主编：《广州大典》影印本，第792页。“诗帐”“诗枕”事，可能为梁九图读王士禛《池北偶谈》时看到此韵事。参［清］王士禛撰，靳斯仁点校：《池北偶谈》卷十一《谈艺一》，北京：中华书局，1982年，第253页。

② 梁九图辑：《十二石山斋诗话》卷三，《广州大典》影印本，第481页。

③ 钱仲联主编：《清诗纪事·道光朝》，第10896页。

④ 梁九图辑：《十二石山斋诗话》卷七，陈建华主编：《广州大典》影印本，第587页。

> 福草古体遒劲，近体更多佳句。闻足下雅与梁氏有故，能多方为弟求一本否？不然恐弟效萧翼故智，则足下所有，不能无巧夺豪偷之患。”云史传其札来索诗，余诚不敢当此誉，然嗜痂之癖，世亦未尝无其人也。①

李鸣韶对梁蔼如和梁九图的诗评价都很高，因此希望陈文瑞帮忙求梁九图赠一本《紫藤馆诗钞》，还十分幽默地“要挟”陈文瑞，假如不肯帮忙，那么他可能效法“萧翼赚兰亭”②，将陈文瑞所有据为己有了。

总之，在古典士风尚为传统士人所尊奉的年代，梁九图与其诗朋通过诗歌、书画构成了一道吸引人的风雅图景，不仅国初岭南诸大雅如陈恭尹、梁佩兰等人之风流未坠，溯及历史，传统文人墨客所积淀起的这份风雅图景也在梁九图等人这里得到了很好的传承。

第三节　岭南风雅又推梁：梁九图与十二石山斋题咏

梁氏族人因经济基础和文化条件，故由梁蔼如开始在松桂里一带构建“梁园”。梁氏族人又多嗜石，其中尤以梁九图为代表。他所构建的十二石山斋，不仅是梁氏族人的栖息之地，也成了当时佛山、岭南区域文人墨客竞相访谒的聚集地，构成了前文所提及的“地域文学社群”。梁九图还特意在十二石山斋建成之后，请人作斋画，并请多人题记；另还有很多与梁九图有交者，或往来十二石山斋而有题壁之举，或就梁九图之《十二石

---

① ［清］梁九图辑：《十二石山斋诗话》卷五，陈建华主编：《广州大典》影印本，第525页。

② 唐太宗御史萧翼从王羲之第七代传人僧智永的弟子辩才手中将“天下第一行书”《兰亭序》骗取到手，献给唐太宗的故事。

山斋图》寄诗——以梁九图为“首领”，共同构就了一幅绚丽多彩的令今人翘首的风雅图。

一、十二石山斋的创建与《十二石山斋图》

1. 十二石山斋的创建

十二石山斋的创建，缘于梁九图的衡湘之行。道光甲辰（1844）春，梁九图“自衡湘归，道经清远，购得蜡石十二，色皆纯黄……因仿坡公壶中九华法，以七星岩石盘贮水蓄于庭前，颇惬素癖，并颜所居曰‘十二石山斋’。”[①]有关十二石山斋的历史、构成、方位等，梁九图等人所作斋记已基本交代清楚，如梁九图交代了十二石山斋的位置、渊源，其记曰：

> 十二石山斋在石云山之西，距先大夫祠庙仅百数武，而蠕峰峙其东，十八墩[②]亘其南，汾江界其北。故为程湟溱太守蕺山之堂，太守殁，归诸宋梅墅内史；内史殁，归诸黄芝山户曹；户曹殁，乃归诸余。二百年来，宅四易主矣。[③]

石云山“在大基铺对岸河边，峭石林立，奇兀可喜”[④]。先大夫祠庙指的是梁九图父梁玉成家庙。据吴荃选所作《梁氏刺史家庙记》，梁玉成之

---

① ［清］梁九图：《十二石山斋记》，［清］梁九图撰：《十二石山斋诗话》卷七，陈建华主编：《广州大典》影印本，第568页。

② 按：十八墩是一个统称，“在田心书院及观音庙左右，论者以田边观音庙由莺冈发脉，过万真观分府衙门，而庙为莲花形，其十八墩为十八罗汉，以护卫观音云。”十八墩具体位置，见冼宝干纂，佛山市图书馆整理：《（民国）佛山忠义乡志》卷十，第393—394页。

③ ［清］梁九图：《十二石山斋记》，［清］梁九图撰：《十二石山斋丛录》卷一，《广州大典》影印本，第4页。按，此记又附录于梁九图《谈石》后，见黄宾虹、邓实编：《美术丛书》二集第七辑。

④ 冼宝干纂，佛山市图书馆整理：《（民国）佛山忠义乡志》卷一，第46页。

家庙建于咸丰二年（1852）[①]，故可知梁九图所谓“先大夫祠庙”，应为咸丰二年（1852）所建家庙前身。十二石山斋原为康熙时程可则故宅“蕺山草堂”，经宋梅墅、黄芝山而至梁九图，“宅四易主”。

梁九图《十二石山斋记》还交代了其建构十二石山斋的经历及目的：

> 夫天地皆寄也。人生数十寒暑，居处服御，玩好之物，不能长据以写已有。而自愚者视之，则凡可以暂娱耳目者，无不竭精疲神以求焉。余之好石，毋乃类是耶？忆岁甲辰，游衡湘归，购蜡石九，已，复购石三，因颜其斋曰“十二石山斋”。……客有过余而言者曰：“吾见世之贵者，高爵厚禄，出拥入驺，前呼而后随，入则妓妾环立，争妍斗冶，笙歌筵宴，自暮达旦。吾见世之富者，求田问舍，以遗孙子，高其仓庾，壮其栋宇。今吾子栽花莳竹，咿唔吟讽，庭罗众石，寂对神怡，摩挲抚弄，若有所得。抑何怪也？”余曰：“唯唯，否否。吾闻米氏元章之于石也，呼为兄矣！邝子湛若之于石也，易以妾矣！余石十二，而拳峦陂塘，溪涧瀑布，峻坂峭壁，岩壑磴道，诸体悉备。览于庭，则湖山胜概毕在目前，省登蹑之劳，极游遨之趣。余自乐此，客无诮焉。”[②]

“岁甲辰”，核诸梁九图生平，当为道光二十四年（1844）。梁九图为何游衡湘，目前不知缘由。“购蜡石九”，是因为梁九图喜欢蜡石。在《谈石》中他曾说：“凡藏石之家多喜太湖石、英德石，余则最喜蜡石。蜡石逊太湖、英德之巨，而盛以磁盘，位诸琴案，觉风亭水榭为之改

① ［清］吴荃选：《梁氏刺史家庙记》，冼宝干纂，佛山市图书馆整理：《（民国）佛山忠义乡志》卷九，第349页。

② ［清］梁九图：《十二石山斋记》，［清］梁九图撰：《十二石山斋丛录》卷一，陈建华主编：《广州大典》影印本，第4页。

观。”[①]对梁九图之嗜石，“客”很不解，因为在他看来，像梁九图这样的“贵者”“富者”，不应该“庭罗众石，寂对神怡，摩挲抚弄”。梁九图不仅嗜石，还懂得如何摆弄、如何在石上种花莳草。经梁九图的摆弄，简单的十二块石头，却成了一个小天地。梁九图有腿疾，故“览于庭，则湖山胜概毕在目前，省登蹑之劳，极游遨之趣”。

陈勤胜则介绍了十二石山斋的构成，以及十二石的形状，其记曰：

> 余邑梁福草先生构斋于禅山，为觞咏地，斋中庋书万卷。右为梅花草堂，前对紫藤馆，一览亭[②]在其西。庭下列石十二者，踏地耸出，小则架以盆盎，或峙，或卧，或坐，如人立，如兽蹲，奇态异状，错杂竹阴树影。[③]

由此记可知，十二石山斋与梅花草堂、紫藤馆、一览亭共同构成了梁九图的栖息之地。十二石的形状各异，引人入胜。

张维屏《十二石山斋记》亦交代了十二石的来历、形状：

> 福草游衡湘归，舟过清远，得十二石。其色纯黄，巨者高二尺许，小者亦广径尺。其状有若峰峦者，有若陂塘者，有若溪涧瀑布者，有若峻坂峭壁者，有若岩壑磴道者。福草载石归，以七星岩石盘贮水蓄于斋前……[④]

---

① ［清］梁九图：《谈石》，黄宾虹、邓实编：《美术丛书》二集第七辑，第253页。

② 王建玲《梁园》作“一揽亭”。欧阳锴《十二石山斋记》云：“西建亭焉，颜曰一览，汾江诸景可收之几席。”可知确为一览亭。［清］梁九图撰：《十二石山斋丛录》卷四，陈建华主编：《广州大典》影印本，第44页。

③ ［清］陈勤胜：《十二石山斋记》，［清］梁九图撰：《十二石山斋丛录》卷一，陈建华主编：《广州大典》影印本，第10页。

④ ［清］梁九图撰：《十二石山斋丛录》卷三，陈建华主编：《广州大典》影印本，第29页。

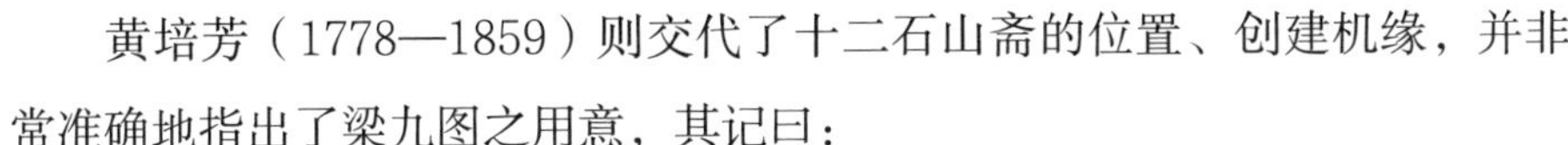
黄培芳（1778—1859）则交代了十二石山斋的位置、创建机缘，并非常准确地指出了梁九图之用意，其记曰：

> 斋在禅山潘涌之侧，北界汾江，东峙石云，乃程海日蕺山草堂故址也。十二石者，道光甲辰春，福草薄游衡湘归，购得蜡石十有二，嵚崎磊砢，杰出天然。爰琢七星岩石为盘，蓄水列贮于庭，意仿东坡壶中九华也。[①]

苏轼曾作有《壶中九华诗》，据题下小引："湖口人李正臣蓄石九峰，玲珑宛转若窗棂然。予欲以百金买之，与仇池石为偶。方南迁，未暇也。名之曰壶中丸华，且以诗纪之。"[②]知苏轼亦嗜石。黄培芳所指出的梁九图"意仿东坡壶中九华"，也多为后文所论诸家十二石山斋题咏所本，可见梁九图确是有意模仿昔贤。

2.《十二石山斋图》的绘制

十二石山斋建成后，梁九图特意请人绘制了《十二石山斋图》，这也是有意追慕昔贤。据梁九图《十二石山斋记》及《十二石山斋丛录》所载可知，绘图者有苏长春、苏六朋、易景陶、梁汉、罗天池五人。

苏长春，生卒年不详。《（民国）佛山忠义乡志》卷十四《人物志九》载："字仁山，顺德人。工绘事，擅勾勒法，不假渲染，以笔之轻重为阴阳。所作山水人物迥异恒蹊，飘飘有出尘之致。道咸间主于梁福草比部家最久，为绘十二石斋图。纸仅数寸，而亭堂轩槛、几案鼎彝、树木花竹，靡弗悉备。十二石如小指头，其岩壑峰峦，状皆逼肖，堪称妙绝。每

---

① ［清］黄培芳：《十二石山斋记》，［清］梁九图撰：《十二石山斋丛录》卷七，陈建华主编：《广州大典》影印本，第79页。

② ［宋］苏轼著，［清］冯应榴辑注，黄任轲、朱怀春校点：《苏轼诗集合注》，上海：上海古籍出版社，2001年，第1935—1936页。

语人曰：‘生平作画逾千，以此图为最得意云。’”[①]梁九图《十二石山斋记》提到：“爰属苏靖虎山人图之，将泐诸壁矣。”[②]

苏六朋（1791—1862），[③]字枕琴，别署枕琴居士、枕琴道人、枕琴道士、怎道人、怎叔、阿琴、阿朋、南水村人、南水村佬、南水渔人、南水渔郎、南溪渔隐、南溪渔者、溪南渔叟、山樵渔郎、罗浮布衣、罗浮山樵、罗浮道人、浮山樵者、浮山阿朋、七百三十峰散人、第七洞天樵子、七十二洞天散人、石楼吟叟、石楼仙客、消遥道士、云裳道人、梦香生等别号。勒流南水村人。苏奕舒子。寓居罗浮、广州等地[④]。今存世作品有200多件，顺德市博物馆、广东省博物馆、广州美术馆、广州博物馆等均有藏其画，但没有著录《十二石山斋图》。关于苏六朋为梁九图绘《十二石山斋图》，张维屏《十二石山斋记》有明确交代：“属苏君枕琴绘图，而请余记之。”[⑤]

易景陶，生卒年不详，字君山，清乾隆间鹤山人。善画人物，风格近李孔修。行笔简练，不喜用线勾轮廓，连画带彩形象数笔即成，别有意趣。广州美术馆藏有他款署“辛丑”，即乾隆四十六年（1781）的山水画，和“壬寅”即乾隆四十七年（1782）的人物。[⑥]

梁汉，生卒年不详，字云津，“工画山水花卉，诗亦情词婉转，耐人

---

① 冼宝干纂，佛山市图书馆整理：《（民国）佛山忠义乡志》卷十四，第740页。

② ［清］梁九图撰：《十二石山斋丛录》卷一，陈建华主编：《广州大典》影印本，第4页。

③ 按：《广东画人录》在介绍苏六朋时说：“生、卒年月未有确实记载。他传世的作品最早的年款是清道光五年（一八二五），最晚的年款是光绪元年（一八七五），因此他生活于嘉庆、咸丰间。”谢文勇编：《广东画人录》，第127页。此处1791年的生年据《顺德书画人物录》。

④ 顺德市博物馆编：《顺德书画人物录》，第59页。按：有关苏六朋的绘画创作，另可参陈滢：《岭南花鸟画流变：1368—1949》，第240—244页。

⑤ ［清］梁九图撰：《十二石山斋丛录》卷三，陈建华主编：《广州大典》影印本，第29页。

⑥ 谢文勇编：《广东画人录》，第134页。

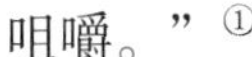

咀嚼。”[①]

罗天池（1805—？），字六湖，一字浵湖，别署伯池、浵湖子、宝澄堂主人，钤印有“伯子六湖”，广东新会人。著名书画家、鉴藏家。梁九图《石圃闲谈》载：“曹云西尝绘倪迂《十石斋图卷》，清微淡远，为世所宝。浵湖观察追师其意，绘《十二石山斋图》见赠，笔法潇洒，逸趣横生，如出云西之手。”[②]

以上五人所作《十二石山斋图》皆已无存，但据黎耀宗的《十二石山斋记》，约略可知其所画内容：

> 余按其图，斋之左为梅花草堂，花时巡檐索笑，如置身香雪海中；西则一览亭，倚阑远眺，心目俱开；对面为紫藤馆，每当清风徐来，绿云满地，闭门觅句，昼静如年。[③]

由黎耀宗的记载可见，此图类似于古代文士的读书图、书斋图，满纸透露出斋主梁九图的那份恬淡和自适，其境地有如殷仲堪的“荆门昼掩，闲庭晏然”[④]。

此外，有多人为《十二石山斋图》题诗，或着眼于画者的技巧，或就画面所绘呈现十二石山斋的特色，或赞美梁九图的品性，个中可以温承悌的题诗为代表，诗曰：

> 幽人性癖例好奇，韵胜夙具岩壑姿。人间珍物非所尚，独与石友为深知。英多磊落遍罗致，饱餐秀色忘朝饥。我闻平泉自昔

① ［清］梁九图辑：《十二石山斋诗话》卷四，陈建华主编：《广州大典》影印本，第510页。

② ［清］梁九图撰：《十二石山斋丛录》卷八，陈建华主编：《广州大典》影印本，第98页。

③ ［清］梁九图撰：《十二石山斋丛录》卷五，陈建华主编：《广州大典》影印本，第61页。

④ 余嘉锡撰，周祖谟、余淑宜整理：《世说新语笺疏》，北京：中华书局，1983年，第544页。

有癖嗜，礼星醒酒供娱嬉。又闻苏子标奇亦多品，袖中秘玩誇仇池。米颠袍笏倍倾倒，再拜不惜旁人嗤。宣和艮岳乃比卫懿鹤，此事只与林泉宜。吾侪酷好非所患，画师笔妙兼有之。卷云斧劈皴法备，天成有若神斤施。闻君郑重日摩弄，宝迈夏鼎兼商彝。或矗危峰或緆透，嵌空玲珑难尽窥。温如蒸栗生气溢，秀如玉笋争嵚巇。荃荪细结萝薜绕，老梅美竹相扶持。丙丁甲乙细署列，琳琅璜琥堪等夷。雅人深致有若此，自惭独守青珣枝。倘如未时吐云气，便从夜半排干支。物聚所好信不谬，他年作谱添瑶芝。膏肓泉石有同癖，会因看竹清樽移。人生要同贞石寿，仰看乔柯百尺松风吹。[①]

二、十二石山斋题咏概况

符葆森曾说："（梁九图）所居十二石山斋，海内名人，题咏殆遍。"[②]十二石山斋建成于道光甲辰（1844），《十二石山斋丛录》刊刻于道光戊申（1848）九月，4年时间，包括梁九图主动向人索题，以及友朋寄赠的题诗，共有119人次参与了这次题咏。为了清晰展示其题咏的概况，特统计如下：

表1-1 梁九图十二石山斋题咏统计表

卷数	序号	姓名	字号	文体	题目
卷一	1	吴梯	秋航	七律	十二石斋山人书索斋记，仆断此久矣，重违其意，诗以代文
	2	陈勤胜	拙补	记	十二石山斋记
	3	瑞麟	振堂	七绝	题福草先生山斋
	4	石宗汉	芷叔	五律二首	寄题十二石斋
	5	吴弥光	朴园	七律	题十二石山斋

① ［清］梁九图撰：《十二石山斋丛录》卷二，陈建华主编：《广州大典》影印本，第17页。
② ［清］符葆森：《寄心庵诗话》，［清］符葆森辑：《国朝正雅集》卷八十五。

（续表）

卷数	序号	姓名	字号	文体	题目
卷一	6	陈体元	焕岩	歌行	题十二石斋图
	7	黄镜湖	秋帆	七绝四首	寄题十二石山斋
	8	杨荣	黼香	七绝三首	十二石山斋
卷二	1	邵甲名	丹畦	七绝	题十二石山斋
	2	赖恩爵	德卿	七律	题十二石山斋
	3	温承悌	秋瀛	歌行	题十二石山斋图
	4	李宗简	文川	词	木兰花慢·题十二石山斋
	5	张玉堂	翰生	歌行	题福草先生山斋
	6	李长荣	紫黼	五律	题十二石山斋
				骈文	十二石山斋图序（集选骈体）
	7	麦芬	绿畦	七绝	十二石山斋口占
	8	何星垣	竹溪	五律二首	十二石山斋诗赠梁子
	9	谭元龙	卧楼	赋	十二石山斋赋
	10	胡际云	锦堂	七绝二首	十二石山斋诗并序
	11	莫以枋	文舆	七绝	过十二石斋留题
	12	黄文玉	镜石	七律	寄题十二石山斋
	13	释成果	宝树	歌行	题十二石山斋
卷三	1	张维屏	南山	记	十二石山斋记
	2	吴筠	竹庵	五律	访福草先生题其斋壁
	3	陈文瑞	云史	七绝二首	过十二石山斋观石
	4	林泽芳	芝园	七绝三首	题十二石山斋
	5	潘世清	泷东	七排	题十二石山斋呈福草先生
	6	邓伯庸	巽庵	五古	寄题十二石山斋
	7	廖亮祖	伯雪	七古	张道士为福草先生索题十二石斋图
	8	岑清泰	铁君	七绝五首	十二石山斋诗并序
	9	杨鲲	南池	七绝	题福草先生十二石山斋
	10	陈淦	丽生	七绝	题十二石山斋
	11	唐金华	羽阶	七古	题十二石山斋图
	12	何同济	仁绪	七律	十二石山斋
	13	黄承谦	益斋	五古	题十二石山斋图

（续表）

卷数	序号	姓名	字号	文体	题目
卷三	14	苏六朋	枕琴	七古	为福草先生绘《十二石山斋图》并系以诗
	15	颜薰	紫虚	七绝三首	题十二石山斋图
	16	罗静安	绮阁	七绝	题福草先生山斋
卷四	1	吉泰	晓岩	七律	题福草先生十二石山斋
	2	熊景星	笛江	五律	题十二石山斋
	3	单子廉	小泉	五排	题十二石山斋图用王阮亭米海岳研山歌韵
	4	欧阳锴	双南	记	十二石山斋记
	5	何钟英	兰皋	七绝二首	题十二石山斋
	6	黄瑞图	子刚	七绝	春雨初霁访福草先生观石
	7	梁国琎	漱皆	七绝	题十二石山斋图
	8	何澄镜	秋农	五古	题十二石山斋图
	9	吴尚懋	桐谷	七律	过十二石斋留题
	10	李欣荣	陶村	七排	题十二石山斋用退之山石韵
	11	谈子粲	肖岩	七绝	题十二石山斋
	12	张永坚	云根	五古	题十二石山斋图
卷五	1	徐广缙	仲升	七律	题十二石山斋用东坡壶中九华韵
	2	鲍俊	逸卿	七绝	十二石山斋诗
	3	吴林光	芗泠	七绝	题十二石山斋壁
	4	谭楷	谷山	七古	十二石山斋诗为福草先生赋
	5	叶常春	筠亭	七律	过福草先生山斋留题
	6	罗文俊	萝邨	七绝二首	题十二石山斋
	7	何仁镜	小范	七绝八首	福草梁子新得蜡石十二，即以名斋，其地程湟溱先生故宅也，时余官罗定，千里索诗，因成八绝句录寄
	8	关景泰	星池	七绝	题十二石山斋
	9	陈官兰[①]	鹤俦		题十二石山斋

① 《十二石山斋丛录》录《石圃闲谈》载陈官兰题梁九图斋只一联："有时雨过呼奚童，洗出苔花寸寸碧。"［清］梁九图撰：《十二石山斋丛录》卷五，陈建华主编：《广州大典》影印本，第56页。

（续表）

卷数	序号	姓名	字号	文体	题目
卷五	10	任本皋	小韦	七绝	过福草山斋观石
	11	李有祺	寿石	七排	题十二石山斋图并序
	12	陈汝砺	子锋	七绝四首	十二石山斋漫兴
	13	简苓	仙泉	五古	题十二石山斋图次东坡答王晋卿以诗借观仇池石诗韵
	14	吴重源	渊海	五古	福草以《十二石斋图》索题率赋
	15	黎耀宗	烟篷	记	十二石山斋记
				七古	题十二石山斋图
卷六	1	马荣椿	小琴	五排	题十二石山斋图呈福草先生
	2	吴炳南	星侪	记	十二石山斋记
				歌行	十二石山斋歌
	3	杜游	洛川	歌行	题十二石山斋图
	4	徐同善	竹君	七绝二首	题福草先生十二石山斋图
	5	易景陶	君山	五古	为福草画《十二石斋图》并赠以诗
	6	温训	伊初	题跋	题十二石山斋图
	7	陈璞	古樵	七绝三首	丁未冬归自罗浮题福草十二石山斋
	8	陈莹达	韫堂	五古	寄题十二石斋简福草先生
	9	梁廷枏	章冉	词	夏初临·题十二石斋图
	10	何廷旋	蜗庐	七绝	寄题十二石山斋
	11	潘绍经	汉石	五古	十二石山斋诗为福草先生赋
	12	何天衢	亨斋	七古	题十二石山斋图
	13	何惠祁	宋吾	七绝二首	访福草先生不遇题其斋壁
	14	曾钊	勉士	记	十二石山斋记
	15	招成材	梦泉	七绝二首	十二石山斋诗
	16	吴时敏	卧庐	七律	题十二石山斋
	17	任其芬	霞邨	七绝	题十二石山斋
	18	温子颢	筠栖	词	贺新凉·题十二石山斋
	19	钟应元	蕙楼	五律	题十二石山斋
	20	陈澧	兰甫	铭	十二石斋铭

（续表）

卷数	序号	姓名	字号	文体	题目
卷七	1	李可琼	石泉	七古	题十二石斋图
	2	黄培芳	香石	记	十二石山斋记
				五律	题十二石山斋
	3	杨方教	觉亭	五律	寄题十二石山斋
	4	彭树梅[①]	五岭		题十二石山斋
	5	三多	尧臣	七绝	题福草比部十二石山斋图
	6	李征霨	孟夔	七古	福草索题《十二石斋图》率赋
	7	周子祥	灵椒	七绝四首	题十二石斋图步福草先生原韵
	8	曾照	晓山	五律	寄题十二石山斋
	9	李联洼	莘林	七绝二首	十二石山斋题壁
	10	梁汉	云津	七绝	过家福草山斋为绘斋图留赠
	11	谭锡朋	百峰	七律	题十二石山斋图
	12	释纯谦	涉川	七排	题梁福草先生十二山斋图
卷八	1	刘潜蛟	雨湖	五绝四首	春晓过梁六山斋信宿而去
	2	陈殿槐	梦生	七绝	题十二石山斋
	3	欧阳溟	鲲池	歌行	十二石斋诗为福草先生赋
	4	杨翩羽	南村	七绝五首	过福草先生山斋留题
	5	谭莹	玉生	记	十二石山斋记
				词	小重山·题十二石山斋
	6	严显	时甫	歌行	福草以《十二石山斋图》索题率赋
	7	罗天池	泩湖	跋	十二石山斋图跋
	8	梁日初	介眉	颂	十二石山斋颂
	9	胡斯錞	和轩	五律	题十二石山斋用香石舍人韵
	10	马仪清	芸湖	七古	题十二石山斋图

① 《十二石山斋丛录》录《石圃闲谈》载彭五岭题梁九图斋只一联，云：“隐隐风雨飘忽来，旋觉烟翠粉可摘。”［清］梁九图撰：《十二石山斋丛录》卷七，陈建华主编：《广州大典》影印本，第83页。

（续表）

卷数	序号	姓名	字号	文体	题目
卷八	11	曹为霖	雨村	七绝四首	过十二石山斋偶成
	12	卢小娥	红笺	七绝	题十二石山斋图呈福草先生
	13	李慧卿	晴霞	五律	寄题十二石山斋
卷九	1	符葆森	南樵	记	十二石山斋记
	2	陆孙鼎	药珊	七律	题十二石山斋
	3	李国龙[①]	跃门		题十二石山斋
	4	石梦冠	冠云	七古	题十二石山斋图
	5	萧思谏	榄轩	七律	题十二石山斋图用东坡壶中九华韵
	6	丁熙	桂裳	词	壶中天·题十二石山斋
	7	何时秋	泛槎	五古	寄题福草十二石山斋
	8	邵坚	心根	七绝三首	十二石山斋诗
	9	陈维桢	玉樵	七绝	过福草山斋留题
	10	梁今荣	圣褒	七绝	题十二石山斋图

由以上统计表，我们可以发现：

（1）从题赠人的分类来看，籍贯上以岭南为主，其中又以佛山居多，但也有江都符葆森这样的邑外之人；大部分为文人墨客，但也有释纯谦、释成果、张永坚（道士）三个方外之人；大部分为男性，但也有卢小娥、李慧卿等闺秀。

（2）从题赠之作的体裁来看，大体上分诗、词、文三类，诗又可分五绝、七绝、五律、七律、五排、七排、五古、七古，其中以七绝最多，共42题87首；文又可分跋、赋、记、铭、颂，其中以记最多，共9篇；词共5

---

① 《十二石山斋丛录》录《石圃闲谈》载李国龙题梁九图斋只一联，云："五日经营王宰画，九华宛转大苏诗。"［清］梁九图撰：《十二石山斋丛录》卷九，陈建华主编：《广州大典》影印本，第105页。

阕，词牌分别为木兰花慢、夏初临、贺新凉、小重山、壶中天。

（3）从题赠的性质来看，有梁九图的主动索题，如吴梯《十二石斋山人书索斋记，仆断此久矣，重违其意，诗以代文》、何仁镜《福草梁子新得蜡石十二，即以名斋，其地程湟溱先生故宅也，时余官罗定，千里索诗，因成八绝句录寄》、吴重源《福草以〈十二石斋图〉索题率赋》、李征霨《福草索题〈十二石斋图〉率赋》、严显《福草以〈十二石山斋图〉索题率赋》；有梁九图托人索题，如廖亮祖《张道士为福草先生索题十二石斋图》、黎耀宗《十二石山斋记》[①]、曾钊《十二石山斋记》[②]；有些是访谒梁九图十二石山斋时顺便题赠，如李联湝《十二石山斋题壁》、叶常春《过福草先生山斋留题》等，但大部分是寄赠。

（4）从题赠的对象来看，主要分为题十二石山斋和题《十二石山斋图》。

从文体学研究的发展来看，经过明代许学夷、吴讷、徐师曾等人对文体的辨析，清人对文体的认识愈发明晰，文体的发展至清时也已经十分完备了。上表中所列文体（体裁）已无甚新意，但李长荣所作《十二石山斋图序》却十分特殊。

李长荣（1813—1877），字子黼、子虎、紫黼，少字文炳，号子虎居士，斋号柳堂、深柳书堂，广东南海茅洲乡人，世居广州。清代岭南著名文人。编撰有《柳堂师友诗录》《寿苏集》《茅洲诗话》《柳堂诗话》《海东诗话》等[③]。其所作《十二石山斋图序》，题下注云："集《选》，骈体。"意思是这是一篇骈文，但所有文句是集自《文选》。古人有集

---

① 黎《记》载："因榜其所居曰'十二石山斋'，潢成画册，征诗以纪，介其同邑何小范广文索记于余。"［清］梁九图撰：《十二石山斋丛录》卷五，陈建华主编：《广州大典》影印本，第61页。

② 曾《记》载："今年春，汾江梁君福草介舍弟惺斋示《十二石山斋图》索记。"［清］梁九图撰：《十二石山斋丛录》卷六，陈建华主编：《广州大典》影印本，第76页。

③ 程中山：《岭南人文图说之七十三——李长荣》，《学术研究》2010年第1期，第162页。

诗、集词之作，如宋末文天祥有《集杜诗》、清末梁启超有集宋词为对联等。李长荣集《文选》而为梁九图之《十二石山斋图》作骈文，其文体上的创见十分特殊，也更可见李长荣的才气。原文虽长，但全录于此，也使今人一睹集《选》文之面目。

十二石山斋图序

李长荣

历十二之延祚班固《西都赋》，规万世而大摹张衡《东京赋》。画地成图任昉《为萧扬州荐士表》，因山为障左思《蜀都赋》。瞻栋宇而兴慕任昉《王文宪集序》，顾石室而回轮张协《七命》。崔巍峦居何晏《景福殿赋》，南岳之幽居者也颜延之《陶徵士诔》。论者云杨雄《羽猎赋》：梁生适越赵至《与稽茂齐书》，高山景行魏文帝《与钟大理书》，所谓伊人陆机《汉高祖功臣颂》，不亦重乎潘岳《籍田赋》？邈彼绝域孙绰《游天台山赋》，少曾远游宋玉《登徒子好色赋》，南翔衡阳张衡《西京赋》，西浮七泽谢朓《拜中军记室辞随王笺》。指苍梧之迢递嵇康《琴赋》，集洞庭而淹留左思《吴都赋》。栖志云阿王僧达《祭颜光禄文》，姿绝伦之妙态傅仲武《舞赋》；凝思幽谷孙绰《游天台山赋》，思假物以托心嵇康《琴赋》。于是乎崇山矗矗司马相如《上林赋》，神山峨峨张衡《西京赋》；名载于山经左思《吴都赋》，结而为山岳左思《魏都赋》。弥山跨谷司马相如《上林赋》，背山临溪繁钦《与魏文帝笺》，览山川之体势班固《西都赋》，穷山海之奥秘潘岳《西征赋》。屹山峙以纡郁王延寿《鲁灵光殿赋》，出山岫之潜穴曹植《七启》。积成山岳陆机《豪士赋》，勒铭山阿张载《剑阁铭》。状若崇山嵇康《琴赋》，全积如山木华《海赋》，然后知众山之迤逦也吴质《答东阿王书》。

其石则赤玉玫瑰司马相如《子虚赋》，采色炫耀司马相如《封禅

文》。盘石险峻宋玉《高唐赋》，金石峥嵘班固《西都赋》，瑕石诡晖木华《海赋》，碝石珷玞司马相如《子虚赋》，松石峻垝颜延之《三月三日曲水诗序》，蜀石黄碝司马相如《上林赋》，各得其所班固《西都赋》，不可殚形宋玉《神女赋》。十二毕具马融《长笛赋》，二六对陈何晏《景福殿赋》。离为十二杨雄《解嘲》，齐得十二张载《剑阁铭》，墱流十二左思《魏都赋》，方轨十二张衡《西京赋》，皆此物也潘岳《籍田赋》。乃瞻衡宇陶潜《归去来辞》，乃睠芳林王融《三月三日曲水诗序》。区宇若兹班固《西都赋》，缔构斯在任昉《宣德皇后令》。家承百年之业班固《西都赋》，以广其居孔安国《尚书序》；上有千仞之峰枚乘《七发》，往践厥宇陆机《汉高祖功臣颂》。娱志方外曹植《七启》，将回驾乎蓬庐张衡《归田赋》；迹遍湘干颜延之《祭屈原文》，思反身于绿水潘岳《秋兴赋》。且君子之居室也韦曜《博弈论》，偃息不过茂林茅屋之下潘岳《秋兴赋序》，弋林钓渚之馆鲍照《芜城赋》；休息乎篇章之囿班固《答宾戏》，翱翔乎礼乐之场杨雄《剧秦美新》。闲心静居蔡邕《陈太丘碑文》，门无结驷之迹应瑒《与侍郎曹思长书》；庇身有地任昉《到大司马记室笺》，仰荫栖凤之林赵至《与稽茂齐书》。筑室种树潘岳《闲居赋》，阅水环阶颜延之《三月三日曲水诗序》；傍岩拓架任昉《南徐州萧公行状》，编蓬为户东方朔《非有先生论》。实列仙之攸馆班固《西都赋》，诵先人之清芬陆机《文赋》。传土地于子孙司马相如《喻巴蜀檄》，各绍堂构陈琳《檄吴将校部曲》；游文章之林府陆机《文赋》，接武茅茨应瑒《与从弟君苗君胄书》。惟此名区王中《头陀寺碑文》，又足乐乎其敞闲也王褒《洞箫赋》？

公所制山居四时序任昉《南徐州萧公行状》，有江湖山薮之思潘岳《秋兴赋序》，风云草木之兴昭明太子《文选序》。心游万仞陆机《文赋》，独驰思于天云之表曹植《七启》；志陵九州张协《七命》，独抒意乎宇宙之外班固《答宾戏》。非夫旷达者嵇康《琴赋》，其孰

能与于此乎潘岳《笙赋》？至于集萤映雪任昉《为萧扬州荐士表》，徒乐枕经籍书班固《答宾戏》。泛览词林昭明太子《文选序》，跌宕文史江淹《恨赋》。竹书无落简之谬任昉《为萧扬州荐士表》，金章有盈笥之谈任昉《为范尚书让吏部封侯第一表》。才捷若神曹植《七启》，漱六艺之芳润陆机《文赋》；纸劳于手潘岳《杨仲武诔》，究八体于毫端沈约《齐安陆昭王碑文》。咏周孔之图书张衡《归田赋》，研精耽道张华《励志诗》；励与贾马而入室任昉《奉答七夕诗启》，强记洽闻潘岳《杨荆州诔》。留思文章杨修《答临淄侯笺》，托情风什任昉《奉答七夕诗启》，必蓄非常之宝孔融《荐祢衡表》，必资不刊之书任昉《为范始兴作求立太宰碑表》。大雅之人阮瑀《为曹公作书与孙权》，逸群之俊潘岳《射雉赋》，远近所以同声也吴质《答魏太子笺》。加子之勤李陵《答苏武书》，行君之意屈平《卜居》，希当大任李陵《答苏武书》，允迪大猷潘岳《杨荆州诔》。早绾银黄刘峻《广绝交论》，享不訾之禄陈琳《檄吴将校部曲》；俯拾青紫任昉《为范尚书让吏部封侯第一表》，加非次之荣羊祜《让开府表》。郁云起乎翰林陆机《文赋》，秘宝盈于玉府颜延之《赭白马赋》。怀金拖紫陆机《谢平原内史表》，书笏弭彤王融《三月三日曲水诗序》。宏以青冥之期任昉《王文宪集序》，不任丹慊之至任昉《为褚谘议蓁让代兄袭封表》，宁得自引深藏岩穴耶司马迁《报任少卿书》？想先生之高风夏侯湛《东方朔画赞》，明君子之所守班固《答宾戏》。砥砺清节陈琳《檄吴将校部曲》，琢磨令范王融《三月三日曲水诗序》。含珪璋而挺曜王俭《褚渊碑文》，慕鸿鹄以高翔丘迟《与陈伯之书》，愿足下勉之而已矣曹植《与吴季重书》。今我与子陆机《赠冯文熊斥邱合》，雅志同趣袁宏《三国名臣序赞》，远览长图何晏《景福殿赋》，敬听嘉话张协《七命》。仰崇岭之嵯峨潘岳《西征赋》，格高五岳鲍照《芜城赋》；攒珍宝之玩好张衡《西京赋》，价越万金魏文帝《与钟大理书》。藏之名山司马迁《报任少卿书》，永托兹岭孙绰《游天台山赋》。[①]

三、十二石山斋题咏所建构的风雅图景

有学者在分析晚明士人对园林的艺术设计时指出：“作为‘城市山林’的园林，是晚明士人艺术生活设计的一个重要主题。园林构筑的初衷，是为士人寄托心志、抒其襟怀。园林代表了城居文人向往自然、超凡脱俗的一种境界追求，故也成为士人群体自然观念与社会感受的另一种表现形式。”[②]梁九图及其族人不惜花大力气所营造的“梁园”，以及像梁九图这样主动邀人绘斋图、题诗文，其目的正是追求“自然、超凡脱俗”。按诸众品题诗文，我们也会发现，品题者所书写的也正符合梁九图的心理追求，并且，大家都较为一致的将梁九图推向当时的风雅“盟主”之位。这次历时近四年的题咏，也便成了当时社会发展的一个缩影，构建了一幅风雅图景。

在笔者看来，梁九图及十二石山斋题咏所建构的风雅图景至少包含两层内涵。按照今天的文学史叙述现实，梁九图的诗文成就，在道咸时的文坛上并不起眼。潘飞声《在山泉诗话》云：“道咸间，张南山、黄香石两先生以诗文坛坫盛岭南，门下多才，时同载酒。……张、黄归道山后，则骚坛文宴咸推柳堂。”[③]柳堂即李黼平。未提及梁九图。今人陈永正先生主编的《岭南文学史》，于“嘉庆、道光间诗文”，所论名家有李黼平、谭敬昭、黄培芳等，也看不到梁九图的影子[④]。但我们看十二石山斋题咏，

---

① ［清］梁九图撰：《十二石山斋丛录》卷二，陈建华主编：《广州大典》影印本，第19—23页。

② 吴鹏：《燕闲清赏：晚明士人生活与书法生态》，北京：中华书局，2020年，第46页。

③ 潘飞声撰：《在山泉诗话》卷一，张寅彭选辑，吴忱、杨焄点校：《清诗话三编》第10册，上海：上海古籍出版社，2014年，第6878页。按：柳堂即李长荣。

④ 具体参陈永正主编：《岭南文学史》第八章《嘉庆、道光间诗文》，广州：广东高等教育出版社，1993年，第418—459页。

却发现时人一致将梁九图推为当时的“风月主持”，认为他是清初岭南诸老风流的继承者和发扬者，这也便是梁九图等建构的风雅图景的第一层内涵。我们看：

风月主持苏学士，亭台金碧李将军。

——吴弥光《题十二石山斋》①

石臞人去风流在，论诗吾更羡君家。

——黄镜湖《寄题十二石山斋》②

程文海后梁鸿继，我贺山亭得主人。

——杨荣《十二石山斋》③

昔有石臞今石圃，天留胜地住诗人。

——邵甲名《题十二石山斋》④

莫道骚坛无嗣响，岭南风雅又推梁。

——胡际云《十二石山斋诗》⑤

况是诗人留故居，文藻风流应继起。

——释成果《题十二石山斋》⑥

山人韵事继诸老。

——单子廉《题十二石山斋图用王阮亭米海岳研山歌韵》⑦

---

① ［清］梁九图撰：《十二石山斋丛录》卷一，陈建华主编：《广州大典》影印本，第12页。

② ［清］梁九图撰：《十二石山斋丛录》卷一，陈建华主编：《广州大典》影印本，第15页。

③ ［清］梁九图撰：《十二石山斋丛录》卷一，陈建华主编：《广州大典》影印本，第15页。

④ ［清］梁九图撰：《十二石山斋丛录》卷二，陈建华主编：《广州大典》影印本，第16页。按：梁九图亦有“石圃居士”之号。

⑤ ［清］梁九图撰：《十二石山斋丛录》卷二，陈建华主编：《广州大典》影印本，第27页。按：胡际云于最后一句下加注：“前有药亭，今得先生。”药亭，梁佩兰（1632—1708）号。

⑥ ［清］梁九图撰：《十二石山斋丛录》卷二，陈建华主编：《广州大典》影印本，第27页。

⑦ ［清］梁九图撰：《十二石山斋丛录》卷四，陈建华主编：《广州大典》影印本，第43页。

远接石臞脉。

——张永坚《题十二石山斋图》①

蕺山故址今久湮，百八年后君替人。石臞石圃远相接，大雅支手同扶轮。

——何天衢《题十二石山斋图》②

闻道重开李杜坛，几人锦绣镂心肝。入门谁是风骚主，借问新诗刊未刊。③

此间旧是诗人宅，一瓣香传海日佳。

——招成材《十二石山斋诗》④

诗如湟溱一泒新。

——石梦冠《题十二石山斋图》⑤

臞仙去久，待君重主吟社。

——丁熙《壶中天·题十二石山斋》⑥

以上都认为梁九图是程可则、梁佩兰等清初诸老的继承人。但细细品读这些题诗会发现，其实众品题者并未着眼于梁九图的诗文创作。以上诸作也并非酬赠诗的应景之话，而是真正把梁九图当作岭南风雅的继承者和振起者来看待和期许。黎耀宗所作《十二石山斋记》说得更为明白："其地实国初程湟溱先生故宅，二百年来，风流阒寂，先篏后篏，初地传灯，冥冥中若留此席以相待。宜乎梁君署石户，订石交；盟铁石心，得松

① ［清］梁九图撰：《十二石山斋丛录》卷四，陈建华主编：《广州大典》影印本，第49页。

② ［清］梁九图撰：《十二石山斋丛录》卷六，陈建华主编：《广州大典》影印本，第75页。

③ ［清］梁九图撰：《十二石山斋丛录》卷六，陈建华主编：《广州大典》影印本，第76页。

④ ［清］梁九图撰：《十二石山斋丛录》卷六，陈建华主编：《广州大典》影印本，第77页。按程可则有《海日堂诗文集》。

⑤ ［清］梁九图撰：《十二石山斋丛录》卷九，陈建华主编：《广州大典》影印本，第105页。

⑥ ［清］梁九图撰：《十二石山斋丛录》卷九，陈建华主编：《广州大典》影印本，第106页。

石意；诗联石鼎，话续石林；收石砚以为田，扫石床而点笔；漱石传其雅谑，裂石发其新声；写竹石之槎枒，搜金石于秦汉，诚足为药洲、仙湖后添一诗料。”[①]

《（民国）佛山忠义乡志》在《风土志》里编入“名流故宅”，志文前加按语云：

> 《大清一统志》有名流故宅一类附古迹后，吾乡人文自康雍至乾嘉，代有继起，如程周量、汪鹿冈、黎二樵诸贤流寓佛山，先后提倡风雅，文酒风流极一时之盛。其结庐故址尚有可稽，爰仿《一统志》例，特立此门。以往还、投赠诸作附，庶工部草堂、晦庵鹿洞同兹景仰云。[②]

名人故宅如杜甫草堂、朱熹白鹿洞等，具有后人所景仰的人文因素。以此较诸梁九图的十二石山斋及其题咏，便可见梁九图所追求的“提倡风雅”。所以，李长荣也正是将十二石山斋及其主人推扬到了“绕树陶潜屋，浣花工部堂”[③]的高度。

梁九图的十二石山斋及其题咏所建构的风雅图景的第二层内涵指向梁九图个人的风雅追求——对石的嗜好。对他的这个嗜好，他在自作《十二石山斋记》中曾采用主客问答的形式予以说明，前文已引，此不赘述。

上面所论梁九图继承清初诸老风流乃是题咏者的期待，而对石的嗜好，则是梁九图的本性。因梁九图工诗文、擅丹青，所以，很多题咏者自然将这一嗜石“风雅”追溯至苏轼、米芾、倪瓒：

> 千古传人一家聚，王元章又米元章。

---

① ［清］梁九图撰：《十二石山斋丛录》卷五，陈建华主编：《广州大典》影印本，第61页。

② 冼宝干纂，佛山市图书馆整理：《（民国）佛山忠义乡志》卷十《风土志二》，第395页。

③ ［清］梁九图撰：《十二石山斋丛录》卷二，陈建华主编：《广州大典》影印本，第19页。

——瑞麟《题福草先生山斋》[①]

倪迂狮子林，坡老仇池石。公能兼二妙，胜境喜独辟。

——邓伯庸《寄题十二石山斋》[②]

好石如颠米，能文似大苏。

——熊景星《题十二石山斋》[③]

衡阳不与襄阳隔，袖底携归学米颠。

——鲍俊《十二石山斋诗》[④]

米家书画仇池穴，都与诗人作正供。

——吴林光《题十二石山斋壁》[⑤]

共夸苏米后，梁子读书堂。

——黄培芳《题十二石山斋》[⑥]

紫藤架外石槎枒，十二玲珑写米家。

——陈殿槐《题十二石山斋》[⑦]

梁九图虽能文，但相较于苏轼，仅得一个“似”字。虽亦能书画，但较之于米芾、倪瓒，则相去甚远。所以，我们看到众题咏者认同梁九图的嗜石是一种学前人风雅。不过，能够追慕、承袭昔人风雅已属难能可贵、不同寻常，毕竟，建造一个私家园林所费不菲，一般文士墨客只能羡慕这

① ［清］梁九图撰：《十二石山斋丛录》卷一，陈建华主编：《广州大典》影印本，第11页。按：王元章指王冕，用来代指梁九章，瑞麟于此诗有注：“云裳刺史工画梅，深得王冕笔意”。

② ［清］梁九图撰：《十二石山斋丛录》卷三，陈建华主编：《广州大典》影印本，第35页。

③ ［清］梁九图撰：《十二石山斋丛录》卷四，陈建华主编：《广州大典》影印本，第41页。

④ ［清］梁九图撰：《十二石山斋丛录》卷五，陈建华主编：《广州大典》影印本，第52页。

⑤ ［清］梁九图撰：《十二石山斋丛录》卷五，陈建华主编：《广州大典》影印本，第52页。

⑥ ［清］梁九图撰：《十二石山斋丛录》卷七，陈建华主编：《广州大典》影印本，第80页。

⑦ ［清］梁九图撰：《十二石山斋丛录》卷八，陈建华主编：《广州大典》影印本，第91页。

份风雅。

我们看吴荃选访谒黎简故宅后吟道“岭海吟坛余此席，宋元画本待传薪”[①]，陈樾访黎简故宅后感慨“自从比户诗人去，寥落宗风近百年”[②]，都是对岭南风雅重振的一种期许。而前文所引杨霈话，正是将梁九图作为黎简后的“别树一帜”。梁九图能够将这份源自清初诸老、乃至传统中国的风雅继承下来，并且用自己的力量（经济实力、文士气质）使之发扬光大，使我们今人在阅读当年的诗文时，徜徉于今日的十二石山斋中，也能够品味到那股穿透历史的风雅的味道。

第四节　康乐风流属此家：梁九图与汾江草庐唱和

除了十二石山斋题咏外，梁九图还特意发起过一次汾江草庐唱和。这次唱和，参加者数量虽不及十二石山斋题咏，但也可见出梁九图对日常生活的着意经营与诗意升华，揭示出传统文人所积淀的那份风雅。而且按照众所熟悉的一种说法，这一唱和，不仅仅是一组诗歌的集合，更是一次文学事件。

一、汾江草庐概况

汾江草庐是梁九图参与建设的“梁园”之一处景点。据《（民国）佛山忠义乡志》载：“（汾江草庐）在沙洛铺富荣街，梁九图筑。与词人雅

①　［清］吴荃选：《读〈鹿冈集〉后并序》，冼宝干纂，佛山市图书馆整理：《（民国）佛山忠义乡志》卷十《风土志二》，第402页。

②　［清］陈樾：《秋官坊黎二樵先生故宅》，冼宝干纂，佛山市图书馆整理：《（民国）佛山忠义乡志》卷十《风土志二》，第403页。

集，为觞咏地，内有韵桥、石舫、个轩、笠亭、种纸处、水榆坞、锁翠湾诸胜。”[①]个中又尤以韵桥、石舫、笠亭著名，不仅梁九图曾以韵桥、笠亭来命名自己的著作，陈勤胜、吴炳南、欧阳锴皆作有记文揭示三处景点命名之深意、风景之秀丽。

我们先看韵桥。陈勤胜作有《汾江草庐韵桥记》：

桥之垂声今昔者，以裴晋公午桥、许仲晦丁卯桥为著。裴树勋业，许擅词章，本相悬绝，而陆放翁诗以丁卯桥胜于午桥，非重词章轻勋业也。盖论风月江山之主，丁卯桥为尤韵，其取胜以此。梁福草先生，韵士也，耽铅椠，兼乐溪山。尝以鸣珂之韵不若林泉，因构汾江草庐。

面控池塘，纵横数亩，夹岸花竹环绕，筑长堤亘乎池中。接堤为桥，若彩虹之跨明镜。覆桥以亭，亭之广可布几席。两旁曲槛周遭，倚栏而望，水碧于油，山光似沐。倾耳听之，琮琮琤琤，戛击球琳者，风篁成韵也。卓午初晴，凉吹拂槛，宛乎有声者，小兰花韵也。时而鸟唤春光，韵悠以长；蝉噪夏日，韵豪而逸；秋砌虫吟，其韵幽深；冬岭松涛，其韵清高。凡窗前书韵，堂中琴韵，与乎茶韵在鼎，铎韵在檐，泉韵在川，若远若近，无不坌集桥梁上下间，于是桥以韵名。

往来多墨客词流，则其人韵；茂树浓阴，楼阁倒影，嚣尘之所不到，则其地韵；或临池洒翰，或评花命酒，或羡鱼垂纶，则其事又韵。以此骋怀游目，涤荡万缘，超然有高世韵矣。桥之左为种纸处、锁翠湾，其右则笠亭、石舫、个轩、水榆坞，诸名胜皆有韵致。举可坐而览其全，殆亦如庾兰成所言，文雅沿心则烟

① 冼宝干纂，佛山市图书馆整理：《（民国）佛山忠义乡志》卷十《风土志二》，第440页。

> 霞并韵者欤？
>
> 昔文与可襟韵洒落，王敬宏神韵冲简，古之高人逸士，率以韵胜。设先生奔趋宦海，闭处衙斋，劳形案牍，欲闻此山水幽韵，得乎？今以其暇日，临流赋诗，间与二三朋旧联韵语、摛韵文，击钵韵速，叉手韵成，遥吟俯唱，韵叶宫商，韵出金石，吾知三日后犹有余韵绕梁者。由此继风骚之雅韵，追正始之遗韵，觉灞桥诗思近在于斯。盍亦取以名其集，仿丁卯桥故事，可乎？[①]

这篇记揭示了梁九图营造韵桥之由——“以鸣珂之韵不若林泉”。梁九图不乐仕途，喜欢林泉雅趣，也有追步晚唐许浑之意味。接着介绍了韵桥的环境以及韵桥之“韵”：春、夏、秋、冬、书、琴、茶、铎、人、地、事，等等，无不具韵。最后，写到了韵桥之“朋旧联韵”“遥吟俯唱”“继风骚之雅韵，追正始之遗韵”，这也正是梁九图将日常生活升华为风雅图景的最终目的。

梁九图有“石癖”，所以汾江草庐中少不了奇石的点缀。吴炳南作有《汾江草庐石舫记》：

> 梁子既因蕺山堂址筑十二石斋以居，复于洛泉滨治别业。修篁万个，苍松百株，有亭有桥，有台有榭，有池有馆，皆园林常局也。当水中央怪石突出，循岸望一转一变，殆若衡山九面者，非欤？旁置小轩，可坐观石类，舫故颜曰“石舫”。云舫之小，仅容五六人。观石外弹琴品茗，谈诗读画皆宜，岂以大为贵哉！是石也，产于江州扶庐峰巅，没土者八九尺，合三十余人力，凿土六日，石始尽出。再募众五十乃舁下山椒，载以巨舟归汾江，

① 冼宝干纂，佛山市图书馆整理：《（民国）佛山忠义乡志》卷十《风土志二》，第441—442页。

适暴风，舟重几坠者数，盖得之若斯之难也！石来日，道光己酉二月朔，越四十六日而舫成，往十二石斋，余尝为《记》，记此以谂世之好石如梁子者。[①]

从吴炳南这篇记可知，梁九图的汾江草庐建于洛泉边上，其中亭台楼阁、花草树木，一应俱全。吴炳南特意交代了“石舫”之命名缘由，并介绍了这块产自江州扶庐峰巅的奇石如何被挖出、被运到汾江的奇特经历。文末“道光己酉二月朔”乃1849年二月初一，“越四十六日而舫成”，也就是到了三月十七日，石舫就建成了。吴炳南当是前来祝贺、观赏，因此写了这篇记。而前一年（1848），梁九图刚刊刻了他与众人题咏的《十二石山斋丛录》。借石舫之成，又邀请友朋前来雅集，诚所谓“观石外弹琴品茗，谈诗读画皆宜”。

草庐内有名的建筑，还有笠亭。欧阳锴所作《汾江草庐笠亭记》写到：

国家臣一，海内休兵革二百余年，士大夫黼黻廊庙，朝夕纳献，或养志林泉，治亭榭，选俦命侣，相与歌咏升平，盖嘉会非偶然也。于是梁君福草辟汾江草庐，而亭于庐之西偏。今夫世所谓贤豪间者，当建纛帅群倅，扫除枭逆，纪绩太常；不然则入政府，辅翼世主，霖雨苍生；再不然则坐斗室，左图右史，优游偃息，以吟啸为撰述，传永永年代，庶几可无憾。今梁君方盛年，已能撰述数十万言，有名于世，复建亭焉，谋朝夕于此以卒其业，斯足豪矣。夫游息之区，古人称盛。逮经兵燹，鞠为茂草丘墟者有之。今年春，外夷蠢动，赖天子神武，诸司畏职，潜消密弭，卒以无事。而斯亭适成，余窃喜主人抱著作才，又遭逢清

① 冼宝干纂，佛山市图书馆整理：《（民国）佛山忠义乡志》卷十《风土志二》，第442页。

晏，获盘桓亭上，丹黄卷轴，流连景物，间以觞咏，足傲古人所不逮，故乐为之记。至亭名曰“笠”，是又取蔽风雨云。①

这篇记相对于上面两篇记，风格很不一样。记中并没有对笠亭的规制、特点等作介绍，而是阐述了世间贤豪处世的三种方式，梁九图则属于第三种：静坐斗室，以著述传家。文中还充满了对太平盛世的称颂，但此时的道光朝，早已是外忧内患频仍了。梁九图等人于这种形势下，借草庐唱和来升华日常生活的兴致，是典型的传统文人风雅的主动传承。

二、汾江草庐唱和概况

汾江草庐建成于十二石山斋之后（1844）。今所传《十二石山斋丛录》刊刻于道光戊申（1848）九月，《汾江草庐唱和诗》刊刻于道光三十年（1850）八月，可推测当是梁九图刻完《十二石山斋丛录》之后，又与众师友于汾江草庐雅集唱和，从而又有《汾江草庐唱和诗》之刻。不过，这部唱和诗所收诗，亦应与十二石山斋唱和兴致一样：既有在场的唱和，也有梁九图请人题赠之作。从《佛山忠义乡志》所附苏廷魁答诗、陈璞赋诗、黄培芳题诗，也可见汾江草庐唱和并非集于某一固定时间。从陈良玉的诗题“次韵草庐漫兴，时集三松精舍”，吴炳南的诗题“都中暮春，福草山人以草庐漫兴与春日偶成二诗寄和，即次原韵”都可看出，陈良玉、吴炳南等人的和诗，并非“在场”。平时拜访梁九图之人很多，拜访之际，主宾唱和，是题中应有之意。

关于汾江草庐唱和的缘起，梁九图在《汾江草庐唱和诗》自序中有明确交代：

---

① 冼宝干纂，佛山市图书馆整理：《（民国）佛山忠义乡志》卷十《风土志二》，第442—443页。

> 庚戌之春，敝庐花放，绿水满池，有酒在樽，得琴横案，致足乐也。然而花溪北行，蓼湖物故，每当佳日，孰与放游？所幸群从偕来，破廖寂耳。得诗二首，诸公见而爱焉，各有和章。珠玉惠投，适形仆拙。不敢忘也，遂付梓人。①

“庚戌”即1850年。汾江草庐的精致生活，惹得梁九图不愿独自享受，于是邀集朋旧前来同赏。梁九图自作二首七律《草庐漫兴》《春日偶成》，不仅为众人和诗奠定了基调——将日常生活升华为一种诗意的栖居，也为众人的和诗划定了大致内容。

1. 汾江草庐唱和的参与者及唱和诗的艺术

汾江草庐唱和的参与者，很多都见于十二石山斋题咏中，可见这些人与梁九图关系之亲密。但也有刘庆生、钱骀、陈良玉、杨云龙、张子彤、何天镜、曹为霖、黄敬祜、李文田、梁世杰、梁思溥、唐金鉴、于沆、张云帆、邓大林、何桂林、黄承谷、张北海、梁炽、黄培焱等20人未见《十二石山斋丛录》。这些人中，既有张维屏、黄培芳、李长荣等诗学名家，也有刘庆生等书法名家，还有梁九图的老师刘雨湖、学生李文田，以及梁氏族人（族叔、侄子）等。

表1-2 汾江草庐唱和作者统计

序号	作者	字号
1	梁九图	福草
2	张维屏	南山
3	黄培芳	香石
4	吴弥光	朴园
5	岑澂	铁泉

① ［清］梁九图辑：《汾江草庐唱和诗》，清道光三十年（1850）刻本。按：本书所引汾江草庐唱和诗情况，均据此本，下不复注。

（续表）

序号	作者	字号
6	欧阳溟	鲲池
7	刘庆生	小颠
8	钱珀	次麟
9	胡斯錞	和轩
10	陈良玉	朗山
11	李长荣	子虎
12	石梦冠	冠云
13	简苓	仙泉
14	杨方教	觉亭
15	何仁镜	小范
16	杨云龙	大木
17	谈子粲	肖岩
18	张子彤	晨谷
19	石宗汉	芷叔
20	杜游	洛川
21	何天镜	宇乡
22	陈勤胜	拙补
23	杨翩羽	南村
24	陈莹达	韫堂
25	黄瑞图	子刚
26	曹为霖	雨村
27	黄敬祜	秋帆
28	周子祥	灵椒
29	颜薰	紫墟
30	何惠祁	宋吾
31	陈殿槐	梦生
32	何天衢	亨斋
33	刘潜蛟	雨湖
34	吴炳南	星侪
35	李文田	若农
36	张永坚	云根

（续表）

序号	作者	字号
37	释纯谦	涉川
38	梁日初	介眉
39	梁世杰	咏流
40	梁思溥	洛舫
41	唐金鉴	二罗
42	张玉堂	翰生
43	于沆	伯龙
44	黄承谦	益斋
45	张云帆	月槎
46	邓大林	荫泉
47	李国龙	跃门
48	何桂林	一山
49	黄承谷	二山
50	张北海	小槎
51	李长荣	子虎
52	梁炽	桂山
53	黄培焱	仲焱

从诗歌的角度来考量这组唱和，也很有意思。上表中，除去梁九图，参与唱和的52人次，一共作了102首和诗（每人2首，但黄培芳和陈良玉皆只有1首），且皆为次韵，即与梁九图原诗押相同的韵脚，也就是相同位置的韵脚被重复了102次，这绝对可见参与者的艺术技巧。我们以梁九图《草庐漫兴》尾联“近忆良朋行万里，也教魂梦逐天涯”为例，来看一下这些和诗的技巧。梁九图这两句诗下有注：“谓吴花溪孝廉也。”吴花溪指的是吴炳南。这两句颇有李白《闻王昌龄左迁龙标遥有此寄》“我寄愁心与明月，随君直到夜郎西”的味道。和诗中吴炳南也对梁九图的这份真挚情谊予以了呼应，吴炳南的和诗写道：

七千余里忆京华，饯我梅花梦柳花。客邸自怜孤好月，韵桥遥想落残霞。啸歌聚首犹三径，忧乐关心到万家。一语赠君君记取，有涯休更逐无涯。

首联诗下有注云："余濒行，君画梅为饯，曰《梅饯图》。香石中翰、铁泉山人辈皆有诗，原唱云'近忆良朋行万里，也教魂梦逐天涯'，盖谓余也。"吴炳南临行，梁九图等人为他饯行，其中梁九图画了《梅饯图》，黄培芳（香石）、岑澂（铁泉）等人作诗。我们看吴炳南的和诗不仅次韵，而且与梁九图原诗若合符节。尾联的叮嘱，就仿佛与梁九图面对面一样，充满了朋友间的那种劝慰。吴炳南用的是"无涯"，再看其他人：

张维屏：声名先已播天涯。
黄培芳：何劳庄叟叹无涯。
吴弥光：羡君幽兴正无涯。
岑　澂：雪舟闲泊剡之涯。
欧阳溟：莫说吾生真有涯。
刘庆生：敲棋煮茗足生涯。
钱　驺：红蕖碧水渺无涯。
石宗汉：知是柴门傍水涯。
……

102首，将有涯、无（靡）涯、生涯、（天、水）涯在不同的诗句中变换，但毫无生硬之感。

此外，这些诗不管是所写内容，还是呈现出的风格，与梁九图原作都较一致。我们以梁九图的《春日偶成》为例，这首诗写道：

四面繁花覆水湄，柴关长掩日迟迟。香招风过如相约，梦逐

春来似有期。垂老弟兄同癖石，忘形叔侄互裁诗。此中幽趣谁窥得，只许闲鸥几个知。

这首诗着意营造了一种恬静的意境，弟兄叔侄在草庐中的日常生活被赋予了诗意，而这种“幽趣”是俗人无法理解的，只有“闲鸥”才能感知。我们看张维屏的和诗：

春在山巅又水湄，寻春得句不嫌迟。选楼旧契推吴季，艺苑新交有子期。我辈啸歌须纵酒，君家泉石最宜诗。名人故宅骚人继，湟老精魂喜可知。

首联呼应梁九图原诗第一联以及梁九图序所谓“得诗二首”。颔联对梁九图的声名予以褒扬。颈联呼应梁九图的颈联，“君家泉石”对应“弟兄同癖石”，“最宜诗”对应“叔侄互裁诗”。尾联则回答梁九图的“此中幽趣谁窥得”，并非只有闲鸥才能知晓。梁九图所谓的这份“幽趣”，涵载了这处宅院所蕴含的像程可则这样的名人精魂，而梁九图代表的梁氏一族，恰体现出了这种名人趣味，所以，张维屏看到如今的梁九图及汾江草庐，便为程可则这样的精魂后继有人感到可喜。

我们再看吴弥光的和诗：

小筑林栖古洛湄，也思为圃学樊迟。晴窗洗盏邀花醉，凉夜停琴与月期。早韭晚崧时课种，模山范水暇寻诗。年来我亦耽泉石，除却巢由或未知。

这首诗整体上也是描摹了一种“幽趣”，也就是摆脱日常生活的琐碎，求得人与自然的和谐，一种身处闹市却心境恬淡的意味——身为士人，却要学樊迟“为圃”，学梁九图弟兄耽泉石，除了巢父和许由（隐居

生活），其他都不知晓。

2. 对草庐景致的描摹

汾江草庐的景致如何，今人不可得见，但从梁九图等人诗歌的描摹来看，却也能想象曾经的幽趣。梁九图《草庐漫兴》写道：“竹屋蕉窗围水石，笔床茶灶足烟霞。”前一句是草庐之外景，南方园林的典型配置；后一句是草庐之内景，文人名士的日常陈设。《春日偶成》写道：“四面繁花覆水湄，柴关长掩日迟迟。”正映照梁九图序中所谓“敝庐花放，绿水满池”。梁九图的两首诗所呈现出的意境，与前文提到的黎耀宗《十二石山斋记》所描绘的“每当清风徐来，绿云满地，闭门觅句，昼静如年”一样。诸人和诗也注意对汾江草庐景致的描绘，如周子祥《次韵草庐漫兴》：“不须金碧炫豪华，万竹围庐溪浣花。”刘雨湖《次韵草庐漫兴》：“石舫夜幽涵水月，笠亭云动变江霞。半林诗画王维墅，四壁图书李泌家。”梁世杰《草庐春日二首谨次叔父原韵》：“三面亭阴多近水，一眉山色半含霞。”梁思溥《草庐春日二首谨次叔父原韵》：“绕堂苍翠琴横案，插架丹黄书满家。”于沅《次韵草庐漫兴》：“谁道梁园不处华，春来艳吐四围花。侵阶草色三分绿，排闼晴峰一片霞。”汾江草庐应有很多藏书，所以才有刘雨湖的“四壁图书”，梁思溥的“插架丹黄书满家”。

3. 对草庐日常生活的想象

汾江草庐中的日常生活非常富有文人气息，琴、棋、书、画等作为文人生活的点缀，在汾江草庐中成了梁九图每日驱遣闲暇的必须。岑澂《次韵草庐漫兴》云：“玉案临书偕小米，纱厨读画有明霞。”梁九图精书画，岑澂这里指出了梁九图书法的取径。而这里的“纱厨读画有明霞”，说的是梁九图的妾陈闰娘，为了守护岑澂诗稿而不幸被吓死，后文详述。张子彤《次韵春日偶成》云：“六书八法时临帖，五字长城日课诗。”也是交代梁九图经常临帖。陈莹达《次韵春日偶成》云：“叔侄弟兄同叙次，亭台竹石入新诗。一家欢乐成幽趣，羡煞高闲俗不知。”呼应梁九图原诗中的“忘形叔侄互裁诗”。周子祥《次韵草庐漫兴》云：“编诗命酒香烧鼎，祸枣灾梨书满家。”写梁九图在草庐中编诗、刻书。李文田《草庐春日二首次福草师韵》其二云：“风和小阁恒摊卷，月落幽窗尚课诗。”前文在介绍梁九图与族人的交游时，已交代叔侄间的品诗论画，李文田等人所谓“课诗”恰好给出了注释。

4. 对梁九图声名的咏叹

梁九图诗、书、画集于一身，又好选诗、刻诗，所以声名远播。诸家和诗也常提及梁九图的著述，对其声名表示敬仰，对其声名的远播予以咏叹。

对梁九图《十二石山斋丛录》的赞叹，如张维屏《次韵草庐春日二首》：“山斋录著三千首，岭表诗行一万家。静掩柴关身不出，声名先已播天涯。”诗下有注：“君所著《山斋丛录》《岭表诗传》流播海内。”再如简苓《次韵草庐漫兴》写到“丛录一编裁锦绣”，这里的丛录也是指《十二石山斋丛录》。

对梁九图“诗人”身份的赞美，都着眼于梁九图诗的自成一家。如岑澂《次韵草庐漫兴》：“人原汾水无双士，诗是梁园自一家。”岑澂《次韵春日偶成》：“一家兰玉最能诗。”欧阳溟《次韵草庐漫兴》：“别开坛坫自名家。”胡斯錞《次韵草庐漫兴》：“百年诗学承先哲，五字长城羡作家。”张子彤《次韵草庐漫兴》：“我亦索居劳梦毂，小山丛桂渺天涯。”诗下注云：“先生所居松桂里，著述甚富，向在友人处得读《紫藤馆诗钞》，不胜景仰。”何惠祁《次韵草庐漫兴》写到“闻道洛阳今纸贵”，诗下注云：“《紫藤馆诗集》传播肇、罗各郡，每卷价至一金。”张北海《次韵草庐漫兴》写到“诗属梁园自一家”，等等。

对梁九图“选家”身份的认可。梁九图不仅与吴炳南编选了《岭表诗传》十六卷，还自己编选了《纪风七绝》二十一卷。如欧阳溟《次韵春日偶成》：“土风闻又采新诗。”诗下有注：“闻近有《纪风七绝》之刻。”刘庆生《次韵春日偶成》：“远征风土静编诗。”胡斯錞《次韵草

庐漫兴》：“岭海编成新乐府。”刘雨湖《次韵春日偶成》“风土闲搜直省诗”，诗下注云：“近选《纪风七绝》。”“远征风土”“新乐府”，这些说的都是《纪风七绝》。钱骀《次韵草庐漫兴》：“一堂韵事开吟社，五岭人才属选家。”李文田《草庐春日二首次福草师韵》其一：“戢山遗址开新第，岭海吟编仰选家。”张云帆《次韵春日偶成》“珊网光腾岭表诗”，黄培焱《次韵草庐漫兴》“岭海新诗入选家”，这些则说的是《岭表诗传》。

何天衢《次韵草庐漫兴》“画不描摹惟写意”，黄培焱《次韵春日偶成》“一门书画堪相赏”，对梁九图书画艺术予以了赏鉴与赞叹。李长荣《次韵春日偶成》“岂必声华借台阁，盛名都播布衣知”，石梦冠《次韵春日偶成》“叩门客过因求画，载酒人来为乞诗。羡煞声名君日大，论交四海尽相知”，释纯谦《次韵草庐漫兴》写到“俊逸才名惊海内”等，则从整体上是对梁九图声名远播表示钦羡。

诸人和诗除了围绕草庐景致来描摹出一幅风雅图外，便是呼应梁九图诗所营造的意境，不过偶尔也夹杂一些个人事迹或情感的书写，有些还提及了岭南诗歌的一些史实，如何惠祁《次韵春日偶成》尾联写道：“朋桥懒圈凭谁继，前辈风流若个知。”诗下有一段注提到：“朋桥为汾江深处，隔溪有幽僻地，中流跨板桥二相望，分歧可度。周若谷明府与同里陈湘舟结社于此，各有和沈石田《落花诗》三十首，所谓‘朋桥二子’者也。懒圈亦福山吟社。乾隆间，陈云麓庶常与李因斋、吴竹屏、左省轩结社于此，称‘懒圈四子’。其后因斋弟填亦附焉。省轩以懒圈小友呼之，故亦称‘五子’云。”这里提及的诗歌史实，可补岭南诗史。明沈周有《落花诗》三十首，后文征明、吕常、徐祯卿、唐寅等均有和诗，为一时盛事，也是当时诗坛、画坛之轶事。周若谷与陈湘舟二人的和诗，也可为诗史增添一段雅事。

三、制造“事件”：日常经验的装饰与点缀

梁九图创建汾江草庐，为日常生活提供一处诗意栖息地，这在传统文人来说，是非常普遍的。但因为汾江草庐的位置（因十二石山斋乃程可则故宅），以及梁九图个人的声名，再加上这次唱和，使得本来极普遍的一件事，便具有了非同一般的意味。

吴弥光的和诗写到“千古高风凭占取，羡君幽兴正无涯”，杨方教写到“散诞林泉多逸趣，黄粱睡味究何知”，陈莹达写到“一家欢乐成幽趣，羡煞高闲俗不知”，都对梁九图的这种生活表达了羡慕。杜游《次韵草庐漫兴》谓“知君卜筑同坡老，况汝清才比谢家”，曹为霖《次韵草庐漫兴》云“幽居原不羡豪华，别辟林塘拟浣花”，黄承谦《次韵草庐漫兴》云“瀼水东西杜甫家”，李国龙《次韵草庐漫兴》云“工部堂成别一家”，梁世杰《草庐春日二首谨次叔父原韵》其一有云“柳馆春分大阮家”，诗下注到：“（世）杰新筑百垂杨馆于草庐之东。”唐金鉴《次韵草庐漫兴》云“康乐风流属此家”。建造一处宅院并没有特殊之处，但这些人却将梁九图比作苏轼、杜甫（浣花、工部）、阮籍、谢灵运，个中充满了敬仰之情。

蒋寅先生在分析清诗的写作困境及其应对策略时说过：“清代诗坛制造风雅事件的方式与自古相传的好事者的风雅传统不无关系。只不过这种制造故事的风气到清代愈演愈烈，甚或骇人听闻，这就不能不让人深思。比如清初诗坛的一唱百和之风，就很值得注意。”并举王士禛的《秋柳》诗唱和、汪琬的《苏台杨柳枝词》唱和、杭世骏《方镜》诗唱和、柯振岳《身外身》诗唱和等实例来说明。他把这种唱和理解为“制造事件”，是对日常经验的装饰与点缀。[①]梁九图的这次汾江草庐唱和，与前文提到的

---

① 蒋寅：《生活在别处——清诗的写作困境及其应对策略》，《文学评论》2020年第5期，第135页。

十二石山斋题咏，也属于这种“制造风雅事件”，也就是将日常生活予以诗意的装饰与点缀，让原本平常的生活变得风雅起来。也正像蒋寅先生所谓，这些“看上去都是日常生活场景，其实过滤了其琐屑性和烟火气，超脱了日常生活之庸俗氛围的精选场景，或可称为日常生活情境的经典化。”[①]

在外人看来，梁九图及其族人，也的确称得上“一门词赋萃英华”（张永坚和诗）。同治十年（1871），嘉定张修府曾将梁霭如、梁九图、梁翰、梁诗拔四人诗集合刻，名为《竹林诗略》，并序云：“自古世家名阀，材哲踵兴，累业相继，匪特姿禀殊绝也，盖渊源之受授，耳目之濡染，必有异焉者。故德行攻烈，后先济美，而发为文章，亦皆砥砺成就，卓然有闻于时。……粤东人文之盛，顺德为望，梁氏尤邑中甲族也。”[②]衡诸梁氏族人实际，确如张氏所云。梁元超《竹林诗略跋》亦称赞说：“尝考古来骚雅一门，人皆有集者，以东晋谢氏为最盛，史称‘阿大中郎，封胡羯末’，群从相唱和，风流掩映，江左王氏有不逮焉。逮康乐后至超宗，数世犹擅凤毛。”[③]俨然将梁九图一族，比为谢氏。这并非梁元超一个人的看法，唐金鉴的和诗“康乐风流属此家”、杜游的和诗“况汝清才比谢家”都将梁氏一族比为谢氏。也正因此，梁九图的卜宅便非同一般了。

太平天国运动及红巾军起义之后，梁九图仓皇避乱迁徙，十二石山斋、汾江草庐以及其中的诗书均罹战祸。黄承谦和诗有句云“竹林过从嵇康友”，再没出现在十二石山斋和汾江草庐里。曾经的风雅图景，都变成了历史的烟尘。所以，《汾江草庐唱和诗》不仅为我们提供了一幅当日的雅集盛况，也为我们以诗意的笔描画出了梁九图及其族人的“精魂”，为今人回望那段历史提供了一种凭借。

① 蒋寅：《生活在别处——清诗的写作困境及其应对策略》，《文学评论》2020年第5期，第136页。

② 冼宝干纂，佛山市图书馆整理：《（民国）佛山忠义乡志》卷十五《艺文志二》，第859页。

③ ［清］张修府：《竹林诗略》（序），冼宝干纂，佛山市图书馆整理：《（民国）佛山忠义乡志》卷十五《艺文志二》，第860页。

第二章

文献传承：梁九图著述及刻书考略

陈勤胜评价梁九图云："十二石峰主人静对移情，日手一卷，吟咏著述不辍。"[①]黄培芳亦指出："福草不急于仕进，闭户自精，以著述为事。"[②]《（民国）顺德县志·梁九图传》亦载："自少而老，日手一编，吟咏撰述不辍。……著作甚富，其流播海内，大者有关于文献，次亦有裨于见闻，都人士望若山斗。"[③]欧阳锴称赞梁九图："今梁君方盛年，已能撰述数十万言，有名于世。"[④]这些记载都为我们"形塑"了一个著述丰厚的"学者梁九图"。本章通过勾稽文献，对梁九图相关著述予以考辨，以加深今人对学者梁九图的印象。梁氏家殷，他的著述均为家刻本；且他曾为多人刊刻诗稿，本章对梁九图之刻书亦予以钩沉，以见出梁九图为他人"传书"的善举。

第一节　梁九图著述考略

一、梁九图著述概况

关于梁九图之著作，《（民国）佛山县志》卷十四《艺文》"史部"

---

① ［清］陈勤胜：《十二石山斋记》，［清］梁九图辑：《十二石山斋丛录》卷一，陈建华主编：《广州大典》影印本，第10页。

② ［清］黄培芳：《十二石山斋记》，［清］梁九图辑：《十二石山斋丛录》卷七，《广州大典》影印本，第80页。

③ 周之贞、冯葆熙修，周朝槐等纂：《（民国）顺德县志》卷十七，第692页。

④ ［清］欧阳锴：《汾江草庐笠亭记》，《（民国）佛山忠义乡志》卷十《风土志二》，第442页。

传记类杂录之属著录《岭南琐记》《佛山志余》《汾江随笔》三种著作[①]。“子部”杂家术数类著录《风鉴证古》一种[②]。“集部”别集类著录《紫藤馆文存》《十二石斋诗集》《笠亭集诗拾》《纪风七绝》四种著作[③]，总集类著录《岭表诗传》《汾江草庐唱和集》两种著作[④]。

《（民国）佛山忠义乡志》卷十五《艺文志》“史部”地志类著录《佛山志余》四卷，并附梁九图自序；谱录类著录《梁氏支谱》[⑤]，并附梁九图自序。“集部”著录《十二石斋诗集》二卷，附吴炳南道光癸卯孟春所作序；《十二石斋丛录》八卷，附梁九图自序；《十二石斋诗话》十卷，附梁九图自序；《紫藤馆杂录》十六卷，附梁九图自序；《纪风七绝》二十一卷，附劳宝胜序、梁都唐跋；《汾江草庐唱和诗》二卷；《笠亭诗拾》四卷；《明岭表诗传》六卷；《国朝岭表诗传》十卷。“佛山杂作汇编”收梁九图《佛山》诗一首。

《（民国）佛山忠义乡志》卷十四《梁九图传》载其著作有：《十二石斋诗集》《十二石斋诗话》《十二石斋丛录》《紫藤馆文钞》《紫藤馆杂录》《汾江随笔》《汾江草庐唱和诗》《岭南琐记》《石圃闲谈》《佛山志余》《笠亭诗拾》《韵桥杂志》《纪风七绝》《岭表诗传》《风鉴证古》《摘句图》[⑥]，共16种。

符葆森《国朝正雅集》载梁九图小传，介绍梁九图的著述有《紫藤馆诗集》《紫藤馆文集》《紫藤馆杂录》《紫藤馆丛录》《十二石山斋诗

---

① 周之贞、冯葆熙修，周朝槐等纂：《（民国）顺德县志》卷十四，第656页。

② 周之贞、冯葆熙修，周朝槐等纂：《（民国）顺德县志》卷十四，第658页。

③ 周之贞、冯葆熙修，周朝槐等纂：《（民国）顺德县志》卷十四，第662页。

④ 周之贞、冯葆熙修，周朝槐等纂：《（民国）顺德县志》卷十四，第665页。

⑤ 《佛山市文物志》“族谱”类亦收梁九图《梁氏支谱》，云：“咸丰五年（1855）［清］梁九图撰，线装，木刻印刷，六卷一册。”佛山市博物馆编：《佛山市文物志》，广州：广东科技出版社，1991年，第148页。

⑥ 冼宝干纂，佛山市图书馆整理：《（民国）佛山忠义乡志》，第629页。

话》《韵桥杂志》《汾江随笔》《石圃闲谈》《岭南琐记》《笠亭诗拾》《纪风七绝》《岭表诗传》等12种[①]。

此外，梁九图辑《汾江草庐唱和诗》载李国龙《次韵春日偶成》，其中有句云“壶有九华苏学士，心惟一片郑安期”，诗下注云：“先生近辑《良方类稿》。”[②]

综上，按照传统四部分类，梁九图只没有经部著作。其著述大致可以分为四类：个人诗文集、笔记杂著、编选的诗歌总集以及诗话。著作命名大多以其斋、堂、亭等建筑为据，现分别考述如下。

（一）梁九图的诗文集

1. 诗集

梁九图的诗集，文献著录共两种：《紫藤馆诗钞》和《十二石斋诗集》。《（民国）顺德县志·艺文志》“集部”[③]、《（民国）佛山忠义乡志·梁九图传》[④]皆载梁九图《十二石斋诗集》，均未言卷数。梁都唐亦曾交代，咸丰甲寅（1854）之变后，因其父梁九图著作旧版皆付之一炬，故梁都唐为其父重刻著作，其中也有《十二石斋诗集》。[⑤]《（民国）佛山忠义乡志·艺文志》载梁九图《十二石斋诗集》二卷，小字注云：“（清）梁九图撰，吴炳南有序。录古、近体七首，余诗散附各类。”[⑥]为了解梁九图此诗集面目，现将吴炳南序移录于此：

序曰：福草居士，士衡盛藻，子安妙龄，谢灵运山水方滋，

---

① ［清］符葆森：《寄心庵诗话》，［清］符葆森辑：《国朝正雅集》卷八十五。

② ［清］梁九图辑：《汾江草庐唱和诗》。

③ 周之贞、冯葆熙修，周朝槐等纂：《（民国）顺德县志》，第662页。

④ 冼宝干纂，佛山市图书馆整理：《（民国）佛山忠义乡志》，第629页。

⑤ ［清］梁都唐《纪风七绝》（跋），［清］梁九图辑：《纪风七绝》，陈建华主编：《广州大典》影印本，第206页。

⑥ 冼宝干纂，佛山市图书馆整理：《（民国）佛山忠义乡志》，第854页。

杜牧之烟花自喜，诗天酒地，占尽遨头，草笠芒鞋，鼓来行脚，欢场录别，胜地纪游，凡口之所言，皆心之所得也。然而文专两汉，律喜三唐，笔谢绮词，格卑艳体。杨瑄虑无识曲，伯牙惧少知音。一字求安，只寻郑谷；片言索序，先问徐陵。愧仆不才，惟君知已。

夫学不博者寡奥义，情不真者多饰词。居士异采霞飞，逸情云上，发边韶经笥，置刘幾墨庄，浸淫六经，淹贯诸子。固宜典征鼨鼠，伪订明驼。而乃昭谏吟多，惯言身世；少陵性笃，好写君亲。幼擅雄才，慕香山之易解；生居华胄，爱东野之工愁。故虽润古雕今，究属陶情适性。仆华溪罢钓，汾水移家，午夜分笺，丁年联袂，陈无已闭门索句，王之涣画壁题词。五载于兹，百篇共赏，幸嵇吕生当并世，喜应刘颇有同声。停云不怅泉明，朗月辄思元度，因以效裴王酬唱，学韩贾推敲，念旧雨之乐多，识高山之志在。嗟乎！吟鞭共指，山花则狎蝶依然；游舫同登，岸柳则毾毵无恙。而流光老我，尘鞅羁人。回首交初，恍说春婆之梦；兴怀死后，顿生秋士之悲也。知沧海易迁，惧与草木同腐，代义山编甲乙之集，効许浑梓丁卯之诗。朗诵百回，永留千古。道光癸卯孟春，同邑吴炳南撰。[①]

这篇序采用的是骈体，其中有很多典故。从吴炳南序所署时间“道光癸卯孟春”来看，为1843年春。此序后附七首诗：《罗浮》《夜渡湘江》《峨眉亭》《滕王阁》《五指山怀仲兄耕云》《太湖夜归》《夏日与张南山太守黄香石中翰游荔湾》。

目前著录梁九图诗集的两种乡志，皆云其诗集名为《十二石斋诗

① 冼宝干纂，佛山市图书馆整理：《（民国）佛山忠义乡志》，第854—855页。

集》，但我们在上一章“十二石山斋的建立”一节曾有交代，十二石山斋的创建缘于道光甲辰（1844）梁九图的衡湘之行归来之后。那么，在吴炳南作序的道光癸卯是不可能出现以“十二石斋”命名的诗集的，因此时十二石山斋还未建立。这部诗集的确切名称应该是《紫藤馆诗钞》。

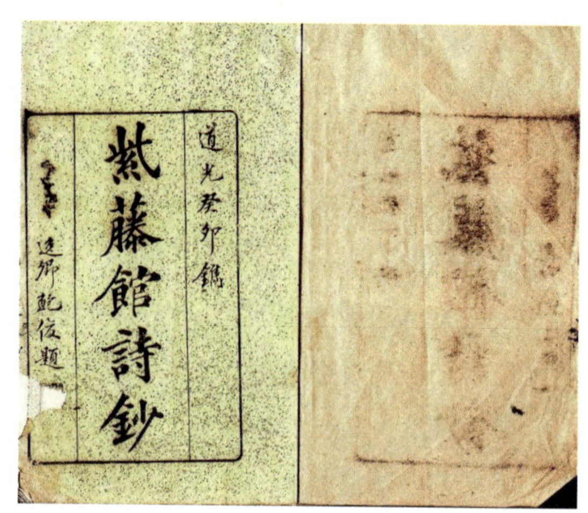

图2-1　梁九图《紫藤馆诗钞》（广东省立中山图书馆藏本）

《广州大典》据广东省立中山图书馆所藏《紫藤馆诗钞》影印出版。其封面由梁九图的诗友鲍俊题写，并署“道光癸卯镌”，与吴炳南序所署时间吻合。内文依次为吴炳南序（钤“星斋”印）、张维屏序（时间为道光癸卯秋七月，钤“张维屏印”“南山”“珠海老渔”三方印）、吴超题词（钤“臣吴超”印）、吴梦奎题词（钤“晓阁”印）[①]。吴炳南序与《（民国）佛山忠义乡志》所载吴序相较，只“杨瑄”当为“杨绾”，另未署时间。正文第一页“紫藤馆诗钞”下署“男思问校刊”，思问乃梁九图儿子梁僧宝原名。全书正文共三十九页，每半页六行，行十六字。最后为五篇跋，依次为：梁九图跋（钤“九图印”“福草”）、郭尚先跋（钤“兰石墨缘”）、吴聘跋（钤“吴聘”“曾经我目”两方印）、陈宾选跋（钤“虞门”）、陈官兰跋（钤“官兰私印”）。郭跋署时间“己丑”，据跋所云“福草今甫十四龄，异时所造，当有驾李杜高岑者”，可知此已

① 《广州大典》影印《紫藤馆诗钞》，吴序共3页，然把吴序“思元度……”一页错置到了张维屏序后。张序共3页，然把最后一页置于了吴序第2页后，所以容易让人以为开篇之序为张维屏所作。

丑为道光九年，1829年。而此时十二石山斋亦未建成，且此诗稿亦未雕镌，故可知此跋乃此前成文，此次诗稿镌刻时加入以作跋。吴聘跋署“道光甲辰重阳前五日”，为1844年。陈官兰跋署“道光癸卯”，与诗稿封面鲍俊所署时间一致。

从梁九图及其诗友所言，亦可知梁九图诗稿名为《紫藤馆诗钞》，如：

> 丹徒张荼农深来宰新宁，时张翰生参戎与之交好，向余说近获一诗人，因以《悔昨斋诗录》贻余，余以《紫藤馆诗钞》报之。①
>
> 仲父中翰公《无怠懈斋诗》刊行后，拙集《紫藤馆诗》亦付梓。②

这里梁九图自言诗稿名皆为《紫藤馆诗钞》。他的诗友如任本皋有《过福草山斋观石》，诗云：

> 饱看怪石当游山，偶诵君诗亦解颜。腰脚怜余尤不健，藤花招我且消闲。

其中，在第一句下注云：“《紫藤馆集》原句。”在第三句下注云：“登高腰脚输人健，《紫藤馆集》中句。”③四句诗，有两句是出自《紫藤馆集》，可见此诗集为任本皋所读过。这里，提到的梁九图诗集名亦作《紫藤馆集》。核梁九图诗，任诗第一句出自梁九图《归汾江草庐寄呈吴秋航刺史梯张南山司马维屏》，第三句见《十二石山斋丛录》。

再如招成材《十二石山斋诗》有句云“此间旧是诗人宅”，句下注

① ［清］梁九图撰：《十二石山斋诗话》卷三，陈建华主编：《广州大典》影印本，第486页。

② ［清］梁九图撰：《十二石山斋诗话》卷五，陈建华主编：《广州大典》影印本，第524页。

③ ［清］梁九图辑：《十二石山斋丛录》卷五，陈建华主编：《广州大典》影印本，第57页。

云："《紫藤馆集》中句。"[①]但核《紫藤馆诗钞》，并未见此句诗，亦见梁九图《十二石山斋丛录》，但梁九图指出这几句诗出自《紫藤馆诗钞》[②]。那么，是存在两本《紫藤馆诗钞》吗？

此外，黄镜湖《寄题十二石山斋》其四云："新诗不值松牌写，可许瑶函乞得无？"此联后注云："余更欲得青厓先生大集，并紫藤馆尊集，先以诗作介绍也。"[③]这里提及的梁九图诗集，亦称"紫藤馆"。

再如邵坚《十二石山斋诗》其二云：

> 玲珑皱瘦重摩挲，曾读先生九曜歌。雨润苔花分活翠，山斋今较药洲多。

诗末注云："《紫藤馆诗钞·九曜石歌》云：五羊石青九曜碧，嵯峨对峙南交宅。我来药洲春始半，苔花雨润活翠积。"[④]邵坚诗化用九图诗，且明确提及《紫藤馆诗钞》。

此外，《汾江草庐唱和诗》载张子彤《次韵草庐漫兴》，有联云："我亦索居劳梦毂，小山丛桂渺天涯。"诗下注云："先生所居松桂里，著述甚富，向在友人处得读《紫藤馆诗钞》，不胜景仰。"何惠祁《次韵草庐漫兴》有句云"闻道洛阳今纸贵"，句下注云："紫藤馆诗集传播肇、罗各郡，每卷价至一金。"黄承谦《次韵草庐漫兴》有句云："自愧草堂虚点缀，却无好句播天涯。"诗下注云："君所著《诗钞》等书流播海内。"[⑤]这些记载也明确说明梁九图的诗稿为《紫藤馆诗钞》。

---

① ［清］梁九图辑：《十二石山斋丛录》卷六，陈建华主编：《广州大典》影印本，第77页。
② ［清］梁九图辑：《十二石山斋丛录》卷一，陈建华主编：《广州大典》影印本，第4—5页。
③ ［清］梁九图辑：《十二石山斋丛录》卷一，陈建华主编：《广州大典》影印本，第15页。
④ ［清］梁九图辑：《十二石山斋丛录》卷九，陈建华主编：《广州大典》影印本，第108页。
⑤ ［清］梁九图辑：《汾江草庐唱和诗》。

综上可见，除文献著录外，不管是梁九图自己，还是其友朋，都把梁九图的诗集名称为《紫藤馆诗钞》。但又有一个问题，就是《（民国）佛山忠义乡志》所附梁九图七首诗，其中《峨眉亭》《夏日与张南山太守黄香石中翰游荔湾》两首不见今本《紫藤馆诗钞》。据梁九图《紫藤馆诗钞》跋云："九图与吴子星侪辑有《岭表诗传》一书，已附拙作十五首于卷末，而全集不敢遽行开雕。再择若干首付梓，赠各知己，非欲出而问世也。"[①]由此可知梁九图诗不止《紫藤馆诗钞》及《国朝岭表诗传》所附十五首，而《（民国）佛山忠义乡志》著录《十二石斋诗集》二卷，故可推测《紫藤馆诗钞》当为二卷，上任本皋、招成材所见即为另一卷《紫藤馆诗钞》。而今所传者只是其中一卷。限于文献，故存疑于此。另同治十年（1871），嘉定张修府选梁翰、梁蔼如、梁九图、梁诗拔四人诗为《顺德梁氏四君集》，亦名《竹林诗略》，其中张修府序称梁九图诗集为《十二石山斋集》[②]。此《十二石山斋集》是否为《紫藤馆诗钞》，因不得见《竹林诗略》，故仍存疑。

今《广州大典》影印本《紫藤馆诗钞》，版本标为"清道光间刻本"，然衡诸实际，此本乃写刻本。此外，书中所附张维屏序、吴超序、郭尚先跋、陈官兰跋笔迹各异，而其他笔迹则出自同一人。据梁九图《十二石山斋丛录》载："鹤俦（陈官兰字）小楷时仿鲁公，时仿率更，时仿河南，而为余书《紫藤馆诗》一帙，则深得《元秘塔碑》神理。"[③]此不仅可证梁九图诗集名，亦可推测今所传《紫藤馆诗钞》可能为陈官兰所

---

① ［清］梁九图撰：《紫藤馆诗钞》，陈建华主编：《广州大典》影印本，第27页。

② ［清］张修府：《竹林诗略》（序），冼宝干纂，佛山市图书馆整理：《（民国）佛山忠义乡志》卷十五《艺文志二》，第859页。

③ ［清］梁九图辑：《十二石山斋丛录》卷五，陈建华主编：《广州大典》影印本，第56页。按：《元秘塔碑》，全称《唐故左街僧录内供奉三教谈论引驾大德安国寺上座赐紫大达法师玄秘塔碑铭并序》，简称《大达法师玄秘塔碑》，唐裴休撰文，柳公权书并篆额。此处作"元"，乃避清康熙帝讳"玄"。

书，且陈官兰跋亦云：“福草先生幼工唫（吟）咏，长益精醇，顷以诗集属书付梓。”[①]不过，将陈官兰跋与正文笔迹相较，似又非出自同一人手。笔者也请书法界同道比对，也说《紫藤馆诗钞》字体并非《玄秘塔碑》。这只能说明，今所传《紫藤馆诗钞》可能非陈官兰书，或者因陈官兰精多种书法，正文和跋用了两种笔迹。今人骆伟主编《广东文献综录》著录《紫藤馆诗钞》一卷，版本标为“道光二十四年（1844）梁九图写，梁思问精印本”，广东省立中山图书馆和中山大学图书馆均有收藏[②]。这里标示的是“梁九图写”，并非陈官兰写。因未见，待核。

2. 文集

梁九图文集的名称有《十二石斋文集》《紫藤馆文钞》。《（民国）顺德县志·艺文志》著录为《紫藤馆文存》，《（民国）佛山忠义乡志·梁九图传》又作《紫藤馆文钞杂录》。但《十二石斋文集》《紫藤馆文钞》今皆不见，可见者仅为《十二石山斋丛录》卷一所载梁九图自作《十二石山斋记》，以及卷六易景陶题诗后附易氏游桂林获一石，“君山（易氏字）宝之，同于性命”，此文后标示《紫藤馆文钞》[③]。《紫藤馆杂录》卷六“连峡”条，写梁九图游连峡，描写甚细致，可作一篇游记看，似亦出自《紫藤馆文钞》。

二、梁九图的笔记杂著

梁九图家富藏书，他本人又喜读书，且继承了古人读书有间、随手抄录的习惯，因此这类“读书笔记”之作成了梁九图著述的主要“文体”。

1. 《紫藤馆杂录》

据梁九图自序云：“余性寡谐，日唯闭户把卷流连而已，偶阅异

---

① ［清］梁九图撰：《紫藤馆诗钞》，陈建华主编：《广州大典》影印本，第29页。

② 骆伟主编：《广东文献综录》，广州：中山大学出版社，2000年，第269页。

③ ［清］梁九图辑：《十二石山斋丛录》卷六，陈建华主编：《广州大典》影印本，第69页。

闻，随手自抄撮，间有所著，亦丛杂于编。积久成帙，谋付梨枣，以资谈助。”[①]这几句话虽简短，但含义却较丰富：其一，指出了这本书的成书经过；其二，提示了这本书的大致内容；其三，揭示了这本书的文体性质；其四，表明了这本书的著述目的。尤其“以资谈助”，与前此很多同类性质的书一致，比如汪适孙指出梁绍壬《两般秋雨庵随笔》“零章断简，虽难侔武库之珍；选义考辞，要无愧杂家之作”[②]。所以，《广州大典》将《紫藤馆杂录》编入子部杂家类，较之《（民国）佛山忠义乡志》编入《艺文志·集部》，更符合梁书本质。

《紫藤馆杂录》十六卷，板框高13.4厘米，宽9.6厘米，道光二十五年（1845）秋八月梁氏紫藤馆刊本。每卷前有目次，每半页九行，行二十字，版心署“紫藤馆杂录”及卷次。每卷首署“顺德梁九图福草纂著”及校订者姓名，然各卷校订者不同，依次为：卷一，钱唐吴筠箳篁；卷二，侄思贤光大；卷三，南海麦芬述尧；卷四，侄思泽恩大；卷五，同邑何星垣六符；卷六，侄世和乾大；卷七，武康徐德量洪度；卷八，侄思忠充大；卷九，南海任骥章瑞图；卷十，侄思正体大；卷十一，宛平赵慕野小魏；卷十二，侄植荣用大；卷十三，受业同邑李文田；卷十四，侄思溥广渊；卷十五，子思问子裕[③]；卷十六，子思兼学周。大部分为其侄子辈，也有其学生李文田及诸多诗友。

是书之具体内容，后文详述。此书目前仅国家图书馆（原北京图书馆）有藏[④]，《广州大典》即据国图藏本影印。

---

① ［清］梁九图撰：《紫藤馆杂录》，陈建华主编：《广州大典》影印本。

② ［清］汪适孙：《两般秋雨庵随笔序》，梁绍壬撰，庄葳校点：《两般秋雨庵随笔》，上海：上海古籍出版社，2012年。

③ 按：即梁僧宝。

④ 按：卷十六末有钤“北京图书馆藏”印。

2. 《石圃闲谈》

石圃应为一处名胜。除《（民国）佛山忠义乡志·梁九图传》《寄心庵诗话》外，《石圃闲谈》不见任何文献著录，只梁九图《十二石山斋丛录》中摘录37则。其中前七则是梁九图谈自己的藏石、赏石等。此七则，联同梁九图所作《十二石山斋记》，黄宾虹、邓实编《美术丛书》时，收入第二集第七辑，由神州国光社于1911年出版。剩下三十则，如记大兴邵甲名爱民，居官贵清慎勤；记赖恩爵讲武之暇喜吟咏；记吴筠与梁九图探胜楞伽等，均是一些人物琐事、逸事。有些则似诗话，如唐金华精五律、七律；吉泰寄诗属九图勘定等，可与《十二石山斋诗话》并读。

此外，《十二石山斋丛录》移录《石圃闲谈》一则：

> 江都符南樵茂才幼承其祖母陈辛农孺人之训，孺人所著《茹蘗闲房诗》名重一时，故南樵诗出入汉魏盛唐，又能与古为新。撰述尤富，著有《寄鸥馆诗集》《词集》《文集》《文外》《寄心盦诗话小札》《红雪谈因》《符氏私谱》，又辑有《后箧中集》《春田红豆词丛》《蟫函拾玉》等书。至所选《国朝诗寄心集》，汇乾嘉道三朝人诗二百卷，更有功文献。①

梁九图诗名在当时流播较广，故与其素未谋面的符葆森在编《国朝正雅集》时，亦选录梁九图诗5首。梁九图十二石山斋建成，其亦寄赠《十二石山斋记》。上面这则所载，不仅揭示了符葆森诗歌创作渊源，且记录了其诸多著述。今人刘和文曾稽考文献，对符葆森著述予以揭示："著有《寄鸥馆诗稿》《寄鸥馆辛壬诗录》《寄鸥馆行卷》《寄鸥馆赋钞》等。考相关书录，其著述尚有：《符葆森弢雅堂诗集》四卷，《朱厚斋先生年

---

① ［清］梁九图辑：《十二石山斋丛录》卷九，陈建华主编：《广州大典》影印本，第102—103页。按：《国朝正雅集》封面标为"百卷"，然实际九十九卷。

谱》不分卷，《癸丑怀人诗》不分卷，《骈枝赘忆》一卷，《寄心庵诗话》六卷，《咸丰三年避寇日记》二卷；辑《国朝正雅集》一百卷。”[①]刘和文要是能读梁九图《十二石山斋丛录》所载《石圃闲谈》，当对符葆森著述有更全面的描述。由此亦可见梁九图笔记著述的文献价值。

3. 《汾江随笔》

“梁园”建筑群中，梁九图共建有十二石山斋、紫藤馆、汾江草庐等。除《（民国）佛山忠义乡志·梁九图传》《寄心庵诗话》外，《汾江随笔》亦不见任何文献著录，只梁九图《十二石山斋丛录》中摘录14则，内容与《石圃闲谈》一致，如评吴梯诗近元次山、吴炳南论七绝压卷等。吴梯、吴炳南等人都与梁九图交往密切，故此等“随笔”，不仅为我们了解当时的诗歌创作、诗学发展提供了一些材料，也为时人保留了诸多历史文献记载。如记吴林光（芗泠）：“芗泠以名进士出宰铅山，解组日士民遮道攀辕，吏爱元崇，人追李岘。”[②]此等记载虽寥寥几笔，却将一个人最显著的特质揭示出来，又可作时人之小传。有些亦同诗话，如记何星垣（竹溪）：“竹溪五、七律专守古音，不谐里耳。盖撷《骚》《选》之腴，行之近体。吾粤唯邝湛若、屈华夫能之，竹溪或可嗣响乎！”[③]对何星垣五、七律专守古音的特点予以评述，并且指出其嗣响邝露（湛若）、屈大均。

4. 《岭南琐记》

梁九图的笔记、杂著有很多种，但彼此之间常有重复者。这些读书笔记都是随读随记，然后日久积多，刻书时难免编重。如前文所提到的梁九图与何星垣、何惠群、吴炳南等人的“漱珠桥销夏”，《紫藤馆杂录》

---

① 刘和文：《符葆森〈国朝正雅集〉考论》，《西华师范大学学报（哲学社会科学版）》2018年第5期，第2页。

② ［清］梁九图辑：《十二石山斋丛录》卷五，陈建华主编：《广州大典》影印本，第52页。

③ ［清］梁九图辑：《十二石山斋丛录》卷二，陈建华主编：《广州大典》影印本，第24页。

《十二石山斋诗话》均有载。《岭南琐记》与上面提到的笔记著述体裁、内容一致，《十二石山斋丛录》共选录26则，其中有很多珍贵的史料文献，比如记吴梯："秋航先生宰蒙阴日，蝗不入境，野遍嘉禾，而汲汲于兴利革弊。今读其《论种茶》《论种树》《论借谷》《论除粮催储》诸文，精详恳切，虽古良吏无以过也。"[①]吴梯的这些文今已不传。此等记载，可作人物传记读。再如记张维屏：

> 南山先生与吴中金手山皆工乐府，世称"二山"；又与谭康侯农部、黄香石舍人称"粤东三子"。由进士出宰黄梅，屡著政绩，迨权守南康郡后，即请假南归，筑听松园于大通寺侧，亭台既胜，笔床茶灶又复精良。先生偃仰其中，著作等身，而《国朝诗人征略》一书，尤见博雅。其中标题、摘句，采择极精；轶事、芳踪，搜罗繁富，洵有功于文献者。[②]

此等记载，则可补岭南文学史。其中对《国朝诗人征略》的评价亦精准，而且，以此评价较诸梁九图《十二石山斋丛录》《十二石山斋诗话》《岭表诗传》诸作，可见张维屏对梁九图的影响。

5. 《韵桥杂志》

前文已述，韵桥为汾江草庐中一处胜地。《韵桥杂志》亦仅见于《（民国）佛山忠义乡志·梁九图传》《寄心庵诗话》著录，具体内容据《十二石山斋丛录》所引唯一的一则亦可推知，应与上述笔记著述一致。此条交代："余素未晤南樵，因香石、南山梁翁遂通音问，南樵寄余《古诗四章并柬两翁》云……读之恍见数千里神交也。"[③]南樵乃符葆森。

---

① ［清］梁九图辑：《十二石山斋丛录》卷一，陈建华主编：《广州大典》影印本，第6页。

② ［清］梁九图辑：《十二石山斋丛录》卷三，陈建华主编：《广州大典》影印本，第29页。

③ ［清］梁九图辑：《十二石山斋丛录》卷九，陈建华主编：《广州大典》影印本，第103页。

6.《佛山志余》四卷

《（民国）佛山忠义乡志·艺文志》将此书归入“地志类”，梁九图有自序，云：

> 《佛山乡志》，旧为李阊衷茂才撰，陈云麓庶常、吴荷屋中丞先后重修之。其关于祀典、官署、乡域、乡学、乡俗、乡事、乡防、乡禁、人物、选举、艺文、金石、杂录已备。若《琐事志》所略者，余详焉。余居佛山三十余年矣，故老所传闻、文人所纂录，靡不随手签记，而余目亲睹者尤不覼缕述。识大识小，体各不同，然博引繁征，义归质实，庶几为志之余矣。咸丰甲寅浴佛日福草梁九图识于汾江草庐。①

李阊衷即李侍问，曾撰《（康熙）佛山忠义乡志》；陈云麓即陈炎宗，曾撰《（乾隆）佛山忠义乡志》；吴荷屋即吴荣光，曾与冼沂纂修《（道光）佛山忠义乡志》。咸丰甲寅为1854年，浴佛日为农历四月初八，梁九图时年39岁。据梁氏自序，可知其《佛山志余》乃补前此《佛山忠义乡志》之作，而所记内容，则来自于“故老所传闻、文人所纂录”，实与上述笔记诸作亦有相同处。

《（民国）佛山忠义乡志·风土志》载梁九华“群星草堂”，附梁九图所作《群星草堂记》：

> 余叔兄灯山，性好石，辟园地数亩在沙洛中，布太湖、灵璧、英德等石几满。高逾丈，阔逾仞，非数十人舁不动。或立或卧，或俯或仰，位置妥贴，极丘壑之胜。间以竹木，饰以栏

---

① 冼宝干纂，佛山市图书馆整理：《（民国）佛山忠义乡志》卷十五《艺文志一》，第807—808页。

> 槛，配以台阁，绕以池沼。中立一亭，李石泉都转可琼题曰“壶亭”，左为堂，骆籥门中丞秉章题曰“群星草堂”。[①]

此记出《佛山志余》。《紫藤馆杂录》卷十二亦有“群星草堂”[②]，可与此参看。

7. 《十二石山斋丛录》九卷附《摘句图》一卷

《十二石山斋丛录》九卷，道光戊申（1848）秋九月梁氏十二石山斋刊本，封面由潘绍经（汉石）题写。《（民国）佛山忠义乡志·艺文志》著录为八卷，显误。是书内容，上章论梁九图交游已详述，现对其体例说明如下。

是书以卷系人，以人系题诗（或文、或词），诗后为梁九图摘录自己笔记类著述有关题赠者之逸闻轶事，或品评题赠者之诗，最后移录题赠者之诗若干，全书所录诗均出自梁九图所辑《笠亭诗拾》。为清晰起见，以卷一“吴梯”为例。

“吴梯”条，开始为吴梯赠诗《十二石斋山人书索斋记，仆断此久矣，重违其意，诗以代文》。其后依次为梁九图摘录《岭南琐记》载“吴梯为良吏”事，摘录《汾江随笔》载梁九图论吴梯诗近元次山，摘录《十二石山斋诗话》载吴梯“戒讼诗”。之后为移录吴梯《岱云吟草》八首。

是书版框高13.5厘米，高9.5厘米，每半页八行，行十七字，版心署“十二石山斋丛录”及卷次，全书无目，每卷首署“顺德梁九图福草辑”及录者，其中梁思问录五卷，梁思兼录四卷。

是书除广东省立中山图书馆有藏外，骆伟《岭南文献综录》另提到美

---

① 冼宝干纂，佛山市图书馆整理：《（民国）佛山忠义乡志》卷十《风土志二》，第436页。

② ［清］梁九图撰：《紫藤馆杂录》卷十二，陈建华主编：《广州大典》影印本，第706页。

国哈佛燕京学社汉和图书馆[①]、中山大学图书馆[②]均有藏，但皆为八卷本。

《十二石山斋丛录》后附《摘句图》一卷，乃梁九图选岑澂诗，共选摘121联诗。与《汾江草庐唱和诗》后所附《摘句图》一样。梁九图喜摘句，或受张维屏《国朝诗人征略》摘句之影响。岑澂自言梁九图是“仿渔洋尚书与愚山侍讲故事”[③]，王士禛（渔洋）爱施润章（愚山）五言诗，曾摘录其诗作《摘句图》。

骆伟《岭南文献综录》著录国家图书馆藏有梁九图《摘句图》一卷[④]，可能即为《汾江草庐唱和诗》所附。

另《广州大典》将此书归为子部杂家类，亦可商榷。梁九图所摘录题赠者之逸闻轶事等，均可入诗话；所移录诗人原作，又出自诗歌选集。故笔者以为此集归入集部较妥。

《十二石山斋丛录》的价值不仅为我们以文字的形式保留了一幅风雅图景，还保存了很多文献。《（民国）佛山忠义乡志·艺文志》中著录多种文献，如吴尚懋《闲思修慧室诗钞》、吴弥光《芬陀罗馆诗文钞》，均标示出自《十二石山斋丛录》[⑤]。

梁九图所著杂著类著作尚有《风鉴证古》。“风鉴”在古代指的是相面术。另有《梁氏支谱》，梁九图有自序，对了解佛山梁氏甚有裨益，今全录于此：

> 余世家顺德之麦村，迁佛山盖自先大父始。佛山当南北冲，达宦贵人，冠盖络绎，富商巨贾所走集，文人墨客所栖止。嘉、道之间，国家鼎盛，闾阎乂安。先仲父青厓先生以进士起家，服

① 骆伟主编：《岭南文献综录》，广州：广东人民出版社，2016年，第55页。

② 骆伟主编：《岭南文献综录》，第329页。

③ 冼宝干纂，佛山市图书馆整理：《（民国）佛山忠义乡志》卷十五《艺文志二》，第862页。

④ 骆伟主编：《岭南文献综录》，第506页。

⑤ 冼宝干纂，佛山市图书馆整理：《（民国）佛山忠义乡志》卷十五《艺文志二》，第848页。

官薇省，请假归里，歌哭于斯。五十年间，生齿日众，祖孙、父子、兄弟、叔侄、姑嫜、妯娌，一门以内，二百余人。祠宇室庐，池亭圃囿，五十余所。皇朝诰轴，先墓碑铭，与夫卿相宠荣，友朋题赠，诗文词赋，充溢巾箱。夫君子之笃亲也，著为谱牒，明其世次，详其撰述，表其恩遇，诵其清芬，志其生迁，纪其卒葬，示不忘也。

往余叔兄灯山有《梁氏家乘》之刻，自始祖嵩山公至今，支分派衍，具悉本源，而近代诰敕、小传、事迹、建置、艺文略焉。余之辑是谱也，都为六卷，第著吾支谱。甫成，而佛山有陈开之变。余与诸兄群从流离迁徙，南北东西，各不相见。所居里第，仅留仆辈处守。忽忽数月，地纵焚如，二万余家尽成灰烬。余有别业，寄顿琴书、服物、鼎彝，亦归销毁。犹幸祝融示德，里第岿然。呜呼，此岂先人之善于卜居欤？抑天之爱善人者，并爱及其后嗣欤？

初，余避乱未知所往也，以是谱属吴华溪孝廉，曰："君居，为吾护之；君奔，为吾挈之。"后余徙香山，徙顺德，徙羊城，华溪亦迟迟归顺德，藏是谱于石楼。而余专遣人索取，负走百余里，始达余寓。今则佛山克复，事定归来，抚卷低徊，不禁欷歔泣下也。

夫人生居华膴，身世夷然，或以为聚处一家，无劳记注。而余既遭坎坷，又值乱离，当此之时，几以为骨肉无复再逢，流落不知何所。日抱此谱，重加搜录，无俾遗坠，使子若孙知先大父之来迁，迄予小子诸兄群从之遇患奔驰有如此者，则是谱之刻，愈不能以已矣。

大清咸丰五年，岁在乙卯孟秋十五，传孙九图谨撰[①]。

---

① 冼宝干纂，佛山市图书馆整理：《（民国）佛山忠义乡志》卷十五《艺文志一》，第816—817页。

由上序可知，梁九图撰此谱，乃补续梁九华《梁氏家乘》，中间遭乱离迁徙，曾将此书托付吴炳南保存。陈开之乱平定后，梁九图派人取回，故其成书相当困难。

三、梁九图编选的诗歌集

梁九图不仅勤于著述，还善于编书，梁九图在世时共刊刻四种诗歌选集。

1. 《汾江草庐唱和诗》二卷

此为梁九图等人于汾江草庐唱酬之集，与《十二石山斋丛录》之题赠一样。《（民国）佛山忠义乡志·风土志》于"汾江草庐"后附梁九图等人唱和诗，包括梁九图《汾江草庐春日二首》，张维屏、岑澂依韵和诗，这些皆为《汾江草庐唱和诗》中的内容。所附苏廷魁答诗、陈璞赋诗、黄培芳题诗，当为诸人拜访汾江草庐所作，或与梁九图唱酬之作，与现存《汾江草庐唱和诗》相较，并未收入其中。

今国家图书馆藏有道光三十年（1850）八月所刻（清）梁九图辑《汾江草庐唱和诗二卷摘句图一卷》，每半页八行，行十七字，左右双边，间有双行小字。首有梁九图《自序》："庚戌之春，敝庐花放，绿水满池，有酒在樽，得琴横案，致足乐也。然而花溪北行，蓼湖物故，每当佳日，孰与放游？所幸群从偕来，破廖寂耳。得诗二首，诸公见而爱焉，各有和章。珠玉惠投，适形仆拙。不敢忘也，遂付梓人。"[①]卷首为梁九图所作《草庐漫兴》《春日偶成》二首七律，依次和者计52人次（李长荣2次）。此不赘述，见前章。51个人为梁九图所作诗附和，足见其名声。

此二卷后所附《摘句图》一卷，乃梁九图摘岑澂诗佳句，与《十二石山斋丛录》所附完全一致。

① ［清］梁九图辑：《汾江草庐唱和诗》。

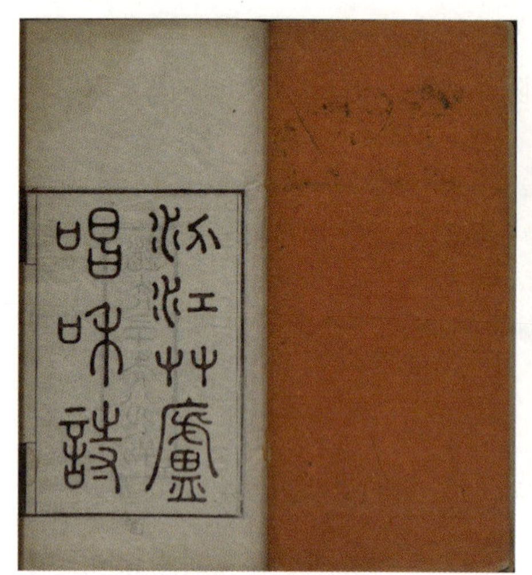

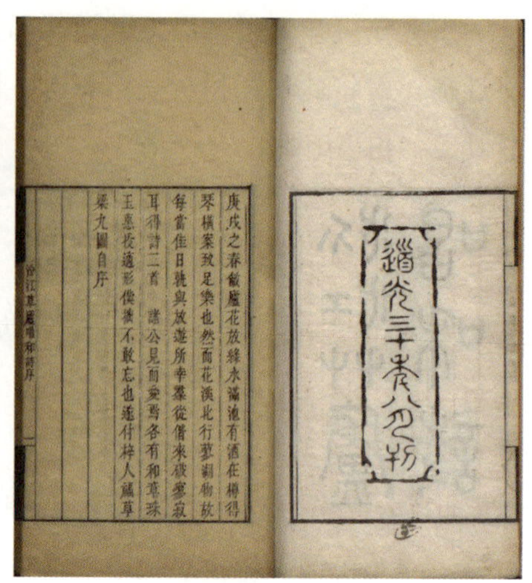

汾江草廬唱和詩序

庚戌之春敝廬花放綠水滿池有酒在樽得
琴横案致足樂也然而花溪北行夢翻鶴故
每當佳日輒與故遊所幸羣從儕來破寥寂
耳得詩二首　諸公見而愛焉各有和章珠
玉惠投遂形侈譽不敢忘也遂付梓人藏草
梁九圖自序

图2-2　梁九图辑《汾江草庐唱和诗》封面（国家图书馆藏本）

图2-3　梁九图辑《汾江草庐唱和诗》内页（国家图书馆藏本）

此书今仅见国家图书馆有藏。

2. 《笠亭诗拾》四卷

笠亭为汾江草庐内一处名胜。此书为梁九图所辑诗歌选集，惜今不见，所幸《十二石山斋丛录》移录多首。据笔者统计，共收43个诗人156首诗。《笠亭诗拾》收录于《十二石山斋丛录》中，那么《笠亭诗拾》的成书肯定在《十二石山斋丛录》刊刻以前，也就是道光二十八年（1848）以前。而在此之前，梁九图与吴炳南分别于道光庚子（1840）及道光癸卯（1843）同辑《岭表明诗传》六卷和《国朝岭表诗传》十卷。今将《笠亭诗拾》与《岭表诗传》所收同一诗人之诗相较，发现收诗各异。因此，《笠亭诗拾》恰可补《岭表诗传》，从而保留了更多时人之诗。

以吴梯为例，今据文献可知其有诗集《岱云吟草》，但因未见其诗，故不得而知。《笠亭诗拾》所收吴梯诗：《浚壕》《种树篇》《望海亭观海》《读古人今我斋遗集感赋》《次韵周广文见酬喜雪》《沂州幕舍题杨闲庵梅花惜别图卷》《不雨而风春耕辍耒忧我赤子渴饮盗泉为父母者痛可知矣岂敢怨尤自责而已》《发家信寄冬青子及岱云吟草》。《国朝岭表诗

传》卷六收吴梯诗十题：《倾家葬》《请糶》《捕蝗》《宾兴日示诸生》《送卧庐南归养亲》《下乡山行》《下乡杂咏》《忆蒙阴》《摩天岭》《经恶沟》。从这些诗题即可见多为现实而发，与梁九图评吴梯为“良吏”正相符。

3. 《岭表诗传》十六卷

《岭表诗传》分《岭表明诗传》六卷、《国朝岭表诗传》十卷，《广州大典》影印本版本标为“道光间刻本”，实吴炳南序均交代刊刻时间：道光庚子（1840）及道光癸卯（1843）。梁氏紫藤馆刻本，板框高17.6厘米，宽13.5厘米，封面为梁九图亲自题写，篆书。单鱼尾，四周双边，象鼻署“岭表诗传”，版心标示“卷次”及页码。每半页十行，行十一字，间有小字双行评语。诗内有圈点，有句读。《岭表明诗传》卷四、《国朝岭表诗传》卷七皆钤有“美玙印信”。“美玙”为何人字号，不详。据《国朝岭表诗传》卷七天头处所盖“南州书楼藏书”“徐汤殷整理”戳记，知此书旧为徐信符（1879—1948）之“南州书楼”所藏。骆伟《岭南文献综录》有录《岭表诗传》，刊刻时间署“道光二十年至二十三年”，广东省立中山图书馆和中山大学图书馆均有藏[①]。

是书为岭南地域诗歌总集，但今人对其认识和评价阙如，后文专章论述。

4. 《纪风七绝》二十一卷

是书为梁九图辑录的有关京师、盛京、直隶、江苏、安徽、江西、浙江、福建、湖北、湖南、河南、山西、陕西、甘肃、四川、广东、广西、云南、贵州、新疆等二十一个地域的“竹枝词”。封面由刘国光题写，光绪癸巳（1893）梁九图子梁都唐刻，首有劳宝胜序，后有梁都唐跋。无目次，每卷首署“顺德梁九图福草辑 子神俊校刊”。版框高13.5厘米，宽9.5

---

① 骆伟主编：《岭南文献综录》，第313页。

厘米，每半页八行，行十七字，左右双边。各卷以地系人，以人系诗，诗下间有双行小字注释。据梁都唐跋知，梁九图所刊著述“旧版”均毁于太平天国运动和红巾军起义，独此《纪风七绝》因随行而获免，然据《汾江草庐唱和诗》所收欧阳溟、刘庆生、胡斯錞、刘雨湖等人和诗可知，在《汾江草庐唱和诗》刊刻之前（即1850之前），《纪风七绝》已经刊刻，且已经为刘雨湖看见或听说[①]。

其内容，诚如劳宝胜序所谓：“披诵之余，青海珠崖，澜沧鸭绿，龛赭台湾，相距万余里，宛纳诸数卷诗中，我朝幅员之广、文教之敷，于此可见一斑。”[②]具体特色后文详论。

书中有两处“南州书楼藏书”“徐汤殷整理”戳记，知此书亦为徐信符之“南州书楼”旧藏。骆伟《岭南文献综录》著录光绪十九年（1893）刊本，广东省立中山图书馆和中山大学图书馆均有藏，但为“二十卷”，当是记误。

四、梁九图编撰的诗话

今人因对诗话的定义有些区别，故有的将诗话的创作昉自北宋欧阳修的《六一诗话》，或往前推到钟嵘《诗品》。作为一种诗文评著述，诗话不仅包含了丰富的诗学原料，创见了很多诗学理论，也为诗歌史保存了大量文献，因此代有创获，至清朝更蔚为大观。岭南虽偏处一隅，但诗话的创制亦有可观者。梁九图喜“谈论古今诗人，流品得失以自娱”[③]，因此，他编撰了很多诗话。今所传成书者，有《十二石山斋诗话》，但实际上述笔记杂著类著述中，如《紫藤馆杂录》，其中有多条亦见于《十二石山斋诗话》中，故《紫藤馆杂录》中很多“诗话条目”未收进《十二石山斋诗

① 参前文“康乐风流属此家”部分论述。

② ［清］梁九图撰：《纪风七绝》，陈建华主编：《广州大典》影印本，第100页。

③ ［清］梁九图撰：《十二石山斋诗话自序》。

话》中。因此，谈论梁九图编撰的诗话，应以其全部著述为视阈。

《十二石山斋诗话》十卷，清道光二十六年（1846）十一月，梁氏十二石山斋刻本，版框高16.4厘米，宽13厘米。每半页八行，行十六字，版心署“十二石山斋诗话”及卷次、页数，左右双边。每卷首署“顺德梁九图福草”。只有梁九图自序。

自序页钤印“黄荫普先生赠书”，卷一天头处钤“黄氏忆江南馆珍藏印”，正文卷一下依次钤“禹山黄氏”“荫普珍藏”两方印，可知广东省立中山图书馆所藏本乃黄氏所赠。黄荫普（1900—1986），广东番禺藏书家，有藏书楼“忆江南馆”。

骆伟《岭南文献综录》著录三种《十二石山斋诗话》：一为广东省立中山图书馆所藏十卷本，道光二十八年（1848）梁氏十二石山斋刊本[①]。《广州大典》即据广东省立中山图书馆所藏本影印，但刊刻时间为道光二十六年（1846），且梁九图自序所署时间亦为道光丙午（即二十六年）。所以，骆伟所标识应当有误。一为香港中文大学所藏四卷本《十二石斋诗话》，同治五年（1866）刊本[②]。一为广东省立中山图书馆所藏八卷本，乃清末黄梅书屋校钞本[③]，然不知据哪本所钞。

《十二石山斋诗话》在当时即流传众口，当世亦较为知名。杜松柏主编《清诗话仿佚初编》（台北新文丰出版公司，1987年）、蔡镇楚所编《中国诗话珍本丛刊》（北京图书馆出版社，2004年）、蒋寅主编《清代诗话珍本丛刊》（国家图书馆出版社，2019年）等均据道光二十六年（1846）刊本影印。

以上分四类对梁九图之著述进行了基本情况考述，足见梁九图著述之富，这不仅体现出他作为一个名士的内质、学养，也为今人树立了读书传

① 骆伟主编：《岭南文献综录》，第482页。
② 骆伟主编：《岭南文献综录》，第482页。
③ 骆伟主编：《岭南文献综录》，第482页。

家的历史榜样。我们今天缅怀梁九图、传承梁九图的“名人文化”，精于读书、勤于著述应是题中之义。

第二节　梁九图刻书考略

广东虽处天南，但雕版技术在南宋时已达到非常精熟的程度。曾噩任广南东路转运判官时，便刊刻了《新刊校定集注杜诗》。至明清时，广东地区的刻书业也逐渐发达起来，官刻、私刻（家刻）都有精品传世。尤其自阮元、张之洞相继督粤，提倡刻书，所以“清道光以后，广东地区的藏书、刻书业兴旺发达。官私刻书风起云涌，可谓一时风气大开，名篇巨著，居各省之冠。……在清代中后期，广东地区刻印数量超越了发达地区，走在全国的前列，成为新的刻书中心，刻印质量也受到普遍的好评。所刻之书校勘精审，版本完善，很受社会人士的重视和称赞”[①]。佛山因其地理位置上的便利，明清时较为发达，涌现出很多富商名流。其中，与梁九图同时的南海伍崇曜（1810—1863），便是私刻的代表。梁九图不仅勤于著述，还善于刻书。这一方面得力于其家资殷厚；另一方面，很多人请其点勘诗稿，也是因为梁九图懂诗，能够通过他的点勘，从而使诗稿流传，所以有很多人求梁九图刻诗；此外，梁九图的刻书不无踵武昔贤的心理考量，以刻书来达到“扬名、自娱、赠友或颂扬先辈、教育后代”[②]的作用。

本节分梁九图自刻书稿和为他人刻书两部分，对梁九图刻书进行考述，以见出这位岭南名士的另一面目。

---

① 罗志欢：《明清广东刻书质量考述》，《文献》2006年第2期，第166页。

② 罗志欢：《岭南历史文献》，广州：广东人民出版社，2006年，第170页。

一、梁九图自刻书稿

对于自刻书稿，梁九图其实是有保留意见的，《紫藤馆杂录》卷十二“自刻集”条载：

> 古人之书多可传者，未尝自求其传也。藏之于家，或当时，或后世，人见而爱之，镂刻与众同好，故可传也。五代和凝有集百卷，自镂版行于世，识者非之，可见前此无自刻文集者。今人不自量其诗文可否，概为镂版行世，是以传者少，而不传者多也。①

从这段记载可揣见，对于自刻诗文集，梁九图并不十分认同，尤其是那些“不自量”者所自刻集，梁九图更为鄙弃。那么，梁九图为何自刻多种著述呢？他在《十二石山斋丛录自序》中说：“乃命梓人登之梨枣……仆异日把卷流连，又益叹友朋真同性命也。”在《十二石山斋诗话自序》亦云：“梓斯编，聊与情不相远者共欣赏云尔。”在《紫藤馆诗钞跋》中又说：“再择若干首付梓，赠各知己，非欲出而问世也。”可见，梁九图自刻书稿，实是为了自娱和赠人。

据上文所考梁九图著述，今所传者均为自刻：《紫藤馆杂录》，梁氏紫藤馆刻本；《紫藤馆诗钞》，未具体明说，但估计亦应为紫藤馆刻本；《岭表诗传》，亦为紫藤馆刊本；《十二石山斋丛录》《十二石山斋诗话》两种，梁氏十二石山斋刻本；《纪风七绝》，为梁九图子梁都唐刻，亦可纳入自刻范畴，且在红巾军起义前已经完成雕版。

① ［清］梁九图撰：《紫藤馆杂录》卷十二，陈建华主编：《广州大典》影印本，第715页。

二、梁九图为他人所刻书稿

梁九图为他人所刻书稿包含两层意思：其一，是刊刻全书（卷次有多有少）以传；其二，选他人诗入自己之著述，间接为他人刊刻书稿以传。

1. 岑澂《篦簩山人诗集》

岑澂，字清泰，以字行，号铁泉，布衣，南海人。著有《铁泉诗钞》。黄培芳门人，黄培芳对其穷状甚为惋惜，曾云："余门人岑铁泉胸有千秋，家无半菽，年逾五十，耳更重听，寄食羊城，憔悴日甚，此诗人之至穷者也。"[①]梁九图《十二石山斋丛录》有选其《铁泉诗稿》五首。

梁九图曾为岑澂刻其《篦簩山人诗集》。陈开（1822—1861）起义，岑澂亦避地他乡。《（民国）佛山忠义乡志》载："咸丰甲寅之变，避地他乡，以诗稿嘱九图曰：'余交游不少，然慷慨重友朋者莫君若也，能为传此否乎？'遂诺之。乱平，刻其诗数卷曰《篦簩山人诗集》。"[②]

关于梁九图为岑澂刊刻诗集，梁九图之妾陈闰娘亦有功焉。《（民国）佛山忠义乡志·人物志》著录梁九图妾陈闰娘云：

> 陈姬，字闰娘，梁九图妾。性明慧，工画兰，盖香东、墨西俦也。陈开之变，九图仓皇走避，未及挈姬。时岑澂以诗集属勘定，已许为梓行，稿片丛残置一箧，命姬藏庋。贼入室，意为重物，胁取之。姬坚持弗与，曰："此固不可以奉壮士。"贼愈疑，提刃击背，仆而夺之。启视，见故纸拉杂，曰："痴儿，是岂一钱值耶？"掷而去。岑澂诗幸告存。姬因击伤，且受惊恐，遂致吐血，逾月而亡，年仅二十。乱稍定，岑澂亦卒，九图亟为

① 符葆森引黄培芳语，［清］符葆森辑：《国朝正雅集》卷八十五。

② 冼宝干纂，佛山市图书馆整理：《（民国）佛山忠义乡志》卷十四《人物志十》，第773页。

镌其诗。[①]

这里的“陈开之变”指的是佛山人陈开于咸丰四年（1854）七月五日，召集“天地会”成员聚集在佛山石湾大帽岗，以“反清复明”为口号兴起的起义，时称“红巾军”。起义军开始后势如破竹，佛山首先被攻破。其后，东到广东惠州、潮州，西到广西梧州，北到韶关、连县，南到高州、廉州，数月之间，起义军占领了30余座府州县城。直至1861年陈开被俘牺牲，才告结束。起义军攻占佛山后，给普通民众带来了灾难，梁九图也因此事“仓皇走避”，连自己的妾都没来得及带上，足见有多“仓皇”。与梁九图有交的吴梯亦在其《读杜姑妄》后序中写道：“（咸丰四年）五月，而东莞盗起。六月，而据佛山镇。七月，而破顺德城。遍地红巾，所至焚掠。”[②]“乱稍定”后，梁九图即为岑澂“镌诗”。只是梁九图妾因受惊吓而亡。

关于梁九图为岑澂刊刻诗稿一事，张维屏《国朝诗人徵略二编》亦有记载。张维屏于岑澂小传下引吴炳南《华溪诗话》记载到：

> 《蒠簩山人诗集》，梁福草比部力任开雕，遽遭贼变，比部避乱濒行，以原木属其姬人陈闰娘藏之，陈即山人诗所云“纱橱读画有明霞”者也。比部恐两稿俱失，以副本付余。旋贼劫比部家，陈抱箧不放，贼疑有异宝，刃夺之。开箧，乃残编，弃去。陈以是惊死。余携诗归，藏诸石楼。今诗无恙，而山人已殁。[③]

① 冼宝干纂，佛山市图书馆整理：《（民国）佛山忠义乡志》卷十四《人物志九》，第738页。

② ［清］吴梯撰：《读杜姑妄后序》，清咸丰刻本。

③ ［清］张维屏：《国朝诗人徵略二编》卷六十四，周骏富辑：《清代传记丛刊》第23册，第991页。

从吴炳南上面的记载可知，梁九图已将岑澂的《篦簩山人诗集》开雕完毕，只待印刷，不幸遭贼变。所幸藏于吴炳南石楼之副本无恙。

《（民国）佛山忠义乡志》著录《篦簩山人诗集》，附岑澂《寄梁福草先生二首》，诗后加按语云：

> 《山人集》旧存梁九图十二石斋。本届修志征其书，九图子都唐回书称："辛亥被贼毁劫，与先世所刻各种书板尽归乌有，印本亦无存。其诗前时吴《志》亦有收入，今忆其七言律二首，聊以录呈云云。"二诗清绝，亟付本志，藉存一斑。前《志》七绝四首，照录如左。[①]

"前时吴《志》"指的是吴荣光所修《（道光）佛山忠义乡志》。由上按语可知，《篦簩山人诗集》原版已毁。而且梁都唐不止一次提到书版被毁之事。在《纪风七绝跋》中，梁都堂也说："咸丰甲寅之变，避寇转徙，庐舍被焚，所藏书画、鼎彝并旧锓梓版付诸一炬。"[②]这里提到的"咸丰甲寅之变"，即指陈开红巾军起义。但与上按语中的"辛亥"略有出入。这里的辛亥当指咸丰元年（1851），此时洪秀全领导的"太平天国运动"爆发。《广东文献综录》著录广东省立中山图书馆和中山大学图书馆均藏有咸丰七年（1857）梁氏十二石斋刊本《篦簩山人诗集》十卷[③]，未见。从时间上来说，与"乱稍定，岑澂亦卒，九图亟为镌其诗"相符，但与梁都堂所谓"所藏书画、鼎彝并旧锓梓板付诸一炬"又有出入，这个咸

① 冼宝干纂，佛山市图书馆整理：《（民国）佛山忠义乡志》卷十五《艺文志二》，第862页。

② ［清］梁都唐：《纪风七绝跋》，［清］梁九图辑：《纪风七绝》，陈建华主编：《广州大典》影印本，第206页。

③ 骆伟主编：《广东文献综录》，第269页。

丰七年刻本，可能是乱定后，梁九图从吴炳南处取回副本刊刻。从梁九图《梁氏支谱序》可知，他藏于吴炳南石楼的书版，不止岑澂诗。

2. 梁翰《寸知堂遗草》

梁翰字遇屏，又字少周，号戢庵。《（民国）佛山忠义乡志》载："年三十一，补博士弟子员。乾隆辛酉，中副榜。甲子，举于乡。乙丑，中明通榜，为龙川教谕。戊辰，成进士，加教授衔。复任教谕八年，俸满保荐，以知县用。丙子，选福建罗源县知县。……著有《寸知堂制艺》《循阳》前后二草、《旅燕》《宦闽》二草、《教养纪实》等书。年六十四卒于家。"①《（咸丰）顺德县志》卷二十五有传。

有关梁九图为梁翰刻诗之事，梁九图曾提及两次：

> 余族伯戢菴先生翰，乾隆戊辰进士，官福建罗源知县。罗田苦旱，教以吾粤水车之法，民甚便之，至有"梁公车"之目。殁后诗多散失，其外孙吴荷屋中丞荣光藏其近体一卷，余为付梓。②
>
> 族伯戢庵先生，乾隆戊辰进士，出沈归愚宗伯门。殁后，诗稿多散失，其外孙吴荷屋中丞荣光藏其近体一卷，余为付梓。《始兴江口忆区子》一首，犹有唐音，诗云："尚忆初来日，弥天雪正深。更谁同远道，薄暮泊江浔。山色寒如昨，江声流至今。不堪怀往事，回首泪沾襟。"③

梁九图对梁翰之诗称赞有加，与其外孙吴荣光、吴弥光交往密切，故

① 冼宝干纂，佛山市图书馆整理：《（民国）佛山忠义乡志》卷十四《人物志九》，第735页。

② ［清］梁九图撰：《十二石山斋诗话》卷一，陈建华主编：《广州大典》影印本，第449页。

③ ［清］梁九图撰：《紫藤馆杂录》卷十二"戢菴先生"条，陈建华主编：《广州大典》影印本，第707页。

有此举。梁九图之著述亦常提及梁翰诗，此不赘引。

骆伟《岭南文献综录》著录梁翰《寸知堂遗草》一卷，梁九图编，道光二十六年（1846）十二石山斋刊本。今广东省立中山图书馆、中山大学图书馆均有藏[①]。

3. 梁诗拔《带经草堂诗钞》

梁诗拔，字士升，梁九图族兄，生平坎坷，与梁九图常以诗往来。其诗稿为梁九图选刻，而非全集。梁九图记载说：

> 余族兄愧斋茂才诗拔，生平坎坷不遇，每挟孤筇游东西樵之间。生五子，克肖者叠丧其三，故诗文多散佚。余检所存愧斋诗三十余首，为付剞劂，庶几不尽湮没。[②]

张修府刻《竹林诗略》，在序中亦指出“司马（梁翰）与茂才（梁诗拔）之诗，则比部（梁九图）从其身后摭拾成帙，仅吉光之片羽耳”[③]。

《（民国）佛山忠义乡志·艺文志》著录梁诗拔诗集名为《愧斋遗诗》，符葆森《国朝正雅集》收梁诗拔，小传亦谓其有诗集《愧斋遗诗》，而梁九图记为《带经草堂诗钞》。梁九图曾自言：“（梁诗拔）著《带经草堂诗钞》一卷，中多可传之作，道光乙巳（1845）予为之订定付梓焉。”[④]这里还明确提及了刊刻时间。今中国社会科学院文学研究所藏有《愧斋遗诗》一卷，刊刻时间为道光二十六年（1846），与梁九图所言时间稍有出入。骆伟《岭南文献综录》亦著录《愧斋遗诗》一卷，道光

---

① 骆伟主编：《广东文献综录》，第413页。

② ［清］梁九图撰：《十二石山斋诗话》卷一，陈建华主编：《广州大典》影印本，第451页。

③ ［清］张修府：《竹林诗略》（序），冼宝干纂，佛山市图书馆整理：《（民国）佛山忠义乡志》卷十五《艺文志二》，第860页。

④ ［清］梁九图撰：《紫藤馆杂录》卷三“愧斋”条，陈建华主编：《广州大典》影印本，第534页。

二十六年（1846）写刻本，广东省立中山图书馆有藏[①]。

4. 梁邦俊《小厓说诗》八卷

此书无论著述体例、内容，还是排版样式，都与梁九图之《十二石山斋诗话》一样，只板框高、宽不同。《（民国）佛山忠义乡志·艺文志》著录为二卷，今《广州大典》据广东省立中山图书馆所藏影印，为八卷，存一至四卷。无封面，首为张维屏序。板框高13.5厘米，宽9.3厘米。无目次，每卷首署"顺德梁邦俊伯明"，左右双边，每半页八行，行十六字。其实全本书后有黄培芳道光二十九年（1849）所作后序。

据张维屏序可知，此书亦为梁九图刻，刊刻时间应在《十二石山斋诗话》刊刻之后（道光二十六年十一月），道光戊申（1848）重阳节前，具体时间不能确定。其内容，张序概括较精到：

> 此编卷帙虽无多，然余披览数过，叹其留心事理，意不专在于诗。如霜淞、雪淞、白雨、靓雨，则有关于天文；桑驼、酆都、阿拉克、俄罗斯，则有关于地理。观张度西《有虎》诗，虎不伤孝子，则使人兴孝；煎海僧居海岛，五百人同死，则使人兴义；观庄恪公三世同榜，诗云："欲为科名增盛事，故迟孙子共贤书"，则家乘之美谈也；观冼夫人《诫子书》云："毋虑不足而多取一钱，毋恃有余而多用一钱"，则官箴之要语也。其余所载，皆足以参证旧闻，启发新义。至佳篇警句，层出不穷，阅之令人惟恐其尽。虽卷帙无多，亦可谓少之为贵者矣。且尤有可贵者，古来诗话传者不下数十家，未有兄弟所撰并行于世者。今小厓、福草诗话两种，流播一时，萃风雅于一门，譬壎篪之迭奏，

① 骆伟主编：《广东文献综录》，第418页。

诚诗话中之佳话。[①]

骆伟《岭南文献综录》著录一种《小厓说诗》八卷，今藏广东省立中山图书馆[②]。又有朱洪举、张宇超据道光二十九年（1849）巾箱本点校整理本，收入《清道光朝诗话六种》（吉林大学出版社，2020年）。

5. 梁霭如《无怠懈斋诗稿》一卷

梁霭如有诗名，其《无怠懈斋诗稿》亦流播时人之口，梁九图著述多次提及。《佛山市文物志》著录《无怠懈斋诗稿》：

> 一册，不分卷。道光庚戌刻刊。书末有他的儿子梁邦俊跋说："先君子性雅淡，书画之暇，时作吟咏，即事既成，涉笔成趣，恒苦不烦绳削，盖言志也。题画赠答，每随分散。搜遗箧，仅得稿若干首。悯其散而无所纪也，爰付梓以传家焉。"[③]

"道光庚戌"，乃道光三十年（1850）。梁九图曾云："仲父中翰公《无怠懈斋诗》刊行后，拙集《紫藤馆诗》亦付梓。"[④]《紫藤馆诗钞》刊刻时间为道光二十三年（1843）。骆伟《岭南文献综录》著录两种《无怠懈斋诗稿》：一种为道光二十二年（1842），梁九图写刊精印本，今藏广东省立中山图书馆和中山大学图书馆；一种为道光三十年（1850），梁氏写刊套印本，今藏广州市图书馆[⑤]。由此可知，《佛山市文物志》所著录者，当为"梁氏写刊套印本"。梁九图所言者，当为"梁九图写刊精印本"。由此亦可见梁九图家刻的水平之高，既可以精印，亦可套印。

① ［清］张维屏：《小厓说诗》（序），梁邦俊撰：《小厓说诗》，陈建华主编：《广州大典》影印本第五十八辑集部诗文评类总第517册，第259页。

② 骆伟主编：《广东文献综录》，第482页。

③ 佛山市博物馆编：《佛山市文物志》，第144页。

④ ［清］梁九图撰：《十二石山斋诗话》卷五，陈建华主编：《广州大典》影印本，第524页。

⑤ 骆伟主编：《广东文献综录》，第407页。

此外，骆伟《岭南文献综录》另著录一种《无怠懈斋词稿》：一卷，道光二十二年（1842）梁邦俊写刊本，今藏香港中山图书馆[①]。刊刻时间与梁九图写刊本《无怠懈斋诗稿》一样，当亦是梁九图家刊本。

6. 释成鹫《咸陟堂集》五十七卷

释成鹫，《（民国）佛山忠义乡志》有传载：

> 字迹删，番禺人。明孝廉方国骅子。少负奇气，有膂力。鼎革后，国骅隐居授徒，世称学守先生。成鹫年十三补诸生，辄弃去。三十五，父死，后婚嫁毕，别母，学佛于弼唐乡之亦庵。与梁太史佩兰买地卜筑，名其地曰“漫溪”，自号漫溪翁焉。康熙己未，石洞和尚因入云门，道经漫溪，乃乞为弟子。辛酉年四十四，从鼎湖归广州，礼石洞于华林丈室，禀受十戒。石洞命入罗浮。……所著《咸陟堂前后集》，识者谓其笔响风雷，崩山立海，凡蛮烟黑雨，渴虎饥蛟，草木离奇，剑啸芒飞，直归纸上。[②]

由传可知，释成鹫之《咸陟堂集》在当时甚为著名。此书为梁九图等人合刻，《十二石山斋诗话》载：

> 吾粤诗僧以迹删为最，所著《咸陟堂集》五十七卷，板久漫漶，华林上人钰镗商之于余，与熊篴江、曾勉士、黄香石诸君子捐赀复为锓板。其《弹子矶》云：“欲买丹青写十洲，谁知茎草即璚楼。真山真水无人画，笑煞当年顾虎头。”此诗于集中风调

① 骆伟主编：《广东文献综录》，第485页。

② 冼宝干纂，佛山市图书馆整理：《（民国）佛山忠义乡志》卷十四《人物志九》，第742页。

最好。[①]

由梁九图记载可知，《咸陟堂集》为其与曾钊、黄培芳等共同出钱刊刻。

除以上诸书外，梁九图还继承父志，刊刻药方。《（民国）佛山忠义乡志》载梁九图父梁玉成“素通岐黄术，辑医方之屡验者二十余卷，曰《良方类钞》，命子九图梓以疗世”[②]。《十二石山斋诗话》亦载：“先大夫刊送《经验良方》，复制六合定中丸分惠乡闾。余述先志，亦刊《良方类钞》，和合甘露茶、万应膏应付病者。”[③]

还有请梁九图刊刻诗稿而未果者：

> 南海布衣徐青臣启勋以诗谒余友星侪于羊城，星侪曰：“君诗经游粤西而壮，可谓得江山助矣。”青臣窃自喜，欲编其《粤西由草》付梓，未全抄，遽卒。卒之日，家人问身后事，青臣曰：“我死子虽幼，家粗足给，无可言，顾自念一生心血，尽耗于五七字，若泯泯无传，目不瞑矣。倘得以余诗抱呈梁福草先生，庶几有以传我，但恨生平素未谋面，死后又以知音望人，深自愧耳。”越日，其戚欧阳湘南茂才往吊，家人以此语告湘南，即携其诗来示予，予闻而悲其志，恐无以传青臣也。[④]

---

① ［清］梁九图撰：《十二石山斋诗话》卷三，陈建华主编：《广州大典》影印本，第491页。按：此条亦见［清］梁九图撰：《紫藤馆杂录》卷七，陈建华主编：《广州大典》影印本，第604页。

② 冼宝干纂，佛山市图书馆整理：《（民国）佛山忠义乡志》卷十四《人物志六》，第678页。

③ ［清］梁九图撰：《十二石山斋诗话》卷六，陈建华主编：《广州大典》影印本，第550页。

④ ［清］梁九图撰：《十二石山斋诗话》卷七，《广州大典》影印本，第583页。陈建华主编：

像徐青臣这样不能刊刻的，梁九图便将其诗选入自己的著述中，从而实现间接传播，再如：

> 刘扶山太夫子杰，余同邑人，有咏梅诗三十首。……时雨湖师甫十余龄，而名动海内，今将白首矣，犹潦倒名场，日抱太夫子遗稿，以未付梓为憾。余与吴星侪辑《岭表诗传》时为摘录数章，或者不尽湮没耳。①
>
> （杨）仗鸠又有绝句堪咀嚼者，《题画》云……《秋夜》云……后二首为竹枝体，俱卓卓可传，因《蓝田山房稿》未梓，故多录之，庶不至湮没耳。②

“或者不尽湮没”“庶不至湮没”，梁九图为友朋刊诗，其目的尽于此。不过，上文已提到，张维屏《国朝诗人徵略二编》提及梁九图曾选刻刘杰、刘雨湖父子诗，只不过未传。

此外，还有梁九图计划刊刻，但未见刊本的，如《十二石山斋诗话》卷六载：

> 徐侣梅女史叶英，南海人，远嫁于浙，以不得于其夫，流离落拓，遂之京师，入睿王府中，专事吟咏，后乃归粤，闻其诗数千首尚在王府。余从其母家诸侄及诸戚处搜得诗三十首，又《咏梅》诗一百首，拟为刊刻以行。③

同样，梁九图亦选录其诗《在粤寄怀睿王妃》七律二首、《寄外》七律一首。

---

① ［清］梁九图撰：《十二石山斋诗话》卷一，陈建华主编：《广州大典》影印本，第440页。
② ［清］梁九图撰：《十二石山斋诗话》卷八，陈建华主编：《广州大典》影印本，第594页。
③ ［清］梁九图撰：《十二石山斋诗话》卷六，陈建华主编：《广州大典》影印本，第563页。

再如《十二石山斋诗话》卷八载梁九图于吴荷屋处见黎二樵（简）诗二册，“中多未经改削之稿”，“此二册尚存吴氏筠清馆中，暇时当借抄而梓行之”[①]。

梁九图所著诸书及为他人所刊著述，时间基本在咸丰元年太平天国运动爆发之前。此后，梁九图虽像从前一样，读书记札，然未见只言片语付诸梨枣。梁九图虽言其著书刊印是为了自娱、赠人，为他人刻书是为了“传人”，但其实都有着较为复杂的目的隐含其中。

① ［清］梁九图撰：《十二石山斋诗话》卷八，陈建华主编：《广州大典》影印本，第612页。

第三章

才高艺绝：梁九图的诗书画创作

与梁九图同邑的冯达昌曾有诗赠梁九图，其中一联云："愧我一身贫老病，羡君三绝画诗书。"[①]古代的文士墨客，能擅一绝者已可名世，梁九图则诗、书、画兼擅，均可称绝。冯达昌的赠诗虽不无溢美，然按诸实际，梁九图的确在诗、书、画三方面均达到了一定造诣，这也是他成为一个"文化名人"的重要载体。

第一节　梁九图的诗歌创作

梁九图的诗歌创作起于十岁，今所见其最晚刊刻的著述为道光三十年（1850）的《汾江草庐唱和诗》。1850年，道光皇帝退位，开启咸丰时期，也就在这一年开始爆发了陈开红巾军起义、洪秀全领导的太平天国运动，梁九图开始避徙异地。从1850年到1880年，梁九图生命的后三十年，今人看不到他的只言片语。所以，本书讨论梁九图的诗歌创作，只能无奈地把他拘于道光一朝。

一、道光时期的岭南诗坛与梁九图的诗歌创作概况

研究清代诗歌史的学者有一个大致趋同的印象，那就是康熙、乾隆、嘉庆三朝出现了很多影响全国的大诗人和大诗学理论家，咸丰、同治乃至光绪三朝，宋诗派运动及诗歌革命运动也影响昭著，而道光朝的诗歌创作正处于乾嘉退潮之后、咸同上升之间，所以难免有点黯然失色。但若把目

① ［清］梁九图撰：《紫藤馆杂录》卷八，陈建华主编：《广州大典》影印本，第630页。

光聚焦于道光时期的岭南诗坛，则会发现，道光时期的诗歌创作成就，却在岭南诗歌史上占有重要地位。这里我们先引述陈永正先生《岭南文学史》对嘉庆、道光初及道光时期岭南诗坛的情况描述：

> 嘉庆、道光初岭南诗人辈出，李黼平与“粤东三子”的谭敬昭、黄培芳、张维屏雄踞诗坛，带引着一批诗人，为发扬岭南诗派的优良传统而继续努力，这当中有谢兰生、颜检、钟启韶、林伯桐、黄乔松、黄玉衡、李光昭、李土桢、倪济远、黄钊等。他们的创作成就使岭南诗坛光耀生辉，推动着岭南诗歌创作迈向新的繁荣阶段。
>
> 清代道光年间，广东出现了两位著名学者，陈澧和朱次琦。二人夐识高行，学术湛深，巍然为岭表大儒。余事为诗，又卓有成就。岭南学者而工吟咏的，自明代陈献章后，寂然无闻，至陈、朱并出，遥与白沙后先辉映，成为诗坛佳话。①
>
> 陈、朱之外，并时颇多健者。彭泰来、黄子高、徐荣、冯询、谭莹并辔于前，黄玉阶、陈良玉、陈璞、汪瑔竞爽于后。各展所长，内容上重视与时世相关的题材，风格上则就性之所近而各有追求。②

嘉庆后期到道光时期的岭南诗坛，大体如上所述。这里面，黄培芳、张维屏、陈澧、谭莹等与梁九图皆交往密切。而且第一章我们已经提到，在这些人眼里，梁九图的诗歌创作与地位是可以接续清初程可则的，但为何今天的文学史研究却没有梁九图的影子呢？今天对梁九图与梁园有所关注的，也几乎未提及梁九图的诗歌艺术。

---

① 陈永正主编：《岭南文学史》，第418页。

② 陈永正主编：《岭南文学史》，第571页。

今所传梁九图的诗歌，主要以广东省立中山图书馆所藏《紫藤馆诗钞》为主，笔者统计共92首诗。笔者另自《（民国）佛山忠义乡志》辑得3首；自《十二石山斋丛录》辑得4首；自《紫藤馆杂录》辑得10首；自《十二石山斋诗话》辑得23首及8句残诗；《国朝正雅集》收梁九图诗5首；《汾江草庐唱和》收梁九图诗2首，另有2句残诗；《清诗纪事》收梁九图诗5首，1句残诗；梁邦俊《小厓说诗》载梁九图诗2首，摘句5联；《纪风七绝》收梁九图所作“竹枝词”14首。除去复见诸书者，综合以上统计，今存梁九图诗共148首，16句残诗。但这只是笔者目前所能搜集到的，梁九图一生所作诗，远不止此。

二、梁九图的诗歌内容

今人盛翔曾对梁九图的山水诗进行研究[①]，将梁九图42首山水诗分为两类：登临类和行旅类。但分类中很明显存在失当之处，比如把《题龙子嘉殿撰年伯汝言庐山图》归入登临类，从诗题便可知这是一首题画诗。而将《晚泊甘竹吴星侪邀上滩厓待月观涛》《英州行》等归为行旅类亦有失公允，很明显这其实是登临类。但其实登临和行旅的分类也不是十分科学，因为登临也就是行旅，而行旅中有时往往又伴随登临。最关键的，其实是该文所提出的“梁九图山水诗”这个概念也存在不足，后文详论。

盛文对梁九图山水诗特点的原因分析也值得商榷，其中说岭南园林艺术对梁九图山水诗的语言和艺术风貌有影响，这倒不如反过来说梁九图对山水诗的艺术审美影响了他对梁园的营造。正是因为他饱览山水，胸有丘壑，对中国古典山水诗歌的揣摩，从而形成了一定的审美意识，进而影响了他后来的造园艺术。

题材是根据诗歌所写内容进行的归类，但有些诗歌的内容比较复杂，

① 盛翔：《梁九图山水诗研究》，《肇庆学院学报》2017年第6期，第11—15页。

所以，简单的归为某一类题材，难免存在方枘圆凿的问题。但通过诗歌研究史我们也发现，按照题材对某些诗人进行研究，的确能揭示其创作原理、艺术特色等[①]。诗歌史上出现的“山水田园诗”“台阁诗”“边塞诗”“闺怨诗”等，也都是因题材上的特殊而成为重要的诗歌流派。所以，不管是诗人自己[②]，还是诗歌研究者[③]，都对题材予以了重视。有鉴于此，本书对梁九图诗歌艺术的分析，首先结合其诗歌所描写内容，借鉴前人的题材分类成果，将梁九图诗歌分为以下十三类来分析。

1. 题画诗

顾名思义，题画诗是对画的题咏，但其内涵远不止此。“为画作诗，或就画赞人，或咏叹画境，或阐论画理，或借画抒怀，此即为题画诗。”[④]今所存梁九图的题画诗共5题6首：《题〈粤台饯别图〉和祁春浦太史年伯寯藻韵》《题画》《题龙子嘉殿撰年伯汝言〈庐山图〉》《题〈惠州西湖图〉二绝》《题侍姬画〈风兰图〉》。另有题其侄子梁世杰妻画册一联残句。其中以《题〈粤台饯别图〉和祁春浦太史年伯寯藻韵》最为著名。这首诗题下有小序交代创作背景：

> 道光乙酉，九图生十龄，仲父青厓以《粤台饯别图》命题。图固仲父寄祁太史作也。太史来诗云：“岭草蛮花送客秋，衔杯同醉粤山楼。眼中咫尺能千里，海外传闻更十洲。历历青林围远

---

① 这方面的优秀文章非常多，如日本学者川合康三的《终南山的变容》，通过分析唐人对“终南山”的同题书写，来揭示诗歌技法、创作思想等方面的演变。再如哥伦比亚大学商伟教授的《题写名胜：从黄鹤楼到凤凰台》，对李白、崔颢等人对“黄鹤楼”“凤凰台”的题写，来揭示诗歌传播、创作心理等方面的探讨。

② 如白居易把自己的诗分为四类。

③ 如宋代徐居仁编的《集千家注分类杜工部诗》，便把杜甫诗集按题材分类编排。再如元代方回所编《瀛奎律髓》，也是按照题材把唐宋五言、七言律诗予以分类编排。

④ 李杰荣：《诗歌与绘画》，广州：暨南大学出版社，2018年，第74页。

塔，萧萧黄浦数归舟。与君开口成三笑，何日重来续此游。”末云：“壬午九月，青厓、默斋、华林三同年招饮粤秀山，弹指三秋，令人远想慨然，乞青厓为作《粤台饯别图》以纪斯游。”①

《粤台饯别图》为梁蔼如应祁寯藻之请而作，祁寯藻亦作题画七律一首。梁九图此作是应梁蔼如之命，有“命题作文”的意思。第一章已提到，梁蔼如对梁九图的“答卷”比较满意。

第二首题目为《题画》，据梁九图所写内容“渔歌”“海”“石”“月明”，这幅画应该如“渔父图”一样，只是无法推知画者。

第三首所题画为龙汝言所画《庐山图》。龙汝言（？—1838）字锦斋，一字子嘉，号锦珊，安徽桐城人，嘉庆十九年（1814）状元。

第四、五首为题同一幅图。此图为《惠州西湖图》，乃灵山张锡封访梁九图时出此图，请其题诗。梁九图“援笔成二绝”②，足见其才气。此二首诗亦被收入《清诗纪事》。诗云：

镜中十里荡蜻蜓，一匝峰峦绕画屏。为恋波光与山色，无心痴吊六如亭。

湖东游遍又湖西，斗酒双柑惜未携。百啭流莺万条柳，春声春色满苏堤。③

从梁九图题诗可知，西湖宛如平镜，湖上飞着蜻蜓，有峰峦环绕，波光山色辉映。湖边有柳树，树里有啼莺，尤其最后一句总结非常到位：春声春色满苏堤。读此二绝，惠州西湖如现目前。

---

① ［清］梁九图撰：《紫藤馆诗钞》，陈建华主编：《广州大典》影印本，第7—8页。
② ［清］梁九图撰：《十二石山斋诗话》卷三，陈建华主编：《广州大典》影印本，第481页。
③ ［清］梁九图撰：《十二石山斋诗话》卷三，陈建华主编：《广州大典》影印本，第481页。

关于题画诗，梁九图曾论到：

> 题画诗当有议论，或有风趣乃佳。吴竹香《老子出关图》诗云："麈麾经卷去迟迟，明月秦关照羽衣。舍马骑牛君莫笑，此翁原自爱知希。"此盖以风趣胜者。①
>
> 题画诗须得题外远致乃佳。②

梁九图认为，题画诗之佳者，或以议论胜，或以风趣胜（远致也可谓风趣），并举吴竹香的《老子出关图》为例。我们反观梁九图的题画诗，基本也是以风趣胜，很少发议论。

题画诗虽然也是诗，但有其特殊性。清人盛大士曾说："题画之作别是一种笔墨，或超然高奇，霞想云思；或托物兴怀，山心水梦。然工诗者未必知画，能画者又未必工诗。"③又说："诗画本是一理，故画臻绝妙者，诗亦必无俗笔。"④梁九图既知画，又工诗，所以其题画诗虽不多，但却可见其中"风趣"。尤其他十岁所作和祁寯藻诗中的"浓烟湿雨寺旁寺，远塔孤帆洲外洲"，极有画面感。

2. 咏史怀古诗

咏史怀古诗是中国古典诗歌中一个重要的类别，源远流长。咏史诗虽名为"咏"，但更多的是对"史"的感怀、议论。因此，所谓的"咏史诗"就不仅仅是吟咏过去的事，也包括过去的人、地等。如杜甫的《咏怀古迹五首》，分别吟咏了庾信、宋玉、王昭君、刘备、诸葛亮等人在长江

---

① ［清］梁九图撰：《十二石山斋诗话》卷一，陈建华主编：《广州大典》影印本，第448页。

② ［清］梁九图撰：《十二石山斋诗话》卷四，陈建华主编：《广州大典》影印本，第514页。

③ ［清］盛大士撰：《竹间诗话》卷六，朱洪举、张宇超点校：《清道光朝诗话六种》，长春：吉林大学出版社，2020年，第378页。

④ ［清］盛大士撰：《竹间诗话》卷六，朱洪举、张宇超点校：《清道光朝诗话六种》，第378页。

三峡一带留下的古迹；如王安石的《桂枝香·金陵怀古》、辛弃疾《永遇乐·京口北固亭怀古》等，则就历史故址发抒感慨；再如李清照的《夏日绝句》，则对项羽发表议论。

梁九图的咏史怀古诗所写内容与历史上的咏史诗没有太大区别，或就历史遗迹发抒感慨，如《铜雀台》《土木怀古》《河池》《朱仙镇》等；或就历史人物发表自己的看法，如《马伏波》、《韩侂胄》、《书〈霜红龛集〉后》（咏傅山）、《读唐史》（咏杜甫）、《咏贾似道》等；梁九图的咏史诗还有继承“宫词”传统的，实际也是对历史的感慨、议论，如《南汉宫词》《前蜀宫词》等；还有就是对一些历史事件发表看法，如《咏史四首》涉及“商鞅变法”“秦始皇徙天下豪富于咸阳”等。

梁九图虽是个风雅闲人，亦无一官半职，但并非对苍生民瘼、国家大事充耳不闻。他也曾借咏史怀古诗来表达自己对历史、对现实的看法，较有代表性的如《宋主荒淫》：

> 中原不念念名姬，作传龙沙费睿思。更有色荒绳祖武，唐安安继李师师。①

梁九图对这首诗的创作背景交代说：“宋徽宗常幸妓李师师家，蒙尘后居五国城，尚为师师作传。又理宗尝于元夕召妓唐安安入禁中。祖孙荒淫，后先一辙，良可慨也。”②诗中“龙沙”即指五国城，也就是徽、钦二帝被囚禁之地。这首诗前两句写宋徽宗，后两句写宋理宗，俱施讽刺，议论精切。这也正符合他对咏史诗的看法：“咏史诗应著议论，否则前人俱

---

① ［清］梁九图撰：《紫藤馆杂录》卷十三，陈建华主编：《广州大典》影印本，第731—732页。

② ［清］梁九图撰：《紫藤馆杂录》卷十三，陈建华主编：《广州大典》影印本，第731页。

已道过，何处出色？”[①]“咏史贵著议论，然议论须令人首肯。”[②]

再如《南汉宫词》三首：

笙箫异响彻羊城，妙舞清歌羡两琼。怪底仙湖五百丈，至今犹遍管弦声。

稻田三面水扬波，不解先机奈若何。潘美已兴乘胜甲，群臣还自献嘉禾。

不爱苍生爱比丘，更教方士访神洲。全凭仙佛无穷力，保得君王恩赦侯。[③]

南汉是五代十国之一，唐末由刘谦、刘隐、刘陟（刘龑）父子先后经营而建。刘陟（刘龑）凭借父兄在岭南的基业，于后梁贞明三年（917）在番禺称帝，改广州为兴王府，国号大越。次年十一月，刘陟改国号汉，史称南汉。梁廷枏编撰的《南汉书》刘隐（烈宗）开始，至刘玢（殇帝）、刘弘（中宗）、刘鋹（后主），朝政日渐荒芜，奢侈淫靡。梁廷枏在《南汉书·本纪》开头有一段总论，其中说道：“烈宗父子以裨校起家，破贼立功，不数年间，封王南越。高祖继之，遂建大号，所招用多中朝名下士，规模草创，略有可观。能繇是而节费抚兵，保怀若赤，然后乘中原板荡，率我知方之旅，逾岭而北，功名正未可量。乃风流自命，土木穷极奢华，济暴性以滥刑，弃姻好于边衅。始基之既坏，即使立贤议行，亦且势难补救，荒纵如殇帝，曷怪乎萧墙之祸之速也！中宗篡弑得国，凶逆尽封功臣，其积虑已不可问。……后主冲龄绍基嗣服，昏愚奢淫。……重以阉宦盗权，百出其端，以蛊惑其心胸，荡娱其耳目，离宫游幸之费，百姓竭

① ［清］梁九图撰：《紫藤馆杂录》卷十，陈建华主编：《广州大典》影印本，第676页。
② ［清］梁九图撰：《十二石山斋诗话》卷三，陈建华主编：《广州大典》影印本，第481页。
③ ［清］梁九图撰：《紫藤馆诗钞》，陈建华主编：《广州大典》影印本，第8页。

脂膏奉之。”[①]梁九图的三首诗选取了一些特殊“镜头”，来揭示南汉君主的荒淫奢靡。如北宋潘美已“兴乘胜甲”，而南汉的“群臣还自献嘉禾”。

他如《土木怀古》之“从无妇寺能谋国，徒有公卿数上书”[②]，《朱仙镇》之“黄龙倘痛诸君饮，白雁何缘万里来”[③]，《宋主荒淫》之“更有色荒绳祖武，唐安安继李师师”[④]，皆议论出色，颇有见地。

梁九图的咏史诗除了发表议论，也有单纯表达怀念、景仰之情的，如《连阳江口虞夫人庙》，题下小序交代说：“夫人，英德曹寨将配也。唐末，黄巢陷西衡州，寨将殉难，夫人率兵御贼，贼败去，夫人殉节。宋绍兴间，蛮峒相聚谋乱，见夫人红装天际，众遂散，后人立庙祀焉。”[⑤]所以，这首诗可看作虞夫人的碑传，结尾一句“古庙年年照江水”，虞夫人的英勇、贞节就如这绵延不断的江水一般，庇佑着这里的子孙永享安宁。

据笔者统计，今所传梁九图所作咏史怀古诗便超过20题，且他还“更欲汇集咏史一体，令古人事迹流传无暨”[⑥]，可见他对咏史诗钟情很深。

3. 纪行羁旅诗

此类诗，盛翔均当做了山水诗来分析，但其实“山水诗”有其特殊的含义，台湾学者林文月曾指出：

> 所谓“山水诗”，应是指“模山范水”（《文心雕龙·物

---

① ［清］梁廷枏撰：《南汉书》卷一，［清］梁廷枏撰：《藤花亭十种》第2种，陈建华主编：《广州大典》第十四辑总第95册，第61—62页。

② ［清］梁九图撰：《紫藤馆诗钞》，陈建华主编：《广州大典》影印本，第21页。

③ ［清］梁九图撰：《紫藤馆诗钞》，陈建华主编：《广州大典》影印本，第26页。

④ ［清］梁九图撰：《紫藤馆杂录》卷十三，陈建华主编：《广州大典》影印本，第731—732页。

⑤ ［清］梁九图撰：《紫藤馆诗钞》，陈建华主编：《广州大典》影印本，第25页。

⑥ ［清］梁九图撰：《十二石山斋诗话》卷八，陈建华主编：《广州大典》影印本，第604页。

> 色篇》）类的诗而言，为取材于大自然的山山水水，乃至草木花卉鸟兽者。换言之，它的内容宜包括大自然的一切现象。不过，在我国文学史上，“山水诗”一词却已约定俗成，别有一种特殊的含义，而并不是泛指任何时代的一切风景诗那种笼统的说法。……在我们的观念上，“山水诗”是指南朝宋齐那一段时期的风景诗而言；更具体的说，乃是指以谢灵运为代表的那种模山范水的诗而言。……至于唐代以后歌咏自然的诗，实际上是六朝的田园诗和山水诗汇合以后发扬扩张的结果，虽则无法尽去六朝山水诗人的影响，却也有不同于所谓“山水诗”。[①]

蒋寅先生也认为：“山水诗之名，内涵不明确，不如言风景诗为宜。”[②]所以，梁九图所写的这些诗并非林文月所分析的山水诗。本书借鉴《集千家注分类杜工部诗》的分法，把这些诗纳入“纪行”类；又因为这些诗是梁九图旅居外地所写，有些诗流露出羁滞他乡之感，所以总称为纪行羁旅诗。

梁九图的行旅范围虽不算广，但所到之处所见所闻，也扩大了他的书写范围与诗歌技艺，诚所谓“得江山之助”。从诗题即可知，广东省外，他去过今天的湖北（汉口、黄鹤楼）、湖南（天门山、湘江）、江西（滕王阁、鄱阳湖）、海南（五指山）、福建（蒲城）以及太湖流域等；广东省内则有清远、惠州、韶关等市；广州市内则有白云山、丫髻岭（在今花都区）等，而且这些地方都是梁九图35岁之前游历所经，亦可谓“行万里路”。

不过，此类诗因为多写行程所见，因此有些容易与写景诗混淆，也难

---

① 林文月：《中国山水诗的特质》，林文月：《山水与古典》，北京：生活·读书·新知三联书店，2013年，第19—20页。

② 蒋寅著：《金陵生小言》卷六，桂林：广西师范大学出版社，2004年，第104页。

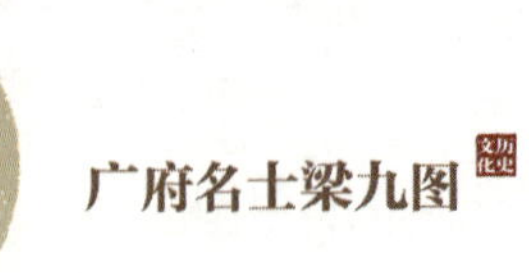

怪盛翔把这些归入山水诗。比如《天门山》写道：

天险何年设，中流拥翠鬟。两山通汉水，半壁锁吴关。帆影金领落，潮声铁瓮还。海门同巩固，急浪自潺潺。[①]

开篇以“天险”二字直接揭示出天门山的特点，而后全篇皆围绕“天险”二字细化。“拥”“通”“锁”“落”“还”等动词将自然界这些原本没有生命的景物赋予了“活”的色彩，但并不特别显出斧凿痕迹，足见梁九图的炼字刻画之工。像这样的诗的确不好辨析，但我们要明确，因为这些诗的创作背景是他的“衡湘之游”，所以，我们还是从纪行的角度来看待它们。

梁九图到过浦城，今属福建省南平市所辖，他写过一首《浦城旅怀》，诗云：

千里离家客浦城，思家无日不愁生。相思树上相思鸟，偏搅相思梦后情。[②]

客居他乡，思家生愁，这是羁滞他乡之人最容易产生的情怀。梁九图这首诗的特色，用他自己的说法，是模仿“七绝用叠字法”[③]，也就是三、四两句叠用“相思”字，相思树、相思鸟、相思人，的确叠的巧妙，一语双关。梁九图曾说：“客中苦况消息，不欲闻之家人，其苦为尤甚

---

① ［清］梁九图撰：《紫藤馆诗钞》，陈建华主编：《广州大典》影印本，第13页。

② ［清］梁九图撰：《十二石山斋诗话》卷六，陈建华主编：《广州大典》影印本，第553页。

③ 梁九图记载到：“七绝用叠字之法，自有一种天然情韵，耐人讽诵，如伍铁山《竹枝词》、金绘卣《鹧鸪塘》、魏善伯《江头别》、郑丰麓《甘滩打鱼词》是也。余《浦城旅怀》诗云……盖仿此法。”［清］梁九图撰：《十二石山斋诗话》卷六，陈建华主编：《广州大典》影印本，第553页。

也。”[①]恰可解释此诗。他如《舟中漫兴》“碧水暗将归梦断，青山应笑客途穷”[②]、《登滕王阁晚眺》“客途行不尽，惆怅大江西”[③]、《早春舟中与陈虞门孝廉宾选任凤笙广文鸣昌同赋》“作客身仍健，忧时泪暗挥”[④]，以及《禽言》所写的“人皆恋妻孥，我独困羁旅。言念故乡，泪下如雨。故乡虽敝亦吾庐，他乡信美非吾土”[⑤]，均可见其羁滞他乡的惆怅。

4. 送别怀人诗

送别诗也是古典诗歌中重要的一个类别。古代交通、通讯水平都相对落后，因此，送别之于古人的意义非同一般。梁九图的送别诗只3首，一首送别伯兄梁九章到西蜀任职，第一章已提到；一首为送别李应棠，梁九图的同乡；另一首未露送别信息。其中以《送别李萼楼农部应棠》最有特色，诗云：

最恨沿堤柳，丝丝只拂尘。不将长短缕，一系别离人。[⑥]

梁九图认为送别怀人诗：“送别而云别离之苦，纵极沉痛，亦属前人窠臼。”并举晋安谢又绍阁学道承《送友南归口占》云：“亲老偏为客，家贫却在官。百端俄顷集，岂独别离难。”评此诗说：“透过一层，其难愈见，家贫亲老者，果何以为情耶？”[⑦]这里梁九图提到了诗词写作中常用到的一种手法——透过一层法。

我们回看梁九图送李应棠的诗。柳是送别诗中最常见的一个意象，折

① ［清］梁九图撰：《十二石山斋诗话》卷四，陈建华主编：《广州大典》影印本，第506页。
② ［清］梁九图撰：《紫藤馆诗钞》，陈建华主编：《广州大典》影印本，第14页。
③ ［清］梁九图撰：《紫藤馆诗钞》，陈建华主编：《广州大典》影印本，第15页。
④ ［清］梁九图撰：《紫藤馆诗钞》，陈建华主编：《广州大典》影印本，第18页。
⑤ ［清］梁九图撰：《紫藤馆诗钞》，陈建华主编：《广州大典》影印本，第18页。
⑥ ［清］梁九图撰：《紫藤馆诗钞》，陈建华主编：《广州大典》影印本，第21页。
⑦ ［清］梁九图撰：《十二石山斋诗话》卷三，陈建华主编：《广州大典》影印本，第485页。

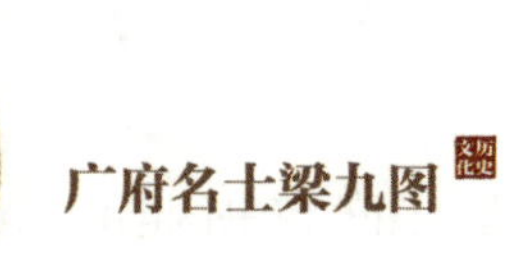

柳送别也经前人运用太过而失去了新意。梁九图则以“恨”这种情感统系全诗，再一次将柳赋予了人的情感。诗人对柳的“恨”实属无聊，因为柳自古而今就只是“拂尘”，它从来都不懂得挽系离人。但恰是这种无聊之恨使得柳“活”了起来。柳成了被怨恨的对象，言外之意也便是诗人不忍离别。后两句也不妨看作前两句的“透过一层”。

5. 悼亡诗

“悼亡诗哀恻动人，多属私情之作。”[①]自晋潘岳为亡妻作《悼亡诗》三首，后世提及悼亡诗，一般指悼念亡妻，最有名的如苏轼《江城子·乙卯正月二十日夜记梦》、吴文英《风入松》“听风听雨过清明”等。我们这里所说的悼亡取广义，指的是悼念逝去之人。梁九图一共写了四首：一首悼念其生母，诗题为《上元夜》，但题下小字加注：“先太宜人忌日”，所写内容也全是悼亡怀念：

记得儿时戏，花灯竟夜看。一经萱草谢，此节不成欢。图报心空切，思归魂正寒。茫茫隔黄土，涕泪几阑干。[②]

梁九图生母刘氏，为梁玉成妾，但为人恭谨，“性俭约，家虽饶，常服浣濯衣，与婢妪同操作”。卒后“赠夫人，叠晋一品夫人”[③]。梁九图的诗语虽浅直，但读来感人肺腑。

一首悼念从兄梁邦俊，第一章已提及，此不赘。还有一首悼念亡友李瑶林。李锡恩，字念祖，一字瑶林，南海人。梁九图曾记到：“（李瑶林）观察椒堂先生孙也。早背父，八九岁即能诗，与余同笔砚。……年

① ［清］梁九图撰：《十二石山斋诗话》卷八，陈建华主编：《广州大典》影印本，第604页。

② ［清］梁九图撰：《紫藤馆诗钞》，陈建华主编：《广州大典》影印本，第13页。

③ 冼宝干纂，佛山市图书馆整理：《（民国）佛山忠义乡志》卷十四《列女传》，第749页。

二十卒，无子。其未卒前一夕，方届庚子秋闱。”[①]庚子秋闱指的是道光二十年（1840），由此往前推19年，李瑶林当生于道光元年（1821）。梁九图所写悼念李瑶林之诗，为道光癸卯（1843）秋梁九图经过其墓时所题写：

> 四山黄叶落纷纷，抔土荒凉对夕曛。嗣续无人慈母老，坟前一过一悲君。[②]

语亦平素，但读来甚为悲凉。尤其“嗣续无人慈母老”，更觉身后香火断续、老母孤苦无依的凄苦。

还有一首悼念亡妾陈闰娘，不过只存一联，见于《清诗纪事》：“今日归来更惆怅，落花风雨更愁余。”[③]前文已提及，陈闰娘为护岑澂诗稿，受红巾军惊吓而亡。倪鸿《桐荫清话》载：“梁福草比部姬人陈闰娘，颇知书，尤擅画兰，风枝雨叶，极似顾横波。年二十，以瘵疾卒。未卒前一夕，比部方在省门，梦其来辞行，挽留不住。明日早起，以为春梦无凭，殊不介意。未半时而讣至，比部一恸欲绝。归瘗石湾丰宁寺侧，如东坡之葬朝云焉。并赋诗挽之，有句云云。诵之可想见其情之不薄矣。”[④]梁九图嗜石即有追慕苏轼的兴味，而葬妾亦如苏轼。陈闰娘也确可比拟朝云。她通书画，梁九图之友人皆知其名。

梁九图有一个名叫展翎的侍姬，“赋性灵妙”，侍奉梁九图书画，“亦略有解悟”。梁九图家藏有管道升《风兰图》，展翎曾“举笔学画，即能神肖”。梁九图还曾写诗咏叹到：“泼墨挥毫乐不疲，画兰十载已成

---

① ［清］梁九图撰：《紫藤馆杂录》卷四，陈建华主编：《广州大典》影印本，第541页。

② ［清］梁九图撰：《紫藤馆诗钞》，陈建华主编：《广州大典》影印本，第26页。

③ 钱仲联主编：《清诗纪事·道光朝》（影印本），第2731页。

④ 《清诗纪事》（引），钱仲联主编：《清诗纪事·道光朝》（影印本），第2731页。

痴。侍儿也学侬操管，风叶风花仿仲姬。”[①]这里的侍姬展翎，不知是否即为陈闰娘。梁九图家还藏有横波夫人所画兰一轴，上面还有朱彝尊一首题诗[②]，所以倪鸿说陈闰娘画兰极似顾横波（“秦淮八艳”之一）。如果展翎和陈闰娘非一人，那么就是一人学管道升画兰，一人学顾横波画兰，但都可见梁九图日常生活的诗意化。

6. 咏物诗

咏物作为一个诗学概念，经过了较为漫长的形成过程，吕青云认为形成于宋代[③]。本书所采用的咏物诗概念，借鉴吕青云的界定，即“咏物诗须以单个事物为吟咏对象”，并有一定的物类范围，并非所有事物均可纳入到咏物诗范围。梁九图所写的咏物诗共12首，分别咏九曜石、梅花、飞蝗、磐石假山、乌石岩、废园、秋声、南海神庙铜鼓、天车、素馨花、婪尾春、木芙蓉三日醉。除秋声属于听觉外，其余均可见、可触。

梁九图的咏物诗多咏本地风物，故有“竹枝词”的味道，如《南海神庙铜鼓歌》，写的是南海庙中的铜鼓，梁九图引《广东通志》及张穆《异闻录》所载：

> 《通志》：铜鼓在南海庙中者二。大者径五尺，高称之，中空，无底，钮垂四悬，腰束而脐隆起，旁有两耳，通体作络索连钱及水瀫纹，色微青，艳若铺翠。小者杀大者五之一，高亦称之，制类大者。一得之唐节度使郑絪所献，一得之浔州知府所献。内有镌云：汉伏波将军所铸。按张穆《异闻录》载，昔马伏波征蛮，以山溪易雨，制铜鼓。粤人亦谓雷、廉至交阯，海滨卑

---

① ［清］梁九图撰：《十二石山斋诗话》卷七，陈建华主编：《广州大典》影印本，第573页。

② ［清］梁九图撰：《紫藤馆杂录》卷十三，陈建华主编：《广州大典》影印本，第725页。按此条亦见《十二石山斋诗话》卷一。

③ 关于咏物诗概念的形成、咏物诗的范围等，可参吕青云：《王安石咏物诗研究》，四川大学2006届硕士学位论文。

湿，革鼓多痺缓不鸣，无以振威，故伏波铸铜为之，状亦类鼓，名曰骆越之鼓。[①]

以上记载，亦见屈大均《广东新语》、李调元《南越笔记》。梁九图诗也基本是将以上所载演为韵语。

咏物诗不能仅仅描摹外表，主要还是要就所咏之物而有所寄托。盛大士所谓："咏物诗借题以纪时事，寄托既深，骨力自健。"[②]蒋寅先生亦指出："中国诗歌中的咏物特别是咏植物，从屈原《橘颂》开始已奠定其鲜明的托喻特性。从陶渊明诗中的菊到郑板桥笔下的竹，形成了我们熟悉的托物明志的传统，但通常这些物都是主体的象征、个人襟怀的隐喻。"[③]梁九图曾论到：

> 咏物而无寄托，纵极刻画，只如剪纸为花，镂玉作楮，形似是而神已非，殊非大雅所尚。[④]
>
> 明韩君望洽《咏铁马》诗云："急响中宵发，凌空铁马行。不知风信至，顿使旅魂惊。当世正多事，吾侪方苦兵。那堪檐宇下，又作战场声。"本朝尤在京怡《咏宝剑》云："宝剑芙蓉锷，韬光匣里横。星辰秋忽动，风雨夜还惊。边郡今多事，故人方远征。徘徊欲相赠，不独为平生。"二诗后半俱寄慨时事，咏物中最属淋漓酣畅。[⑤]

---

① ［清］梁九图撰：《紫藤馆杂录》卷六，陈建华主编：《广州大典》影印本，第584页。

② ［清］盛大士撰：《竹间诗话》卷六，朱洪举、张宇超点校：《清道光朝诗话六种》，第367页。

③ 蒋寅：《绝望与觉悟的隐喻——杜甫一组咏枯病树诗论析》，《文史哲》2020年第4期，第91页。

④ ［清］梁九图撰：《十二石山斋诗话》卷一，陈建华主编：《广州大典》影印本，第452页。

⑤ ［清］梁九图撰：《十二石山斋诗话》卷三，陈建华主编：《广州大典》影印本，第484页。

韩、尤二人诗表面看是咏铁马、宝剑，但后半俱“寄慨时事”，是典型的咏物诗写法。

我们再看他自己的《九曜石歌》，其中有云：“忆昔南汉鬼斧凿，太湖辇运民汗赤。黡煽阉媚王怠荒，王既爱石石恋王。恋王不得王就虏，羊头二四嗟足伤。昌华五十五年梦，此石应解谈沧桑。……仙湖已陆华林隤，降王剩魄来不来。摩挲凭吊复何有，欷歔大醉一石酒。”[①]便是由石而生发感慨。至于九曜石的形质如何，并非此诗的主旨。这也符合他对咏物诗的另一种看法：“咏物不粘不脱，尽人皆知，至名手能借此自寄性情，则工矣。”[②]与蒋寅先生的说法完全一致。

对于同样的“物”，因人所处环境、心境不同，也会“咏”出不同的意味。岭南有一种木芙蓉，梁绍壬《两般秋雨盦随笔·芙蓉》记载到：“岭南木芙蓉，有一日白花，次日稍红，又次日深红者，名曰‘三日醉芙蓉’。”[③]屈大均曾写过一组《对花作》绝句，其中第二首即写木芙蓉：“芙蓉三日醉，菡萏一秋香。白首难忘汝，相依此瘴乡。”[④]屈大均赋予芙蓉和荷花以生命，二者相依为命。

梁九图曾论到：“眼前情事，借咏物以抒写，倍觉大方。”并举毕秋帆《咏春草》、冯古浦《咏牡丹》、程澄江《咏木芙蓉》和他自己的《咏娄尾春》来印证。其中程澄江《咏木芙蓉》云：“不逢春日偏能醉，开到秋江尚未迟。”[⑤]梁九图也有一首咏木芙蓉的绝句：“瓮头雀芋汁才封，止酒年来兴复浓。对此未能三日醉，秋江妒杀木芙蓉。”[⑥]看到三日醉芙蓉，

---

① ［清］梁九图撰：《紫藤馆诗钞》，陈建华主编：《广州大典》影印本，第10页。

② ［清］梁九图撰：《十二石山斋诗话》卷四，陈建华主编：《广州大典》影印本，第508页。

③ ［清］梁绍壬撰，庄葳校点：《两般秋雨庵随笔》卷二，第77页。

④ ［清］屈大均撰：《翁山诗外》卷十二，陈建华主编：《广州大典》影印本，第五十六辑集部别集类总第437册，第427页。

⑤ ［清］梁九图撰：《十二石山斋诗话》卷八，陈建华主编：《广州大典》影印本，第597页。

⑥ ［清］梁九图撰：《十二石山斋诗话》卷六，陈建华主编：《广州大典》影印本，第555页。

且面对着酒，但人并未醉，程澄江的“不逢春日偏能醉”意思正好相反，都能着意于花的名字，又能“借咏物以抒写”。

7. 边塞诗

边塞诗的创作可溯源至《诗经》时代，以后代有继作，尤以唐边塞诗最为著名。余恕诚先生在论述唐边塞诗时说：“边塞诗从创作主体上看，应该具有边塞意识。”什么叫“边塞意识”？余恕诚解释道：“是指作者（或抒情主人公）置身边塞所获得的体验与认识，或虽非置身边塞，但具有与边塞军民及其生活息息相通的情思与感受。即使是对边塞的景物、生活进行客观描述的诗，也应该让读者有一种亲历感、气氛感，以见出作者的意识确实进入了边塞。”①

梁九图并没有出塞的经历，所以他写的边塞诗是一种“拟代”，或如余先生所论，他“虽非置身边塞，但具有与边塞军民及其生活息息相通的情思与感受”。梁九图写有3首边塞诗，主人公均是戍卒，表达的感情也一致，均是戍卒思乡念亲。从体裁上说，《塞下曲》更像乐府，诗云：

> 边月照边城，羁人无限情。亲朋书久断，妻子累翻轻。归路万余里，悲笳三两声。风霜休自惜，努力守幽并。②

这里的“羁人”应该久守边疆。颔联写亲朋书断、妻子累轻，道出了羁人的无聊、期盼。颈联的“万余里”应是虚指，极力形容羁人归家之难。笳声因人而悲，也是边塞诗中最常见的意象。尾联则自勉，幽、并亦应是虚指，代指边城。从这首诗所写，我们看不出其时空标志，也不能与历史相互证明，实是梁九图按照传统边塞诗的创作思路而写的一首“袭

① 余恕诚：《唐诗风貌》，合肥：安徽大学出版社，2000年，第214页。

② ［清］梁九图撰：《紫藤馆诗钞》，陈建华主编：《广州大典》影印本，第20页。

题”[①]之作。梁九图阅诗无数，《十二石斋诗话》中亦有评价钱塘陈文述、从兄梁邦俊、吴炳南等人的《塞下曲》，所以，即使写这种“袭题”之作，也能写出边塞诗的味道。

8. 写景抒怀诗

“写景最要贴切，令读者如见其山川、风物、气候方佳。”[②]一般诗文都会涉及景物描写，但将风景作为描写主题，进而由风景的描写触发一定的思绪、情怀，便非一般的景物描写了。写景抒怀诗虽与山水诗有点类似，毕竟山水便是风景，但上文已经提到，山水诗有它的“特质”。

梁九图的写景诗在描摹具体景致的基础上，从而抒发一种情怀。目前所见，他所抒发的大多是一种“闲情”，如《春月》写道：“春宵花事胜如秋，皓魄当空我自愁。古月应怜今月老，不知照白几人头。”[③]“古月”“今月”的今昔对比，尤其分月为“古”“今”，写出了“天地之景原无一定，随人感触而成”[④]。“怜”字也可见技法之妙。但“皓魄当空我自愁”“不知照白几人头”所抒发的实是一种无聊的闲情。要知道，《紫藤馆诗钞》刊刻时，梁九图正值青年，这种“头白”之“愁”对于一个家资殷实之人来说实属不必。或许有人说这种感叹可能带有对建功立业的期盼，但这对梁九图来说也不可能，因为梁九图对仕途早已淡然。

这种闲情在《草庐漫兴》《春日偶成》两首诗中表现得更明显，也更具代表性，诗云：

身闲虚度几年华，辟就林塘日种花。竹屋蕉窗围水石，笔床

① 梁九图曾评史胄司的《塞下曲》“特从旁人指点，自工于避就凡套，袭题宜知此诀”。［清］梁九图撰：《十二石山斋诗话》卷六，陈建华主编：《广州大典》影印本，第552页。

② ［清］梁九图撰：《十二石山斋诗话》卷六，陈建华主编：《广州大典》影印本，第555页。

③ ［清］梁九图撰：《紫藤馆诗钞》，陈建华主编：《广州大典》影印本，第18页。

④ ［清］梁九图撰：《十二石山斋诗话》卷八，陈建华主编：《广州大典》影印本，第600页。

茶灶足烟霞。每逢得句豪呼酒，独为看山始别家。近忆良朋行万里，也教魂梦逐天涯。

四面繁花覆水湄，柴关长掩日迟迟。香招风过如相约，梦趁春来似有期。垂老弟兄同癖石，忘形叔侄互裁诗。此中幽趣谁窥得？只许闲鸥几个知。①

"身闲虚度几年华"，读来似是对时光流逝、虚度年华的感慨，但实际是一种"为赋新词强说愁"。每日种花、赏石、烹茶、写字，写得好句，便邀朋友来饮酒同赏；没事的时候，便想想远游的朋友，也似自己魂逐远去。在这汾江草庐中，与兄弟辈同赏奇石，与侄子辈相互论诗，这种幽趣，只有闲鸥窥晓。鸥本无所谓闲，是因人闲，故鸥亦带人的色彩。这样的景致何谈愁？这两首诗亦可作"荆门昼掩，闲庭晏然"的注脚。

集中还有两首写景诗较特殊，就是《迎珠》《沙面》，对这两首诗的写作，梁九图有"本事"交代：

娼楼妓馆所在多有，吾粤附城以水面为优；水面数处，复以迎珠街、沙面为最。迎珠在南门外官渡头，俱浮家泛宅，鳞次比栉如曲巷，可通往来。沙面在城西外，中起一沙洲。妓妇以板筑屋，穷极粉饰，余俱有诗咏之。《迎珠》云："大沙舦夹大横楼，词唱包心调马头。水自送声风送色，水风无日不夷犹。"沙舦、横楼俱船名，即妓女之所居也。所唱之词名曰解心，又曰包心。调曰马头，又讹曰马蹄。《沙面》云："傍水回环矗大寮，教琵琶熟教吹箫。坐灯时节如花貌，一缕魂先荡子销。"妓楼大

① ［清］梁九图辑：《汾江草庐唱和诗》，清道光三十年（1850）刊。此二诗亦见《（民国）佛山忠义乡志》，题作《汾江草庐春日二首》，冼宝干纂，佛山市图书馆整理：《（民国）佛山忠义乡志》卷十《风土志二》，第443页。

者名曰大寮。上灯后坐以待客，名曰坐灯云。[①]

写迎珠街、沙面的娼妓，对她们所居环境、日常生活进行了描摹，具有一定的历史文献价值。

写景诗最要紧的便是对景致的描摹，所以梁九图说："诗难状景，景妙，诗亦因之。"并举自己的《太湖夜归》为例，诗云：

画船朝放碧波间，夜气昏昏打桨还。一片湖心明月上，东风吹出洞庭山。[②]

此诗甚为吴炳南喜欢，梁九图曾记载："星侪最严于论诗，常谓二百年来，七绝压卷之作，屈华夫之'三年为客'，王阮亭之'霸气江东'，洪昉思之'春明门外'，徐芬若之'凭山俯海'，此论诚然，但推及余之'画船朝放'，则愧不能当耳。"[③]吴炳南将梁九图此诗与屈大均、王士禛、洪升、徐芬若诸人之诗并列为两百年来压卷之作，足见其评价之高。吴炳南与梁九图虽为挚友，但梁九图多次提及吴炳南论诗严格，所以，此处并非因友情而溢美。梁九图自己对此诗所状太湖之景也颇为自得。这首诗首二句一"朝"、一"夜"便将游历太湖一天写出，的确巧妙。夜月下的太湖什么样子呢？湖心摇曳一轮明月，好似东风从洞庭山吹过来一般。尤其"一片湖心明月上"一句，真乃白居易"唯见江心秋月白"（《琵琶行》）之翻版。

---

① ［清］梁九图撰：《紫藤馆杂录》卷一，陈建华主编：《广州大典》影印本，第492页。

② ［清］梁九图撰：《十二石山斋诗话》卷一，陈建华主编：《广州大典》影印本，第449页。

③ ［清］梁九图：《汾江随笔》，［清］梁九图辑：《十二石山斋丛录》卷六，陈建华主编：《广州大典》影印本，第66页。

9. 宴饮诗

在中国古代，宴饮不仅是君臣欢会、友朋聚享或普通民众的一种日常生活行为，其背后也包蕴着深厚的文化质素，如伦理性、娱乐性、交际性等。宴饮也早已自先秦开始便形成了一种文化，绵延千载，迄今不绝。梁九图所写的宴饮诗只停留于朋友之间的交际与娱乐，是他们诗酒交游的文学书写。

前文在分析梁九图的交游时曾提及他交游很广，也有燕集赋诗，但留存下来的可称为宴饮诗的却只有4首。一首为与崔瑶、马有章共集紫藤馆夜话，饮酒唱酬，诗云：

> 我有紫藤馆，临风三径开。疏篱不碍月，怪石爱生苔。家尚无贫累，胸徒抱史才。良宵安可负，花下快衔杯。①

前两联写紫藤馆，第三联写自己，最后一联表达及时行乐之感。从结构上来说，这首诗并非一首上乘之作，因题目中所谓“崔渭生内史瑶马训庭都督有章”二人，诗中并未着笔，较之盛唐杜甫等人同类型的诗，究欠一截。马训庭都督何人，不详，梁九图另有《赠马训庭都督》一联残句云：“满座宾朋孔北海，四时丝竹谢东山。”②二人应常有饮宴。

第二首为梁九图晚泊甘竹滩，好友吴炳南邀请他上滩厓待月观涛。这是一首七言排律，其中写月出涛涌一段较可观，诗云：

> 云敛天开转瞬事，琉璃世界金银台。滩上汤汤泻千仞，滩下滚滚趋三台。月光荡我三生魄，滩水洗我万斛埃。天地有此大声

① ［清］梁九图撰：《紫藤馆诗钞》，陈建华主编：《广州大典》影印本，第14页。

② ［清］梁九图撰：《十二石山斋诗话》卷四，陈建华主编：《广州大典》影印本，第504页。

色，一丘一壑毋徘徊。[①]

前一秒还因为月未出而“空闻水声不见水，渔舟那辨往与回”，紧接着月一出，便现出了一个“琉璃世界”。涛声滚滚，月光荡漾，视听效果极佳。梁九图对此情景非常享受，自言“此夕快意世罕有，韵事应自吾辈开”，就好像一个摄影家遇到了十分罕见的场景要赶紧按下快门一般，他认为这样的快意世间罕有，所以“吾辈”应该把这样的韵事记录下来。

第三首为梁九图与任本皋泊于珠江白鹅潭。诗歌渲染了诗人与友人登城而望秋月朗照下白鹅潭的盛景，所谓“四围画舫环洲泊，万点银灯透水明。铁锁截流凭设险，残钟渡海忽无声”[②]。潮声刺激着诗兴，不觉夜已五更。

第四首为梁九图游道州（今称道县，隶于湖南永州）时，“与宛平赵小魏慕野、湘潭张勉亭士勤、曾璧人如璋、侯官林子俊其英作送春会”，梁九图写了《送春词》，抒发了“难遣天涯客恨多”的羁滞之感[③]。

10. 述怀诗

所谓“诗言志”，一切诗歌都是一种感情、志向、情怀的抒写。这里之所以单列一类“述怀诗”，并不是说其他类型的诗不述怀。这类诗比较接近杜甫的“遣兴”“遣怀”“漫兴”诗。如《述怀》写自己“十亩田园汾水滨，林泉长此寄闲身”“花间且学陶潜醉，买酒提壶日数巡”[④]，抒发自己的闲情逸致。如《小厓说诗》所收《杂感》“风霜催岁暮，儿女逼人食”、《感怀》“万事称心曾有几，一生好梦亦无多”等，都是对日常心怀的一种排遣。再如《即事》写梁九图内人学画兰的趣事。《山斋漫成》

① ［清］梁九图撰：《紫藤馆诗钞》，陈建华主编：《广州大典》影印本，第16页。
② ［清］梁九图撰：《紫藤馆诗钞》，陈建华主编：《广州大典》影印本，第16页。
③ ［清］梁九图撰：《十二石山斋诗话》卷七，陈建华主编：《广州大典》影印本，第572页。
④ ［清］梁九图撰：《紫藤馆诗钞》，陈建华主编：《广州大典》影印本，第18页。

四首也很有代表性：

衡岳归来游兴阑，壶中蓄石当烟鬟。登高腰脚输人健，不看真山看假山。

叠石痴同东海迂，石斋吟啸足清娱。此间旧是诗人宅，二百年前溯石臞。

萧斋四面绕萝垣，近市差堪避俗喧。镇日编诗无个事，藤阴满地不开门。

洗竹浇花与课儿，幽栖偏有外人知。叩门过访多生客，除却求书便寄诗。[①]

这四首是梁九图为自己的书斋生活所画的“自画像”，写自己每天在十二石山斋里，除了赏石、编诗，便是“洗竹浇花与课儿”，这种幽栖生活是闹市中的一种静谧，是俗世中的一股清流。因此，梁九图与十二石山斋声名远播，前来求书、寄诗的特别多。

集中尚有《禽言》三首较特别[②]。张伟然先生指出：“从4到10世纪，中国文学中先后出现了两波比较明显的突破性发展。其一是在南朝的晋、宋，出现了田园诗、山水诗；其二是从中唐以后，逐渐出现了禽言诗。”[③]可见，禽言诗产生于中唐以来。那么，什么是禽言诗呢？张伟然先生引述了钱钟书先生的论述：

---

① ［清］梁九图辑：《十二石山斋丛录》卷一，陈建华主编：《广州大典》影印本，第4—5页。

② 按亦有将《禽言》诗归入咏物诗中。梁九图所做三首《禽言》，因都是直接抒发情感，故本书纳入述怀诗。

③ 张伟然：《“禽言”与环境感知中的生态呈现》，张伟然：《中古文学的地理意象》，北京：中华书局，2014年，第247页。

在中国古代文学作品里，“禽言”跟“鸟言”有点分别。“鸟言”这个名词见于《周礼》的《秋官司寇》上篇，想象鸟儿叫声就是在说它们鸟类的方言土语。像《诗经》里《豳风》的《鸱鸮》和皇侃《论语集解义疏》卷三所引《论释》里的“雀鸣啧啧喈喈”，不论是别有寄托，或者是全出附会，都是翻译“鸟言”而成的诗歌。“禽言”是宋之问《陆浑山庄》和《谒禹庙》两首诗里所谓：“山鸟自呼名”，“禽言常自呼”，也是梅尧臣《和欧阳永叔〈啼鸟〉》诗所谓：“满壑呼啸谁识名，但依音响得其字”，想象鸟儿叫声是在说我们人类的方言土语。同样的鸟叫，各地方的人因自然环境和生活情况的不同而听成各种不同的说话，有的是“击谷”，有的是“布谷”，有的是“脱却破袴”，有的是“一百八个”，有的是“催工做活”等等（参看扬雄《方言》卷八，陈造《江湖长翁文集》卷七《布谷吟》，姚椿《通艺阁诗续录》卷五《采茶播谷谣》）。《山海经》里写禽类、兽类以至鱼类（像《东山经》的鮯鮯），常说“其鸣自呼”或“其名自号”等等，可是后世诗人只把禽鸟的叫声作为题材。模仿着叫声给鸟儿给一个有意义的名字，再从这个名字上引申生发，来抒写情感，就是“禽言”诗。像元稹的《思归乐》和白居易的《和思归乐》，或清人乐钧《青芝山馆诗集》卷一多至三十八首的《禽言》。宋人里梅尧臣这类诗颇多（《宛陵集》卷四《禽言》、《提壶鸟》、卷十四《啼禽》、卷二十《啼鸟》、卷四十八《闻禽》等），苏轼也学梅尧臣做了《五禽言》，黄庭坚做了《戏和答禽语》，而周紫芝的《禽言》比他们的都写得好。[①]

---

① 张伟然：《中古文学的地理意象》，第249页。钱钟书原论见氏著：《宋诗选注》，北京：生活·读书·新知三联书店，2002年，第242—243页。

梁九图所写的《禽言》，正如周紫芝的《禽言》一样，而且梁九图的《禽言》已不再是对“鸟儿叫声”的创造，而是直接袭用前人，就连抒发的感情也一样。

梁九图的第一首《禽言》写的是“鹁鸪鸪”，是一种鸽类，据张伟然的统计可知，早在宋代的薛季宣、潘文虎均有《鹁鸪》诗[①]。潘文虎的鹁鸪鸪出自《四寓言词》，题名亦称“为被虏妇作”。但我们看梁九图所写的“鹁鸪鸪”，则是巧妙地糅合了《诗经·卫风·氓》和《孔雀东南飞》中的“弃妇”和“刘兰芝”的形象而塑造了一个贞节烈女。这正符合张伟然对自宋至清禽言诗走向的判断：“另一走向是对熟知的禽言不断地进行重新解读，为其创造新的文字形式，实际上也就是为其赋予新的言说内容。表面看来这不过是花样翻新，类似于一种文字游戏，其效果却与探索新的解语鸟几乎具有同等意义，两者技巧也完全相同。”[②]

梁九图所写的第二种禽言是“姑恶”，宋苏轼有《五禽言五首》，其中一首为《姑恶》，诗云：

姑恶，姑恶，姑不恶，妾命薄。君不见东海孝妇死作三年干，不如广汉庞姑去却还。

关于姑恶，苏轼自注云：“姑恶，水鸟也。俗云妇以姑虐死，故其声云。”[③]梁九图的姑恶诗云：“姑恶姑恶，妇贤姑乐。所忧妇不厚，未信姑皆薄。”[④]梁九图的诗基本是对苏轼注的反写，从姑恶的反义着笔。

---

① 张伟然：《中古文学的地理意象》，第323、324页。

② 张伟然：《中古文学的地理意象》，第309—310页。

③ ［宋］苏轼著，［清］冯应榴辑注，黄任轲、朱怀春校点：《苏轼诗集合注》，第1032页。

④ ［清］梁九图撰：《紫藤馆诗钞》，陈建华主编：《广州大典》影印本，第18页。

梁九图的第三首禽言诗是最为普遍的一首，咏“不如归去”，即杜鹃的叫声。张伟然在总结唐代禽言意象变化时，针对杜鹃意象曾总结说：“背负着望帝的传说，杜鹃的文化形象自汉魏以降已差不多成型。哀怨愁苦，滴血啼冤，很多诗人每一念及都会不自禁地悲从中来，趁势一吐胸中的郁结。世路如此崎岖，诗人们太需要这样一个文化符号了。唐人的杜鹃诗几乎都是借机说愁，情味较淡的只有王维《送梓州李使君》：‘万壑树参天，千山响杜鹃；山中一半雨，树杪百重泉。’再也看不到南朝乐府诗中提及杜鹃时的那种欢乐气氛。”[①]而“宋以后，诗人将杜鹃啼声构拟为‘不如归去’，且就此定型”。[②]梁九图的这首“不如归去”禽言诗即是抒发漂泊他乡、不如归去的愁苦，承袭了宋以来咏杜鹃的文化意蕴。

梁九图的诗尚有很难归类的题材，比如这首《放鸬鹚》：

昨夜打鱼半滩月，今夜滩头月落迟。趁月摇船滩下去，又吹竹笛放鸬鹚。[③]

渔民有用鸬鹚捕鱼的，梁九图这首诗便是记录了吹笛放鸬鹚打鱼的过程，我们也看不出梁九图什么感想。假如非要挖掘一下的话，那么前两句或许是对渔人的打鱼生活充满了同情，认为太辛苦了，常常打渔打到月亮洒上了沙滩。所以，我们这里单独把这首诗作纪事诗处理。

还有一首《宫怨》。宫怨诗的创作也很早，有名的如司马相如的《长门赋》。唐代的宫怨诗较发达，王昌龄、李益等都是写作宫怨诗的著名诗人。梁九图的《宫怨》与上文所论边塞诗一样，也是一种拟代式写作。其诗云：“水晶帘外月黄昏，玉管银筝久不闻。倚遍雕栏望双阙，东风徒恋

① 张伟然：《中古文学的地理意象》，第284页。

② 张伟然：《中古文学的地理意象》，第285页。

③ ［清］梁九图撰：《紫藤馆诗钞》，陈建华主编：《广州大典》影印本，第23页。

石榴裙。”有次刘雨湖给梁九图读苏炳南的《宫怨》诗，并称赞苏诗“含蓄蕴藉，雅近唐音”。恰梁九图也作成了这首《宫怨》，便向老师请教，刘雨湖评价说“允堪伯仲”[①]，意谓苏、梁二人之诗轩轾难分。

梁九图还写了《台湾番戏》五首、《晋中杂诗》四首、《秦中杂咏》八首、《广州杂咏》二首，也就是“竹枝词”。《小匡说诗》也录了一首梁九图创作的《竹枝词》。梁九图读过《番社采风图考》，里面多记载台湾风俗，所以他的《台湾番戏》可能是“读后感”。

以上对梁九图诗歌的内容进行了大致介绍，虽分成十三个类型，但仅仅是为了行文方便。他的诗歌虽不算多，但内容较丰富，为我们全面了解梁九图提供了很大的帮助。

三、梁九图的诗歌艺术

梁九图的诗名虽未能进入文学史和研究清代诗歌学者的视野，我想多半是因其诗稿久藏秘府，但其诗歌艺术所达到的水平是无法抹杀的。

（一）体式上以近体诗为主，个中又以绝句为多

古典诗歌体式总体上可分为古体、近体。古体又可细分为五古、七

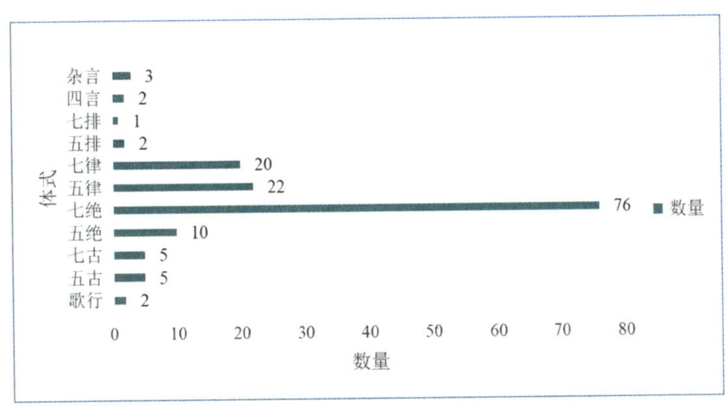

图3-1　梁九图诗歌体式统计

① ［清］梁九图撰：《十二石山斋诗话》卷四，陈建华主编：《广州大典》影印本，第521页。

古、杂言；近体则可分为绝句（五绝、七绝）、律诗（五律、七律、五排、七排）。此外还有乐府体、歌行体等体式。现对梁九图148首诗的体式进行统计如下：

从上图可清晰看到，梁九图的诗歌主要是近体诗，其中又以绝句这种体式最多，计86首。

葛晓音先生论到：七绝起源于西晋的民间歌谣，于梁中叶开始律化。[①]在分析绝句体的艺术规范时，葛晓音引述元人杨载《诗法家数》云："绝句之法，要婉曲回环，删芜就简。句绝而意不绝。多以第三句为主，而第四句发之。……大抵起承二句固难，然不过平直叙起为佳，从容承之为是。至如宛转变化功夫，全在第三句。若于此转变得好，则第四句如顺流之舟矣。"葛晓音分析说："这段话指出绝句一体的艺术规范是在短篇中包含不尽之意，必须意思简洁、避免芜杂，同时有曲折之致。具体作法的关键在第三句的转折。这段话一直被视为诗家作绝句的诀窍。后来其他人虽然也有关于绝句篇法的更详细的阐述，总不如这段话能得要领。"[②]梁九图诗以绝句为主，其中原因，个人以为也是因为他对绝句的艺术规范较熟悉，他曾多次表达自己对绝句艺术规范的看法：

> 七绝用叠字之法，自有一种天然情韵，耐人讽诵。[③]
>
> 五绝诗只二十字，最难着笔。其贵有余韵，人皆知之；不知未有诗之前，当先有无限意境，陡下一句，可抵数十语，然后篇幅乃不觉短促。[④]

---

① 葛晓音：《唐诗流变论要》，北京：商务印书馆，2017年，第94页。

② 葛晓音：《唐诗流变论要》，第98—99页。

③ ［清］梁九图撰：《十二石山斋诗话》卷六，陈建华主编：《广州大典》影印本，第553页。

④ ［清］梁九图撰：《十二石山斋诗话》卷七，陈建华主编：《广州大典》影印本，第590页。

所谓“贵有余韵”，亦如上面杨载所谓“婉曲回环”“句绝而意不绝”。另一个原因，就是他是王士禛“神韵说”的嗣响者，后文详论。神韵诗最重要的体裁便是七绝。他对王士禛之绝句称赞有加，被认为是清朝的“王昌龄”：

> 赵秋谷痛诋渔洋，而所作远不逮；袁子才以为“一代正宗才力薄”；赵云崧谓其不能八面受敌，俱非笃论。究之，渔洋七绝自是本朝之王龙标。[①]
>
> 尤悔庵乐府、屈翁山五律、王阮亭七绝、家药亭七古，近代诗人殆未易方驾。[②]

梁九图之绝句虽不能望王渔洋项背，但不无称道之处，我们再举一首《登峨眉亭》：

> 谪仙仙人已仙去，峨眉山胜峨眉亭。峨眉亭阅几兴废，此山万古浮苍青。[③]

这首诗颇有唐崔颢《黄鹤楼》、李白《登金陵凤凰台》的意味，仙去亭留，阅尽人世兴废、历史沧桑。叠字的运用真可谓“自有一种天然情韵，耐人讽诵”。

（二）诗歌风格上承袭前人而能运用自如

古典诗歌自《诗经》开始，便积淀下了丰富的诗歌手法，经过历史的漫衍，至梁九图生活的时代，可谓已万汇千状，琳琅满目。梁九图与他同

---

① ［清］梁九图撰：《十二石山斋诗话》卷一，陈建华主编：《广州大典》影印本，第442页。
② ［清］梁九图撰：《十二石山斋诗话》卷一，陈建华主编：《广州大典》影印本，第442页。
③ ［清］梁九图撰：《十二石山斋诗话》卷五，陈建华主编：《广州大典》影印本，第544页。

时代、乃至后辈诗人，只能是承袭前人诗法，加以变化，成为“个人”的特色。

唐宋而后，诗歌创作基本可以概括为“宗唐”与“祧宋”的较量。梁九图与他的同辈诗人处于清代诗歌史上最有影响力量的“神韵诗”“性灵诗”“格调诗”与“肌理诗”盛行之后，所以他们的创作基本上仍不外乎“唐音”与“宋调”，或见到神韵诸诗派的影子。

1. 以性情为诗：性灵诗的影响

梁九图的诗歌创作与他编选的诗集，都可窥测他受“性灵派”的影响。他评价同邑关贡“好拟古，未免过于摹仿，反失面目”，故“余只取其抒写性情者”[①]。他的《晚春送别》《雪夜过寒香馆与何方流云裳兄同赋》《西樵山馆早起》等写景抒怀诗、述怀诗，皆可见其“闲情逸致”与“幽人情怀”。他曾引述过同邑汪后来论诗云：

> 诗本性情，读其诗，而其人之性情见矣。故其诗潇洒者，其人必豊遂；其诗庄重者，其人必敦厚；其诗飘逸者，其人必风流；其诗枯瘠者，其人必寒涩；其诗悲壮者，其人必磊落；其诗峻洁者，其人必清修；其诗幽怨者，其人必拂郁。譬如桃柳松柏，望其枝叶，便知其根本。假如未老言老，不贫言贫，无病言病，此老杜之家。窃不饮一盏，而言三百杯；不舍一文，而言散百万，此太白之家。窃不足以道性情也。

针对汪后来此论，梁九图说：“余爱其发诗中有我之旨最透。”[②]近人王国维曾辨“有我之境”与“无我之境”，他说：“有我之境，物皆着我之色彩；无我之境，不知何者为我，何者为物。古人为词，写有我之境者

① ［清］梁九图撰：《十二石山斋诗话》卷八，陈建华主编：《广州大典》影印本，第597页。

② ［清］梁九图撰：《十二石山斋诗话》卷五，陈建华主编：《广州大典》影印本，第526页。

为多，然非不能写无我之境，此在豪杰之士能自树立耳。”[①]王国维所推崇的应该是无我之境，但梁九图这里恰相反，他所追求的就是要从诗里读出“我”。我们读梁九图的诗，不管任何题材，其情感的发抒都较为明显。

2. 以议论为诗：宋诗的远响

梁九图喜欢创作咏史诗，在他所有类型的诗歌中，咏史诗的数量占据第二位。而且，他连教诸侄写诗，也“多以咏古命题”[②]。梁九图的诸多咏史怀古诗，大体上沿袭宋人“以议论为诗”的方法，通过咏史来论史、发表自己的看法。如论淮阴侯“千秋遗恨等黔彭”[③]，如睹铜雀台而发“奸雄迹可哀”[④]之感，再如讽刺南汉君主的奢侈、求仙等[⑤]，都可见其卓识。我们再以《读史》为例，来清晰了解他的“以议论为诗”，诗云：

> 迂儒读史好论史，我道论史空谈耳。一时褒贬偶错谬，且恐黄泉怨声起。两眼不见古人事，搜寻但得凭故纸。故纸荒唐多我欺，古人贤否那得知？我不论史史仍在，信以传信疑传疑。自留长厚惜墨费，千秋庶免狂妄讥。君不见苍天默默亦无语，古往今来久如许。[⑥]

---

① 彭玉平撰：《人间词话疏证》卷中第三十三则，北京：中华书局，2011年，第188页。

② ［清］梁九图撰：《十二石山斋诗话》卷七，陈建华主编：《广州大典》影印本，第588页。

③ ［清］梁九图：《淮阴侯》，［清］梁九图撰：《紫藤馆诗钞》，陈建华主编：《广州大典》影印本，第12页。

④ ［清］梁九图：《铜雀台》，［清］梁九图撰：《紫藤馆诗钞》，陈建华主编：《广州大典》影印本，第19页。

⑤ ［清］梁九图：《南汉宫词》，［清］梁九图撰：《紫藤馆诗钞》，陈建华主编：《广州大典》影印本，第8页。

⑥ ［清］梁九图撰：《紫藤馆诗钞》，陈建华主编：《广州大典》影印本，第8页。

在这首诗中，梁九图开篇便表明了自己读史时所秉持的态度——不随便论史，并把那些读史喜好论史的人称为“迂儒”；接着便是证明自己为何不喜欢论史，以及迂儒论史的弊端，尤其结尾两句表达了历史是客观存在的辩证哲思。

在其他题材的诗歌中，梁九图也常常发议论，典型如咏物诗《飞蝗叹》，借叹飞蝗，发表对官吏逼迫的讽刺[①]，有杜甫“三吏”的风神。再如纪游诗《随雨湖师灯山兄小厓兄登白云山》，也借登览发抒“宇宙事多诬，随众且唯唯。求佛与求仙，安得长不死”[②]的看法。

3. 炼字使事等技法：唐人的衣钵

有关诗歌创作的技法，至唐代开始逐渐成为一门“显学”，以“诗格”“诗式”命名的著作开始出现，这与唐代科举试诗赋有重要的关系。尤其到了宋代，诗话、笔记兴盛之后，对诗法的探求越来越多。梁九图的诗存世虽不多，但他对品诗素有盛名，对历代诗歌之技法颇有研求，故求他“点定”诗歌之人，常不辞辛苦，慕名而来。而梁九图自己的诗歌，在炼字使事等技法方面，均可见唐人的衣钵。

梁九图诗中的表述，如《罗浮》云“拟访芳踪跻绝顶，飞云上界看尘寰”[③]，似杜甫《望岳》“会当凌绝顶，一览众山小”；如《飞蝗叹》“农父哭声何太哀，大官堂上犹丝竹”的对比[④]，绝似杜甫《自京赴奉先县咏怀五百字》之“朱门酒肉臭，路有冻死骨”；如《南汉宫词》的“不爱苍生爱比丘”[⑤]，一看便知是李商隐《贾生》“不问苍生问鬼神”的翻版；如《发清远峡》云“夹岸青山留不住，大江吹送一帆风”[⑥]，也可见李白《早

---

① ［清］梁九图撰：《紫藤馆诗钞》，陈建华主编：《广州大典》影印本，第11页。

② ［清］梁九图撰：《紫藤馆诗钞》，陈建华主编：《广州大典》影印本，第15页。

③ ［清］梁九图撰：《紫藤馆诗钞》，陈建华主编：《广州大典》影印本，第8页。

④ ［清］梁九图撰：《紫藤馆诗钞》，陈建华主编：《广州大典》影印本，第11页。

⑤ ［清］梁九图撰：《紫藤馆诗钞》，陈建华主编：《广州大典》影印本，第8页。

⑥ ［清］梁九图撰：《紫藤馆诗钞》，陈建华主编：《广州大典》影印本，第14页。

发白帝城》“两岸猿声啼不住，轻舟已过万重山”的影响；《汉口》云“系缆恰当明月夜，二分无赖似扬州”[①]，也是徐凝《忆扬州》“天下三分明月夜，二分无赖是扬州”的改写。诸如此类，读来都给我们一种“似曾相识”的印象。

他如化用《诗经·卫风·氓》“淇水汤汤，渐车帷裳”为“淇水汤汤渐我车”（《禽言》）[②]，化用《孔雀东南飞》“君当作磐石，妾当作蒲苇。蒲苇纫如丝，磐石无转移”为“君心当自转，妾志终不渝”（《禽言》）[③]，化用《诗经·魏风·硕鼠》“逝将去女，适彼乐土。乐土乐土，爰得我所”为“他乡信美非吾土”[④]，等等，皆可见梁九图对古典诗歌的熟悉与技艺的成熟。

梁九图精于炼字、炼韵。炼韵，就是对韵的讲究，第一章介绍梁蔼如时已提及，梁蔼如评梁九图的《题〈粤台饯别图〉》“‘洲’韵尤峭拔”。炼字如《罗浮》“仙人窟宅割三山”之“割”，有杜甫《望岳》“阴阳割昏晓”之神；《雪夜过寒香馆与何方流云裳兄同赋》“高枝时与月窥阁，落瓣偶随风入帘”中的“窥”“随”，都把梅写活、写动了；《西樵山馆早起》“群山浮晓色，有客独凭栏”中的“浮”，也把“晓色”写动了，群山晓色与独客凭栏的对比，也非常有画面感。他如《天门山》“两山通汉水，半壁锁吴关”的“通”“锁”，《夜泊珠江与任小韦茂才本皋同赋》“残钟渡海忽无声”的“渡”，等等，运用十分自然、精妙。

使事（用典）是古人写诗作词最普通的一种技法。梁九图的诗用典虽不多，但偶一用之，亦可见其高妙技法。如咏叹马援的《马伏波》：

---

① ［清］梁九图撰：《紫藤馆诗钞》，陈建华主编：《广州大典》影印本，第14页。
② ［清］梁九图撰：《紫藤馆诗钞》，陈建华主编：《广州大典》影印本，第18页。
③ ［清］梁九图撰：《紫藤馆诗钞》，陈建华主编：《广州大典》影印本，第18页。
④ ［清］梁九图撰：《紫藤馆诗钞》，陈建华主编：《广州大典》影印本，第19页。

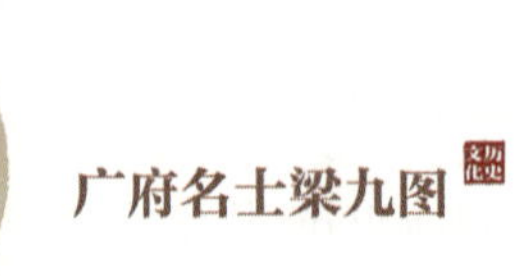

> 将军汉代勒奇功，铜柱高标岭峤中。乱定天南归化日，威腾海外扫蛮风。尺书情重箴兄子，薏苡谗成怨狡童。最是武溪深一曲，至今人唱夕阳红。①

前六句基本将马援一生括尽，尾联歌颂了其历史影响。其中颔联用了与马援有关的两个典故，一个是马援给他哥哥的两个儿子，也就是他的侄子写的一封家书《诫兄子严、敦书》，用来规诫兄弟二人；一个是马援因薏苡被诬告之事。两个典故，一个从正面称赞马援，一个从反面为马援辩白；一见情深义重，一反见清廉自守。

（三）思想上的光辉

梁九图一生虽没能考取功名，但他因受族人前辈及父母的影响，对天下苍生充满了悲悯情怀，故对统治者则常施以讥讽，这些都是他思想上的光辉，是他作为一个传统士人心忧天下的生动体现，如《咏史》“可怜户口十二万，博得咸阳一日屠”②、《长江》“魏阙心徒恋”③等。尤其如《飞蝗叹》《南汉宫词》《宋主荒淫》等诗，所叹虽成历史，却是时人一面镜鉴。

四、梁九图诗歌的价值及影响

任何遗留下来的文字，都具有一定价值。梁九图的诗歌，不仅是其心态、思想的生动体现，更是其生活的实录。通过纪旅诗，我们知道了梁九图一生游历所至；通过咏史诗，我们了解了他的思想、他的识见；通过写景抒怀诗、述怀诗、咏物诗、宴饮诗等，我们看到了一个名士的日常生活等。此外，梁九图诗中还写到了当时的一些风俗。我们今人所认知的梁九

---

① ［清］梁九图撰：《紫藤馆诗钞》，陈建华主编：《广州大典》影印本，第13页。
② ［清］梁九图撰：《紫藤馆诗钞》，陈建华主编：《广州大典》影印本，第22页。
③ ［清］梁九图撰：《紫藤馆诗钞》，陈建华主编：《广州大典》影印本，第17页。

图，基本限定于“岭南名士”这个称谓，但这个名士是一个什么样的人，却比较模糊，而他的诗歌则为我们提供了这样一扇窗户。

梁九图的诗歌虽未能进入今人的视野，但在当时却具有较广泛的影响。我们前面分析十二石山斋题咏时，已提到梁九图是众人所期待的“溱湟可继”。前面也提到当时有很多人请他点勘诗稿。下面我们再看一些时人评价。

南海李鸣韶评价梁九图诗：“福草古体遒劲，近体更多佳句。”[①]南海黄子刚于丙午春袖所著《妙有村吟草》访梁九图，梁九图最赏其“耽吟成癖宁非累，知拙能藏便是才”及“异人不必皆山泽，名士何妨住市廛”等句，子刚亦服为知言[②]。张维屏评梁九图“诗不多，而可采者不少”，评其《十八滩》“颇得古歌谣遗意”，评《九曜石》《鄱阳湖》等篇“用史事推波助澜，亦有健气”[③]。吴聘评梁九图诗曰：“天才宏放，逸思飚举，时而幽泉浅濑，潇洒出尘；时而奋击苍头，交驰突起。不出古人格调，而佳篇秀句，无穷清新。”[④]陈宾选许梁九图诗“深得唐贤三昧”[⑤]。陈官兰评价说：“观其笔力之雄奇，思致之清绮，已能独濬灵源，扫除凡径，由此而餍饫优游，学与年进，方当扶轮大雅，奚止步武骚坛？”[⑥]符葆森谓梁九图“善状山水，落句奇窟”[⑦]等。

---

① ［清］梁九图撰：《十二石山斋诗话》卷五，陈建华主编：《广州大典》影印本，第525页。

② ［清］梁九图撰：《十二石山斋诗话》卷二，陈建华主编：《广州大典》影印本，第473页。

③ ［清］张维屏：《紫藤馆诗钞》（序），［清］梁九图撰：《紫藤馆诗钞》，陈建华主编：《广州大典》影印本，第5页。

④ ［清］吴聘：《紫藤馆诗钞》（跋），［清］梁九图撰：《紫藤馆诗钞》，陈建华主编：《广州大典》影印本，第28页。

⑤ ［清］陈宾选：《紫藤馆诗钞》（跋），［清］梁九图撰：《紫藤馆诗钞》，陈建华主编：《广州大典》影印本，第28页。

⑥ ［清］陈官兰：《紫藤馆诗钞》（跋），［清］梁九图撰：《紫藤馆诗钞》，陈建华主编：《广州大典》影印本，第29页。

⑦ ［清］符葆森《寄心庵诗话》，［清］符葆森辑：《国朝正雅集》卷八十五。

总之，他的诗歌不仅内容丰富，技艺高妙，而且思想积极，为我们以文学的形式展现了一个名士的风采。

第二节　梁九图的书画创作

在清代，顺德是著名的人文之地，各个领域都涌现出了名人，书画艺术名家如黎简、苏仁山、苏六朋等，皆声名远播。梁九图亦擅书画，只是今天保留下来的作品较少，我们也只能通过一些文献记载，来想象一下梁九图的翰墨丹青。

一、梁九图的书法艺术

研究岭南书法史的陈永正先生对清代道光年间的岭南书坛曾概括道：“道光初年，天下无事，文人学士，醉心书画者甚多。而市井小民中，亦不乏才智之士，他们把更富于现实生活气息的风格带到艺坛，给古老的书画艺术注入新的血液。其中最引人注意的是顺德苏氏三杰：苏引寿、苏仁山、苏六朋。”[①]“三苏之外，道咸年间的帖派书家尚有谭莹、张维屏、罗天池、陈良玉、陈璞、孟鸿光、居廉、汪瑔等。”[②]今人的书法研究现状，仍然看不到“梁九图”的名号，但其实道咸书坛，也应该有梁九图的身影才对。

《汾江草庐唱和诗》所收黄承谷《次韵草庐漫兴》有句云“五仙门第推杨宅”，诗下注云：“君以书法传家。”[③]足见其书法名声。梁九图工篆书、草书、行书，今顺德市博物馆藏有他写的《篆书七言联》《篆书九言联》，

① 陈永正：《岭南书法史》，广州：广东人民出版社，1994年，第136页。

② 陈永正：《岭南书法史》，第139页。

③ ［清］梁九图辑：《汾江草庐唱和诗》。

佛山市博物馆藏有他写的《行书七言联》《草书七言联》《篆书九言联》，广东省博物馆藏有他写的《篆书九言联》及《行书扇面》[1]。此外，梁九章所编《寒香馆藏真帖》（六卷），其中卷三《鲜于必仁陈情表》后附梁九图跋，卷四《明方孝孺篱落五古》后附梁九图跋，卷四《朱奋陶广文湖口兼致洁士年翁七律》后附梁九图跋[2]。这些跋文亦可看作梁九图书法作品。

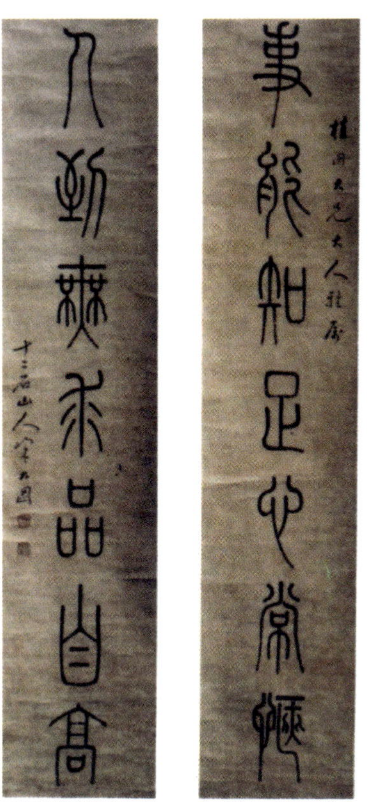

○一、梁九圖　篆書七言聯

图3-2　梁九图篆书联：《事能知足心常惬 人到无求品自高》（顺德市博物馆藏）[3]

① 顺德市博物馆编：《顺德书画人物录》，第101页。

② 著录见容庚编：《丛帖目》（二），香港：中华书局香港分局，1981年，第704—705页。

③ 苏起昌主编：《顺德市博物馆藏顺德历代士林书画专集》，1994年，第101页。

梁九图书艺精擅，故求其墨宝之人不断，我们看下面这些记载：

方扶南《滕王阁》诗云："阁上青山阁下江，阁中无主自开窗。春风欲拓滕王帖，蝴蝶入簾飞一双。"声调绝佳，余常为人书扇。[①]

李湘筠大令尝一便面索书，请录旧作，余为录《咏古》二首。[②]

何汉槎少尹守正赴任福建时，索余书数纸，舟泊汾江相待，忙迫中字间舛误。因记方子云句云："酒因赊得瓶难满，书为催成字易讹。"[③]

可见梁九图常为人书写诗歌。《十二石山斋丛录》载罗文俊《题十二石山斋》二首，其中第二首有云"与君磨墨写秋山"，这句下小字注云："君善书画，拟请作书屋图击楹额也"。[④]梁九图曾多次游览罗浮山，与罗浮道人多有交往，因此他曾为罗浮山白鹤观书观榜[⑤]。他还为连州大云洞题写过洞榜：

连州大云洞，历来游览题壁，名刻甚多，惜无题洞榜者。寺僧闻余至，怂恿请书，余因篆"大云"二字付之。篆体多瘦硬，

① ［清］梁九图撰：《十二石山斋诗话》卷二，陈建华主编：《广州大典》影印本，第461页。

② ［清］梁九图撰：《十二石山斋诗话》卷五，陈建华主编：《广州大典》影印本，第542页。

③ ［清］梁九图撰：《十二石山斋诗话》卷七，陈建华主编：《广州大典》影印本，第587页。

④ ［清］梁九图辑：《十二石山斋丛录》卷五，陈建华主编：《广州大典》影印本，第54页。

⑤ 梁九图记载："余游罗浮时，访云根于白鹤观，留连数日，云根出所著《罗浮杂咏》见示……濒行，云根以观榜索书，余方酣醉，草草挥就，殊不足观，窃恐山灵笑我也。"［清］梁九图辑：《十二石山斋丛录》卷四，陈建华主编：《广州大典》影印本，第51页。

此独腴润，取其便于石工也。[①]

这里梁九图还对自己的书法进行了品评。

他曾自言："余书欠工，然求者殆无虚日，因亦有句云'诗债才完字债催'。"[②]求书之人较多，以至于负责磨墨的家僮都没有空闲：

近日人多求余作擘窠书，需墨颇多，家僮常无暇日，故余有赠僮句云："磨墨催晨起，浇花误晚炊。"见者每为捧腹。[③]

擘窠的原意是指写字、篆刻时，为求字体大小匀整，以横直界线分格。擘即划分，窠即框格。颜真卿《乞御书放生池碑额表》云："前书点画稍细，恐不经久。臣今谨据石擘窠，大书一本，随表奉进。"[④]这里所谓的"据石擘窠"，即在石碑上划分框格。擘窠还指大字，从"需墨颇多，家僮常无暇日"，可知近人求梁九图写的正是大字，所以需要很多墨。

梁九图之所以有精湛的书艺，这与他对岭南书坛、乃至中国书法史的认识密不可分，他常对个别书家予以评骘，如：

当涂黄左田尚书钺工书画，人争宝之。而假署其名者，一时杂出。有某于厂肆买得数帧，喜为尚书作也。携归，求尚书自定真伪，尚书答以诗云："涴壁书窗落笔粗，零缣断楮恣鸦涂。湖田自昔无人买，村酒难求善价沽。失笑分明作赝鼎，何时变化出

① ［清］梁九图撰：《十二石山斋诗话》卷四，陈建华主编：《广州大典》影印本，第511页。
② ［清］梁九图撰：《十二石山斋诗话》卷五，陈建华主编：《广州大典》影印本，第545页。
③ ［清］梁九图撰：《十二石山斋诗话》卷三，陈建华主编：《广州大典》影印本，第491页。
④ 颜真卿撰：《四库唐人文集丛刊》本《颜鲁公集》，上海：上海古籍出版社，1992年，第16页。

> 桓厨？若教持以山阴扇，值得羲之半字无？”后年九十余双目失明，自号盲左，犹能作书。余尝于许小琴少尹平山堂访南唐古梅图中见之，觉盲后所作，尤为苍劲，盖初仿吴兴，后则居然北海也。[①]
>
> 潘汉石工隶书，笔法奇肆，为艺林所重。[②]
>
> 汉石工八分书，迩来自伊墨卿、钱梅谿外，断分一席，而墨卿超逸，梅谿老重，汉石奇肆，又各自分途也。[③]
>
> 吾粤书家，自黎简民明经、谢澧浦太史后，断推吴荷屋中丞、张翰山方伯，而逸卿太史参处其间，亦无多让。唯性过坦易，有求必书，铁限踏穿，亦已纸劳墨瘁矣。[④]

以上这些均可见梁九图对书法的了解，可补今人有关岭南书法方面的研究。

二、梁九图的绘画艺术

有关梁九图的绘画艺术，今人陈滢曾将其纳入“岭南学者画家群的花卉画”中作专门分析。据陈滢介绍，梁九图存世的花卉画尚有：《兰画》轴，1817年作，绢本墨笔，84×43厘米；《墨兰》册页，年代不详，绢本墨笔，31×33厘米；《兰画》轴，年代不详，纸本水墨，109×43厘米；《墨兰》册页，19世纪前期，绢本墨笔，31×33厘米，有梁九图题款“叶一剑，花一箭，美人英雄相毕现。古人惜墨如惜金，下笔须先求简练”，并钤有“梁九图”朱白文方印一枚；《兰画》轴，1817年作，绢本墨笔，

---

① ［清］梁九图撰：《十二石山斋诗话》卷一，陈建华主编：《广州大典》影印本，第458页。
② ［清］梁九图撰：《十二石山斋诗话》卷一，陈建华主编：《广州大典》影印本，第458页。
③ ［清］梁九图辑：《十二石山斋丛录》卷六，陈建华主编：《广州大典》影印本，第74页。
④ ［清］梁九图辑：《十二石山斋丛录》卷五，陈建华主编：《广州大典》影印本，第52页。

84×43厘米，有梁九图题款，并钤“福草”朱文方印，以上均为香港艺术馆收藏。《兰画》轴，年代不详，绢本水墨，94×34.5厘米，香港中文大学文物馆收藏。《墨兰图》轴，1874年作，绢本墨笔，79×46厘米，顺德市博物馆藏[①]。据笔者查验，顺德市博物馆所藏梁九图《墨兰图》，为绢本墨笔，尺寸为78.6×46厘米，与陈滢所标示“79×46厘米”稍有差池。右下方题有：“甲戌冬初写郑所南笔法，即请钱铁甫四兄大雅正之，十二石山人梁九图。”甲戌即同治十三年（1874）。郑所南即郑思肖（1241—1318），宋末元初著名反元士人。有《墨兰图》卷传世，且是唯一真迹，现藏日本大阪市立美术馆。钱铁甫何人，不详。无钤印。

图3-3　郑思肖《墨兰图》卷，纸本墨笔，25.7mm×42.4mm（日本大阪市立美术馆藏）

《顺德书画人物录》著录梁九图存世画作有：顺德市博物馆藏《墨兰图》；佛山市博物馆藏《墨兰图轴》《墨兰团扇》《墨兰册页》；广东省

① 陈滢：《岭南花鸟画流变：1368—1949》，第179—180页。

博物馆藏《墨兰图册》[①]。另梁九图的好友胡际云曾得到过梁九图侄子湘甫所赠《十二石山斋画本》一册[②]，惜今无传。

今所传梁九图画作均为兰画，既可见其对画兰的热爱，也是其心性的表现。他曾购得南明吴易所藏杨龙友《墨兰》一幅，上面还有史可法题诗两首[③]。清姚鼐有《杨龙友墨兰竹》二首，不知所题是否为梁九图所购《墨兰》。

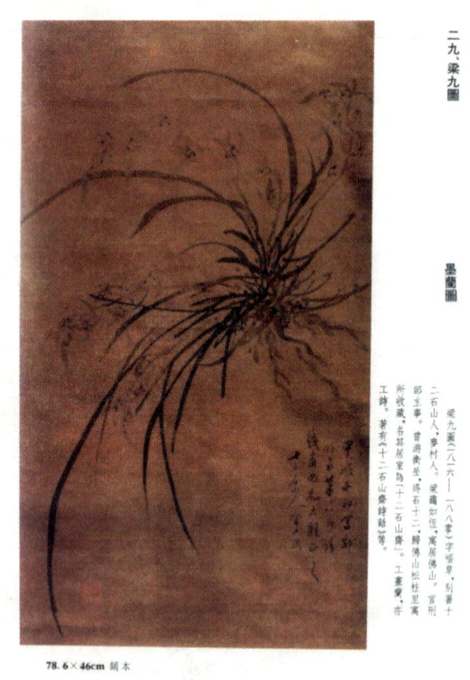

图3-4　梁九图《墨兰图》（佛山市博物馆藏）[④]

---

① 顺德市博物馆编：《顺德书画人物录》，第101页。

② ［清］胡际云《十二石山斋诗序》："福草先生，岭南名士也。丁未春，余游斯地，获晤先生之侄湘甫，因索先生吟咏……逾日，湘甫复出《十二石山斋画本》一册，披览之余，而先生之品格高超，才华卓迈，已悉遇诸卷册中矣。"［清］梁九图辑：《十二石山斋丛录》卷二，陈建华主编：《广州大典》影印本，第27页。

③ ［清］梁九图撰：《十二石山斋诗话》卷二，陈建华主编：《广州大典》影印本，第462—463页。

④ 苏起昌主编：《顺德市博物馆藏顺德历代士林书画专集》，1994年，第29页。

陈滢结合香港艺术馆所藏梁九图兰画，对梁九图画兰艺术的分析较深入，今全录于此，以使今人更加了解梁九图的绘画艺术：

> 梁九图存世的画迹均为水墨兰花图，其图式、笔墨大同小异。梁九图的兰花图是典型的"文人墨戏"，其中既有草率简陋之作，亦有颇具趣味的佳作。香港艺术馆收藏的两件兰花图就是其佳作。这两幅画以水墨写意，表现的是兰花的情态而不是其形质。作者以书法般的线条挥写作画，将兰草的叶子撇得很长，将兰花的花朵点染得很清润。其顺逆起伏，收放聚散，浓淡轻显得洒脱自如。既有草书的神态飞动，墨飞线舞，形势或相勾连不断，或笔断而意连；又有行书的运笔徐缓，情态平和，笔力清劲。那沉雄而清淡的笔痕墨道，尽显书法的韵律与节奏之妙，体现了书法与绘画相结合的意趣和美感，从中可见清代文人画以草书入画，崇尚恣肆之美的时代风尚。[①]

图3-5　梁九图《墨兰图轴》（佛山市禅城区博物馆供图）

清末民初著名美术家陈师曾分析说："何谓文人画？即画中带有文人之性质，含有文人之趣味，不在画中考究艺术上之工夫，必须于画外看出许多文人之感想，此之所谓文人画。……画之为物，是性灵者也，思想者

① 陈滢：《岭南花鸟画流变：1368—1949》，第180页。

也，活动者也；非器械者也，非单纯者也。”[①]梁九图书画兼擅，应和着清代文人画创作潮流，以书法的运笔手法入画中，二者相得益彰。兰花的君子精神也正契合梁九图的品质，物我融合为一，更可见梁九图高贵的人文精神。

本章以诗歌、书法、绘画三种艺术来呈现梁九图的人文气质，虽然存世作品均不多，但却可借以窥测梁九图的精神世界。

---

① 陈师曾：《文人画之价值》，陈师曾：《陈师曾讲绘画史》，南京：凤凰出版社，2010年，第65页。

第四章

以书怡情：《紫藤馆杂录》与梁九图的阅读生活

中国古人读书喜欢泛览，有时随读随抄。或者采录各种书籍所载同类或相近内容而汇编成一书，这种传统或习惯发源更早。这种“读书笔记”式的阅读与创作，自唐朝开始蔚为大观。时代越往后，人们能够读的书越多，此类创作就更盛产，成为我国传统著述中较为显著的一个门类。

在梁九图留存至今的所有著述当中，这种笔记体著述最多，而其中《紫藤馆杂录》的体量最大。这本书便是他日常阅读的“读书笔记”，是我们今天探析梁九图日常阅读生活和心路历程的重要载体。而其所抄录的众多文献、深隐的著书目的等，更为我们了解传统典籍的传承、士大夫名流思想的建构提供了重要依据。

第一节　抄撮丛杂：《紫藤馆杂录》的文本性质探析

在谈论《紫藤馆杂录》的内容前，我们先要对这本书的文本性质进行界定。“文本”（Text）是西方诠释学的一个理论术语，在中世纪时，仅指《圣经》文献，后随着诠释学的发展，范围逐渐扩大。我们在这里可以简单理解为“用语言等形式记录人们的思想所呈现的文献”。所谓“文本性质”（Text nature），就是某一“文本”的性质，这也决定了它的功能指向、思想蕴含以及表达方式。从文本性质的角度去重新审视我们习以为常的经典文献，会发现很多原本存在、却被遮盖了的内容，而且，这种“审

视”极有可能转变我们对一些经典文献早已定型的认识。[1]

《紫藤馆杂录》的文本性质，仅从《（民国）佛山忠义乡志·艺文志》将其列于集部，而《广州大典》则列于子部，便可见其性质的复杂性。

一、“杂录”

录有记录的含义，所以，早在先秦时期已经产生了录体文本，如语录体代表作《论语》。录也等于抄（钞），也就是誊写，这种录体文本更多，且分类更细，如有专门抄撮史书的史钞类，有些诗歌选本也以“钞（或录）”命名，如清肖培元《思过斋试律诗钞》、佚名纂《杜律五言钞》等。而流传至今的各种笔记、杂记、随笔、琐言、麈谈等文本，甚至某些诗话、词话、曲话、文话、小说话，也都可纳入录体文本的范畴。

我们看几种以“杂录”为名的代表性文本。唐段安节《乐府杂录》，专记与乐府有关之人、事、物，收进中华书局“唐宋史料笔记”丛书，也就是说今人将其定位为史料笔记。但其实这是一本有关音乐、乐府诗、戏曲起源等内容的文本辑录，所以它又被收入中国戏曲研究院所编《中国古典戏曲论著集成》丛书中。从《乐府杂录》被归为不同的丛书中，也可见“杂录”体文本性质的归属难题。

被归为“笔记小说”类的杂录体文本如唐郑处诲撰《明皇杂录》，专录与唐明皇有关之野史、逸谈；再如清顾炎武撰《亭林杂录》，均为经史音韵考证；而如清王士禛撰《古夫于亭杂录》、清昭莲撰《啸亭杂录》，从目录和内容来看，都同梁九图《紫藤馆杂录》一样，诚如王士禛所谓

---

① 相关研究成果较多，论文类可参看董芬芬《〈春秋〉的文本性质及记事原则》（《文学遗产》2016年第6期）、戚世隽《〈张协状元〉的文本性质——兼谈〈张协状元〉的时代断限问题》（《戏剧艺术》2020年第3期）、李辉等《仪式与文本之间——论〈诗经〉的经典化及相关问题》（《温州大学学报》2020年第1期）等。专著类可参看孙绍振、孙艳君：《文学文本解读学》（北京大学出版社，2015年）、陈君：《润色鸿业：〈汉书〉文本的形成与早期传播》（北京大学出版社，2020年）等。

“无凡例，无次第，故曰‘杂录’”[①]。

但这里有个问题，笔记、小说、笔记小说，这其实是三种文本体例。有学者指出笔记既可指“一种以随笔形式记录见闻杂感的文体的统称”，也可“指由一条条相对独立的札记汇编而成的著作”。[②]笔记研究专家刘叶秋先生则将古代笔记分为小说故事类、历史琐闻类、考据辩证类三类，并论道：“这里的第一类，即所谓‘笔记小说’，内容主要是情节简单，篇幅短小的故事，其中有的故事略具短篇小说的规模。二三两类，则天文、地理、文学、艺术、经史子集、典章制度、风俗民情、轶闻琐事以及神鬼怪异、医卜星相等等，几乎无所不包，内容极为复杂，大都是随手记录的零星的材料。”[③]所以，若细究中华书局、上海古籍出版社、广陵书社三个出版社所编纂出版的“笔记小说”丛书，均存在辨体失误的事实。诚如刘叶秋先生所指出的：“其实‘笔记’并不都是小说；古代‘小说’也并不限于‘笔记’体。这样说法，不仅还包含着轻视小说为小道的意思，而且显示出对笔记的各种类型也缺乏明晰的辨别。”[④]也就是说，简单地将王士禛等人的“杂录”体著述归入任何一个文体概念较为清晰的门类里都存在风险，这也是梁九图《紫藤馆杂录》文本性质的一个事实。因此，笔者认为，这类“杂录”体文本是中国古典著述的一个典型形态，即使今天，仍然有此类文本的产生，这是值得目录学、文献学等学科进行深入研究的方向。

古近学人也曾试图将这类杂录体著述归为“说部”，并予以细分，如清李光廷曾分说部为二类：“自稗官之职废，而说部始兴。唐、宋以来，美不胜收矣。而其别则有二：穿穴罅漏、爬梳纤悉，大足以抉经义传疏之

---

① ［清］王士禛：《古夫于亭杂录》（序），［清］王士禛撰，赵伯陶点校：《古夫于亭杂录》，北京：中华书局，1988年，第15页。

② 陶敏、刘再华：《“笔记小说”与笔记研究》，《文学遗产》2003年第2期，第107页。

③ 刘叶秋：《历代笔记概述》，北京：北京出版社，2003年，第4—5页。

④ 刘叶秋：《历代笔记概述》，第3页。

奥，小亦以穷名物象数之源，是曰考订家，如《容斋随笔》《困学纪闻》之类是也；朝章国典，遗闻琐事，巨不遗而细不弃，上以资掌故而下以广见闻，是曰小说家，如《唐国史补》《北梦琐言》之类是也。”近人刘师培则将说部分为三类：“一曰考古之书，于经学则考其片言，于小学或详其一字，下至子史，皆有诠明，旁及诗文，咸有纪录，此一类也。一曰记事之书，或类辑一朝之政，或详述一方之闻，或杂记一人之事，然草野载笔，黑白杂淆，优者足补史册之遗，下者转昧是非之实，此又一类也。一曰稗官之书，巷议街谈，辗转相传，或陈福善祸淫之迹，或以敬天明鬼为宗，甚至记坛宇而陈仪迹，因祠庙而述鬼神，是谓齐东之谈，堪续《虞初》之著，此又一类也。”[①]以刘师培之分类衡诸梁九图之《紫藤馆杂录》，确可将是书归入说部，但说部并非一类文体，民初以来又多将说部纳入小说文体予以论述[②]，故杂录体的文本性质仍须进一步厘清。

二、集部与子部

自汉刘向《别录》、刘歆《七略》、班固《汉书·艺文志》，到魏郑默《中经》、晋荀勖《中经新簿》，再到梁阮孝绪《七录》、唐魏征等《隋书·经籍志》，中国古人为图书分类的传统源远流长。尤其自《隋书·经籍志》确立经、史、子、集四部名目之后，后世图书分类大体在此基础上有所损益，而无实质变化，至《四库全书总目提要》，可谓古代图书分类的集大成。

集部，《四库全书总目提要》叙云：“集部之目，楚辞最古，别集次

---

① 转引自刘晓军：《中国小说文体古今演变研究》，北京：中华书局，2019年，第111—112页。

② 可详参刘晓军《中国小说文体古今演变研究》第三章《“蔚四部而为五”：“说部”与小说地位的转变》，第99—117页。

之，总集次之，诗文评又晚出，词曲则其闰余也。”[①]卢盛江先生总结集部文本的特点主要包括：一是实用性，具体体现为集部文体的实用性、集部文章内容和表现手法的实用性；二是单篇作品之集；三是崇尚典雅，具体体现为俗类文学作品未收录到集部、宗经观念与崇雅观念。因此，“集部主要是诗文之集，没有小说戏曲，这与尚雅的观念分不开。集部是单篇雅文之集。”[②]虽然《紫藤馆杂录》中有可列入诗文评一类的诗话条目，但将整部书列入集部，是不符合传统四部分类方法的。

子部，《四库全书总目提要》叙云：

> 自六经以外，立说者皆子书也。其初亦相淆，自《七略》区而列之，名品乃定。其初亦相轧，自董仲舒别而白之，醇驳乃分。其中或佚不传，或传而后莫为继，或古无其目而今增，古各为类而今合，大都篇帙繁富。可以自为部分者，儒家之外有兵家，有法家，有农家，有医家，有天文算法，有术数，有艺术，有谱录，有杂家，有类书，有小说家。其别教则有释家，有道家。叙而次之，凡十四类。[③]

子部之名虽最终确立于《隋书·经籍志》，但早在《汉书·艺文志》中已有其实，《汉书·艺文志》所分诸子、兵书、术数、方技四略皆为子部，持同样观点的有明人胡应麟、清人刘天惠、近人汪辟疆[④]。子部下二级分类有杂家类，又下分六类：

---

① ［清］永瑢等撰：《四库全书总目》，北京：中华书局，1965年，第1267页。
② 卢盛江：《集部通论》，北京：中华书局，2019年，第29—41页。
③ ［清］永瑢等撰：《四库全书总目》，第769页。
④ 徐有富：《目录学与学术史》，北京：中华书局，2009年，第23页。

> 以立说者谓之“杂学”，辨证者谓之“杂考”，议论而兼叙述者谓之“杂说”，旁究物理、胪陈纤琐者谓之“杂品”，类辑旧文、涂兼众轨者谓之“杂纂”，合刻诸书、不名一体者谓之“杂编”。①

按照这六个细类，我们上面所讨论的杂录体文本大多皆可容纳进去。我们核诸《紫藤馆杂录》，可见其包含杂考类、杂说类、杂纂类、杂编类，但这并不是说《紫藤馆杂录》就是杂家类著述。《广州大典》将《紫藤馆杂录》纳为子部杂家类，只能说这一分类相对较为合理。为什么说相对较为合理呢？

《紫藤馆杂录》中有可纳入集部诗文评类的诗话；还有像卷十二的“群星草堂”，俨然一篇“群星草堂记”，这类内容亦可纳入集部。此外，书中有很多人物小传，亦有很多史事抄录，是可以纳入史部“传记”“史钞”类。因此，《紫藤馆杂录》并不是十分纯粹的杂家类著述，梁九图也没有把自己定位为什么家，他编撰《紫藤馆杂录》，与王士禛、梁绍壬等人的心理是一致的。

综上，《紫藤馆杂录》的文本性质较为复杂，我们不能简单按照集部、子部的分类来审视它。虽然大体可纳入“笔记”范畴，但又有笔记所不能容纳的内容。所以，这里我们只能将其定位于杂录体著述，通过分析其“杂”的内容，来走进梁九图的阅读生活。

三、《紫藤馆杂录》的内容

《紫藤馆杂录》与前此杂录体著述如王士禛《古夫于亭杂录》、纪昀《阅微草堂笔记》以及大约同时之梁绍壬《两般秋雨庵随笔》一致，皆无

① ［清］永瑢等撰：《四库全书总目》，第1006页。

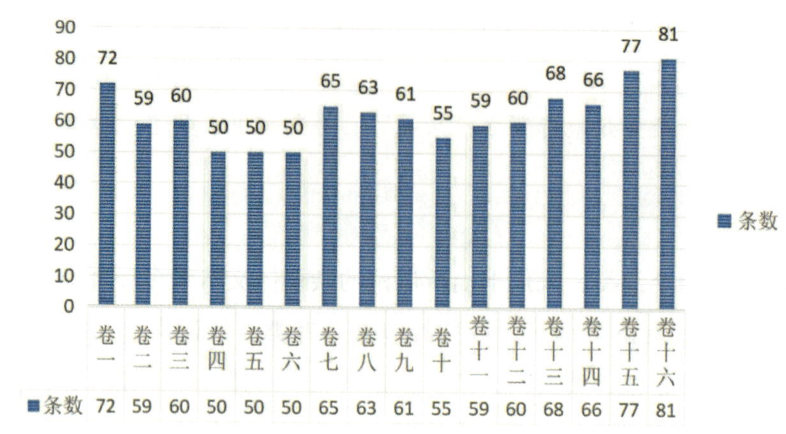

图4-1　《紫藤馆杂录》条目统计图

凡例，无分类，只是随读随记。每条内容会概括一个简短标题，或以事名篇，如卷一“身生兽皮”“蜈蚣入耳”等；大多则以名物、人名为题，如卷一“龙涎”“谛晖和尚”“阿丑”等。笔者对十六卷《紫藤馆杂录》的条目进行了初步统计，共996条，具体统计如下图所示：

《紫藤馆杂录》共十六卷，每卷负责校对的人都不一样，前文有交代。从各卷条目统计来看，梁九图是做了较为平均化的处理的。对这996条杂录，笔者仅按照其所记内容，大致分为三大类，现缕述如下。

（一）笔记类

刘叶秋先生指出：“后人就总称魏晋南北朝以来‘丛残小语’式的故事集为‘笔记小说’，而把其他一切用散文所写零星琐碎的随笔、杂录统名之为‘笔记’。”①本书按照刘叶秋先生的笔记分类，将《紫藤馆杂录》中的笔记亦分为以下三类：

1. 小说故事类的笔记

此类笔记，在《紫藤馆杂录》中最多。单看一些标题，如龙涎、身生

---

① 刘叶秋：《历代笔记概述》，第1页。

兽皮、蜈蚣入耳、鬼头王、胸结卍字、鬼子洲、泉女、罗汉助战、柳孩雪莲、射鬼、黑神、牛产麟、黔藩署怪、蛇化钱、鬼责子、两世夫妇、和尚鱼，等等，皆是记载一些神鬼怪异，如梁九图自序所谓“齐谐志怪”，与魏晋之《列异传》《搜神记》《幽明录》，清代之《聊斋志异》等属于同一范畴。其中有很多关于鬼的故事，如卷一“射鬼”：

陕西一武人为京东都监，官舍在青州。到任逾岁，忽见照壁后一大青面鬼踞坐，头高拄屋。武人有胆勇，即取弓矢射之，中腹，笑曰：“着。”又射之，笑曰：“射得好。”连二十余矢，集鬼体如猬，鬼殊不动。俄二小鬼挟都监母从房出，畏或伤害，乃舍弓矢，夺救之。呼诸子、仆妾为助，了无一应，回视屋下，则一家人尽被箭死，皆适所射者。府帅闻，遣僚属来视，咸怪愕无策，但为买二十余棺。敛之毕，将出葬，偶启便室取物，见一家聚坐其中，浑如醉梦。揭棺看之，各贮箕帚桶杓之类耳。急徙他所而空厥居。①

像“射鬼”这类故事虽短小，但自足首尾。有些还会特意交代年月、地点、人物名姓，还具备情节发展，看上去如史事一般，如卷三载崇祯中黄州大圣寺独角鬼作祟：

黄州大圣寺，崇祯中忽有鬼物为祟。住持僧晨盥，辄击其首，甚患之。会岁除，乃炷香佛座之前，炽炭于炉，而借寓邻寺避之。元旦，忽睹寺火光，市人惊入，视之，乃一独角鬼醉卧佛殿上，鼾睡未醒。僧即取铁索穿其臂，众系诸殿柱。鬼醒，叫呶

① ［清］梁九图撰：《紫藤馆杂录》卷一，陈建华主编：《广州大典》影印本，第496页。

怒詈，以其一足御人，终不能脱。日将晡，一童子于佛殿后观世音掌中，见一红果，色如珊瑚，圆如龙目，异之，取示众人。方传玩，鬼忽奋臂攫去，吞口中，即遁去不见，唯遗铁索在。或曰此所谓夔网两也。[①]

也有记载神灵的故事，如卷三“舍人庙神”载：

佛山舍人庙神，本佛山福禄里梁氏子，年十九往广西贩柴，归至中途，飓风覆舟死。已而现形如生时，雇舟引柴归，且曰：“我臬台舍人也，舟不得缓。”舟人昼夜趱行，不数日至。急登岸，命舟子随，抵家则先入。舟子久候不出，因呼“梁舍人”。门内惊问，具言其故，兼述体貌，举家惶愕。拉往验柴，则果泊岸矣。方悟已溺死，而为神也。里人异其事，立庙祀之，祈祷辄应，迄今不衰。[②]

再如卷四“狐撒钱”，读来也甚有趣：

某司成素有和峤之癖，有余钱辄籍而贮之箱，岁久积箱十余。会当移居，闻某屋甚廉，遂僦之月余。有狐出入庭中，久之撒钱于地，日可数千。司成大悦，以为神赐，性素悭，至是顿改旧习，鲜衣美食，饰车马，宴宾客，人多讶之。一载狐徙，不复得钱。而习奢既久，不能更俭，始取旧箱籍者用之，开箧已空。狐之愚人耶？抑人之自愚耶？[③]

---

① ［清］梁九图撰：《紫藤馆杂录》卷三，陈建华主编：《广州大典》影印本，第526页。
② ［清］梁九图撰：《紫藤馆杂录》卷三，陈建华主编：《广州大典》影印本，第537页。
③ ［清］梁九图撰：《紫藤馆杂录》卷四，陈建华主编：《广州大典》影印本，第547页。

“和峤之癖”，指的是一个人悭吝，有钱癖。这条虽短，讽刺性却极强，亦活画出一个“悭吝鬼”。

还有很多关于妖、怪的故事，如“黔藩署怪”“和尚鱼”“鸡异”“田庄怪”“女怪”“归安鱼怪”“沈廷华家怪（三足蟾蜍）”“火怪”“古柏精”“猬精”“德州库怪”等。有的情节完整，就是一篇志怪小说，如下面这篇“媚猪”：

大通烟雨，羊城八景之一也。地近素馨田，有黄生居此。家饶园林之胜，读书斋中。每于黄昏后见豆花棚外桃花树下有女子，衣缁衣，袅娜娉婷，往还掩映。一夕月明如昼，听其倚槛低吟曰：“夕阳一片桃花影，知是亭亭倩女魂。”曼声袅袅，若不胜情。生骤近之，女曰：“何乃惊人若是？”生曰：“飞琼下降，瞻仰情殷耳。”女曰：“虽非仙子，谅异凡间。”生以敝斋咫尺，请移玉趾，乃相将至斋中。灯烛之下，光彩艳发。生狂喜，询厥由来，女曰：“妾南汉王妃媚猪也。与郎有夙缘，其不畏异物耶？”生恋其美，遂相缱绻，由是无夕不会。因问当年宫中旧事，缕述娓娓可听。又问及大体双故事，乃掩口而笑。生尝请其歌，曰：“久矣不托于音也。强而后可。”为歌《长相思》一阕曰：“钟沉沉，漏沉沉，永夜恹恹鬼病侵，愁多寒拥衾。花阴阴，月阴阴，废苑荒凉何处寻？凭栏聊苦吟。”歌罢泣数行下，无限凄惋。生抱而慰之，以金环相赠。

久之，生惫甚，精神浑懵。其父忧之，符禳罔效。旋有道士过其门，招而语之，道士曰：“怪当不远。”即为施法，周视家内各物，至猪圈，见一母彘战栗畏缩，耳带金环，曰：“此其是矣。精气为物，游魂为变，乃妖所托以媚人者也。”其父请剑之，以除后患。生卧病久，忽踉跄起，跪道士前曰：“此糟糠之妻也，愿师大发慈悲。”道士乃谓其父曰：“此有所凭，非其罪

也。尾有硬毛数根，拔之，即不能作怪。盍送之禅院养生，以资郎君之福，可乎？”父允诺，遂送之海幢寺放生处，生病寻廖。每月必亲往饲之，后亦无怪异。明年生应试，得补弟子员。其题为二母彘，亦异矣。生考南汉葬宫嫔处，多在河南花田一带，欲寻媚猪冢而封树之，故老无有知之者。[①]

这则故事中有对话，有故事情节，还插入了词，与明清时的志怪一般无二。

还有就是杂录一些奇闻异事，比如卷一“翁仲（石像）生须”条载后周平章景范墓前二翁仲生须；卷三“树挂人形”条载阳城析城山中树挂人形，山人取以赠人，春时裂开化蝶；卷三“耳中得物”条载无锡谈愉、葑门老妪、吴郡一老皆耳中得物；卷三“竹间头地中手”条载沙湖朱氏后圃竹间生异物；卷四“肝倒斜”条载一富家子饮酒令肝倒，医设酒饮至醉，令人倒之使正，等等，诸如此类，不一而足，如梁九图自序所谓可“资谈助”。

还有一些笔记故事是讲因果报应的，亦如魏晋果报笔记，如卷十二摘录《应验录》所载“让产获报”：

近世有一士人，早失父母，依于叔父，产业俱叔父总理。叔有七子，一日叔谓侄曰：“吾当与汝析居。”侄曰：“如何析产？”叔曰：“分之为二。”侄曰：“诚不忍诸兄弟共一分，当为八分。”叔固辞，侄曰“不可”，遂作八分析之。才十七岁，预荐入京，时同馆者二十余辈，有术士遍视之曰：“南宫高第，独此少年。”诸贡士咸斥术者曰：“汝何谬耶！吾等皆大手笔，

① ［清］梁九图撰：《紫藤馆杂录》卷五，陈建华主编：《广州大典》影印本，第565—566页。

久历场屋，岂不如一乳臭儿？”术者曰：“文章非我所知，但此少年满面阴德，必积善所致。”及发榜，果独名，余皆不第。[①]

自佛教传入中国，轮回、果报之说逐渐走入人心，因此，宣扬轮回报应的文章（包括笔记、文、诗词、明清小说等）也越来越多。上面这则笔记里的少年便因积善而获得福报。梁九图也特意在这则笔记后评价到：

夫士人析产，辞多而受寡，知伦理为重，而货财为轻，固天植其性者哉！年未弱冠而登第，天之所以报士人者，何其速耶！第无心而尚义，则为树德；有心而尚义，则为徼福。树德者，灾祥一听之天，君子路上人也。徼福者，天未必一一报之不爽，然视知利而不知义者，不霄壤也乎哉？[②]

果报之说尽管无稽，但对于受佛教影响较深的传统中国人来说，就像信奉鬼神一样，是传统中国人精神世界里不可缺少的一部分。

《紫藤馆杂录》中小说故事类的笔记也有很多名人的轶事笔记，就像《世说新语》一样，如卷一“谛晖和尚”条所载明末清初画家恽寿平轶事：

恽南田寿平之父逊庵遭国变，父子相失，寿平卖杭州富商为奴。其故人谛晖和尚在灵隐寺坐方丈，苦无救法。会二月十九观音生辰，天竺烧香过灵隐寺必拜方丈。谛晖道行高，贵官男女来膜拜者以万数，从无答拜礼。富商夫人从苍头奴婢数十人，来拜谛晖。谛晖探知颀而纤者，恽氏儿也。矍然起，跪儿前，膜拜不止，曰：“罪过！罪过！”夫人惊问故，曰：“此地藏王菩萨

① ［清］梁九图撰：《紫藤馆杂录》卷十二，陈建华主编：《广州大典》影印本，第710页。
② ［清］梁九图撰：《紫藤馆杂录》卷十二，陈建华主编：《广州大典》影印本，第710页。

也。托生人间，访人善恶。夫人奴畜，无礼已甚，闻又鞭扑之，从此罪孽深重，奈何？”夫人惶急，归告某商。

某商来，长跪不起，求开一线佛门之路。谛晖曰：“非独公有罪，僧亦有罪。地藏王来寺，而僧不知迎，僧罪大矣。请以香花清水供养地藏王入寺，缓缓为公夫妇忏悔，并为僧自己忏悔。”某商大喜，布施百万，以儿付谛晖。谛晖教之读书学画，一时声名大起。

其时，石揆僧与谛晖齐名。石揆有弟子沈近思，后官总宪。人问谛晖孰优，曰：“近思讲理学，不出周、程、朱、张范围；寿平作画，能脱文、沈、唐、仇窠臼。似恽优矣。”[①]

谛晖和尚很聪明，利用自己的身份，巧妙地救恽寿平不再为奴，并教他读书学画，成就大名。不过，这是轶事，并非真实历史。此段记载，乃梁九图抄自袁枚《随园诗话》。吴企明先生在《恽寿平全集》前言中曾概括说：“恽寿平早年随父恽日初隐于天台山，清军入浙，避走闽、广，后至建宁依王祁义师抗清。清总督陈锦破建宁，寿平被掳，又被陈锦妻抚为义子。父侦得寿平行踪后，乃与杭州灵隐寺主持具德和尚合谋，经他斡旋，促成寿平剃染留于寺中，父子遂得团聚。两年后归毗陵故里，寿平不应举，鬻画养父，终生穷困。”[②]具德和尚，被替换成了谛晖和尚，总督陈锦被替换成了某商。吴企明先生所编恽寿平年谱“顺治九年”条载：“寿平随陈锦妻赴丧，扶灵柩返杭，过灵隐寺时，陈锦妻在寺内大设法场，为陈锦超度亡灵。恽寿平在众僧中认出失散多年的父亲，经灵隐寺主持具德

---

① ［清］梁九图撰：《紫藤馆杂录》卷一，陈建华主编：《广州大典》影印本，第482页。

② ［清］恽寿平著，吴企明辑校：《恽寿平全集》，北京：人民文学出版社，2020年，第1页。

和尚设法，让恽寿平出家为僧，父子乃得相聚。"[①]在这条下面，吴企明先生引述了沈受宏《赠毗陵恽正叔一百韵》诗、袁枚《随园诗话》、恽敬《南田先生家传》等众多材料，来辨析袁枚等人之误，考证救恽寿平者乃具德和尚。

再如卷一"米元章"条载：

> 米元章芾知本军，在郡时，蝗不入境。邻县移文咎芾，谓驱蝗入彼。芾判其尾云："蝗虫本是天灾，非干人事排挤。敝司既能遣去，贵县何不发来？"人传为风流名语云。[②]

面对无理咎责，米芾睿智回应，允堪名士风流。他如卷十一"郑白渠"条载郑氏五十无子，人问之，则告以有十二子寄养在番禺凌扬藻处，实际是郑氏所作十二首诗；卷十三"诗解禁妓"条载双湖太守禁妓，袁枚以诗解之，赵翼戏题绝句五首；再如卷十六"诗床"条载梁九图制诗床赠陈梦生，上镌唐人绝句三十首，韵事堪比施愚山（闰章）制诗帐赠林茂之（古度）、徐蝶园制诗枕招名流题咏。诸如此类轶事，皆可见名士风流。

2. 历史琐闻类的笔记

诸如野史、掌故、正史摘抄，皆可入历史琐闻。《紫藤馆杂录》中的历史琐闻主要关涉明清两朝。如卷一"阿丑"条载明宪宗时的太监阿丑在皇帝面前演杂剧讽刺权监汪直、王钺、陈钺、保国公朱永等人。卷二"阉教职"条载：

> 永乐末，诏许学官考满乏功绩者，审有子嗣，愿自净身入

---

① ［清］恽寿平著，吴企明辑校：《恽寿平全集》，第822页。

② ［清］梁九图撰：《紫藤馆杂录》卷一，陈建华主编：《广州大典》影印本，第495—496页。

宫中训女官辈。时有十余人，后独王振官太监。正统初，居中得宠，至张太后崩，权倾中外。岁己巳，虏人也先犯边，劝上亲征者是也。乃没土木之难，世莫知其由教职，故识之以示后见。[①]

像这样的历史琐闻，确可补史。再如卷二“南京迎降略”条转录《柳南随笔》所载豫王渡江，弘光帝及马士英逃走，伪太子、王铎、钱谦益等人迎降并致礼币事，独钱谦益致礼甚薄，“盖表己之廉洁也”，又可见钱谦益性格之一面。再如卷三“明太祖惩妒”条，读来甚有趣味：

明太祖悯常开平遇春无嗣，赐二宫女，妻悍不敢御。晨起，捧盂水盥栉，开平曰：“好白手。”遂入朝去矣。至回，内出一红盒，启之，乃断宫女手也。开平惊忧，后入朝，仪度错愕。太祖问之，不敢对，再三诘曰：“面色非昔，岂谋朕耶？”开平惧，尽吐其实，且叩头曰：“圣上怜臣，赐二宫女，恩莫报也。今若此，有孤圣恩，万死莫赎，故连日惊忧。”太祖大笑曰：“再赐何妨？”且入宫饮酒解忧，外命力士肢解其妻，分赐功臣，上写曰“悍妇之肉”。开平回，不见其妻，惊成癫痫。[②]

常遇春妻因妒忌而断宫女手，的确有点夸张。而亦因其妒悍，朱元璋便将其肢解，亦显夸张，但这条笔记却让我们记住了常遇春有个妒妻。

再如卷九“亲谒孝陵”条，记载康熙帝两次亲谒孝陵事，用以表彰康熙帝的“盛举”：

康熙甲子冬，大驾幸金陵，亲谒明太祖孝陵。上由甬道旁

---

① ［清］梁九图撰：《紫藤馆杂录》卷二，陈建华主编：《广州大典》影印本，第515页。

② ［清］梁九图撰：《紫藤馆杂录》卷三，陈建华主编：《广州大典》影印本，第536页。

> 行，谕扈从诸臣皆于门外下马。上行三跪九叩头礼，诣宝城前，行三献礼。出复由甬道旁行。赏赉守陵内监及陵户人等有差，谕禁樵采，令督、抚、地方官严加巡察。父老从者数万人，皆感泣。总督两江兵部侍郎王新命刻石纪事。己巳春南巡，再谒孝陵。古今未有之盛举也。[①]

康熙帝一生六次南巡，其中有五次皆亲谒明孝陵，这是他怀柔政策的体现。

3. 考据辩证类的笔记

考据辩证类的笔记多是围绕某个问题进行考论。这类笔记在明清尤为多见，多视为学术笔记。尤其清代考据学盛行，考据辩证类的笔记更是积帙盈箱。《紫藤馆杂录》中考据辩证类的内容不算多，但有的很有代表性。

有考证人物的，如卷二“韩湘”条载：

> 《唐书·宰相世系表》：愈兄介次子老成生湘，字北渚，为大理丞。《昌黎集》中有《宿增江口示侄孙湘》诗二首，是湘尝从文公自增江入潮，非止相从至蓝关而已。湘后登第，官寺丞，丞则非仙矣。[②]

旧有韩湘乃韩愈侄子之说[③]，故梁九图此条先引《宰相世系表》以明韩湘乃韩愈之侄孙。又有说韩愈贬潮州，过蓝关与侄孙韩湘道别；亦有云此

① ［清］梁九图撰：《紫藤馆杂录》卷九，陈建华主编：《广州大典》影印本，第654页。

② ［清］梁九图撰：《紫藤馆杂录》卷二，陈建华主编：《广州大典》影印本，第502页。

③ 《青琐高议》载：“韩湘，字清夫，唐韩文公之侄也。”［宋］刘斧撰辑：《青琐高议》前集卷九，上海：上海古籍出版社，1983年，第85页。

韩湘乃世所传“八仙”之韩湘子，梁九图则举韩愈诗为证，谓韩湘曾从韩愈一直到潮州，并非所谓仙人。

梁九图继引《酉阳杂俎》载：

> 韩侍郎有疏从子侄自江淮来，年甚少，韩令学院中伴子弟，悉为凌辱。韩遽令归，且责之。因指牡丹每朵有诗一韵，遂辞归，竟不愿仕。①

对此记载，梁九图驳曰：“是乃别一人，与湘之出仕踪迹不同，盖亦谬言也。”

又引《青琐高议》载：

> 韩文公之侄湘能开顷刻花，因开牡丹二朵，其上有诗云：“云横秦岭家何在，雪拥蓝关马不前。”后公以言佛骨事，贬潮州。途中遇湘冒雪来，曰：“忆花上之句乎？”公询其地名，即蓝关也。遂足成其诗云：“一封朝奏九重天，夕贬朝阳路八千。本为圣朝除弊政，肯将衰朽惜残年。”末云：“知子远来深有意，好收吾骨瘴江边。”②

对此，梁九图辩曰：

> 考之韩湘乃文公侄老成之子，公集中诗题亦云“左迁蓝关示侄孙湘”。湘后登长庆三年进士第，非方外之流也。凡神仙幻化

---

① ［清］梁九图撰：《紫藤馆杂录》卷二，陈建华主编：《广州大典》影印本，第502页。

② ［清］梁九图撰：《紫藤馆杂录》卷二，陈建华主编：《广州大典》影印本，第502页。按：此为节引《青琐高议》，原文较此处引文多很多内容。

之说，率多傅会。以公常排斥释老，故其徒之不逞者，造言以讥之耳。按公自贞元八年举进士，至元和十四年为刑部侍郎，谏迎佛骨时已二十八年。蓝关去京兆无二百里。公仕如此，其久往来道路熟矣，安有不知其地名，而须问乎？其谬妄亦不待辩而明矣。[①]

梁九图的说法，明末清初为韩愈诗作注的蒋之翘（1596—1659）有同样的说法，从目前所掌握的材料来看，梁九图并未读过蒋书。蒋注云：

翘尝考之，公从子老成，生子二，曰湘、曰滂。湘登进士第，为大理丞。滂未仕而死。初公南谪时，湘年二十七，滂年十九，皆从公以行。观公《宿曾口示湘》诗及在袁州作《滂墓志》可见。而此诗末句所谓远来者，盖公既行而湘始追及于此，而深有意之言，亦不过感叹之意焉耳。窃意或者因是言，又见世之所传仙人有韩湘子者，遂傅会而为此说欤？抑主异教者，阴欲破公正论，而故为此以张大其事欤？况公之贬在宪宗元和己亥，又四年为穆宗长庆癸卯。湘始登第，岂湘既学仙而又出仕欤？其事怪妄不经，史传无载。而旧之注公诗者，乃为之取，亦鄙陋甚矣。[②]

“又见世之所传仙人有韩湘子者，遂傅会而为此说欤？抑主异教者，阴欲破公正论，而故为此以张大其事欤？”这也就是上面梁九图所谓“凡神仙幻化之说，率多傅会。以公常排斥释老，故其徒之不逞者，造言以讥之耳”，可见蒋、梁二人之“英雄所见略同”。

---

① ［清］梁九图撰：《紫藤馆杂录》卷二，陈建华主编：《广州大典》影印本，第502—503页。

② ［唐］韩愈著，钱仲联集释：《韩昌黎诗系年集释》，上海：上海古籍出版社，1984年，第1098页。

再如卷十五“考亭”：

世以考亭称文公，及阅晦翁后人所藏家谱，知考亭乃黄氏之亭。盖五季乱，黄端子稜之父礼部尚书携稜入闽，见建阳山水秀丽，遂家焉，殁而葬于三桂里。子稜乃筑亭于半山，以望其考，因名曰望考。文公居近其地，世因以考亭称之。以地称人可也，以他人之考称文公，于理甚悖。然公在日，实无以此称之者，后人谬误，急当改正。[①]

今人仍多称朱熹“考亭先生”，读梁九图此条考证，当改正也。

有考论名物的，如卷六“乌鬼”：

老杜诗“家家养乌鬼”，说者不一。《懒真子》以为猪，蔡宽夫以为野乌七神，《冷斋夜话》以为乌蛮鬼，沈存中《笔谈》、《缃素杂记》、《渔隐丛话》、陆农师《埤雅》以为鸬鹚。四说不同，惟冷斋之说为有据。观《唐书·南蛮传》，俗尚乌鬼，大部落有大鬼主，百家则置小鬼主。一姓白，五姓乌蛮。所谓乌蛮，则妇人衣黑缯；白蛮，则人衣白缯。又以验《冷斋》之说。刘禹锡《南中诗》亦曰：“淫祀多青鬼，居人少白头。”又有所谓“青鬼”之说，盖广南川峡诸蛮之流风，故当时有青鬼、乌鬼等名。杜诗以“黄鱼”对“乌鬼”，知其为乌蛮鬼也审矣。[②]

① ［清］梁九图撰：《紫藤馆杂录》卷十五，陈建华主编：《广州大典》影印本，第766—767页。

② ［清］梁九图撰：《紫藤馆杂录》卷二，陈建华主编：《广州大典》影印本，第586页。

此条梁九图未标记出处，实为抄录宋王楙《野客丛书》，个中有漏字、倒字。“一姓白”后缺“蛮”，“则人衣白缯”中“人”前缺“妇”；“野乌七神”原作“乌野七神”。针对此条考证，梁九图未发表意见，应该是赞同王楙所谓乌鬼为“乌蛮鬼”的说法。但其实众多杜诗注家有关乌鬼之解释，迄今仍莫衷一是。近年来较有代表性的杜诗注本——萧涤非主编的《杜甫全集校注》，于乌鬼之解释辑录十三家代表观点，最后取蔡宽夫之说，认为乌鬼乃巴楚间人所祭祀的“乌野七头神”[①]。另一代表性注本谢思炜《杜甫集校注》也辑录沈括、胡仔、蔡宽夫、程大昌、王楙等说法，最终与赵次公（《杜诗赵次公先后解》）、朱鹤龄（《杜工部诗集辑注》）一样，取王楙说法，即认同惠洪乌鬼乃“乌蛮鬼”之观点[②]。

再如卷十二“折扇”：

> 《客中闲集》云：折叠扇，一名撒扇，盖收则折叠，用则散开。或写作“箑”者，非是。箑即团扇也。团扇可以遮面，故又谓之便面。观前人题咏及图画中可见已。闻撒扇自宋时已有之，或云始永乐中。因朝鲜国进折扇，上喜其卷舒之便，命工如式为之。南方女妇皆用团扇，惟妓女用撒扇。近年良家女妇亦有用撒扇者，此亦可以见风俗日趋于薄也。[③]

《客中闲集》，撰者难考，为多书所摘引，如清赵吉士（1628—1706）《寄园寄所寄》。此条亦见明人陆容（1436—1497）《菽园杂记》

① 十三家观点详见萧涤非主编：《杜甫全集校注》，北京：人民文学出版社，2013年，第5173—5177页。

② 详参［唐］杜甫著，谢思炜校注：《杜甫集校注》，上海：上海古籍出版社，2015年，第2579—2581页。

③ ［清］梁九图撰：《紫藤馆杂录》卷十二，陈建华主编：《广州大典》影印本，第709页。

卷五。此条考论折扇、团扇，尤其论及团扇、撒扇之用关乎风俗，可见时人社会生态。

有考论习俗的，如卷七“缠足”条很有代表性：

张邦基《墨庄漫录》云：“妇人之缠足，起于近世，前世书传皆无考。”自《南史》齐东昏侯为潘贵妃凿金为莲花以帖地，令妃行其上，曰：“此步步生莲花。”然亦不言其弓小也。如《古乐府》《玉台新咏》，皆六朝词人纤艳之言，类多体状美人容色之姝丽，及言妆饰之华、眉目唇口腰肢手指之类，无一言称缠足者。如唐之杜牧之、李白、李商隐之辈，作诗多言闺帏之事，亦无及之。韩偓《香奁集》有咏屧子诗云：“六寸肤圆光致致。”

唐尺短，以今校之，亦自小也，而不言其弓。惟道山新闻云：“李后主宫嫔窅娘，纤丽善舞。后主作金莲，高六尺，饰以宝物细带缨络，莲中作品色瑞莲。令窅娘以帛绕足，令纤小，屈上作新月状。素袜舞为云中，回旋有凌云之态。唐镐诗曰：‘莲中花更好，云里月长新。’因窅娘作也。由是人皆效之，以纤弓为妙。”以此知扎脚自五代以来方为之。如熙宁、元丰以前人，为者犹少，近年则人人相效，以不为者为耻也。

以上实为梁九图引陶宗仪《辍耕录》。接此，梁九图考论到：

按史云赵女屧屧，取媚遍诸侯之后宫。《说文》：“屧，履中荐也。”《庄子音义》：“屩，以藉鞋下也。”意即今弓鞋高底之类。所以取媚，所以谓邯郸善步也。又吴馆娃宫有响屧廊，相传吴王建廊而虚其下，令西施与宫人步屧绕之则响，后人有“举步国已倾”之语。若非缠足，其步已难取媚，是战国已有之

> 矣。杨升庵云：六朝乐府《双行缠》，其辞曰："新罗绣行缠，足趺如春妍。他人不言好，独我知可怜。"又崔豹《古今注》："晋世履有凤头、重台、分梢之制。"唐杜牧之诗云："钿头裁量减四分，碧琉璃滑裹春云。五陵年少欺他醉，笑把花前出画裙。"段成式诗："醉袂几侵鱼子缬，飘缨长罥凤凰钗。知君欲作闲情赋，应愿将身作锦鞋。"《花间集》诗云："漫移弓底绣罗鞋。"又李义山诗："桃花笺纸桃花色，好好题诗咏玉钩。"是六朝唐人非无及之者，其饰不始于五代也，更可见矣。而《事物要元》等书以《秘辛》有"汉天子纳梁商女，其足首尾长八寸，底平指敛"之语，遂以为汉不弓的证，岂知后"迫袜约缣，收束微如禁中"数语，正见汉宫缠足之验乎？《事物考原》又谓起于妲己，更可笑。[①]

清袁枚亦曾作《缠足谈》，其考论亦如梁九图征引诸多论据。

书中还有多条涉及卜筮习俗的，如卷二"鸡卜"、卷四"瓦卜"（浙江习俗）、"茅卜"（广西习俗）、卷十"龟卜"、卷十四"除夕乡卜"（浙江习俗）等，皆广见闻。

书中有很多条考论称谓的，如卷十"老字称呼"、卷十四"员外""弟妇"、卷十五"丫头""考亭""三教九流""三姑六婆""爷爹""小姐"、卷十六"亲家"，等等。如"小姐"条：

> 今人称宦家女曰"小姐"。考钱惟演《玉堂逢辰录》掌茶酒宫人韩小姐，"小姐"二字始见于此。然是人名，非称谓也，故从来未入诗，惟明末朱燉元《宫词》云："簾前三寸宫鞋漏，知

① ［清］梁九图撰：《紫藤馆杂录》卷七，陈建华主编：《广州大典》影印本，第602页。

是嫕嫕小姐来。”小姐二字入诗始此。[1]

溯源小姐二字出处，又明其称谓含义，并考出以称谓义入诗之始。再如“爷爹”：

> 《玉篇》：俗呼父为爷。杜诗：见爷背面啼。《木兰诗》：不闻爷娘唤女声。俱以父为爷也。今北人呼祖为爷者，岂父为爷，祖为大父，所以祖有爷爷之称耶？宋燕山府永清县大佛寺内有石幢，系王士宗建，末云“亡耶耶王安，娘娘刘氏”，是称其大父、大母也。则耶耶之称，宋时已有之。今人又有呼伯父为大爷者，亦以父为爷，故伯父为大爷也。戴埴《鼠璞》云：梁萧憺刺荆州还，人歌曰：始兴王，人之爹。赴人急，如水火。何时来，哺乳我。《传》谓爹，徒我反，音妥。荆土方言。今浙人以父为爹，字同音异，随土声而变也。《广韵》：爹，陡斜切。注：羌呼。父，徒可切。注：北人呼父。其说甚明。《隋·回纥传》以父为多，亦此类。爹或为妲，平声。跌，平声。俱此一字，特音随方而异耳。闽人又以父为郎罢，则更非此字矣。

这条考论爹、爷，征引诸多文献，并引入方言，对今人研究语音变异、词汇意义亦不无裨益。

此外，还有考证一些固定名词的，如青楼、娼、花旦、戒指、信、寺、孝子，等等，此不赘。其中还有一些特别有意思的考证，比如卷四“食量”、卷七“多子”、卷九“经书字数”、卷十二“本朝岁入”“别号”“洋钱”、卷十二“古人姓名小字”“五经人物数”、卷十四“帝王别号”、卷十六“天地始终”，等等，不仅有趣，且增人识见。如卷十三

---

① ［清］梁九图撰：《紫藤馆杂录》卷十五，陈建华主编：《广州大典》影印本，第775页。

“称字”：

> 《礼》：冠而字之，敬其名也。《春秋》以称字为荣。同辈相称以字，至有称名者，见诸诗文，殊为典雅。近世谀佞成俗，直称表号，以为简慢，遂仅呼一字，而以“翁”“老”承之，虽少年稚子，无不蒙此称者。夫父母存，恒言不称老，子舍而居尊长之名，冲幼而甘衰耄之目，岂非不祥？至形之文翰诗题，俗漏又不待言矣。[①]

今天仍见有人称一些年轻人为“某老”，不知读过梁九图此条考论后，作何感想。

以上按照刘叶秋先生所分三类笔记对《紫藤馆杂录》的内容进行了概述，其实《紫藤馆杂录》内容繁杂，尚有以上笔记所不能涵盖者；或虽可纳入以上三类笔记，比如考证类笔记，但又不是十分纯粹的考证。

（二）诗话类

清代修《四库全书》，特于集部下列诗文评一类。《四库全书总目·诗文评提要》云：

> 文章莫盛于两汉，浑浑灏灏，文成法立，无格律之可拘。建安、黄初，体裁渐备，故论文之说出焉，《典论》其首也。其勒为一书传于今者，则断自刘勰、钟嵘。勰究文体之源流，而评其工拙；嵘第作者之甲乙，而溯厥师承，为例各殊。至皎然《诗式》，备陈法律；孟棨《本事诗》，旁采故实；刘攽《中山诗话》、欧阳修《六一诗话》，又体兼说部。后所论著，不出此五

① ［清］梁九图撰：《紫藤馆杂录》卷十三，陈建华主编：《广州大典》影印本，第731页。

例中矣。宋明两代，均好为议论，所撰尤繁。虽宋人务求深解，多穿凿之词；明人喜作高谈，多虚憍之论。然汰除糟粕，采撷菁英，每足以考证旧闻，触发新意。《隋·志》附总集之内，《唐书》以下，则并于集部之末。别立此门，岂非以其讨论瑕瑜，别裁真伪，博参广考，亦有裨于文章欤。①

这段提要将中国传统的诗学体例总结为五种，张寅彭先生概括为：刘勰《文心雕龙》代表的“文评”类，《本事诗》代表的“旁采故实”“体兼说部”类。但这两类皆非纯粹的诗评。因此，诗学著述的体例，实际上只包括钟嵘《诗品》代表的诗评类、皎然《诗式》代表的诗法类与欧阳修《六一诗话》代表的诗话类。②

卢盛江先生分析说：“‘诗文评’这一概念，含义是宽泛的。既有具体的诗文作品的评论，一个作家一个时期诗文创作的评论，也有诗文创作相关的理论问题和诗文作法的评论，也载录、评论与诗文相关的人和事。载录‘事’的这部分，实际已不仅是‘评’字，而是记录载录了。它所收录的，是勒成一书的著作，不收单篇的论文，也不收史书序论之类文字。”③

诗话是诗文评中重要的一类。从诗文评的含义也可知，诗话并非仅仅评论诗歌创作，也“录”与诗歌有关的人和事。而早期的诗话，如欧阳修《六一诗话》、刘攽《中山诗话》等，载录与诗有关的人和事更多，也更像“笔记”，所以，有人将诗话纳入“说部”。就像梁九图，编辑《紫藤馆杂录》也收入了很多条诗话，其中又有很多条互见于他的《十二石山斋诗话》。

---

① ［清］永瑢等撰：《四库全书总目》卷一九五，第1779页。

② 张寅彭：《谈清代诗学文献的整理》，李德强编：《清代诗学文献整理与研究》，上海：上海大学出版社，2016年，第7页。

③ 卢盛江：《集部通论》，第233—234页。

何为诗话？清章学诚论诗话说：

> 唐人诗话，初本论诗，自孟棨《本事诗》出，乃使人知国史叙诗之意；而好事者踵而广之，则诗话而通于史部之传记矣。间或诠释名物，则诗话而通于经部之小学矣。或泛述闻见，则诗话而通于子部之杂家矣。虽书旨不一其端，而大略不出论辞论事，推作者之志，期于诗教有益而已矣。[①]

章学诚这里所概括的“论诗”“国史叙诗”“诠释名物”“泛述闻见”，已基本涵盖了诗话的涵义。不过，诚如张寅彭先生指出的，这是“大抵自宋代诗话体问世以来，就有以诗话包举一切的议论”[②]。

当代诗话研究专家蔡镇楚先生总结说：

> 诗话，是中国古代一种独特的论诗体裁。本人认为，诗话这个概念，就其范围，即概念的外延而论，有狭义与广义之分。狭义的诗话，按其内容来说，是诗歌之“话”，就是关于诗歌的故事；按其体裁而言，就是关于诗歌的随笔体，以欧阳修的《六一诗话》为首创，以资闲谈为创作旨归。广义的诗话，乃是一种诗歌评论样式，凡属评论诗人、诗歌、诗派以及记述诗人议论、行事的著作，皆可名之曰诗话。从这个意义上来说，中国诗话之体的演变轨迹，大致可以分为两个发展变化过程：
>
> 其一曰“话”，以记事为主，讲诗的故事；属于狭义的诗话阶段。

---

① ［清］章学诚著，叶瑛校注：《文史通义校注》，北京：中华书局，1985年，第559—560页。

② 张寅彭：《谈清代诗学文献的整理》，李德强编：《清代诗学文献整理与研究》，第8页。

> 其二曰“论”，以诗论为主，重在诗歌评论；属于广义的诗话阶段。[①]

在最新出版的《中国诗话总目要解》的引言中，蔡先生又重申这一论述到：

> 诗话者何也?诗话是中国独具特色的论诗随笔之体。
>
> 诗话的概念，有广义与狭义之分:狭义者，乃诗歌之话也。“话”者何也?故事也，与宋代话本小说之“话”同义，即千口之言者日“话”，就是故事。依其内容而言，诗话则为诗歌故事；依其体裁而言，诗话则为论诗随笔。这是诗话之本义。故欧阳修谓诗话之作，乃“以资闲谈”而已。此类诗话，以“论诗及事”为本，凡诗歌本事、诗人轶事、诗坛趣闻、名篇佳句之述，以记事为主，寓诗论之见于诗本事之中。
>
> 诗话之广义者，乃中国诗歌理论批评之一著作形式。近人陈一冰《诗话研究》云:“诗话，文学批评之一种也。”此等诗话，以“论诗及辞”为宗，以严羽的《沧浪诗话》为代表，以“论诗及辞”为本，凡诗论、诗评、诗品、诗史、诗证、诗格、诗式、诗法之述，都可列为诗话之体。[②]

《紫藤馆杂录》所收诗话，据笔者统计，至少有138条，在全书中的比重较大。按其内容，皆属于蔡镇楚先生所划定的范围。

狭义的“讲诗的故事”，也就是所谓的“诗本事”，如卷七“吴碧莲

---

① 蔡镇楚：《中国诗话史》，长沙：湖南文艺出版社，1988年，第5页。

② 蔡镇楚、张红、谭雯编著：《中国诗话总目要解》，天津：天津教育出版社，2021年，第1页。

降乩诗”载：

> 乾隆丙申八月，粤西清湘诸少年乩于湘山精舍，一女仙降坛赋一律曰：“裙布荆钗尚有家，可怜随宦丧天涯。清湘门外波千顷，洗钵崖前路几叉。怪石空留寒月挂，青山长伴夕阳斜。凤凰台上难回首，何劫能开并蒂花？”叩厥姓氏，自言蜀女吴氏，小字碧莲，年及笄，随父任之全，未字而殁，葬于湘山洗钵岩前，与此为邻。词甚悽惋，见者异之。请再次韵，女仙又赋一律曰：“灯火荧荧古寺家，含情默坐恨无涯。柔肠泪落湘江冷，冰骨魂飞蜀道叉。佛殿有声钟磬合，荒烟无树野蒿斜。青山绿水依然在，故冢萧萧芦荻花。”吟罢飘然而去。翌日，群少年求墓于洗钵崖前不得，邑乘亦阙，不可考。清湘俞明府为作传，一时题咏甚多，号吟坛佳话。遂宁张太史问陶有云：“雾夕芙蕖出水迟，清名原不畏人知。可怜影怯湘山月，诗鬼愁魂一女儿。”“仙坛写韵有家风，一点春愁幻影中。何处招魂天万里，佛桑花下杜鹃红。”①

此条实乃张问陶（1764—1814）题吴碧莲降乩诗本事。今中华书局整理本《船山诗草》补遗卷三有《题吴碧莲降坛诗后》二首，题下注云：“蜀女，随父任之粤西，未字而卒，葬全之湘山。”梁九图《紫藤馆杂录》作“随父任之全”。《船山诗草》二诗云：

> 露下芙蓉出水迟，清名原不畏人知。可怜影怯湘山月，诗鬼愁魂一女儿。

① ［清］梁九图撰：《紫藤馆杂录》卷七，陈建华主编：《广州大典》影印本，第601页。

仙坛写韵有家风，一点春愁幻影中。何处招魂天万里，佛桑花外杜鹃红。[①]

首句“露下芙蓉”与《紫藤馆杂录》所载“雾夕芙蕖”区别较大，意境亦完全不一样，此正可见《紫藤馆杂录》的价值所在——可用于诗文校勘。

再如卷七“惜母滩诗”：

吴荷屋中丞荣光母太夫人，予族伯司马戢庵先生女也。早年卒。中丞尝夜泊惜母滩，有诗云：“惜母滩头夜泊船，四山云树晚秋天。可怜游子杯棬泪，洒向风尘十九年。”触景生情，极其悲壮。[②]

读此诗本事，才可深刻了解吴诗之悲壮。他如卷一“谈允谦述事诗”记谈允谦写诗讽刺朝廷吃喝；卷二“寨将虞夫人”记梁九图道经寨将夫人庙，写诗纪念；卷四“题水村图”，可晓郭麐同邑女士汪玉轸为郭所画《水村图》题诗本事；卷五“牡丹状元”，可晓梁梅题诗本事，等等。《紫藤馆杂录》中此类“讲诗的故事”的诗话甚多。

广义的“诗歌评论”性质的诗话也不少，更可见梁九图的诗学思想。如卷一“古人之诗”条：

古人之诗，有后人所不能为者，亦有后人所不屑为者，不得谓一集流传，即尽可师法。尝观陶、谢、李、杜数公集中疵累尚

---

① ［清］张问陶撰：《船山诗草》，北京：中华书局，2000年，第621页。

② ［清］梁九图撰：《紫藤馆杂录》卷七，陈建华主编：《广州大典》影印本，第603页。

寡，其余皆未免瑜不掩瑕。[①]

古人作诗，喜欢复古、模拟前人，以至有北宋初年“西昆体”学李商隐，明前、后七子等“诗必盛唐”。梁九图此条驳斥复古、模拟之陋习，可为学诗者下一针砭。

再如“咏刘先主”条载：

> 自来咏刘先主鲜有惬意者。《听松庐诗话》载江南刘孟涂开一首，最为贴切，诗云：“能教王佐出隆中，百战才收取蜀功。半世依人同旅客，一生知己是奸雄。兵戎婚媾丹阳宴，骨肉君臣白帝宫。今日故居遗迹尽，不须恩怨说江东。”岂徒泪落伉爽，直是卓越古今！[②]

再如“诗有相似”条载：

> “一树梅花一放翁”，陆游句也；“万树梅花万首诗”，童钰句也。语相似，而各有妙趣。[③]

诸如此类，不一一赘引，皆可借以探析梁九图之诗学思想。

（三）人物小传类

此类虽也可并入笔记类，但因其文法似单篇文章，故亦可纳诸“集部”，所以，此单列为人物小传类。此类虽不多，却可补史传之不足。如卷四“史文靖”载：

---

① ［清］梁九图撰：《紫藤馆杂录》卷一，陈建华主编：《广州大典》影印本，第498页。

② ［清］梁九图撰：《紫藤馆杂录》卷四，陈建华主编：《广州大典》影印本，第558页。

③ ［清］梁九图撰：《紫藤馆杂录》卷五，陈建华主编：《广州大典》影印本，第567页。

> 溧阳史文靖公贻直，康熙三十九年进士，乾隆九年授文渊阁大学士，二十年，因鄂昌案，原品休致。二十二年，上南巡，贻直迎驾于沂州，上谕史贻直着仍补大学士，入阁办事。二十五年，上以贻直为康熙庚辰进士，今周甲尚在朝，洵升平人瑞，赐诗曰："庚辰先进杏花芳，周甲重看蕊榜黄。早识家声孝山史，群称风度曲江张。本衡门有新佳话，国史院无旧等行。宁独搢绅庆人瑞，赞予文治底平康。"二十六年，贻直生辰，赐诗。十一月预香山九老会。十二月特命于紫禁城内乘轿。二十八年卒，加赠太保，谥文靖，入祀贤良祠。①

清陆以湉（1802—1865）《冷庐杂识》卷五亦有"史文靖公"，然较梁九图此记较简略。

再如卷九"李柯山先生"，可见梁九图外曾祖李柯山之生平习性：

> 外曾祖李柯山先生讳德林，字宗博，同邑逢简乡人。以明经选化州训导，天性恬退，寡交游，不乐仕进。平生作诗不下四千余首，而自订《柯山集》，编存不过十之一，故诗虽少而独精。②

历史上有很多人物未被收入史书，甚至地方志书都未载，而如《紫藤馆杂录》这样的笔记，却记载了很多"无名"之人，如卷九所载"彭维新"：

> 彭维新，原籍湖南祁阳，贫家子，幼鬻梨园为伶，然遇书即读。后至茶陵州富室某家演剧。公登场，主人识其俊杰，为赎身，留与己子共笔砚。公赋性敏慧，出笔如老宿。即以女妻之，

---

① ［清］梁九图撰：《紫藤馆杂录》卷四，陈建华主编：《广州大典》影印本，第553页。

② ［清］梁九图撰：《紫藤馆杂录》卷九，陈建华主编：《广州大典》影印本，第643页。

遂以茶陵籍入庠。康熙丙戌馆选，历官户部尚书、协办大学士。清介立朝，世称石原先生。[①]

这段记载，与史书或地志之人物传一样。

《紫藤馆杂录》的内容大致如上所述。述至此，可将其文本性质界定为“笔记+诗话+文”，个中又以笔记居多，而笔记则又可按刘叶秋先生的分类细化为三类。按诸今日出版实际，可补入“历代笔记小说”丛刊或“史料笔记”丛刊之类。

第二节　读书万卷：《紫藤馆杂录》引书考论

唐杜甫曾说：“读书破万卷，下笔如有神。”这里的“万卷”其实是一种夸张的说法，但在梁九图所处的时代，印刷技术早已普及，出版物的数量也远超前代，因此，即使普通士人读万卷书也是可能的。本节即通过考索《紫藤馆杂录》所引书，来还原梁九图的阅读生活：他平日里到底都读了什么书？他为什么读这些书？而一个人的阅读生活也能反观那个时代的图书出版与流通、知识的积累与传播。

本节对《紫藤馆杂录》引书的考索分为三部分：一是梁九图在作摘抄时，有些条目是明确标识出处的；二是有些条目虽然未标识书籍，但通过文献核查，可以查出明确的出处。三是还有很多既未标识出处，通过文献核查也无法确考的书籍，则只能进行大致的推测。基于对这些引书的考

---

① ［清］梁九图撰：《紫藤馆杂录》卷九，陈建华主编：《广州大典》影印本，第650页。按《十二石山斋诗话》卷六亦载彭维新生平，与此基本一致，另多录彭维新《江行杂咏》《万昌舟中》二首七绝。详参［清］梁九图撰：《十二石山斋诗话》卷六，陈建华主编：《广州大典》影印本，第566页。

论，来进一步分析梁九图的读书兴趣以及目的。

一、《紫藤馆杂录》中明确标识出处的书籍

如前所述，《紫藤馆杂录》的内容以笔记居多，所以，明确标识出处的书籍多为笔记类；因其中有一些历史琐闻类笔记，所以也征引一些正史、野史、杂史以及地方志；还有一些诗话。我们先以统计表的形式直观显示梁九图所引书，然后再做进一步分析。

表4-1 《紫藤馆杂录》所引笔记类书籍

卷次	条目名称	所引书籍	编著者
1	捐太太	《花间笑语》	［清］酿花使者
1	变鬼术	《金川琐记》	［清］李心衡
1	身生兽皮	《述异记》①	［清］东轩主人
2	韩湘	《青琐高议》②	［北宋］刘斧
2	韩湘	《酉阳杂俎》③	［唐］段成式
2	墙起床中	《漱石闲谈》	［明］王兆云
2	南京迎降略	《柳南随笔》	［清］王应奎
3	耳中得物	《见闻录》④	［明］陈继儒

---

① 通过核梁九图所引文，此《述异记》乃《东轩述异记》，《四库全书总目提要》云："旧本题东轩主人撰，不著名氏。所记皆顺治末年、康熙初年之事。多陈神怪，亦间及奇器。观其述《江村杂记》一条，其人尚在高士奇后也。"［清］永瑢等撰：《四库全书总目》，第1232页。今有栾保群点校本（文物出版社2020版）可参看。

② 有上海古籍出版社1983年点校版。

③ 具体内容参周勋初先生考证。周勋初：《周勋初文集》第5卷《唐代笔记小说叙录》，南京：江苏古籍出版社，2000年，第397—400页。

④ 是书有崇祯九年（1636）醉缘居刻本、万历绣水沈氏尚白斋《宝颜堂秘笈》本、台湾艺文印书馆《百部丛书集成》影印宝颜堂秘笈本。

（续表）

卷次	条目名称	所引书籍	编著者
3	竹间头地中手	《庚巳编》①	［明］陆粲
3	十妻	《岭外代答》	［南宋］周去非
3	胆大如斗	《山房随笔》	［宋末元初］蒋正子
3	伊墨卿	《松轩随笔》	［清］张维屏
3	耳中得物	《志怪录》②	［明］祝允明
4	食量	《发蒙记》③	［晋］束皙
4	食量	《癸辛杂记》④	［宋］周密
4	菊花诗	《贵耳集》	［宋］张端义
4	银精	《碣石剩谈》	［明］王兆云
4	菊花诗	《七修类稿》	［明］郎锳
4	菊花诗	《清暇录》⑤	［清］汪启淑
4	卷四	《说储》	［明］陈禹谟
4	人物坐化	《唐杂志》⑥	不详

① 是书有中华书局1987年版谭棣华点校本。

② 亦名《祝子志怪录》，存五卷。由钱允治万历壬子（1612）所作《枝山志怪序》可知，是书乃祝允明曾孙祝世廉（化甫）所刻钱氏所藏五卷。有辽宁省图书馆所藏明刻本、国家图书馆藏祝世廉万历壬子刊本。又有《续修四库全书》影印明万历四十年（1612）祝世廉刊本。今有上海古籍出版社2016年出版薛维源点校本《祝允明集》，收其存世十四种著述，有关《志怪录》的内容可参看。

③ 是书早已亡佚，明陶宗仪编《说郛》辑有十五条，其中有九条未知出自何书，有一条《太平御览》谓引自顾恺之《启蒙记》。清人马国翰于《说郛》所辑之外，从《初学记》《太平御览》《北堂书抄》《史记·匈奴传索隐》《后汉书·郡国志》刘昭注、《埤雅》诸书辑得十一条，共同编入《玉函山房辑佚书》中。梁九图所读《发蒙记》当为《说郛》本。

④ 当为《癸辛杂识》。

⑤ 即《水曹清暇录》。

⑥ 按：唐韦皋有《西川鹦鹉舍利塔记》，中有焚鹦鹉得舍利事。此文见《全唐文》卷四百五十三，明佚名辑《五朝小说》“琐记家”。

（续表）

卷次	条目名称	所引书籍	编著者
4	人物坐化	《后山谈丛》	［宋］陈师道
4	人物坐化	《帝京景物略》	［明］刘侗
4	虱替死	《魏生禁杀录》	不详
4	银精	《闻见卮言》	［清］顾埕美
5	飞鱼	《庚巳编》	［明］陆粲
5	白雨	《花间笑语》	［清］酿花使者
5	夜光木	《金川琐记》	［清］李心衡
5	洗眼偈	《途说》	［清］缪艮
6	大洲龙船	《大龙编纪》[①]	［清］罗石湖
6	桂柏老人	《秋坪新语》	［清］张景运
6	安南国人	《桐下听然》	［明］夸蛾斋主人
7	草异	《二申野录》[②]	［清］孙之騄
7	铜船出水	《交州记》	［晋］刘欣期
7	缠足	《辍耕录》[③]	［元］陶宗仪
7	驱山铎	《秋灯丛话》	［清］王槭
7	张献忠埋尸处	《蜀难叙略》	［清］沈荀蔚
8	三虫	《北梦琐言》[④]	［五代］孙光宪

① 此书及作者罗石湖均待考。

② 是书采录明朝洪武元年戊申（1368）至崇祯十七甲申（1644）各地之异闻，故以“二申”为名。收入《中国野史集成续编》，又有安徽师范大学出版社2012版杨国宜整理本《明朝灾异野闻编年录——原〈二申野录〉》。

③ 是书有元刻、明刻多种，今有中华书局1959年据1923年武进陶氏影元刻本点校重排本。

④ 上海古籍出版社（1981年）、中华书局（2002年）均有点校整理本。

（续表）

卷次	条目名称	所引书籍	编著者
8	单刀赴会	《楚宝》[①]	［明］周圣楷
8	题昭君图	《戒庵漫笔》	［明］李诩
8	山市	《老学庵笔记》	［宋］陆游
8	鳖异	《庚巳编》	［明］陆粲
8	张东海	《麓堂诗话》	［明］李东阳
8	长舌妪一足童	《秋坪新语》	［清］张景运
8	张东海	《水东日记》	［明］叶盛
8	鳖异	《耳谈》	［明］王同轨
8	四乳	《闻见卮言》	［清］顾埕美
8	四乳	《杂记》[②]	不详
8	花旦	《青楼集》	［元］黄雪蓑
9	油井火井盐山糖树	《池北偶谈》	［清］王士禛
9	吴云岩	《花间笑语》	［清］酿花使者
9	龙复礼	《碣石剩谈》	［明］王兆云
9	汪季阁	《訒庵偶笔》	［清］汪启淑
9	荷叶疗疾	《说郛》	［元］陶宗仪

① 《四库全书总目提要》云：“是书编录楚中人物名胜，分二十五门。……悉录史志原文，亦间有考证。前有《总论》四条。一曰定区域以尊王，二曰别人物以徵传，三曰约论注以归雅，四曰考遗胜以阙疑。《高世泰序》，称其‘人物十九、名胜十一、古文十九、今文十一’。大致以人物为主，而稍以山水古迹附之。既非传记，又非舆图，在地志之中别为一例。姑从其多者为主，附之《传记类》焉。”［清］永瑢等撰：《四库全书总目》，第564页。是书有明崇祯十五年（1642）刻本，道光九年（1829）新化邓显鹤增辑重刊本。今有岳麓书社2016年出版廖承良等据邓显鹤重刊本点校本。

② 按：梁九图这里引《杂记》载范镇兄鎡遗腹子有四乳事，实见于《宋史》卷337《范镇传》。另可参杜韶荣、杜若甫：《宋苏轼记载的一例多乳畸形》，《遗传》1985年第2期，第45页。

（续表）

卷次	条目名称	所引书籍	编著者
9	处女孕	《外纪》[①]	［明西洋人］艾儒略
10	癖嗜	《二酉委谭》	［明］王世懋
10	持银碗乞食	《分甘余话》[②]	［清］王士禛
10	写大字法	《负暄野录》[③]	待考

---

① 此乃《职方外纪》。《四库全书总目提要》载：“其书成于天启癸亥，自序谓利氏赍进《万国图志》，庞氏奉命翻译，儒略更增补以成之。盖因利玛窦、庞我迪旧本润色之，不尽儒略自作也。所纪皆绝域风土，为自古舆图所不载，故曰《职方外纪》。其说分天下为五大州。一曰亚细亚州，其地西起那多理亚，离福岛六十二度；东至亚尼俺峡，离福岛一百八十度；南起爪哇，在赤道南十二度；北至冰海，在赤道北七十二度。二曰欧逻巴州，其地南起地中海，北极出地三十五度；北至冰海，北极出地八十余度，径一万一千二百五十里；西起西海福岛初度；东至阿北河，距福岛九十二度；径二万三千里，三曰利未亚州，西南皆至利未亚海，东至西红海，北至地中海，极南南极出地三十五度，极北北极出地三十五度，东西广七十八度。四曰亚墨利加，地分南北，中通一峡。峡南之地，南起墨瓦蜡泥海峡，南极出地五十二度；北至加纳达，北极出地十度半；西起福岛二百八十六度；东至三百五十五度。峡北之地，南起加纳达，南极出地十度半；北至冰海，其北极出地度数则未之测量；西起福岛一百八十度；东尽三百六十度。五曰墨瓦蜡尼加，则彼国与之初通，疆域道里，尚莫得详焉。前冠以《万国全图》，后附以《四海总说》。所述多奇异不可究诘，似不免多所夸饰。然天地之大，何所不有，录而存之，亦足以广异闻也。”［清］永瑢等撰：《四库全书总目》，第632—633页。

② 是书有中华书局1989年版张世林点校本。

③ 《四库全书总目提要》对是书作者、内容、价值考论云：“旧本题曰陈槱撰。不著时代。卷末有至正七年王东跋，乃云不知何人所述。是当时所见之本，未署名也。今考书中‘秦玺’一条，称‘槱尝闻诸老先生议论’，则其人名槱无可疑，但不知何据而题为陈姓。案《闽书》：陈槱，陈几之孙，长乐人，绍熙元年进士。书中‘秦玺’条内，称‘近嘉定己卯’。光宗绍熙元年下距宁宗嘉定己卯，首尾三十年。又‘西汉碑’条内亦称‘闻之梁溪尤袤，惜不再叩之’。袤亦当光、宁之时，疑即此陈槱也。其书上卷论石刻及诸家书格，下卷论学书之法及纸、墨、笔、研诸事，皆源委分明，足资考证。至所载《鼠须笔》诗一首，《宋文鉴》题为苏过作。其时《斜川集》尚存，必无舛误。而槱称‘昨见邵道豫赋鼠须笔，殊有风度，今载于此’云云。则失考之甚矣。”［清］永瑢等撰：《四库全书总目》，第1057—1058页。

（续表）

卷次	条目名称	所引书籍	编著者
10	胜败无异术	《练心总论》①	待考
10	药方传人	《梁溪漫志》	［宋］费衮
10	诗冢	《两般秋雨庵随笔》	［清］梁绍壬
10	觅句营生	《经鉏堂杂志》②	［宋］倪思
10	东坡谢表	《耆旧续闻》	［南宋］陈鹄
10	范蜀公	《曲沃旧闻》③	待考
10	罗西林子	《山房随笔》	［宋末元初］蒋正子
10	巨奸梦征	《铁围山丛谈》	［宋］蔡絛
11	异兽	《朝野佥载》	［唐］张鷟
11	异兽	《太平广记》	［北宋］李昉等
11	软玉珪	《杜阳杂编》④	［唐］苏鹗
11	骨董鬼	《癸辛杂识》	［宋］周密
11	象畏鼠	《鹤林玉露》	［宋］罗大经
11	科场报	《花间笑语》	［清］酿花使者
11	补天石	《花间笑语》	［清］酿花使者

① 待考。

② 《四库全书总目提要》云：“是编乃其晚年劄记之文。其学杂出于释老，务为恬退高旷之说。……明代陈继儒一派，发源于此。”［清］永瑢等撰：《四库全书总目》，第1065—1066页。

③ 此条实见苏轼《东坡志林》卷三《异事》“记范蜀公遗事”。《曲沃旧闻》不知何人所撰，待考。

④ 是书有阳羡生以中华书局上海编辑所本为基础，据《四库全书》本校改部分错排，入《唐五代笔记小说大观》。

（续表）

卷次	条目名称	所引书籍	编著者
11	稀痘	《花间笑语》	［清］酿花使者
11	王石谷	《画征录》[①]	［清］张庚
11	学诗法	《叩舷凭轼录》	［明］姜南
11	锯碑	《琅琊漫抄》[②]	［明］文林
11	煤夫	《耳食录》	［清］乐钧
11	朱锦山	《两般秋雨庵随笔》	［清］梁绍壬
11	补服	《羌史》	［明］刘若愚
11	异兽	《粤屑》	［清］刘世馨
11	帝江	《秋坪新语》	［清］张景运
11	骨董鬼	《宋稗类钞》	［清］潘永因[③]
11	尧九男	《东斋纪事》	［宋］范镇

① 此当为《国朝画征录》。

② 《四库全书总目提要》云：“林字宗儒，长洲人。成化壬辰进士，官至温州府知府。是书杂记琐闻逸事，间亦考证经史。凡四十八则，无甚可采。其‘三皇’一条，至谓司马贞祖邵子之说而成本纪，则唐、宋不辨矣。”［清］永瑢等撰：《四库全书总目》，第1095页。

③ 《宋稗类钞》作者亦有云清初李宗孔。《四库全书总目提要》谓潘永因编，论曰：“是书以宋人诗话、说部分类纂辑，凡五十九门。末附搜遗一卷，以补诸门之所未备。亦江少虞《事实类苑》之流。惟皆不著所出，是其一失。盖明人编辑旧文，往往如是，永因尚沿其旧习也。又如异数门中，卢延让红绫饼馅事，则上及唐末；符命门中，庚甲帝事，武备门中，泰定闲邓弼事，则下及元时；谄媚门中，徐学诗劾严嵩，嘉定人有与同姓名者，遂改为学谟事，并阑入明代。皆失断限。至武备门中载狄青不祖狄仁杰，不去黥文之类，分录亦多未允。然宋代杂记之书，最为汗漫。是编掇集英华，网罗繁富，且分门别类，较易检寻，存之亦可资考核也。”［清］永瑢等撰：《四库全书总目》，第1159页。

（续表）

卷次	条目名称	所引书籍	编著者
11	补服	《两般秋雨庵随笔》	［清］梁绍壬
11	骨董鬼	《砚北杂志》	［元］陆友仁
12	相国孙	《池北偶谈》	［清］王士禛
12	程文不必工	《道山清话》	待考[①]
12	妓工诗画	《画征录》	［清］张庚
12	马士英	《画征录》	［清］张庚
12	金人索蔡京姬	《挥麈录》	［宋］王明清

① 《四库全书总目提要》云："不著撰人名氏。《说郛》撰其数条刻之，题曰宋王暐。案书末有暐跋语，云：'先大父国史在馆阁最久，多识前辈，尝以闻见著《馆秘录》《曝书记》，并此书为三。仍岁兵火，散失不存，近方得此书于南丰曾仲存家，因手钞藏示子孙。'后题'建炎四年庚戌，孙朝奉大夫、主管亳州明道宫、赐紫金鱼袋暐书'。则撰此书者，乃暐之祖，非暐也。周煇《清波杂志》称：'《成都富春坊火诗》乃洛中名德之后，号道山公子者所作。'亦不言其姓氏。书中记元祐五年，其父为贺辽国正旦使，论范纯仁、吕公著事，归奏哲宗，哲宗命寄书纯仁，后纯仁再相，哲宗问曾见李某书否？则撰此书者李姓，非王姓也。然考李焘《通鉴长编》，是年八月庚戌，命吏部郎中苏注、户部郎中刘昱为正旦使，供备库使郭宗颜、西京左苏库副使毕可济副之，后郭宗颜病，改遣西头供奉官合门陆孝立。无李姓者在其间。而所称'去年范纯仁出守颍昌，吕公著卒于位事'，考二人本传，实均在元祐四年，则五年字又不误，不审其何故也。或苏字、刘字传写讹为李欤？所记终于崇宁五年，则成书当在徽宗时。书中颇诋王安石之奸，于伊川程子及刘挚亦不甚满，惟记苏，黄、晁、张交际议论特详。其为蜀党中人，固灼然可见矣。其书皆记当代杂事。王士禛《居易录》尝讥其误以两张先为一。今考《欧阳修集·张子野墓志铭》《苏轼集·张子野诗集跋》及《定风波引》，士祯之说信然。又所记陈彭年对真宗墨智、墨允出《春秋少阳》事，称'上令秘阁取此书，既至，彭年令于第几版寻俭，果得之'云云，其说颇诬。案《春秋少阳篇》，隋、唐《志》已不著录，彭年安得见之？宋秘阁又何自有之？今考皇侃《论语疏》、陆德明《经典释文》、邢昺《论语疏》皆引《春秋少阳》此条，其时尚未有昺《疏》，彭年所举非陆氏书，则皇氏书耳。是则传闻者失实，此书因而误载也。"［清］永瑢等撰：《四库全书总目》，第1195页。

（续表）

卷次	条目名称	所引书籍	编著者
12	折扇	《客中闲集》	待考
12	古人姓名小字	《茶余客话》	［清］阮葵生
12	王澹圃	《茶余客话》	［清］阮葵生
12	月忌	《茶余客话》	［清］阮葵生
12	男子生子	《池北偶谈》①	［清］王士禛
13	交物	《文海披沙》	［明］谢肇淛
13	厕神	《葆光录》②	［北宋］陈纂
13	人须学一艺	《修慝余编》	［明］陈荩
13	疾病勿轻信鬼神	《修慝余编》	［明］陈荩
13	林舍人使琉球诗	《池北偶谈》	［清］王士禛
13	口画	《东皋杂抄》	［清］董潮③

① 原文只标示“王阮亭云”。查原文福建总兵杨富有孌童生二子事，见王士禛《池北偶谈·谈异五·男子生子》。

② 是书见录于陈振孙《直斋书录解题》、马端临《文献通考·经籍考》、《宋史·艺文志》等，有《顾氏文房小说》本、《说郛》本，亦被《丛书集成初编》《笔记小说大观》《宋代笔记小说丛刊》等收录。今有冉旭据《顾氏文房小说》本点校整理本，收录于傅璇琮等主编《五代史书汇编》中（杭州出版社2004年版）。

③ 董潮（1729—1764），字晓沧，号东亭、臞仙，原籍江苏武进，赘入浙江海盐陈氏，入籍。清诗人、书画家。乾隆二十八年（1763）进士。选翰林院庶吉士。有《东亭诗》、《东皋杂钞》3卷、《漱花集诗余》1卷、《红豆诗人集》19卷、《附》1卷。生平事迹见《国朝耆献类徵初编》卷一百二十九、《碑传集补》卷八、《清画家诗史》丁上、《国朝诗人徵略》卷四十、《墨香居画识》卷四、《畊砚田斋笔记》等。是书入吴省兰编《艺海珠尘》己集，《丛书集成初编》据《艺海珠尘》本排印。有关董潮生平、著述、交游，可参吴晨晨：《董潮及其诗歌研究》，安徽大学2017届硕士学位论文。

（续表）

卷次	条目名称	所引书籍	编著者
13	面具治怪	《湖海搜奇》[①]	［明］王兆云
13	石锸	《挥麈新谈》	［明］王兆云
13	孩儿鱼	《金川琐记》	［清］李心衡
13	交物	《耳食录》	［清］乐钧
13	交物	《文海披沙》	［明］谢肇淛
13	李守忠	《洞微志》	［宋］钱易
13	竹香	《秦淮闻见录》	［清］雪樵居士
13	鱼珠	《亦复如是》[②]	［清］青城子
13	京官混名	《茶余客话》	［清］阮葵生
13	红楼梦考异	《茶余客话》	［清］阮葵生
13	煤毒	《茶余客话》	［清］阮葵生
13	破瘤飞雀	《闻奇录》[③]	［唐］于逖

---

① 《四库全书总目提要·王氏杂记》云："是编凡《湖海搜奇》二卷，《挥麈新谈》二卷，《白醉璅言》二卷，《说圃识余》二卷，《漱石闲谈》二卷，《乌衣佳话》四卷，皆杂记新异之事，本各自为书，后人裒为一帙，总题曰《王氏杂记》，非其本名也。"［清］永瑢等撰：《四库全书总目》，第1231页。

② 原文只标示"青城子云"。查原文靖海书院、群鱼吐珠事，见青城子《亦复如是》卷八"靖海书院"。据陆林考证，《亦复如是》即《志异续编》，青城子撰。青城子乃宋永岳之号，清乾嘉年间人。参陆林：《〈志异续编〉——〈亦复如是〉版本考》，《文教资料》1997年第1期。据马肖燕考证："宋永岳，字静斋，号青城子，湖南慈利县人，生于乾隆二十二年（1757），卒于道光某年。"马肖燕：《〈亦复如是〉研究》，河北大学2011届硕士学位论文。今有于志斌标点本《亦复如是》，重庆：重庆出版社，1999年。

③ 核《五朝小说·唐人百家卷十三》所收《闻奇录》一卷，并无崔尧封为甥李言吉剖左目眶上疮事。

（续表）

卷次	条目名称	所引书籍	编著者
13	秦罗子孙	《说听》	［明］陆延枝[①]
13	活龟整痛	《挑灯集异》	［清］周人龙
13	明熹宗	《池北偶谈》[②]	［清］王士禛
13	孩儿鱼	《金川琐记》	［清］李心衡
13	孩儿鱼	《夷坚志》	［宋］洪迈
14	饮食慎勿轻视	《修慝余编》	［明］陈苌[③]
14	啖石	《池北偶谈》	［清］王士禛
14	台湾乳妇	《番社采风图考》	［清］六十七[④]
14	文身	《番社采风图考》	［清］六十七
14	穿耳	《番社采风图考》	［清］六十七

① 有谓《说听》乃陆粲编。陆延枝，乃陆粲子。《说听》四卷，《千顷堂书目》卷十二小说类著录。有《烟霞小说》本，又有《说库》本，仅二卷。《古今说部丛书》第八集亦收《说听》二卷，题陆延枝撰。

② 原文只标示“王阮亭司寇云”。查原文老宫监言明熹宗在宫中好手制小楼阁事，见王士禛《池北偶谈・谈故二・明熹宗》。是书有中华书局1982年靳斯仁点校本。

③ 陈苌，字宬赤，号无隐道人。江南华亭（今上海松江）人。明处士，入清未仕。卷首陈苌题辞云：“道未能了，善终未知。风雷可惧，劝戒之师。见闻所及，修省之资。从此勘心，去恶毋迟。”王云五主编：《丛书集成初编》第380册《蕉窗日记及其他四种》，上海：商务印书馆，1937年，第74页。可知是书之纂是为了劝戒、勘心。是书有艺海珠尘本（乾隆年间），《丛书集成初编》据此本排印。

④ 六十七，即六居鲁。乾隆时为朝议大夫，官户科给事中。乾隆九年（1744）三月，奉命赴台湾巡视，留任两年。清戴亨有《秋夜怀台湾六巡察居鲁》诗。六十七巡台期间，搜集大量有关台湾“番社”风土人情及物产等资料编写成此书。此书共一卷，原书已佚，现有《艺海珠尘》《昭代丛书》《小方壶斋舆地丛钞》等辑本传世。《丛书集成初编》据《艺海珠尘》本排印。

（续表）

卷次	条目名称	所引书籍	编著者
14	箍腹	《番社采风图考》	［清］六十七
14	凿尺	《番社采风图考》	［清］六十七
14	野牛	《槐西杂志》	［清］纪昀
14	龙虱	《耳食录》	［清］乐钧[①]
14	猫曲	《粤屑》	［清］刘世馨
14	帝王别号	《墨庄漫录》	［北宋］张邦基
14	乘轿	《四友斋丛说》	［明］何良俊
14	状元嫂	《稗珠》[②]	［清］檀萃
14	古今事相类	《王氏闻见录》	［五代］王仁裕
15	犬活婴儿	《白醉琐言》[③]	［明］王兆云

① 乐钧，原名宫谱，字元淑，号莲裳，别号梦花楼主，生于乾隆三十一年（1766），卒于嘉庆十九年（1814），享年四十九岁。江西临川长宁高坪村（今属江西金溪县陈坊积乡）人。著有《青芝山馆集》《耳食录》。是书有石继昌点校本（时代文艺出版社1987年版），又有辛照点校本（齐鲁书社2004年版）

② 即《楚庭稗珠录》。“状元嫂”事见卷三《粤囊下》“吴殿撰”条。是书乃乾隆年间檀萃旅游黔、粤的见闻录。檀萃，字默斋，山西省高乎县人，乾隆年间进士。是书有《黔囊》一卷、《粤囊》二卷、《粤琲》二卷、《说蛮（粤产附）》一卷，共六卷。今有广东人民出版社1982年版杨伟群校点本《楚庭稗珠录》。

③ 是书共二卷，明王兆云辑，王世贞阅订，徐应瑞刻。今国家图书馆、浙江大学等均有藏本，亦有《四库全书存目丛书》本。国图将此书归入子部小说家类（善本书号15960），书末有郑振铎跋：“王兆云，明万历时麻城人，与王世贞为友好。著说部书，有《湖海搜奇》《挥麈新谈》《说圃识余》《漱石闲谈》各二卷，《乌衣佳话》四卷。此《白醉琐言》二卷，亦《王氏杂记》之一。予二十年前得于北京某肆，破烂不堪触手。今春始付修绠堂重装，装竟乃可展读矣。只是随手杂记，但亦有掌故可资考索。”郑振铎：《郑振铎全集》第十七卷《题跋》，石家庄：花山文艺出版社，1998年，第608—609页。梁九图所引“犬活婴儿”条见《白醉琐言》卷下，梁九图所引与原文稍有不同，不碍原意。

（续表）

卷次	条目名称	所引书籍	编著者
15	佘太君	《关中金石记》	［清］毕沅
15	三姑六婆	《辍耕录》	［元］陶宗仪
15	英雄好色	《东皋杂抄》	［清］董潮
15	不宣	《东轩笔录》①	［宋］魏泰
15	横披手卷册叶单条	《洞天清录》②	［宋］赵希鹄
15	台湾番戏	《番社采风图考》	［清］六十七
15	口琴	《番社采风图考》	［清］六十七
15	鼻箫	《番社采风图考》	［清］六十七
15	龙淫衰翁	《槐西杂志》	［清］纪昀
15	淫豕	《槐西杂志》	［清］纪昀
15	横披手卷册叶单条	《考盘余事》③	［明］屠隆
15	倩	《老学庵笔记》	［宋］陆游
15	禽兽殉难	《两般秋雨庵随笔》	［清］梁绍壬
15	徽钦北狩	《南烬遗闻录》	［南宋］辛弃疾
15	兴亡数合	《七修类稿》	［明］郎锳
15	西施封神	《潜邱札记》	［清］阎若璩

① 是书有中华书局1983年版李裕民点校本。

② 是书收入清潘仕成所辑《海山仙馆丛书》（道光乙酉，1825年）。《四库全书总目提要》云："是书所论皆鉴别古器之事，凡古琴辨三十二条，古砚辨十二条，古钟鼎彝器辨二十条，怪石辨十一条，砚屏辨五条，笔格辨三条，水滴辨二条，古翰墨真迹辨四条，古今石刻辨五条，古今纸花印色辨十五条，古画辨二十九条。大抵洞悉源流，辨析精审。"［清］永瑢等撰：《四库全书总目》，第1057页。

③ 《四库全书总目提要》云："是书杂论文房清玩之事。一卷言书版碑帖，二卷评书画琴纸，三卷、四卷则笔砚炉瓶，以至一切器用服御之物皆详载之，列目颇为琐碎。其论明一代书家，以祝允明为第一，而文征明次之，轩轾亦未尽平允。"［清］永瑢等撰：《四库全书总目》，第1114页。

（续表）

卷次	条目名称	所引书籍	编著者
15	牡丹	《羯鼓录》	［唐］南卓
15	狼子	《说储》	［明］陈禹谟
15	穿山甲	《挑灯新录》	［清］荆园居士
15	横披手卷册叶单条	《云烟过眼录》①	［宋］周密
16	亲家	《辍耕录》	［元］陶宗仪
16	土司变兽	《东轩述异记》	［清］东轩主人
16	天地始终	《天禄识余》②	［清］高士奇
16	误吞钉	《高坡纂异》③	［明］杨仪
16	椒树	《槐西杂志》	［清］纪昀
16	猴经	《金川琐记》	［清］李心衡

① 《四库全书总目提要》云："是书记所见书画古器，略品甲乙，而不甚考证。其命名盖取苏轼之语。第考轼《宝绘堂记》，实作'烟云之过眼'。旧本刊作'云烟'，殆误倒其文。然钱曾《读书敏求记》载元至正间夏颐钞本，已作'云烟'，则讹异已久矣。曾记夏本作一卷，而此本四卷，或后人所分欤？"［清］永瑢等撰：《四库全书总目》，第1058页。

② 《四库全书总目提要》云："是书杂采宋、明人说部，缀辑成编，辗转裨贩，了无新解，舛误之处尤多。"［清］永瑢等撰：《四库全书总目》，第1091页。是书版本较多，有《说铃》本、上海国学扶轮社《古今说部丛书》本，1915年上海文明书局石印本、浙江古籍出版社1986年影印《说库》本。又《中国科学院图书馆善本目录》著录是书有八卷本及十二卷本，雷梦水《贩书偶记续编》亦著录此本。

③ 应为《高坡异纂》。《四库全书总目提要》载："是编乃志怪之书。前有自序谓：'高坡者，京邸之寓名。'案明张爵《坊巷胡衕集》东城有高坡胡衕，盖即所居也。钱希言《狯图》称：'杨仪礼部，素不信元怪之谈。因闻王维贤亲见仙人骑鹤事，始遂倾心，著有《高坡异纂》行于世。'然书中所记，往往诞妄，如黄泽为元末通儒，赵汸之所师事，本以经术名家，而仪谓刘基入石壁得天书，从泽讲授，真可谓齐东之说。至谓纤女渡河，文曲星私窥其媟狎，织女误牵文曲星衣，上帝丑之，手批牵牛颊，伤眉流血，竟公然敢于侮天矣。小说之诞妄，未有如斯之甚者也。"［清］永瑢等撰：《四库全书总目》，第1229页。

（续表）

卷次	条目名称	所引书籍	编著者
16	杨柳	《客中闲集》	待考
16	肉身土地	《芥园杂著》[①]	［清］劳贞山
16	手心足心	《蠡海录》	［明］王逵
16	阳阵阴阵	《汴围日录》[②]	［明］李光壂
16	再世婚	《觚賸》	［清］钮玉樵
16	改井治疫	《说储》	［明］陈禹谟
16	称猫为老爷	《筠廊偶笔》	［清］宋荦
16	序齿	《听雨轩纪谈》[③]	［明］都穆
16	猪蜕皮	《莼乡赘笔》	［清］董含

表4–2 《紫藤馆杂录》所引史部书籍

卷次	条目名称	所引书籍	编著者
1	腹中字迹	南疆绎史	［清］温睿临、李瑶
1	镊白发	南史	［唐］李延寿
1	龙涎	四川通志[④]	无

---

① 《芥园杂著》及作者劳贞山均待考。但核原文，却见于《东轩述异记》中，《东轩述异记》亦作“肉身土地”，与梁九图所抄录全同。

② 是书亦称《守汴日志》。记述崇祯十四年（1641）正月至崇祯十五年（1642）七月李自成农民军三攻开封，终于河决城没的过程。李光壂参与守城，目睹实况崇祯十六年（1643）九月流寓金陵，于病危之际将当日开封城破之事口授其子。是书初名《汴围日录》，后经周斯盛略加删定，始易今名。

③ 即《听雨纪谈》，有《丛书集成初编》本。

④ 雍正《四川通志》为清黄廷桂等修纂，嘉庆《四川通志》为清常明修、杨芳灿纂。《四库全书总目提要》对《四川通志》的编纂源流有具体考论。［清］永瑢等撰：《四库全书总目》，第608页。

（续表）

卷次	条目名称	所引书籍	编著者
2	罗结	北史	［唐］李延寿
3	画状元	湖北通志①	［清］吴熊光等
3	李时勉	江西通志②	［清］谢旻等
3	胆大如斗	三国志·姜维传	［晋］陈寿
3	王兴	陕西通志③	［明］赵廷瑞
4	百丈龙潭	福建通志④	［清］郝玉麟等
4	茅卜	广西通志⑤	［清］金鉷等
4	柳旛	湖南志⑥	［清］陈宏谋等
4	李淳	湖南志	［清］陈宏谋等
5	古来可笑事	后汉书·延笃传	［南朝宋］范晔
5	古来可笑事	南史	［唐］李延寿
5	倪文毅	江南通志⑦	［清］赵宏恩等

① 此应为嘉庆《湖北通志》。清吴熊光等修。吴熊光，安徽休宁人，官湖广总督。乾隆五十五年（1790），总督毕沅等曾请章学诚纂《湖北通志》，但未及刊布。后吴熊光复奏请修，然书久未成，于是分遣幕友编辑，至嘉庆九年（1804）成书，并刻印。

② 《四库全书总目提要》对《江西通志》的编纂源流有具体考论。［清］永瑢等撰：《四库全书总目》，第606页。

③ 此或为明嘉靖《陕西通知》。

④ 《四库全书总目提要》对《福建通志》的编纂源流有具体考论。［清］永瑢等撰：《四库全书总目》，第607页。

⑤ 《四库全书总目提要》对《广西通志》的编纂源流有具体考论。［清］永瑢等撰：《四库全书总目》，第609页。

⑥ 即《湖南通志》。《四库全书总目提要》对《湖南通志》的编纂源流有具体考论。［清］永瑢等撰：《四库全书总目》，第607页。

⑦ 《四库全书总目提要》对《江南通志》的编纂源流有具体考论。［清］永瑢等撰：《四库全书总目》，第606页。

（续表）

卷次	条目名称	所引书籍	编著者
5	刘九	山东通志[①]	［清］岳浚等
5	鬼献书	四川通志	无
6	产翁	贵州通志	［清］鄂尔泰等
6	刘清惠	江南通志	［清］赵宏恩等
7	闾邱十五	湖北通志	无
7	铜船出水	交州记	［晋］刘欣期
7	鱼化石	四川通志	无
11	李自成墓	澧州志[②]	［清］何璘
11	徐文贞	江南通志	无
11	骨董鬼	三朝北盟会编	［南宋］徐梦莘
11	骨董鬼	三朝野史[③]	［宋］无名氏
12	蒙首帕	通典	［唐］杜佑
13	破瘤飞雀	三国志注	［南朝宋］裴松之

① 《四库全书总目提要》对《山东通志》的编纂源流有具体考论。［清］永瑢等撰：《四库全书总目》，第607页。

② 《澧州志》之修，始自［明］水之文修、李献阳等纂《（嘉靖）澧州志》六卷，继有［明］高尚志撰、高坚续撰《（万历）澧纪》十九卷，［清］朱士华修、龚遇暹纂《（康熙）续修澧志》四卷，［清］何璘修、黄宜中纂《（乾隆）直隶澧州志林》二十六卷。何璘字华峰，号十樵，河北宛平（今北京丰台）人，举人，由中书援辰州府同知，乾隆十一年至十八年（1746—1753）澧州知州。何璘是志上承康熙朱志，下续雍正、乾隆史事，始修于乾隆十二年（1747），历时三载，十五年（1750）成书付梓，十七年（1752）刊竟问世。记事止于乾隆十五年。

③ 按梁九图所引文提及思陵，乃宋高宗庙号。贾相，即贾似道。故此《三朝野史》当为宋无名氏所撰。是书见《学海类编》第二十六册。

（续表）

卷次	条目名称	所引书籍	编著者
14	福王	南疆绎史	［清］温睿临、李瑶
14	韩彭报施	通鉴博论①	明宁王朱权
15	沉香雕首	从信录②	［明］陈建

表4-3　《紫藤馆杂录》所引其他书籍

卷次	条目名称	引书	分类	作者
1	胸结卍字	法苑珠林	释家	（唐）释道世
4	侠女	守意龛诗钞	别集	（清）张百龄③
4	咏刘先主	听松庐诗话	诗话	（清）张维屏
6	毛大可	全浙诗话	诗话	（清）陶元藻
7	卵异	白芽堂集	别集	待考
8	四乳	淮南子	杂家	（汉）刘安
9	僻典	随园诗话	诗话	（清）袁枚
10	黄士龙	随园诗话	诗话	（清）袁枚
10	烈皇惨诀	崇祯宫词	别集	（清）王誉昌
12	群仙液	天启宫词	别集	（清）王誉昌

① 《四库全书总目提要》云："此书以洪武二十九年九月表上，盖奉太祖敕撰者。"［清］永瑢等撰：《四库全书总目》，第759页。

② 据内容为南昌邓子龙领兵征倭寇事，知此所引《从信录》应为《皇明从信录》。《皇明从信录》四十卷，明陈建辑，沈国元订。陈建（1497—1567）字廷肇，号清澜，广东东莞人。著有《皇明从信录》《学蔀通辩》《皇明通纪》等。沈国元，秀水（今浙江嘉兴）人，明末诸生。是书起自元至正十二年，止明万历四十八年（1620）。有万历四十八年刊本，今有广陵古籍刻印社1987年影印本。

③ 张百龄（1748—1816），字子颐，号菊溪，汉军正黄旗人，今河北省承德市隆化县张三营人。《守意龛诗抄》是承德历史上第一部诗集，有嘉庆十六年（1811）刻本。

（续表）

卷次	条目名称	引书	分类	作者
12	尼优婆彝	大藏律[①]	释家	无
13	蛰燕	月令	礼类	无
14	舜诗	吕氏春秋	杂家	（秦）吕不韦
15	塑大士作妇人像	宣和画谱	艺术类	无名[②]
15	鱼	淮南子	杂家	（西汉）刘安

以上对《紫藤馆杂录》中已经明确标识出处的书籍进行了统计，只有个别书的作者难以考见。这些阅读书目，描绘出了梁九图的阅读生活，待后文详论。

二、《紫藤馆杂录》中未明确标识出处的书籍

摘引前代或同时书籍内容不标出处，这在古人是一种习惯，也是一种“述学文体”，从修辞学的角度来说称为“暗引”。陈平原先生总结说：“许多勤奋的文人学者，以笔记形式博采众长，既摭拾隽言妙语，也旁采奇闻逸事，还囊括不少精彩的考辨与推理。而所有这些，往往不注明出处，也不必担心有人指责其抄袭。”[③]《紫藤馆杂录》中的内容，虽有很多都标识了出处，但仍旧有太多并未标识。这里对某些未标识的予以查考，但也只能是部分；有些实在难以查考的，只能把“版权”暂时归为梁九图。

上文已提到卷六“乌鬼”条实为梁九图抄录宋王楙《野客丛书》、卷七“缠足”条乃抄录元陶宗仪《辍耕录》。经笔者核实，尚有以下条目为

① 应为《大藏经》。

② 《四库全书总目提要》云：“不著撰人名氏，记宋徽宗朝内府所藏诸画。……所载共二百三十一人，计六千三百九十六轴，分为十门。”［清］永瑢等撰：《四库全书总目》，第958页。

③ 陈平原：《现代中国的述学文体》，北京：北京大学出版社，2020年，第17页。

梁九图抄自他人，但未注明出处：

表4-4　《紫藤馆杂录》所引未标识出处的书籍

卷次	条目名称	真正出处	编著者
卷一	谛晖和尚	《随园诗话》卷四	［清］袁枚
卷一	阿丑	《琅琊漫抄》	无
卷一	枕代头	《埋忧集续集》卷一①	［明］刘綎
卷一	画梅助葬	《随园诗话·补遗》卷一	［清］袁枚
卷一	亚禯	《觚剩·续编》	［清］钮锈
卷一	刘贡父②	《坚瓠甲集》卷三	［清］褚人获
卷一	定二娘③	《癸辛杂识·前集》	［宋］周密
卷一	撒雹④	《池北偶谈》	［清］王士禛
卷一	元宝飞⑤	《述异记》	［清］东轩主人
卷一	李天生⑥		无
卷一	嗜好不同	《听松庐诗话》	［清］张维屏
卷一	鼻饮	《岭外代答》卷十	［宋］周去非
卷一	晚翠亭鬼诗	《尧山堂外纪》卷七十三	［明］蒋一葵

---

① 按：梁九图引是书，误将“全谢山集”作“谢全山集”。此条亦见梁绍壬《两般秋雨庵随笔》卷三，梁氏于文末指出：“此事甚新，见始宁陈氏《秋曹日录》。”梁绍壬撰，庄葳校点：《两般秋雨庵随笔》，第97页。

② 《坚瓠甲集》原标题作“蝗虫感德”。

③ 《癸辛杂识前集》原标题作“郑仙姑”。

④ 《池北偶谈》卷二十六“谈异”七，此条标题作“行雹”。

⑤ 此条亦见《广东通志》卷六十四“杂事”引。

⑥ 按：此条，清朱彝尊《曝书亭集》卷三十三《寄查德尹编修书》亦引李因笃（号天生）此论，与梁九图此处所录全同。

（续表）

卷次	条目名称	真正出处	编著者
卷一	瓦棺[①]	《十国春秋》	［清］吴任臣
卷一	米元章	《竹坡老人诗话》卷一	［宋］周紫芝
卷一	覆缸殉节	乾隆《浙江通志》	无
卷一	十指箕斗	《随园诗话》卷八	［清］袁枚
卷一	种菜侯	《南疆绎史摭遗》卷十一	［清］李瑶
卷一	刘三	《随园诗话》卷四	［清］袁枚
卷二	鸡卜	《岭外代答》卷十	［宋］周去非
卷二	黄萧养[②]	《古今奇闻类纪》卷一	［明］施显卿
卷二	张齐贤	《青琐高议后集》卷二	［宋］刘斧
卷二	琼枝曼仙	《琼枝曼仙记》[③]	［清］徐岳
卷二	曾学士子	《泊宅编》卷六	［宋］方勺
卷三	吴六奇	《觚剩》卷七《粤觚上》	［清］钮琇
卷三	岳阳楼吕仙诗	《岳阳风土记》	［宋］范致明
卷三	女子不穿裙袴	《金川琐记》卷六上	［清］李心衡
卷三	方正学	乾隆《浙江通志》卷二百八十《杂记下》	无
卷三	天壳	《子不语》	［清］袁枚
卷三	岳少保	《独醒杂志》卷十	［宋］曾敏行
卷三	淡水鸡笼[④]	道光《福建台湾府志》卷三十五《杂录·丛谈》	［清］陈寿祺

---

① 按：此条亦见郑方坤《五代诗话》卷十，标识出处为《十国春秋》，不知梁九图所阅何本。另网上有博主记此王承检事出《玉溪编事》，《玉溪编事》或云五代金利用编，或不著撰人，亦佚。然核今《丛书集成初编》据龙威秘书本排印《玉溪编事》，并无此王承检事。

② 原书此条目题为“星坠贼亡”。

③ 此书共一卷，清徐岳传，收入吴曾祺辑《旧小说》己集二（上海：商务印书馆，1935年版）。

④ 按：此条亦见《淡水厅志》卷十六，但梁九图应未见此书。

（续表）

卷次	条目名称	真正出处	编著者
卷三	明太祖惩妒	《龙兴慈记》	［明］王文禄
卷三	戏三教	《唐阙史》卷下	［唐］高彦休
卷三	徐仲山夫人	《乡园忆旧录》卷一	［清］王培荀
卷三	李寰	《因话录》卷四《角部》[①]	［唐］赵璘
卷四	父子异趣	《两般秋雨庵随笔》卷五	［清］梁绍壬
卷四	胆长三寸	《子不语》	［清］袁枚
卷四	谭意	《青琐高议别集》卷二	［宋］刘斧
卷四	风吹女子	《随园诗话》卷四	［清］袁枚
卷五	张晏埋骨	《两般秋雨庵随笔》卷一	［清］梁绍壬
卷六	张昺	《明史》卷一百六十一《张昺传》	［清］张廷玉等
卷六	铁鼓	《广东新语》卷十六《器语》	［清］屈大均
卷六	米元章	《独醒杂志》卷二	［宋］曾敏行
卷六	郭婆带	《两般秋雨庵随笔》卷一	［清］梁绍壬
卷六	新嘉驿题壁诗	《全浙诗话》卷二十二	［清］陶元藻
卷六	东莞城隍	《广东新语》卷六《神语》	［清］屈大均
卷六	周觉成	《涉异志》[②]	［明］闵文振
卷六	瞿世用	《菽园杂记》卷七	［明］陆容
卷七	小棺	《二酉委谭》	［明］王世懋
卷七	木中画[③]	《池北偶谈》卷二十一《谈异二》	［明］王士禛

---

① 按：此条亦为《太平广记》卷二百五十六《嘲诮四》、《古今谭概·儇弄部》第二十二等书收录。

② 原书作“宣德四年”，梁九图作“宣德五年”。

③ 原书标题作“银杏树观音像”。

（续表）

卷次	条目名称	真正出处	编著者
卷七	木中画[①]	《熙朝新语》卷十五	［清］余金[②]
卷七	厉布衣[③]	《水东日记》卷十四	［明］叶盛
卷七	焦某[④]	《寓圃杂记》卷七	［明］王锜
卷七	造龙宫[⑤]	《古夫于亭杂录》卷一	［明］王士禛
卷七	故袍挺立	《阅微草堂笔记》卷六《滦阳消夏录》六	［清］纪昀
卷七	木易人足[⑥]	《耳谈》卷四	［明］王同轨
卷七	古柏精[⑦]	《西樵野记》卷五	［明］侯甸
卷七	献花寺[⑧]	《觚剩》卷八《粤觚下》	［清］钮琇
卷七	黑米	《述异记》	［清］东轩主人
卷八	取狮子[⑨]	《榆巢杂识》下卷	［清］赵慎畛
卷八	长须	《香祖笔记》卷三	［明］王士禛
卷八	铜铃铜钹	万历《吉安府志》[⑩]	［明］余之祯

① 按：梁九图原文摘录两条“木中画”。后一条乾隆陆敬轩事，见余金所辑《熙朝新语》。另此条“木中画”，亦见［清］朱翊清撰《埋忧续集》卷一。

② 《熙朝新语》的著者亦有标为“［清］徐锡龄、钱泳”二人，然顾静指出，“所谓‘余金’者，乃取两者姓氏徐、钱各半而合成。”并举陶煦《周庄镇志》所载为证。详参顾静：《熙朝新语·出版说明》，［清］余金著，顾静标校：《熙朝新语》，上海：上海书店出版社，2009年，第1页。

③ 此条亦为［明］郎锳《七修类稿》卷四十八《奇谑类》收，有删节。

④ 原书标题作“江阴奇事”。

⑤ 原书标题作“龙王造宫殿”。

⑥ 原书标题作“地羊驿”。此条亦收入清褚人获《坚瓠广集》卷六，题作“地羊驿幻术”。

⑦ 梁九图此处所引前半部分与《西樵野记》所载一致，然原书是桂花精，故石亨军队所救女子姓桂；而梁九图所记为古柏精，所救女子姓柏。梁九图所记情节比《西樵野记》稍长。

⑧ 原书标题作“献花寺僧”。

⑨ 此为梁九图节引，原书标题作“温都斯坦”。

⑩ 此条亦收入《古今图书集成·考工典·铃柝部外编》。梁九图究竟阅读哪一部，待考。

（续表）

卷次	条目名称	真正出处	编著者
卷八	秀才心肝	《志怪录》	［明］祝允明
卷九	商婉人	《香祖笔记》卷五	［明］王士禛
卷九	江君辅[①]	《柳轩丛谈》	［清］阙名
卷九	巴陵老人[②]	《坚瓠续集》卷三引《偶记》	［清］褚人获
卷九	借妾生子[③]	《宋稗类钞》第一卷《遭际类》	［清］李宗孔
卷九	山水癖	《损斋备忘录》引《潜溪文集》[④]	［明］梅纯
卷九	钱武肃[⑤]	《归田诗话》卷中	［明］瞿佑
卷九	虎四儿虎五儿	《续名医类案》卷二十四《异胎》	［清］魏之琇
卷九	陆容[⑥]	《庚巳编》	［明］陆粲
卷九	多目星	《寄园寄所寄》卷十一《故老杂纪》引《涌幢小品》[⑦]	［清］赵吉士
卷九	黄袱	《青燐屑》上卷	［清］应廷吉
卷九	亲谒孝陵	《池北偶谈》卷四《谈故四》	［明］王士禛
卷九	唐濾[⑧]	《全闽诗话》卷十二《神仙 鬼怪 杂缀》引《闽小纪》	［清］郑方坤
卷九	陈天裔	《熙朝新语》卷四	［清］余金

① 此条清张潮《虞初新志》、清赵吉士《寄园寄所寄·卷十一·泛叶寄》均引录。按：梁九图可能是从《寄园寄所寄》抄录此条。

② 原书标题作“谒寿星”。

③ 按：此条亦为清袁枚《随园诗话》卷二引录。梁九图所读书亦有《宋稗类钞》，但阅读《随园诗话》更多，故此条很可能为梁九图抄自《随园诗话》。

④ 梁九图读集部书不多，故可推测此条当为读《损斋备忘录》时抄录。

⑤ 原书标题作“吴越王画像”。

⑥ 原书标题作“鬼兵”。

⑦ 按：未见梁九图读《涌幢小品》，读《寄园寄所寄》多条，故此条亦应引录《寄园寄所寄》。

⑧ 原书标题作“永福溪鬼”。按：梁九图所读书未见《闽小纪》，故当为抄自《全闽诗话》。

（续表）

卷次	条目名称	真正出处	编著者
卷十	宗彝	《复斋日记》卷上	［明］许浩
卷十	惊鸡树	康熙《沁水县志》卷一《地理·山川》	无
卷十	定水带	《因树屋书影》卷二①	［清］周亮工
卷十	笪在辛	《坚瓠余集》卷二	［清］褚人获
卷十一	优剧	《两般秋雨庵随笔》卷六	［清］梁绍壬
卷十一	卖瓜人降乩	《莲坡诗话》上	［清］查为仁
卷十一	剪头仙人	《坚瓠秘集》卷二	［清］褚人获
卷十一	仙桃草治伤	《北东园笔录三编》卷三	［清］梁恭辰
卷十一	骨董鬼	《两般秋雨庵随笔》卷六	［清］梁绍壬
卷十二	葱汤麦饭	《坚瓠三集》卷三	［清］褚人获
卷十二	鹤衔金梁	《五杂俎》卷一《天部一》	［明］谢肇淛
卷十三	宋主荒淫②	《两般秋雨庵随笔》卷五	［清］梁绍壬
卷十三	红楼梦考异	《松轩随笔》	［清］张维屏
卷十三	种银	《坚觚余集》卷二引《谢氏诗源》	［清］褚人获
卷十四	粤歌	《两般秋雨庵随笔》卷六	［清］梁绍壬
卷十四	宋先生遗巾	《耳食录二编》卷六	［清］乐钧
卷十四	巍字改书	《两般秋雨庵随笔》卷四	［清］梁绍壬
卷十四	二玉玺	《池北偶谈》卷二十一《谈异二》	［明］王士禛
卷十四	刘坟	《湖濡杂记》	［清］陆次云

① 周亮工于此“定水带”后有考论，其云：“神禹定水带，何以得流传人间？非同彝鼎，披图可识，丽使从何知之？此与《太平广记》所载西贾盗佛面珠事颇相类，何异域之多慧眼也。”［清］周亮工撰：《因树屋书影》，清康熙间周氏赖古堂刻本。

② 按：《两般秋雨庵随笔》亦有“宋主荒淫”条，宋徽宗、宋理宗事，梁绍壬均指出出处，结尾亦感叹：“孙祖荒淫，后先一辙，欲不亡得乎？”梁绍壬撰，庄葳校点：《两般秋雨庵随笔》，第206页。梁九图所摘录与梁绍壬稍有不同，并附己诗。梁九图亦感慨：“祖孙荒淫，后先一辙，良可慨也。”有抄录梁绍壬之嫌。

（续表）

卷次	条目名称	真正出处	编著者
卷十四	心头小人	《池北偶谈》卷二十六《谈异七》	［明］王士禛
卷十四	吕太常刊方	《阅微草堂笔记》卷十二《槐西杂志》二	［清］纪昀
卷十五	沈临秋	《今世说》卷一《德行》	［清］王晫
卷十五	徽州府吏	《今世说》卷二《政事》	［清］王晫
卷十五	赵洞门	《今世说》卷四《识鉴》	［清］王晫
卷十五	关圣帝世系	《楹联丛话》卷三《庙祀上》	［清］梁章钜
卷十六	画兰吐香	《清稗类钞·艺术类》①	［清］徐珂
卷十六	三十六江楼	《两般秋雨庵随笔》卷四	［清］梁绍壬
卷十六	点心小食②	《两般秋雨庵随笔》卷七	［清］梁绍壬
卷十六	筑城预兆	《莼乡赘笔》卷上	［清］董含
卷十六	闯贼官制	《莼乡赘笔》卷上	［清］董含

三、《紫藤馆杂录》所内隐的书籍生产与梁九图的阅读特点

通过核实《紫藤馆杂录》的引文，会看出梁九图对原文的处理方式有两种：一是直接引录，又可细分为不加剪裁和节引两种类型，有的会改换标题；二是对引文进行剪裁，且有时会在引文后发表自己的看法。当然，《紫藤馆杂录》中也有很多属于梁九图自作，如卷一“诗难状景”“珠江杂咏”、卷三“愧斋”，等等。

通过对以上明确标识出处和未标识出处但能够考见出处的条目进行分析，我们可以得出如下认识。

---

① 此条亦应有他书所载。因是书乃清末民初之徐珂编撰，梁九图肯定未见。但徐珂所载，与梁九图所引录只字不差。

② 《两般秋雨庵随笔》只记点心，与梁九图所记一致。

1. 古代书籍的生产趋向

我们知道，古代书籍的生产，经过了从抄本到刻本的转化。在抄本时代，书籍的生产数量有限；而印刷技术的发明和普及，使得书籍的生产变得容易起来。日本学者大木康先生指出："印刷术虽然10世纪以前就已诞生，但直到10世纪左右为了印刷书籍才开始真正实用化。"所以，我们今天能够读到的最古的刻本是宋刻本，但毕竟留存下来的很少，故宋刻本一直成为版本学家、藏书家甚至古董家的"最爱"。但大木康先生认为："当然，在年代更久远、书籍文献更珍贵的意义上，同时也在美术价值上，我对宋版书受珍视没有异议。只是，如果从我们今日对图书馆的利用感受来看，偏重宋版的想法实有不妥之处。现在藏于世界各大图书馆的常为我们查阅的中国图书几乎都出版于明代以后——其实大部分是出自明代后半期，说是嘉靖（1522—1566）、万历（1573—1620）以后的版本也不为过。这不仅对于任何以明代为对象进行研究的人来说是如此，即使是先秦文献、唐代书籍，我们也几乎都是依据明代以后的版本来阅读的。另外，即使存在宋版，人们通常也不是观看其实物，而是阅读后世的覆刻本。"①

我们无法确定《紫藤馆杂录》所引各书的版本，但仅从所引各书作者所处的时代，也可以看出书籍的生产趋向。笔者按照时代，对以上诸书的引录次数进行了统计，得出如下统计图：

从上图可以清晰看出，梁九图所读的书主要以明清为主，尤其是其所处的清朝。这也符合印刷术的普及使用和书籍产生的趋向，亦可印证上引大木康先生的判断。时代越往后发展，书籍的生产越容易，世人所能阅读的书也便越来越多。梁九图引录最多的是梁绍壬所著《两般秋雨庵随笔》，其文本性质、内容、条目的命名与《紫藤馆杂录》完全一致，梁九图似乎有意在模仿梁绍壬。《两般秋雨庵随笔》有道光十七年（1837）钱

① ［日］大木康著，周保雄译：《明末江南的出版文化》（序言），上海：上海古籍出版社，2020年，第2—3页。

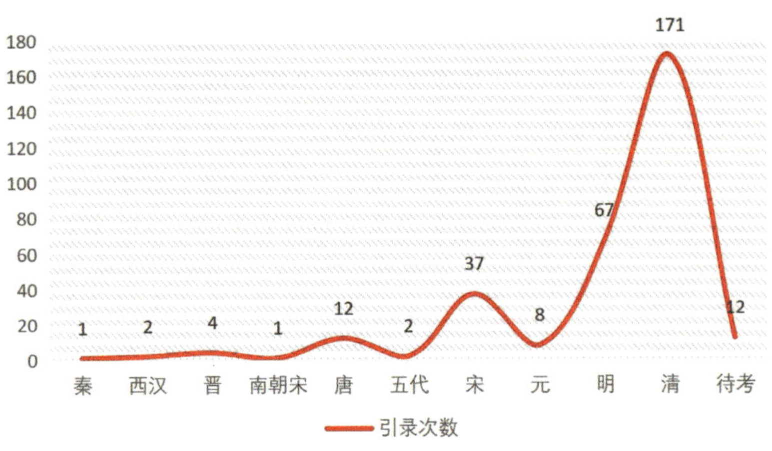

图4-2　《紫藤馆杂录》引书次数

塘汪氏振绮堂刊本，而《紫藤馆杂录》刊刻于道光二十五年（1845），两者相距仅八年，基本可以算作梁九图阅读时的“当代读物”。而且刊刻于钱塘的《两般秋雨庵随笔》能够出现于佛山梁九图的书桌上，足见当时书籍流通的速度。

2. 梁九图的阅读兴趣及知识取向

梁九图无日不读书。他有一首《生朝口号》诗写到：“卅年堕地竟何如？花甲光阴半已虚。梦死醉生成底事，得闲且读及时书。”[①]生朝，也就是生日。“花甲光阴”即六十岁，“半已虚”即花甲的一半（三十岁）已经虚度了。这是梁九图三十岁生日所作诗，对时光虚度感到了惭愧，觉得自己“醉生梦死”，一事无成，因此趁时赶紧读书。“及时书”是什么书，我们无法知晓。但通过考察梁九图上面的读书，却可知其阅读兴趣和知识取向。

《紫藤馆杂录》主体是笔记，故梁九图所读书以笔记最多。目前来看，时代最早的是唐张鷟的《朝野佥载》、段成式的《酉阳杂俎》。之后

① ［清］梁九图撰：《十二石山斋诗话》卷六，陈建华主编：《广州大典》影印本，第552页。

五代、宋、元、明、清皆有。梁九图喜评论诗歌，故其所读书有诸多诗话。梁九图工书法，故其中引录多条有关书法的内容，如卷五“阳山寺榜”条载董其昌评汪循阳山寺榜书法；卷六“米元章”条载米元章有嗜古书画之癖，与蔡攸于舟中观王衍字；卷十“写大字法”条论写大字之法；卷十二“杨名世”条载湖南人杨名世每日必作数百字，除右军外，他帖辄不寓目，并论学字，等等。

梁九图亦擅丹青，故其中多引录与绘画有关的内容，如卷一“萧尺木”条载胡季瀛求萧尺木为采石矶太白楼题画；卷三“画状元”条记江夏吴伟以画名世，武宗赐号画状元；卷十一“仇十洲”条载仇英学画专精着色山水人物；卷十一“王石谷”条记王翚生平，其中记载恽寿平等人评王翚画艺；卷十一“恽南田”条记恽寿平生平，其中多论其画艺；卷十一“画法”条论画之六法等，有关绘画之内容近50条。

梁九图多留心地域风俗，故除了采录《番社采风图考》这些记载异域风俗的书，还记有多条岭南习俗，如卷一“奶妈”、卷二“金花神”，卷五“色心”条载佛山好事佛，每年必有一庙宇重修。还有卷十一“花王父母”条载粤人祈子，必于花王父母。卷十五“陆丰高髻”条记陆丰县妇女喜高髻云鬟，名宫样妆等。这种采录地域风俗的心理，恰成就了梁九图后来编纂《纪风七绝》。

梁九图父亲梁玉成精医学，梁九图亦耳濡目染，故是书多引录有关医药疾病的内容，如卷四“下窍吸物”记倭人治病之方，以下窍吸药水；卷四“缩骨痨”条记有人得缩骨痨病而死；卷五“洗眼偈”条记台州僧处瑶中年病目，梦得观世音授洗眼偈，遂痊愈；卷七“看病人”条记看病人种种症状，诚如良医看病。还有卷十“各省地气”条论各省地气不同，故其人之受病亦有异；还有卷二记“牛痘”、卷十一记“稀痘”等。牛痘是当时从外国引入的方法，梁九图详细记载了其过程：

广中近时有邱氏熺引痘法，其效甚捷，其法来自外洋。于婴

儿臂上按穴挑损之，见膜而止，乃取牛痘浆傅之，不数日即出数颗。如期奏功，永不再出。于是以人传人，如火之传薪，无不应手而愈。少司马温公汝适闻之曰："《本草纲目》有稀痘方，用白牛虱，以此虱扑缘牛身，食饱自坠，用之能稀痘。盖取其中有牛血也。牛虱尚能稀痘，则牛痘必稀。用其苗以种，百无一失，理有固然。是中国人已发其端，而外洋人遂触类引伸耳。"[①]

天花是古代一种传染性极强的疾病，为了防治该病，中国古人发明了人痘接种法（古称"鼻苗种痘法"），据传发明于宋代，到明朝隆庆年间（1567—1572）已广泛采用，但效果并不显著。牛痘在十九世纪初传入中国。嘉庆八年（1803），英属孟买总督曾赠给英国东印度公司澳门支行一批牛痘疫苗，在澳门的中国儿童身上试种牛痘，但因痘苗已失效而受挫。嘉庆十年（1805），澳商葡人许威氏（Hewit）由马尼拉带来活牛痘苗，英国东印度公司外科医生皮尔逊（Alexander Pearson，1780—1874年）开始给中国人种痘，获得成功。嘉庆十一年（1806），广东爆发天花，无数广东居民纷纷涌到澳门要求施种牛痘，皮尔逊鉴于牛痘接种工作繁忙，遂雇请几位华人为助手，教会他们为民众接种牛痘。邱熺为其中之一。据道光《南海县志》记载：时洋行商人郑崇谦译刊《种痘奇书》一卷，募人习之。同时习者数人：梁辉、邱熺、张尧、谭国。梁辉、张尧、谭国三人可能是与邱熺同时跟随皮尔逊学习种痘技术的华人。"[②]南海人邱熺并非医生，但只有他的种痘技术学的最好，成了著名的痘师，还根据皮尔逊的《种痘奇法》、自己的种痘经验及传统中医理论，写成了《引痘略》一书，于嘉庆二十二年（1817）出版。到梁九图编《紫藤馆杂录》时，牛痘

① ［清］梁九图撰：《紫藤馆杂录》卷二，陈建华主编：《广州大典》影印本，第510页。

② 张晓红：《引痘新法全书影印说明》，［清］邱熺撰：《引痘新法全书》（影印本），广州：广东科技出版社，2009年，第3—4页。

法已很普遍了。

再如卷十“药方传人”条，记梁氏父子刊药方事，倍见仁者之心：

> 《梁溪漫志》云：“有蓄药方之验者可传诸人，得饮食之法者不可传诸人，非谓自珍口腹之奉也。盖传人以药则能卫生，教人饮食则必伤生。君子以仁存心，故不当尔。而世人有疾病，得名方而愈者，往往秘藏不肯示人。至于烹物命以资匕筯，一有适口则誇诧广坐，人人相效，所杀不胜计。其用心相反如此，得无谬误乎？”先大夫生平深体此意，尝增刊《经验良方》二卷。书成，复命图辑《良方类钞》四卷，付梓以公诸世焉。①

佛山梁氏一族皆葆有仁者之心，常赈济百姓。梁玉成、梁九图父子刊刻药方，也是这种仁者之心的注脚。

从《紫藤馆杂录》所引诸书及梁九图其他著述可以看到，梁九图很少读经，但并不是说他不读。经书是古代士人科举必备读物，尤其明代把科举考试的内容框定在“四书五经”以后。梁九图虽也有过考科举的经历，但仕途并非他内心的向往，这种心志也便影响到了他的读书兴趣和知识取向，这也便是《紫藤馆杂录》所引诸书透露出的信息。史书也是古人必读书，尤其是科举考试及将来的仕途，都需要从史书中汲取经验和借鉴。《紫藤馆杂录》中虽然也引录了正史、野史以及各省通志这样的史志书，但我们可以发现，其所取内容均是“杂记”“轶事”之类。总之，《紫藤馆杂录》这样的笔记抄撮式著作，在在可见作者之阅读兴趣和知识取向。

---

① ［清］梁九图撰：《紫藤馆杂录》卷十，陈建华主编：《广州大典》影印本，第669页。

第三节　小说大道：《紫藤馆杂录》的价值

相对于今人，古人著书的目的比较复杂，但如《紫藤馆杂录》这类随笔、杂录性质的书，不仅在内容零散、不成体系上相像，就连创作背景、创作价值皆有较为一致的趋向，可总结为“闲暇时的消遣”。如宋欧阳修《六一诗话》之作——“居士退居汝阴而集以资闲谈也。”[①]清王士禛《古夫于亭杂录序》云：“余老矣，目昏眵不能视书，……然遣闷送日，非书不可，偶然有获，往往从枕上跃起书之……。”[②]晚近人俞樾《茶香室丛钞序》云：“余自夫人之亡，逾二年长子陨焉，其明年又有次女绣孙之变，骨肉凋零，老怀索寞，宿疴时作，精力益衰，不能复事著述。而块然独处，又不能不以书籍自娱。偶踵夫人故智，遇罕见罕闻之事，亦以小纸录出之，积岁余得千有余事，不忍焚弃，编纂成书。”[③]梁九图《紫藤馆杂录》的创作背景和创作价值，也如俞樾等人。我们看其完整表述：

> 余辟紫藤馆于汾江之西，储怪石十二，中外惟储书，以石娱目，以书怡情也。汾江为吾粤通津仕宦之所往来，商贾之所辐辏。余性寡谐，日唯闭户把卷流连而已。偶阅异闻，随手自抄撮；间有所著，亦从杂于编。积久成帙，谋付梨枣，以资谈助。[④]

但其实细读此书，此间除了梁九图所明言的“以资谈助”的价值外，另深隐着其他价值。

---

① ［宋］欧阳修：《六一诗话》，黄进德编纂：《欧阳修诗话》，吴文治主编：《宋诗话全编》第1册，南京：江苏古籍出版社，1998年，第211页。

② ［清］王士禛撰，赵伯陶点校：《古夫于亭杂录》，第15页。

③ ［清］俞樾撰，贞凡、顾馨、徐敏霞点校：《茶香室丛钞》，北京：中华书局，1995年（2012年重印），第3页。

④ ［清］梁九图撰：《紫藤馆杂录》，陈建华主编：《广州大典》影印本，第479页。

一、着意好奇

好奇是中国古代小说创作、传播的一种心理诉求[①]，胡应麟评曰："唐人乃作意好奇，假小说以寄笔端"。鲁迅先生亦将这种"作意"定位为"意识的创造"[②]。《紫藤馆杂录》中有很多笔记小说，也是梁九图着意好奇意识的体现。他不仅引录了很多在他看来"奇""异"的内容，而且还常在篇末予以评骘，以突出其"奇""异"的色彩。如卷一"蜈蚣入耳"条记蜈蚣入海宁查氏仆妇耳：

> 海宁查氏仆妇，暑月露卧。一小蜈蚣入其耳，急以鸡汁薰之，不得出。时觉耳中作痒，久遂无患。阅数月，忽右臂皮肉间痒不可忍，按之，则有物蠕蠕欲动。数日后，遂至手背间。因以刀挟之，一蜈蚣跃然而出，色微白，食血已饱。[③]

一蜈蚣入人耳数月，不仅人无恙，蜈蚣也在人体内存活数月。所以梁九图于末尾特评价说："从耳入臂逾月，而人无所苦，大奇！"[④]

再如卷二"天开"条载：

> 明正德中，楚雄王某者居山谷中。中秋初夜起，星月朗彻，忽见西南方天开，旌旗前导，中为玄武神，向北而去，移时方合。近扬州江都县有哑人郑姓者，人称为郑哑巴。一夕，至南

① 王金寿：《好奇心理的释放与满足——中国古典小说创作、传播心理动因探微》，《兰州大学学报》2007年第2期，第66—71页。

② 鲁迅：《中国小说史略》，上海：上海古籍出版社，1998年，第44页。

③ ［清］梁九图撰：《紫藤馆杂录》卷一，陈建华主编：《广州大典》影印本，第483页。

④ ［清］梁九图撰：《紫藤馆杂录》卷一，陈建华主编：《广州大典》影印本，第483页。

> 门，忽见空中红光炳耀，仰视则天开眼也。随拜随唤，人观之不觉声出于口，自是不哑。扬州曹进士守真云："哑者乃其父之相识。"事信有之，哑巴因天开一拜而遂有音声。[①]

末尾评曰："奇亦甚矣！"[②]他如卷二"飞来龟""石花""书化蝴蝶"，卷三"两世夫妇""绵竹盐贾"，卷四"储静夫"，卷五"白雨"等等，末尾皆标识"人咸称异""诧为神异"等。

二、表彰忠义

表面看来，《紫藤馆杂录》就是一些杂抄丛录，但依然有很多内容，不忘对人世间的名节正义予以表彰，其目的是教人向善。我们目前看不出梁九图思想中的"儒、释、道"成分各占多少，但通过《紫藤馆杂录》，确可见梁九图内心所传承的儒家思想，尤其是忠义思想。

卷一"张映沙"条记桐城张映沙因重杖太监得升官，而唐敬宗时长安令崔发拘捕五坊小儿却被棒打。基本同样的事，但因当朝者不同，故张映沙和崔发二人的结局迥异。梁九图于篇末评价道："圣主之圣，庸主之庸，岂不相悬万里哉？"[③]对圣主的歌颂，也是对忠义的称扬。这很容易让我们想到梁九图《送伯兄云裳之官西蜀》所谓："欲慰严亲念，难忘圣主恩。前途知叱驭，当不愧王尊。"[④]

再如卷十二"岳忠武诗"条记梁九图读《岳忠武文集》，自谓："觉其忠君爱国之言，直自肺腑流出。"于是将卷末所附八首诗全部抄录下

---

① ［清］梁九图撰：《紫藤馆杂录》卷二，陈建华主编：《广州大典》影印本，第504页。

② ［清］梁九图撰：《紫藤馆杂录》卷二，陈建华主编：《广州大典》影印本，第504页。

③ ［清］梁九图撰：《紫藤馆杂录》卷一，陈建华主编：《广州大典》影印本，第481—482页。

④ ［清］梁九图撰：《紫藤馆诗钞》，陈建华主编：《广州大典》影印本，第9页。

来。如其中所录《题翠岩寺》颔联写道：“忠义必期清塞水，功名直欲镇边圻。”《寄浮图慧海》颔联写道：“男儿立志扶王室，圣主专师灭虏酋。”[①]在在可见岳飞之忠心报主。梁九图身处道光中期，清政权已经走入下坡路。《紫藤馆杂录》刊刻时，第一次鸦片战争也已经结束。因此，《紫藤馆杂录》中对名节忠义的表彰，连同下文所论贬斥腐朽庸俗，不得不说含有警醒世人的深切思考。

如卷十六“乔将军”条：

> 乔将军一琦，上海人，家世业儒。琦厌薄经生业，遂以武节著。有神力，能拓数石弓。尝戏驰马，从屋梁下过，以两股夹马四蹄，悬空而起。明季，为刘大将军珽前锋。兵败，投厓（崖）死。时大兵南下，琦子名兰者渡江迎降。意甚得，易衣帽，谒琦墓。忽见父从冢中出，怒气蓬勃，口中咄咄作声，叱兰跪，以铁锥击之仆地，语毕立死。[②]

乔一琦忠于明室，兵败投崖不降。就连死后作鬼，也不放过他降清的儿子。故事虽属荒诞，却透露出乔一琦的忠心。故梁九图于篇末赞云：“忠义之气，久而不衰有如此。”[③]

他如卷三“任勉之”条记任勉之任鄱阳，廉洁自守，故明太祖嘉叹，并予以旌异[④]。卷四“成公祠”条记成公与鬼交，俱行善事。梁九图慨叹：“嗟乎！鬼以一念之仁而神，公亦以利济之义而庙食。事虽近怪，可以训

---

① ［清］梁九图撰：《紫藤馆杂录》卷十二，陈建华主编：《广州大典》影印本，第708页。

② ［清］梁九图撰：《紫藤馆杂录》卷十六，陈建华主编：《广州大典》影印本，第792页。

③ ［清］梁九图撰：《紫藤馆杂录》卷十六，陈建华主编：《广州大典》影印本，第792页。

④ ［清］梁九图撰：《紫藤馆杂录》卷三，陈建华主编：《广州大典》影印本，第526页。

愚，故记之。”[①]

三、贬斥腐朽

梁九图虽未进入仕途，但他对社会政治并非绝缘者，这也是中国传统士大夫所传承的特质。所以，他写过《飞蝗叹》这样讽刺统治者、揭露黎民痛苦的诗。《紫藤馆杂录》中也引录多条贬斥腐朽的内容。如卷二“鼠鲇”条载：

> 海有鱼，曰鼠鲇，善食鼠。每揭尾沙际以紿鼠，鼠见之以为彼，且失水矣，舐其尾将食之。鲇倏转首，厉齿撮鼠入水以去，狼藉其肉，群虾皆食之。夫穴崖巢屋者，鼠也，居高者也；潜渊泳潭者，鲇也，处下者也。向使居高者食以其位，而不下求，其可免矣。今若是，悲夫！[②]

这小段记载，极大地讽刺了那些如“鼠”一样的居高者，不仅在自己的位置上饱食终日，还贪图本不属于自己的利益，最终被鲇这样的“处下者”“狼藉其肉”。

再如卷三“放金箔”条载：

> 有一豪富子弟张某，其父殁，昆仲拆居之次有余资千金，各不欲存为公家事以滋扰，欲一创举散之。顷刻，遂货金箔，约值此数。至绝高山顶，乘风扬举，或飘舞长空，或粘缀林木，或散处水草，总成黄金世界。数里之内，人皆惊诧若狂，疑为天雨黄金。妇女儿童竞为争逐，终无所得，一时传为异事，而张氏亲党

① ［清］梁九图撰：《紫藤馆杂录》卷四，陈建华主编：《广州大典》影印本，第545页。

② ［清］梁九图撰：《紫藤馆杂录》卷二，陈建华主编：《广州大典》影印本，第509页。

莫不称为豪举。较之隋炀帝于景华宫征求萤火数斛，夜出游山放之，萤光遍于山谷，反觉鄙陋。但炀帝富有四海，奢侈过度，尚且不能令终。此一富有之民，乃暴殄财货，取快一时，不知其人作何究竟也。[①]

张氏昆仲的“暴殄财货，取快一时”，奢侈过于隋炀帝，是不可能有善终的。

梁九图对一些末代帝王多予以讽刺、贬斥，如卷五“西施有施”考论范蠡携西施扁舟五湖，夏桀亦曾携妹喜同舟浮江，而西施、妹喜皆姓施，皆扁舟远遁，非常巧合，故梁九图慨叹：“使后之陈、李后主诸君，早画此同舟之策，可无入景阳井与宋宫矣。”[②]这很像梁九图写的《宋主荒淫》。

他如卷五“色心”条慨叹“世风日趋于薄，有心世道者，亦无如之何矣”[③]；卷九“朱明”条为“今人不学朱明之孝，而徒妇言是听”感到“惜哉”[④]；卷十四“魏字改书”讽刺山东巡按李精白这样的谄媚者“真是想空心血者”[⑤]；卷十六“禽耻他子”记长乐谢某为井陉令，有鹳巢其树头，育二卵，为童窃，谢令还，奈已破，遂取二鹅卵代之。后卵破鹅出，鹳不认，雌鹳引颈悬树死。梁九图叹曰：“夫鹳微物，犹耻抱他子。今人动取他人之子，以乱其宗，真此禽之不若也。”[⑥]总之，《紫藤馆杂录》通过贬斥社会上这些奢侈、腐朽的人和事，来达到正人心的目的。

---

① ［清］梁九图撰：《紫藤馆杂录》卷三，陈建华主编：《广州大典》影印本，第530页。
② ［清］梁九图撰：《紫藤馆杂录》卷五，陈建华主编：《广州大典》影印本，第565页。
③ ［清］梁九图撰：《紫藤馆杂录》卷五，陈建华主编：《广州大典》影印本，第578页。
④ ［清］梁九图撰：《紫藤馆杂录》卷九，陈建华主编：《广州大典》影印本，第648页。
⑤ ［清］梁九图撰：《紫藤馆杂录》卷十四，陈建华主编：《广州大典》影印本，第740页。
⑥ ［清］梁九图撰：《紫藤馆杂录》卷十六，陈建华主编：《广州大典》影印本，第787页。

四、表达经世看法

梁九图虽淡于仕途，但他并非没有经世的才干，因此，《紫藤馆杂录》的编纂，也承载着他某些经世看法。总的来说，可以总结为：为世人示鉴戒。

戒结交朋友，卷二“鬼责子”条记一旧家子弟偕数客观剧，其亡父附一客身上责旧家子弟之冶游。后引阿文勤公论结交朋友云：“人家不通宾客，则子弟不亲士大夫，所见惟妪婢僮奴，有何好样？人家宾客太广，必有淫朋匪友，参杂其间，狎昵濡染，贻子弟无穷之害。”梁九图对此感叹说：“数十年来，历历验所见闻，知公言真药石也。”①

太平将军也要知练兵，卷二“南蛮寇蜀”条，梁九图评云：“观此知兵贵训练，为将者虽太平，无容或忽矣。”②

戒妒。书中有两条写到了妒妇。卷三“明太祖惩妒”条记明太祖朱元璋惩治常遇春悍妇。篇末评曰：“观此细事，垂戒无穷。”③卷十“豁耳妪”则更形象地塑造了一个妒妇荀氏。篇末有评价说：

> 甚矣，妒妇之可畏也！其性恶，其行险，其用心无所不至。始以阻夫，几绝其嗣；继以疑夫，几杀其媳。妒之流毒大矣哉！使璞（按荀氏夫石璞）处富贵，则荀氏当不出贾充妻、任环妇下。然非极妒，不至亏体辱身。是害人，适以自伐已。妒亦何益之有？④

---

① ［清］梁九图撰：《紫藤馆杂录》卷二，陈建华主编：《广州大典》影印本，第514页。
② ［清］梁九图撰：《紫藤馆杂录》卷二，陈建华主编：《广州大典》影印本，第516页。
③ ［清］梁九图撰：《紫藤馆杂录》卷三，陈建华主编：《广州大典》影印本，第536页。
④ ［清］梁九图撰：《紫藤馆杂录》卷十，陈建华主编：《广州大典》影印本，第662页。

封建时代富家男子、王公卿相有三妻四妾很正常，因此，妻妾之间难免有争风吃醋之事，但因妒而生歹心，便有悖人性了。梁九图特引录两条妒妇事，其目的正是为戒妒。

要积善累德。如卷十二“让产获报”，此条出自《应验录》。佛教在中国的流传，使得古人相信福报之说。此条记载道：

近世有一士人，早失父母，依于叔父，产业俱叔父总理。叔有七子，一日，叔谓侄曰：“吾当与汝析居。”侄曰：“如何析产？”叔曰：“分之为二。”侄曰：“诚不忍诸兄弟共一分，当为八分。”叔固辞，侄曰：“不可。”遂作八分析之。才十七岁，预荐入京。时同馆者二十余辈，有术士遍视之曰：“南宫高第，独此少年。”诸贡士咸斥术者曰：“汝何谬耶？吾等皆大手笔，久历场屋，岂不如一乳臭儿？”术者曰：“文章非我所知，但此少年满面阴德，必积善所致。”及放榜，果独名，余皆不第。

文后有评论说：“夫士人析产，辞多而受寡，知伦理为重，而货财为轻，固天植其性者哉！年未弱冠而登第，天之所以报士人者，何其速耶？第无心而尚义，则为树德；有心而尚义，则为徼福。树德者灾祥一听之天，君子路上人也。徼福者天未必一一报之不爽，然视知利而不知义者，不霄壤也乎哉！”[①]梁九图也正是要告诫世人不要贪图小利，应该像这个士人一样知伦理尚义。

封建时代的纨绔子弟“四体不勤，五谷不分”，常借仗自己的家世而为非作歹，梁九图很不以为然。卷十二“纨绔”条记晋帝、辽主之“庸闇”，记蔡京诸孙“生长膏粱，不知稼穑”。篇末评云：“纨绔不辨菽

① ［清］梁九图撰：《紫藤馆杂录》卷十二，陈建华主编：《广州大典》影印本，第710页。

麦，往往如此。”[①]再如卷十二引自《池北偶谈》的“相国孙”，记云间某相国孙乞米，但无力自负，故觅一市佣代之。相国孙责备佣人行迟，孰料佣人亦尚书孙。篇末评云：“贵人子孙，不可不知。”[②]这真如一幅漫画，充满了讽刺意义。

卷十二“托牌大夫”更具讽刺意义，确可为时人下一针砭：

> 近有某封翁卒，送殡时雇夫排仪仗。一夫托奉直大夫牌，横拖而行，家人詈之，夫曰：“奉直何为者？余非奉政大夫乎，乌足贵？”盖其人本富家子，甫十余龄，父已为之捐同知衔。父卒，以嫖赌、吸鸦片为事，遂至家产荡然，不耻贱役。吁！其父本欲捐职以荣之，岂料适以取辱耶？有家子弟，不教之读书守业，鲜有不至是者，可畏也。[③]

五、订正旧说

知识是一种“层累”式的递进增长，相对时空内，知识总有它的不完善性。不过，总的来说，一般是后人订正前人，所谓“后见之明”吧。《紫藤馆杂录》的重要价值之一，还在于它“储存”的知识能够与前人进行订正，或也可为今人从事相关研究提供文献上的支持。我们先以卷六“隶书”为例：

> 隶书古今皆云程邈变篆为之。《水经·涿水注》：王次仲变仓颉旧文为今隶书。始皇以次仲所易字简，便于事，三召不至。次仲履真怀道，穷术数之美。则变隶不自程邈始，自王次仲

---

① ［清］梁九图撰：《紫藤馆杂录》卷十二，陈建华主编：《广州大典》影印本，第713页。

② ［清］梁九图撰：《紫藤馆杂录》卷十二，陈建华主编：《广州大典》影印本，第713页。

③ ［清］梁九图撰：《紫藤馆杂录》卷十二，陈建华主编：《广州大典》影印本，第713页。

> 始也。隶始于秦，然《水经》载临淄人发古冢得铜棺，为隶字，言齐太公六世孙胡公之棺，唯“三”字是古隶。又知隶非始于秦也。①

隶变是书法史研究的重要课题。梁九图这里引录的一段，也仅仅是对隶变时间进行了推论。今人利用出土实物（竹简、碑刻），对隶变的时间形成了更为通达的认识②，但梁九图此条却足堪参考。

《紫藤馆杂录》中还保留了诸多诗歌原文，这也可以为我们今天的诗歌点校工作提供参考。如卷五“唐六如”条所载唐寅《废弃诗》：“一失脚成千古笑，再回头是百年人。”《绝句》：“五陵鞍马忆丁年，对策经纶圣主前。零落而今转萧索，月明胥口一蓑烟。”《寿王少傅》：“绿蓑烟雨江南客，白发文章阁下臣。同在太平天子世，一双空手掌经纶。”③有关这三首诗，今人周振道、张月尊所辑《唐寅集》，收到了附录四“评论诗话”中，“千古笑”作“千古恨”，“忆丁年”作“少时年”，“对策”作“三策”，“一蓑烟”作“一江烟”，“掌经纶”作“掌丝纶”④。台北学生书局所出版《历代画家诗文集》收《唐伯虎先生全集》，其中收录了何大成所辑有关唐伯虎轶事，卷三有条所记与《紫藤馆杂录》“唐六如”条内容一样，但所收诗亦有异文，皆同《唐寅集》⑤。但不管是《唐

---

① ［清］梁九图撰：《紫藤馆杂录》卷六，陈建华主编：《广州大典》影印本，第585页。

② 刘守昌指出：“隶变涉及的时间跨度非常大，从战国中期一直持续到汉朝。”刘守昌：《从周家台秦简略论隶变的特征、成因及影响》，《中国书法》2019年第13期，第188页。另有关隶书与六国文字的关系，也是探讨隶变的重要内容，可参徐舒桐：《从起笔方式再探战国文字与隶变的关系》，《中国书法》2018年第12期，第72—77页。

③ ［清］梁九图撰：《紫藤馆杂录》卷五，陈建华主编：《广州大典》影印本，第564页。

④ ［明］唐寅著，周振道、张月尊辑校：《唐寅集》，上海：上海古籍出版社，2013年，第615页。

⑤ ［明］何大成辑：《唐伯虎先生外编》卷三，［明］唐寅：《唐伯虎先生全集》，台北：学生书局，1960年，第244—245页。

寅集》，还是《唐伯虎先生全集》，均未收《紫藤馆杂录》所载“唐六如”条。

再如卷八“文人蹈袭”条，指出王勃《滕王阁序》“层台耸翠，上出重霄；飞阁流丹，下临无地”乃蹈袭王简栖《头陀寺碑》“层轩延袤，上出云霓；飞阁逶迤，下临无地”。从句法到用词，王勃的确学习王简栖。我们看清人蒋清翊注《王子安集》，并未提到这一“蹈袭”[①]。从这个角度来看，《紫藤馆杂录》亦可为今人的诗歌注解提供借鉴。

《紫藤馆杂录》这类杂录体著述看上去零乱不成体系，但其价值却不容小觑。刘晓军在论述古代小说的价值时曾说：

> 古代小说偏重小说的价值内涵，价值大小与地位高低本来就是目录学家判定小说的主要依据，其间体现的思想学说与观念主张是作者着力表达的重要内容。甚至可以这样认为，古代小说与其说是一个纯形式的文体概念，还不如说是一种偏重价值内涵的文献类型。无论文言语体还是白话语体，案头传统还是口述传统，绝大多数作者都怀抱着“羽翼信史而不违”、“补经史之所未赅”的著述理念作小说，其中固然不乏“娱目醒心”的审美主张，但更多的还是载道教化的经世理念。因此，充分发掘古代小说的知识性与思想性，是小说史书写的重要内容。例如就笔记体小说而言，这甚至比“叙述婉转”和“文辞华艳”更加重要。我们既要接受现代小说，重视它的形式技巧；也要承认古代小说，挖掘它的价值内涵。[②]

---

① ［唐］王勃著，［清］蒋清翊注：《王子安集注》，上海：上海古籍出版社，1995年，第231页。

② 刘晓军：《中国小说文体古今演变研究》，第22页。

从“文献”的角度来认识《紫藤馆杂录》，也是我们今天阅读它应秉持的重要角度。毕竟，《紫藤馆杂录》所呈现的“万卷读书”，有很多今天已难看到、或不容易看到，均端赖《紫藤馆杂录》予以传承。

本节对《紫藤馆杂录》所深隐的创作价值进行了探析，其目的是尽可能立体地呈现此书的内容，也是为了使今人不至于仅仅从“资谈助”的角度视之。这也与《聊斋志异》《阅微草堂笔记》等小说一样，表面看来都是些鬼狐精怪，但其目的乃在警醒世人。阅读《紫藤馆杂录》，体味梁九图的阅读心理及著述心态，我们完全可以按照阅读《聊斋志异》《阅微草堂笔记》的方式来读。阅读既是个人行为，也是一种文化现象。有学者总结道：“阅读行为首先是一种实践活动，它在特定的历史背景下开展，因此，必然受到当时政治环境、经济状况、学术风貌、文化特征，乃至于科技水平等等方面的综合影响；书籍的物质载体、流通状态等因素更是对人类的阅读行为有着直接的影响。同时，阅读行为也是一种重要的精神活动，是人类的一种认知过程，人们期望通过阅读来探索未知、拓展思维、完善自我；而不同个体的精神面貌和知识结构又会限制其对于文本的接受。”[①]本章借《紫藤馆杂录》来还原了梁九图的日常阅读生活，即是揭示其阅读背后的各种背景和其精神面貌。当然，这并非其阅读生活的全部，因为我们后文还会论到他的诗话创作、诗歌辑录，这些也依赖于他的大量阅读。这些连同前文所展现的交游生活，共同绘就了一个几乎完整的“名士梁九图”。

---

① 韦胤宗：《阅读史：材料与方法》，韦胤宗：《浩荡游丝：何焯与清代的批校文化》，北京：中华书局，2021年，第194页。

第五章

流品得失：《十二石山斋诗话》与梁九图的诗学思想

诗话是中国古代文学理论、诗学理论的重要载体，也是一种富有中国特色的诗学著述。长期以来，不管有人以单个诗话著作为研究对象，通史性、概论性的理论著作也早已问世[①]，甚至还有蔡镇楚先生等倡导建立“诗话学”[②]，尤其是有关诗话文献的整理，更洋洋大观[③]。

---

① 如蔡镇楚撰《中国诗话史》（八卷）（湖南文艺出版社，1988年）；刘德重、张寅彭撰《诗话概说》（中华书局，1990年）。

② 《诗话学》，蔡镇楚撰，“凡十章，此乃首次为诗话立学的研究专著，前有自序，分别论述诗话学研究对象、目的、学科特征、诗话正名、诗话源流、诗话分类、诗话形态、诗话史、理论体系、比较诗话学、诗话文献，首次论述中国诗话与朝鲜诗话、日本诗话、印度诗论、西方诗学等诸多重大理论命题，湖南教育出版社1990年精装本。”蔡镇楚、张红、谭雯编著：《中国诗话总目要解》，第425页。韩国还创办了《诗话学》刊物。该刊物乃“国际东方诗话学会会刊。刊物名称为韩国忠南大学赵钟业教授根据蔡镇楚《诗话学》之著而定，1996年在韩国大田市创办，为不定期学术刊物。《诗话学》会刊的创办，终于结束了中国学界关于‘诗话学’与‘诗学’名称之争。其创刊号为1998年8月，前有赵钟业《刊行辞》和车柱环祝辞。首刊重要论文有蔡镇楚《诗话与诗话学》，刘德重《诗话范畴与诗话二学》，赵钟业《诗话的广义性》，张寅彭《诗话发展正义》”。截至2004年，已出版到第6辑。蔡镇楚、张红、谭雯编著：《中国诗话总目要解》，第427页。此外，蔡镇楚还著有《比较诗话学》，北京图书馆出版社，2006年。

③ 仅以大型诗话丛编为例。自南北朝至民国的断代诗话全编，或以地域而搜集整理的地域诗话丛书，产生了一大批代表作，兹举其要：钟仕伦著《南北朝诗话校释》（中华书局，2007年）；吴文治主编《宋诗话全编》（江苏古籍出版社，1998年）、《辽金元诗话全编》（凤凰出版社，2006年）、《明诗话全编》（江苏古籍出版社，1997年）；丁福保编《清诗话》（上海古籍出版社，1963年）；郭绍虞编选《清诗话续编》（上海古籍出版社，1983年）；张寅彭选辑《清诗话三编》（上海古籍出版社，2014年）；张寅彭编辑《清诗话全编·顺治康熙雍正期》（上海古籍出版社，2018年）、《清诗话全编·乾隆期》（上海古籍出版社，2020年）、《清诗话全编·嘉庆期》（上海古籍出版社，2021年）；蒋寅主编《清代诗话珍本丛刊：第一辑》（国家图书馆出版社，2019年）；张寅彭主编《民国诗话丛编》（上海书店出版社，2002年）。［清］陶元藻撰《全浙诗话》（中华书局，2013年）（转下页）

有关诗话之内涵与外延，自宋代以来，迄于今天的诗学家、文学批评家、学者等均有探讨。本书倾向于采纳蔡镇楚先生的定义（前文已引），并且认同蔡镇楚所提出的“诗话必须具备”的“三个基本要素”：

> 第一，必须是关于诗的专论，而不是个别的论诗条目，甚至连古人书记跋序中的有关论诗的单篇零札，也不能算作诗话。
>
> 第二，必须属于一条一条内容互不相关的论诗条目连缀而成的创作体制，富有弹性，而不是自成一体的单篇诗论。
>
> 第三，必须是诗之“话”与“论”的有机结合，是诗本事与场具有积诗论的统一。一则“诗话”是闲谈随笔，谈诗歌的故事，故名之曰“话”；二则“诗话”又是论诗的，是“论诗及事”与“论诗及辞”的契合无垠，属于中国古代诗歌评论的一种专著形式。①

本章便以此三条要素来考察梁九图《十二石山斋诗话》的内容。衡诸《十二石山斋诗话》，我们也确可见其所包含的论诗、连缀体、诗本事这三方面内容。通过这些连缀起来的“话”与“论”，探析其所直接表达或间接隐含的诗学思想，并进而走进梁九图的诗学世界，这是本章的最终目的。

（接上页）［清］陶元藻撰《全浙诗话（外一种）》（浙江古籍出版社，2015年）；［清］郑方坤《全闽诗话》［乾隆十九年（1754）刊本］。蔡镇楚编《中国诗话珍本丛书》（北京图书馆出版社，2004年）、《域外诗话珍本丛书》（北京图书馆出版社，2006年）。吴承学先生的论文也提到了一些地域诗话：“郭子章《豫章诗话》、曹学佺《蜀中诗话》、郑方坤《全闽诗话》、陶文藻《全浙诗话》、杭世骏《榕城诗话》、梁章钜《长乐诗话》、民国屈向邦《粤东诗话》。”吴承学、程中山：《岭南诗话与岭南诗学》，《学术研究》2020年第6期，第143页。

① 蔡镇楚：《中国诗话史》，第7页。

第一节　清代岭南诗话的创作概况

在古代中国，岭南因地理位置的问题，所以文化的发展相对于内陆及东部沿海等地较慢。具体到文学的发展，20世纪以来的文学史著作中，岭南人的名字也很少见。以诗话而论，吴承学教授曾指出："在中国诗话发展史上，广东诗话起步较晚，现存最早诗话为晚明东莞邓云霄《冷邸小言》，而邻近福建省早在宋代已有大量诗话，广东诗话相对要落后很多。如果不把广西蒋冕《琼台诗话》（此书乃记其师海南邱濬之诗事）计算在内的话，《冷邸小言》应是现存明代广东的惟一诗话，这对于明代诗家辈出的广东诗坛来说，简直不成比例。"①即使到了清代，岭南地区的诗话创作虽有了一定发展，但从数量和质量上来说，也不够突出。蒋寅教授曾梳理："自晚明以降，粤东诗歌创作虽有长足发展，但诗学研究相对滞后。尽管在乾隆十六年（1751）南海劳孝舆已刊行《春秋诗话》，不过在当时它可能会被视为经学别裁。所以严格地说，直到乾隆中叶翁方纲提学粤省，日与生徒讲论，论诗风气才慢慢兴盛于士绅间，到嘉、道以后终于出现诗话作者竞出的局面。黄培芳、张维屏、梁邦俊、梁九图、林联桂、李长荣、何曰愈、冯询、黄钊等一批有成就的诗论家，引发晚清广东诗学的繁荣局面。"②

吴承学先生总结说："嘉道以来，广东书院教育日渐发达，诗教风气浓厚，这是广东诗话发展的重要契机，诗话也形成新的特色。"并举例一一说明。③然我们以蒋寅《清诗话考》为依据，统计该书著录嘉道以前诗话仅12种：

① 吴承学、程中山：《岭南诗话与岭南诗学》，《学术研究》2020年第6期，第144页。

② 蒋寅：《黄培芳与粤东诗学的发轫》，《中山大学学报》2020年第1期，第20页。

③ 吴承学、程中山：《岭南诗话与岭南诗学》，《学术研究》2020年第6期，第145—146页。

表5-1　嘉道以前岭南诗话创作情况

著录岭南诗话细目	作者	版本
《春秋诗话》	劳孝舆	创作于雍正八年至十一年（1730—1733）间
《乐府标源》	汪汲	创作于乾隆五十九年（1794）前
《乐府遗声》	汪汲	创作于嘉庆间
《读杜韩笔记》	李黼平	有民国间中华书局铅印本，今有广东人民出版社2020年版《李黼平集》亦收录
《诗说》	黄培芳	有广东高教社1995年版《黄培芳诗话三种》本
《香石诗话》	黄培芳	有嘉庆十六年（1811）岭海楼刊黄氏家集本等
《粤岳草堂诗话》	黄培芳	有广东高教社1995年版《黄培芳诗话三种》本
《见星庐馆阁诗话》	林联桂	有道光三年（1823）刘树芳富文斋刊本
《茅洲诗话》	李长荣	创作于道光十年（1830）
《橡坪诗话》	方恒泰	撰成于道光十二、十三年（1832—1833）间
《十二石山斋诗话》	梁九图	道光二十六年（1846）家刊本
《小匡说诗》	梁邦俊	道光二十八年（1848）梁九图刊本

由上表我们可以看到，劳孝舆《春秋诗话》乃“经学别裁”；汪汲所作两种，乃抄录郑樵《通志·乐略》，这三种都非严格意义上的诗话。个中尤以黄培芳最为著名，所以，黄培芳的门人孔继勋很骄傲地说：“至吾粤之有诗话，自吾师《香石诗话》始。”①嘉道以前的诗话作者可与黄培芳相媲美的，便是张维屏。张维屏所作《听松庐诗话》虽无单行本传世，但却附在他所编纂的《国朝诗人征略》《国朝诗人征略二编》《艺谈录》三书中，达“七百多则”②。梁九图的《十二石山斋诗话》也多次称引《听松

① ［清］孔继勋：《粤岳草堂诗话序》，［清］黄培芳：《粤岳草堂诗话》，陈建华主编：《广州大典》影印清宣统二年铅印绣诗楼丛书本，《广州大典》第五十八辑集部诗文评类第二册，第561页。

② 吴承学、程中山：《岭南诗话与岭南诗学》，《学术研究》2020年第6期。

（续表）

庐诗话》。其他则以方恒泰、梁九图所作较为特殊，《橡坪诗话》乃方氏十八岁所作[①]，《十二石山斋诗话》则为梁九图三十六岁前所作，均可见青年卓识。

梁九图生活跨道光、咸丰、同治、光绪四个时期，但其流传至今的著述皆止于道光年间。而其生活的后半段著述，或许仍有诗话之撰述，可惜今不可得见。

尽管程中山说“晚清咸同以来，广东诗歌蓬勃发展，延续了嘉道时期始盛的广东诗话撰写风气”[②]，但统计蒋寅《清诗话考》会发现，咸同以迄民国前，广东诗话的创作也不能说很丰富。

表5-2　咸丰至民国以前岭南诗话创作情况

著录岭南诗话细目	作者	版本
《艺谈录》	张维屏	约咸丰间门人倪鸿校刊本
《退庵诗话》	何曰愈	光绪九年（1883）家刊本
《海山诗屋诗话》	李文泰	光绪四年（1878）广州森宝阁排印本
《缉雅堂诗话》	潘衍桐	光绪十七年（1891）杭州刊本
《湛此心斋诗话》	胡曦	1960年兴宁先贤丛书影印守先阁传钞本
《耕云别墅诗话》	邬启祚	民国二十年（1931）刊邬氏家集本
《诗学要言》	邬启祚	民国二十年（1931）刊邬氏家集本
《立德堂诗话》	邬以谦	宣统三年（1911）邬庆时刊番禺邬氏丛刻本

我们还可以对比《广州大典》所收咸丰以后的诗话：

① 可参程中山：《李长荣三种诗话考述》，程中山：《清代广东诗学考论》，广州：广东人民出版社，2012年，第107—123页。

② 程中山：《清代广东诗学考论》，第107页。

表5-3　《广州大典》所收咸丰以后岭南诗话[1]

序号	书名	著者	版本
1	《退庵诗话十二卷》	（清·香山）何曰愈撰	清光绪九年（1883）刻本
2	《雪庐诗话一卷》	（清·顺德）赖学海撰	清光绪十八年（1892）邱园刻本
3	《诗学要言三卷》	（清·番禺）邬启祚撰	清宣统间刻本
4	《耕云别墅诗话一卷》	（清·番禺）邬启祚撰	
5	《立德堂诗话一卷》	（清·番禺）邬以谦撰	
6	《缉雅堂诗话二卷》	（清·南海）潘衍桐撰	清光绪十七年（1891）杭州刻本
7	《诗话新编四卷》	（清）倪鸿辑	清光绪十四年（1888）东塾草堂刻本

以上统计，皆指向一个事实：目前所呈现的清代岭南诗话的创作情况与江南、中原等地相比要逊色很多。清代岭南的诗话流传至今的较少[2]，而目前关于对岭南诗话的研究，可谓少之又少[3]。但我们可以期待，吴承学先生的文章已交代："2014 年我们发起编纂《全粤诗话》计划，收入现存1949年以前广东人所撰诗话，《全粤诗话》近期将由中华书局出版，该书将为研究岭南诗学提供比较重要的文献资源。"[4]目前有关梁九图《十二石山斋诗话》的研究，除个别文章称引外，尚无专篇论文。

① 此表据陈建华主编《广州大典》影印本整理。同光以后岭南诗话创作实际情况，可参吴承学教授的梳理，见吴承学、程中山：《岭南诗话与岭南诗学》，《学术研究》2020年第6期，第147—148页。

② 吴承学曾论析了"宋元广东没有诗话遗存，而明代诗话遗存也极少"的三点原因。

③ 程中山《清代广东诗学考论》考论了张维屏、黄培芳、李长荣、潘飞声、黄节、陈融等人的诗话。另有2篇硕士学位论文：满忠训《〈退庵诗话〉研究》，暨南大学2011届硕士学位论文；杨健《劳孝舆〈春秋诗话〉研究》，四川师范大学2018届硕士学位论文。此外，刘娟在《岭南诗评文献及其价值》（《图书馆论坛》2019年第2期）一文中也有对岭南诗话的介绍和统计。

④ 吴承学、程中山：《岭南诗话与岭南诗学》，《学术研究》2020年第6期，第144页。

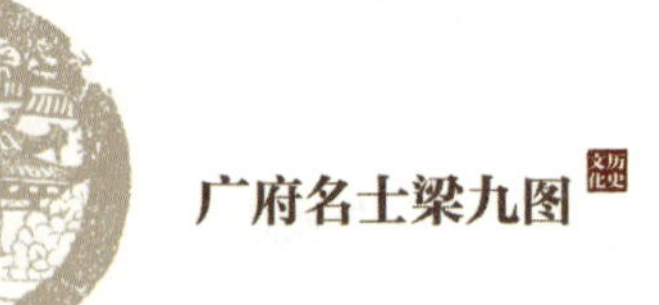

第二节 《十二石山斋诗话》的内容体系

在分析《十二石山斋诗话》的内容体系前，我们先了解一下诗话的内容体系。

一、诗话的内容体系

诗话因其涵义的多歧，故古代的公私书目，对诗话的归属也常存在不一致的地方。而古代的诗论家就更多从自己的标准出发去衡定诗话的范围。这都提示出诗话的内容体系比较复杂。我们选取几种有代表性的意见：

宋许顗（彦周）云：

> 诗话者，辨句法，备古今，纪盛德，录异事，正讹误也。若含讥讽，著过恶，诮纰缪，皆所不取。[①]

许彦周这里给的“定义”还比较简单，更多着眼于诗话的功能，并没有触及到诗话关于诗学的建构意义。随着诗话的创作越来越多，更多的人则从“诗学”的视角予以审视诗话的内容体系。光绪年间香山人何曰愈作有《退庵诗话》，其子何璟在跋文中云：

> 古人论诗无专书，自梁钟嵘撰《诗品》，唐孟棨撰《本事诗》，殆为后人诗话之祖。至宋欧阳公《六一诗话》出，而司马公、刘中山、陈后山、许彦周诸公继之。体例大备，祖述遂夥。或标举格律，或区别渊源，或考校得失，或旁搜故实，或兼及杂

① ［宋］许顗撰，吴泽贤点校：《彦周诗话》，吴文治主编：《宋诗话全编》第2册，南京：江苏古籍出版社，1998年，第1392页。

事，如说部后有作者，率不越夫此。……先府君为此书，自少而壮、而老，纂辑不辍。中年宦蜀最久，故得自蜀中者为多。晚年就养皖鄂，旋复返粤，故述粤中诗派为详。大率持论醇实，决择审慎，体例准诸前贤，而力矫其失，全书可按也。念先府君诗文集已次第刻成，因复校而刊之，以示我子孙亦诗教之一端也。①

这则跋不仅溯源了诗话的起源、发展，还对诗话的体例（内容体系）进行了分类，尤其对诗话的性质（“说部后有作者”）进行了探讨，并且把诗话上升到“诗教”的高度。

何璟对诗话内容体系的分类已相对完善，且有很多人表达了相同的看法。清代诗学研究专家吴宏一先生曾引述桐庐主人宋俊《柳亭诗话》序云：

中国文学，实为世界最丰富之宝库，体例繁夥，珍品侈陈，诗话一门尤为中国文学特创之体制。自钟嵘创作《诗品》，第作者之甲乙，而溯厥师承，其后作者辈出，而为例亦趋广泛。若皎然《诗式》，备陈格律；孟棨《本事诗》，旁采故实；刘攽《中山诗话》、欧阳修《六一诗话》，则又体兼说部。于是体例既备，所撰遂夥，盖已蔚附庸为大国矣。

针对此序，吴宏一分析到：

所谓“第作者之甲乙，而溯厥师承”、“备陈格律”、“旁采故实”、“体兼说部”，与《彦周诗话》所言，大致相同，宋

① ［清］何曰愈：《退庵诗话》，陈建华主编：《广州大典》影印清光绪九年刻本，《广州大典》第五十八辑集部诗文评类第3册，第106页。

代以来的诗话，也大都不出此范围。清人对诗话的观念，所谓“抒怀旧之蓄念，发潜德之幽光”，所谓“比量声韵，轩轾字句”、补“志乘之未备”，所谓“足以资掌故”，所谓言“诗法”，论调可谓与此如出一辙。而这些诗话的形式，又从来鲜有严谨的系统，大多类似随笔、札记之类，所以诗话和笔记之间的关系，常常是一而二、二而一的。[①]

吴宏一所引述桐庐主人及自己的评语，都与何璟揭示的大致相同。我们今天研究诗话的内容体系，也基本可从此入手。

二、《十二石山斋诗话》的“文体”特点

所谓《十二石山斋诗话》的文体特点，也就是探讨该诗话的撰写体式，这与上面所分析的诗话的内容体系也可以算作一个问题。诗话的内容体系如上所述，但如何呈现这些内容，便是其文体特点。《十二石山斋诗话》呈现其内容的文体有以下四种：

1. “纪事体”

明人孔天胤有云：“夫诗以道性情，畴弗恒言之哉；然而必有事焉，则情之所繇起也，辞之所为综也。”[②]纪事类似于诗歌本事，也就是围绕某些诗歌的创作背景。因此，自唐以来，有关唐诗、宋诗、明诗、清诗，乃至词、文、曲、小说等，皆有纪事之作。蔡镇楚先生所总结的诗话三要素之一也含有“诗本事”。所以，纪事体是诗话写作一种重要、且广泛而成熟的文体。《十二石山斋诗话》中有关诗本事的条目很多，如卷九载：

① 吴宏一：《从清代诗学的研究到清代诗话的整理》，吴宏一主编：《清代诗话考述》，台北：中央研究院中国文哲研究所，2006年，第3页。

② ［明］孔天胤：《重刻〈唐诗纪事〉》（序），［宋］计有功撰：《唐诗纪事》，上海：上海古籍出版社，1987年，第2页。

> 贤王祠在三岔河口，香林苑侧，中祀怡亲王，雍正十三年奉敕建。先是，三年，王承旨查修畿辅水利，奏开沧浪、青县，减水二河，并各建滚水石壩。由是卫河入直沽者，其势少杀。四年，复奉命营田天津贺家口、何家圈、白唐口、葛沽、泥沽等处，共营成稻田六百二十三顷八十七亩。逾年，所营稻田，或一茎三穗、双穗不等，特疏进呈。故汪槐塘征君《津门杂诗》有云："樏橇频垂度土功，嘉禾双穗报年丰。议勋自合崇禋祀，不为天潢私剪桐。"①

如果不知晓怡亲王修河营田本事，便不易理解汪槐塘诗所咏，尤其是对尾句"剪桐"典故的理解。

再如卷十载：

> 崇祯癸未，湖广巡抚宋一鹤败后，家属没官。其爱妾陈氏以色艺闻，门客王屋聘焉。谢参政上选，先期娶之。徽州程奎《即事》咏云："歌舞丛中度岁华，一朝忽去抱琵琶。前身定是乌衣燕，不入王家入谢家。"比例贴切，宜一时争相传诵也。②

如果没有此事的交代，我们不太容易知道程奎诗中前两句所写为谁，也不晓得乌衣燕、王、谢之比，就更体会不到此诗之妙。

纪事体诗话与笔记有相似性，有事有诗，事为揭示诗歌背景等，而诗恰好是对事的演绎，两者相得益彰。

---

① ［清］梁九图撰：《十二石山斋诗话》卷九，陈建华主编：《广州大典》影印本，第628页。

② ［清］梁九图撰：《十二石山斋诗话》卷十，陈建华主编：《广州大典》影印本，第651—652页。按，此段中的"比例"疑为"比喻"。

2. “对比体”

在诗话中将相同或相近的诗人或诗歌进行对比，这也很普遍。在《十二石山斋诗话》中，存在最为普遍的就是将相同题材的诗歌进行对比，以见出各自特色。

将两个诗人对比，卷一载：“韩诗多哀，白诗多乐，终是性情之偏，然二公能见性情，所以各有千古。”比较韩愈和白居易。又：“吴梅村诗艳，而不失于纤；王次回诗纤，则反伤其艳。”[①]比较吴伟业和王彦泓。

比较相同题材的诗，如：

> 南汉后主昏庸殆甚，南海家墨畦孝廉绍训句云“洛上君王皆刺史，宫中巫觋亦神仙”，道得昏庸形状出。何竹溪星垣《李后主》诗云：“追从苍黄雨打头，官家仙眷尽乐舟。不堪回首江南望，今日携家去作侯。”同一写生手段。[②]
>
> 姑苏台佳作颇多，余最爱海盐董晓沧“歌残白苎春方醉，采得黄丝夏已销”及雨湖师“事去有湖归越女，曲终无地宴吴王”等句。[③]

将梁绍训、何星垣同咏后主昏庸的诗放在一起对读，见出二者共同的特色——写生，将董晓沧和刘雨湖同写姑苏台的诗放在一起对读，看出二者各自的特色。他如卷一论寒士途穷，每以诗文乞怜卿相，此唐朝结习，举韩愈诗，又举陶潜诗为对比；卷三将杜甫《题王宰山水障》和余杭严沆《答友索画》二诗对比，杜胜“迟”，严胜“速”；对比邵康节、徐朗斋二人所写饮酒看花诗句，等等。

---

① ［清］梁九图撰：《十二石山斋诗话》卷一，陈建华主编：《广州大典》影印本，第444页。

② ［清］梁九图撰：《十二石山斋诗话》卷一，陈建华主编：《广州大典》影印本，第441页。

③ ［清］梁九图撰：《十二石山斋诗话》卷一，陈建华主编：《广州大典》影印本，第443页。

还有就是对比诗歌风格，如卷四载：

> 熊庶泉观察学骥《秦淮杂咏》云："秦淮三月画簾开，便有游人打桨来。燕子不归春又暮，几家闲煞好楼台。"李啸村葂《青溪口占》云："粉墙红扫落花尘，一带楼台树影昏。雨细风斜簾未卷，纵无人在也销魂。"同一样凄婉。[①]

指出二诗在风格上的相同。这种对比体的写作手法，让我们很容易见出梁九图通过比较来达到鉴赏的目的。

3. "举证体"

举证，也就是举例。梁九图在《十二石山斋诗话》中对诗歌的源流、作法等表达了很多看法，对所提到诗人的诗歌特色也都有一定的评判，这些并非像古人的印象式批评，而是皆附以具体的诗句作为例证，让人明其所指。如卷四载：

> 香山黄香石中翰所著《岭海楼诗钞》，《望罗浮》一首逼近少陵，诗云："飞尽千峰云，兀突矗天外。浩然元气通，上与真宰会。作镇雄百蛮，翕闢仙境大。伟哉荡吾胸，骋眺入青霭。"其他佳句，五言如……至《读武侯传》云"天心已定三分国，王业何关八阵图"，《咏留侯》云"岂有英雄耽辟谷，不遭夷僇即神仙"，尤有见地。[②]

梁九图谓黄培芳的《望罗浮》"逼近少陵"，当是指黄诗风格近杜甫

① ［清］梁九图撰：《十二石山斋诗话》卷四，陈建华主编：《广州大典》影印本，第510页。
② ［清］梁九图撰：《十二石山斋诗话》卷四，陈建华主编：《广州大典》影印本，第520页。

的《望岳》，尤其尾联的气势，的确近似杜甫的“会当凌绝顶，一览众山小”。

再如卷六载：

> 截诗须层折自然，方得唐人家数。长洲沈得舆侍郎《送杨曰补南还》云：“去年春尽同为客，此日君归又暮春。最是客中偏送远，况堪更送故乡人。”四层意，一笔齐写，不事雕琢，自觉黯然。①

论证截诗要层折自然，所以举沈得舆诗为证。

4. “征略体”

吴承学先生在分析张维屏诗话的文体特点时说：

> 岭南诗话中，著述形态最有新意而且影响最大的，是张维屏编纂《国朝诗人征略》《国朝诗人征略二编》《艺谈录》三书。张氏三书收录清诗人一千三百多家，可视为清代诗人汇编，文献价值很大。三书并非传统闲谈式诗话，而是旁征博引，综录清代诗人生平、诗评、诗歌（摘句标题）为主，虽然“意在知人，本非选诗，其中或因题，或因事，或己所欲言，或人所未言，意欲无所不有，不专论诗之工拙也”，但其书合传、论、选的征略体例可谓首创，更开清诗纪事类文献之先河，明显影响后来吴仲《续诗人征略》、施淑仪《清代闺秀诗人征略》、钱仲联《清诗纪事》等书。②

---

① ［清］梁九图撰：《十二石山斋诗话》卷六，陈建华主编：《广州大典》影印本，第552页。

② 吴承学、程中山：《岭南诗话与岭南诗学》，《学术研究》2020年第6期，第153页。

所谓征略体，也就是包含诗人小传、诗歌评论及具体诗歌（含摘句、标题）为一体的体式，这在《十二石山斋诗话》中也很常见，我们举两例：

> 茶陵彭公维新原籍湖南祁阳，世传其幼鬻梨园为伶，然遇书辄读。后至茶陵富室某家演剧，公登场，主人识其俊杰，为赎身，留与己子共笔砚。公赋性敏慧，出笔如老宿。即以女妻之，遂以茶陵籍入庠。康熙丙戌馆选，官至户部尚书、协办大学士。清介立朝，世称石原先生。著有《墨香阁集》。其《江行杂咏》云："十里青芜覆白沙，层层竹树蔽人家。东风不解留春色，吹尽桃花与杏花。"《万昌舟中》云："泷江一叶信高低，对束层崖望转迷。浓绿遍山人寂寂，杜鹃花里鹧鸪啼。"风调剧佳。[①]
>
> 甘泉谢佩禾堃善书画，能诗，兼工词曲。少孤苦，隐于市，后游扬州，阮仲嘉为延誉于当路，于是陶云汀、曾宾谷、郑梦白、麟见亭诸公皆与定交，诗名遂噪。著有《春草堂集》。《咏后晋》云："啗酥名已重诸侯，更割幽并十六州。一乘奚车一囊药，阏氏山畔六宫愁。"《南汉》云："红云宴罢感沧桑，曼倩诙谐最擅长。二四羊头来白雨，一时愁煞小南强。"《杨花》云："春光团结扑衣多，和雨和烟系绿波。亚字阑干舟一叶，琵琶低唱畔儿歌。"俱属雅音。[②]

像这样的诗话，均符合"传、评、诗"合一的征略体，也与梁九图和吴炳南合编的《岭表诗传》的体例一致，即诗人小传、具体选诗、间附评点，后文会详论。

明晰了《十二石山斋诗话》的文体特点，对于我们阅读、理解诗话内

---

① ［清］梁九图撰：《十二石山斋诗话》卷六，陈建华主编：《广州大典》影印本，第566页。

② ［清］梁九图撰：《十二石山斋诗话》卷九，陈建华主编：《广州大典》影印本，第629页。

容具有很大的帮助。

三、《十二石山斋诗话》的内容

据笔者统计，《十二石山斋诗话》十卷共收录922则诗话，在清代岭南所有诗话中，其体量也是数一数二的。兹结合以上所提及许彦周、何璟、桐庐主人、吴宏一及蔡镇楚等人之论述，将《十二石山斋诗话》的内容分为以下七大类：

（一）论诗之技法

蒋寅先生曾论析说："就现有文献来看，中国诗学的主要内容是诗法，即关于诗歌写作的法则和技巧。'法'通常具有法则和方法两层意思，习惯上称为'诗法'的著作主要讲的是诗的基本规则和文体特征等具有一定规定性的、必须遵循的东西，唐人谓之'格'，并由此形成中国诗学的主要著作形式之一——诗格。而'法'或'法度'在诗歌批评的语境中，通常是指声律、结构、修辞等各方面的手法与技巧的运用。"[①]唐代已出现很多诗格类的著作，而专论某一诗法的著作，如王士禛《律诗定体》、翁方纲《王文简古诗平仄论》《七言诗平仄举隅》、赵执信《声调谱》等，在诗话中也常见。梁九图所论诗法，具体又可分为以下四个具体的细目：

1. 论句法

诗歌的语言有着固定的语法，尤其是齐梁以来近体格律诗的发展、定型，更将诗歌的创作戴上了一种"枷锁"。不仅体现为平仄、用韵、对仗等具体的要求，更随着形式的定型而凝固为一定的风格。句法的讲究与锤炼，也便成了这"枷锁"的必然要求。傅根生先生分析说："句法一词，最初出现在佛教文献中，作为诗学概念运用是从宋代开始的，王安石、苏

---

① 蒋寅：《至法无法：中国诗学的技巧观》，《文艺研究》2000年第6期，第69页。后收入《古典诗学的现代诠释》，北京：中华书局，2003年。

轼、黄庭坚等率先大量运用句法概念来评点杜甫、陶渊明的诗歌，黄庭坚的学生范温更是明确提出了‘句法之学，自是一家工夫’（宋·范温《潜溪诗眼》）的观点，自宋至清末，句法一直是中国古代诗歌评论的重要内容，在各种诗话、诗评、诗学著作中基本都有涉及，虽然著者对诗歌句法褒贬不一，但‘句法’始终是诗歌评点的重要内容，可以说，一部中国古代诗话史，就是一部诗歌句法研究史。”①

梁九图对句法概念的认识没有固定的表述，只是通过具体的实例来表达他对句法的讲求。他论诗之句法，比较关注一首诗之起句。如卷二载：

> “跨马塞北地，百战封一侯。钓鱼江南天，一竿占十洲。”此金坛潘南村高五言《古意》起句也。隔句对法，而笔力坚挺，气魄雄迈，非徒格法胜人。②

虽然这条也可以说是在论对仗，但亦注目于起句。该诗起句便用了隔句对仗法，起到了提挈全诗、奠定风格的作用。明胡应麟曾论道：“唐五言多对起，沈、宋、王、李，冠裳鸿整，初学法门，然未免绳削之拘。”③起句用对偶，并非易事。梁九图评价潘高诗的起句“非徒格法胜人”，言外之意，这两句起句还有其他胜人之处。

再如卷十录吴梅村《遇旧友》：

> 已过才追问，相看是故人。乱离何处见，消息苦难真。拭眼

① 傅根生：《古代诗学概念“句法”论》，《海南大学学报》2015年第3期，第50页。傅先生另有《论古典诗学句法研究的学科守界与体系架构》一文，对句法研究现状进行了梳理，并提出了句法研究的体系架构。傅根生：《论古典诗学句法研究的学科守界与体系架构》，《武汉理工大学学报》2018年第1期，第121—127页。

② ［清］梁九图撰：《十二石山斋诗话》卷二，陈建华主编：《广州大典》影印本，第465页。

③ ［明］胡应麟撰：《诗薮·内编》卷五，上海：上海古籍出版社，1958年，第88页。

惊魂定，衔杯笑语频。移家就吾住，白首两遗民。

梁九图评曰：“起语神妙，不图于‘乍见翻疑梦’诗外，又获此创句。”[①]梁九图于中国诗歌史相当熟悉，看到吴梅村的这首诗，便立刻想到了晚唐司空曙的《云阳馆与韩绅宿别》，并注意到吴诗起句的创新。两个故人相遇，但因为时间久远，遭逢乱离，所以擦肩而过，感觉似曾相识，故“过后”才追问，细看才知是故人，这种场面如今仍然可见。与司空曙所表达的“乍见翻疑梦，相悲各问年”有异曲同工之妙。

段宗社博士在《中国诗法论》中有一节论述黄庭坚“句法”论，指出“黄庭坚所谓‘句法’有些具有确定性诗法内涵，而多数则用来标明风格境界”。皆举例以证明之。并分析道：

> 黄庭坚《赠高子勉》诗云“拾遗句中有眼，彭泽意在无弦。”这是对他所推崇的两位前辈诗人创作特征所作的描述，其实也可用来描述黄庭坚“句法”论的两方面内容。“有眼”代表一种实有的作法，“无弦”表示自然高妙的境界。……黄庭坚所谓“句法”，绝不是这两个字的字面所指，而是一个十分宽泛的概念。不仅指诗句的语词构成，还联系到诗句的艺术风格、意境、气势等。[②]

梁九图论诗宗唐，并非取法“江西诗派”，但我们看他对句法的分析，实际大多指向“艺术风格、意境、气势”，如卷二载：

---

① ［清］梁九图撰：《十二石山斋诗话》卷十，陈建华主编：《广州大典》影印本，第640页。

② 段宗社：《中国诗法论》，四川大学博士学位论文，2005年，第56—57页。按：有关黄庭坚及江西诗派关于句法的提倡与论析，还可参周裕锴：《宋代诗学通论》乙编第四章，上海：上海古籍出版社，2019年，第174—184页。

> 五七古散行中须有整齐句，方得凝练。第其中错综遥对，有以不整齐为整齐者。东坡，诗人多谓其随意驰骋，不知细针密缕，篇法、句法无不斟酌。老杜谓“老去渐于诗律细”者，非独为近体言矣。[①]

这条主要是论述五七古的格调，但确是着眼于句法。古体散行，但需要“整齐句”来形成凝练的风格。

再如卷三载：

> 前见翁覃溪方纲所选唐诗，钱箨石为之评，多言叠法，如谓杜工部“风急天高猿啸哀，渚清沙白鸟飞回”为三叠句法之类，不胜枚举，大概谓层折及实字多，句法遂得坚响遒劲也。考诸名家，虽不尽然，然初学讲求，亦不免薄弱之病，但恐入于堆垛耳。因阅《箨石斋诗稿》，有《乐游原》，句云“宁申岐薛亭台里，车马衣裳士女风”，知其得力有由。[②]

梁九图这里对钱载（箨石）所评句法“三叠句”进行了分析，并指出这种句法的作用——使诗句“坚响遒劲”，也是指向风格，并指出了钱载诗句的源头。

他如卷三录胡季堂《培荫轩集》中《过苑家口木桥》一诗，评收句“逝水何曾有旧流”云“含豪邈然”[③]，则着意于意境。卷三中有论“律中句法有生峭可喜者”，一连举湘潭张蓉裳二联，钱箨石、朱橡村、吴荷屋、陈益斋、鲁星村、刘芙初各一联，陶季寿二联，李菊水、吴澹川、王

① ［清］梁九图撰：《十二石山斋诗话》卷二，陈建华主编：《广州大典》影印本，第478页。

② ［清］梁九图撰：《十二石山斋诗话》卷三，陈建华主编：《广州大典》影印本，第490页。

③ ［清］梁九图撰：《十二石山斋诗话》卷三，陈建华主编：《广州大典》影印本，第485页。

弇山、江松泉、陈东浦、郑耕余各一联诗，计14人，这里又着眼于“气势”。全书论句法者还有很多，此不赘引。

2. 论炼字

刘勰在《文心雕龙》中已指出：“缀字属篇，必须练择。”“练择”便是对字、词加以“选择”[①]。对于诗歌“风骨”的锤炼，刘勰也认为得益于“捶字坚而难移”，周勋初先生解释说：“文辞经过反复捶练，则精确而难以改变。”[②]近体诗盛行之后，诗人们除了在题材上翻新外，便是精于具体诗艺的琢磨。唐人已有“吟安一个字，拈断数茎须”[③]及“新诗改罢自长吟”[④]等追求。到了宋代，迫于“影响的焦虑”，宋人更加在一字一句的琢磨上力求翻出新的花样，诗话中关于炼字的例子俯拾即是，个中为大家所熟知的，如计有功《唐诗纪事》所载贾岛“推敲”的故事[⑤]，欧阳修《六一诗话》所载陈从易与宾客补杜诗“身轻一鸟”之脱字[⑥]，洪迈《容斋续笔》“诗词改字”条所载王安石“春风又绿江南岸”一句中“绿”字的修改[⑦]等。尤其到了江西诗派盛行之后，所谓“句眼”“炼字”的提法人尽皆知。但其实古往今来的诗人，无不对语言的运用有着不同于日常口语的考虑，只是那些看上去混融的诗，“如两汉之诗，不可以一字求”[⑧]。

---

① 周勋初：《文心雕龙解析》，南京：凤凰出版社，2015年（2018年重印），第617页。

② 周勋初：《文心雕龙解析》，第490页。

③ ［唐］卢延让：《苦吟》，［清］彭定求等编：《全唐诗》卷七百一十五，北京：中华书局，1960年，第8212页。

④ ［唐］杜甫：《解闷十二首》其七，萧涤非主编：《杜甫全集校注》卷十七，第4948页。

⑤ ［宋］计有功撰：《唐诗纪事》卷四十，上海：上海古籍出版社，1955年，第613页。

⑥ ［宋］欧阳修：《六一诗话》，黄进德编纂：《欧阳修诗话》，吴文治主编：《宋诗话全编》第1册，第213页。

⑦ ［宋］洪迈著，穆公校点：《（全本精校）容斋随笔·容斋续笔》卷八，上海：上海古籍出版社，2014年，第127—128页。

⑧ ［明］胡应麟撰：《诗薮》内编卷五，第91页。

诗词炼字，一般从动词、形容词、数量词、虚词等入手。梁九图所论“炼字”，一方面着眼于用字的类型，比如数目字、叠字等；另一方面则如宋人一般，从“句眼”的角度入手。如卷五论“句中叠用数目字，无堆垛之迹者”，举陈独漉、吴县陈友竹坚、南昌杨子载垕、汉军高乘亭玥、番禺金罗香菁莪、番禺许扬云遂、嘉兴高青华孝本《咏武夷山》、同邑佘兼五锡纯、邹平张萧亭、炽山《咏烟波钓徒》、九图《夜渡湘江》等11人各一联诗为证。如九图自作《夜渡湘江》有云：“梦回五岭人千里，月涌三湘雁几声。”[①]这里九图用了五、千、三、几表示数目的字，确无堆垛之迹。

再如卷六载：“七绝用叠字之法，自有一种天然情韵，耐人讽诵。”举伍铁山《竹枝词》、魏善伯《江头别》、郑丰麓《甘滩打鱼词》及九图自作《浦城旅怀》为证[②]。我们看九图的《浦城旅怀》：

千里离家客浦城，思家无日不愁生。相思树上相思鸟，偏搅相思梦后情。

所谓“七绝用叠字之法”，指的是这首诗的第三句、第四句叠用了“相思”字，第二句也用到了“思”字。整首诗读下来，并不觉得重复，反倒因反复读到相思，使人对客居他乡的那种思乡之情感同身受。

梁九图还习惯把一些有意思的现象集合起来说明。比如押韵，他在卷九中录彭湘南、桐溪王仙御、吴松亭、马掬村、袁兰村各一首诗，且指出这五首诗“五押听字，俱好”[③]。卷十录砀山汪元琛《金陵杂诗》、杭州何

---

① ［清］梁九图撰：《十二石山斋诗话》卷五，陈建华主编：《广州大典》影印本，第530页。

② ［清］梁九图撰：《十二石山斋诗话》卷六，陈建华主编：《广州大典》影印本，第553—554页。

③ ［清］梁九图撰：《十二石山斋诗话》卷九，陈建华主编：《广州大典》影印本，第616页。

春巢《秦淮竹枝》、羽士朱岳云《秦淮舟子》三诗，三首诗最后一句均押“歌”字，“俱妙”[①]。再如卷九论黄庭坚之创体诗《宿道遥观》，“专用字之偏傍一样者缀合成句”[②]。

古人写诗词，一字之用，若恰到好处，的确能够提振全诗，如我们熟知的“泉声咽危石，日色冷青松”[③]“身轻一鸟过，枪急万人呼”[④]等。宋人便把这里的“咽”“冷”“过”形象地解释为一句之“眼”。梁九图虽亦论“句眼”，但常常从炼字之于诗的风格影响的角度来作判定。如卷八载：

> 唐诗“孤灯燃客梦，寒杵捣乡愁”，极意炼字，尚嫌入纤；近人王又曾句云：“寒灯孤艇悬乡梦，白日清江照鬓丝。”似较大方。[⑤]

“纤”“大方”，便是对诗的风格的评判。也可以看出梁九图所认可的炼字，尽管作诗需要炼字，但不要太过，应尽量追求一种自然。

再如卷八载：

> 短章全以一二字见意。袁景文《题苏李泣别图》云：“犹有交情两行泪，西风吹上汉臣衣。”番禺方九谷《妾安所居》云：“广殿多秋风，蟋蟀鸣幽闼。欲下玉阶行，总是昭阳月。”“汉

---

① ［清］梁九图撰：《十二石山斋诗话》卷十，陈建华主编：《广州大典》影印本，第649页。

② ［清］梁九图撰：《十二石山斋诗话》卷九，陈建华主编：《广州大典》影印本，第617页。

③ ［唐］王维：《过香积寺》，［唐］王维撰，陈铁民校注：《王维集校注》卷七，北京：中华书局，1997年，第594页。

④ ［唐］杜甫：《送蔡希鲁都尉还陇右因寄高三十五书记》，萧涤非主编：《杜甫全集校注》卷三，第622页。

⑤ ［清］梁九图撰：《十二石山斋诗话》卷八，陈建华主编：《广州大典》影印本，第601页。

臣”“昭阳”数字，何等含蓄！[①]

“汉臣”明苏武之心志，“昭阳”含无数幽怨，所以“含蓄”。这样的用字很简练，也较自然，又混融有味，所以为梁九图所赏。

他如“丙午仲春阴雨连旬”，录族叔介眉《即事》诗一联，其中有“积雨短光阴”，九图评云：“‘短’字最炼。”[②]再如卷八引《皇明世说》载杨慎登眺山寺，见雨霁虹霓下饮涧水，得一联诗，中有“渴虹、斜日”字。后杨慎阅《庄子》，改斜日为睨日。韩光愈称赞杨慎诗“渴虹睨日，古今齐对”，梁九图则认为若用斜日，便觉减色。又举吴兰雪《题杨米人太守海南游草》诗一联，中有“人鱼拜浪”，谓：“若改人仙二字，有何意味？乃知一字之下，煞费经营也。”[③]

3. 论对仗

刘勰《文心雕龙》第三十五篇《丽辞》特讲对偶这种修辞技巧。刘勰提出：“造化赋性，支体必双；神理为用，事不孤立。”[④]并把对偶分成了四类：“故丽辞之体，凡有四对：言对为易，事对为难；反对为优，正对为劣。”[⑤]六朝时，不管是写诗还是作文，都讲究对偶。清代诗学理论家赵翼曾指出：“然汉魏以来，尚多散行，不尚对偶，自谢灵运辈始以对属为工，已为律诗开端。”[⑥]唐代近体格律诗从定型到成熟，对仗也成了律诗写作必须锤炼的一个技巧。所以，初唐上官仪所撰诗格类著作《笔札华梁》中特意介绍了“属对”，并分了“的名对”“隔句对”“双拟对”“连绵

① ［清］梁九图撰：《十二石山斋诗话》卷八，陈建华主编：《广州大典》影印本，第600页。
② ［清］梁九图撰：《十二石山斋诗话》卷八，陈建华主编：《广州大典》影印本，第602页。
③ ［清］梁九图撰：《十二石山斋诗话》卷八，陈建华主编：《广州大典》影印本，第607页。
④ 周勋初：《文心雕龙解析》，第569页。
⑤ 周勋初：《文心雕龙解析》，第572页。
⑥ ［清］赵翼著，霍松林、胡主佑校点：《瓯北诗话》卷十二，北京：人民文学出版社，1963年，第175页。

对”“异类对”“双声对”“叠韵对”“回文对”“同类对”等九种对偶类型[①]。唐以后的诗话中，今人所撰的诗词研究著作中，更是常见论对偶。当代诗词研究大家钟振振教授指出：“对仗是近体诗创作中最基本最重要的技法之一。当下介绍诗律的读物，包括王力《诗词格律》，论及对仗，都说上下句语法结构须一致，相对的词语须词性相同。这只是教初学者要守规矩，按其规矩却未必能写出精彩的对仗。古人写诗靠熟读经典，举一反三；靠语言感觉，习惯成自然，并不讲语法。”[②]

梁九图论对仗，也仅仅视对仗为一种技巧，他认为：“对仗工巧，虽非高格，亦属可传。”并举史胄司《凤凰山吊宋故宫》、山东张萧亭《大游仙》、长洲陈焕霖《咏橘》、桐城马朴臣《秦淮水阁醉题》、武进徐永宣《竹垞先生留宿枫桥惠庆寺夜话追悼陆文孙》、上虞丁鹤《自遣》、赵翼《分校同门》、厉鹗《菜花》、合江董新策《舟中》为例，总评曰：“语皆新颖。”[③]

对偶并非近体诗专属，古体诗中亦可运用，尤其是南朝刘宋元嘉年间，以颜延之、鲍照、谢灵运等人为代表，作诗喜欢雕琢字句、讲究对仗，故有“元嘉体”之称。元嘉体的诗，有些写景句子完全对偶，故而显得板滞。梁九图也认为：“古中须有整句，方不佻滑，若全对仗，殊易近律；纵不近律，亦妨板滞。五古虚字运掉弥少，更难着笔。”并举史胄司《合涧桥步月》《飞来峰》为例，认为史胄司的诗“端庄流丽”[④]。

借对是对偶之一种。王力先生下定义说：“有时候，字在句中的意义对起来本不甚工，但那字另有一个意义却恰和并行句中相当的字成为颇工

① 详参张伯伟编著：《全唐五代诗格汇考》，南京：江苏古籍出版社，2002年，第58—62页。

② 钟振振：《对仗可分解到单字——旧体诗创作新说：对仗篇》，《厦大中文学报》2019年第七辑，第114页。

③ ［清］梁九图撰：《十二石山斋诗话》卷二，陈建华主编：《广州大典》影印本，第471页。

④ ［清］梁九图撰：《十二石山斋诗话》卷二，陈建华主编：《广州大典》影印本，第470页。

或极工的对仗，这就叫借对。”[①]古今诗人作律诗，经常用到，如我们熟知的杜甫的“酒债寻常行处有，人生七十古来稀”，这句中的“寻常”若按“平常”意思理解，不能与“七十”这个数目字形成对仗，但寻和常本义都是长度单位，因此，便可借其本义来与“七十”形成对仗。梁九图认为，律句中使用借对法，“每觉灵活”，他一连举了八联诗为证：

方子云：断碣苔封天子笔，废坛春绣地丁花。（天子对地丁）
吴孟举：山深木客通名字，日暖慈姑种子孙。（名字对子孙）
叶筠潭：负弩未酬司马志，思家空对杜鹃啼。（司马对杜鹃）
方文辀：贫家苦趣多男子，乐府伤心病妇行。（贫家对乐府）
董俟庵：但遣异书供砚北，不妨野语听齐东。（砚北对齐东）
顾立方：偶思服食求云母，漫拟填词付雪儿。（云母对雪儿）
魏善伯：穷愁久愧牛衣妇，兵法终惭马服君。（牛衣对马服）
毕秋帆：荡桨珠娘歌月子，弹筝盲女问年庚。（月子对年庚）[②]

对仗的种类很多，梁九图并没有多论，但不管哪种对仗，其使用的最终目的是促成整首诗歌的圆润流丽，如果耽于对仗，而忽略了整首诗“气理”的一贯性，就会变得如刘勰所谓：“若气无奇类，文乏异彩，碌碌丽辞，则昏睡耳目。必使理圆事密，联璧其章。迭用奇偶，节以杂佩，乃其贵耳。”[③]

4. 论用典

《文心雕龙·事类》开宗明义到：“事类者，盖文章之外，据事以类

① 王力：《汉语诗律学》（增订本），上海：上海教育出版社，1958年，第168页。
② ［清］梁九图撰：《十二石山斋诗话》卷五，陈建华主编：《广州大典》影印本，第529页。
③ 周勋初：《文心雕龙解析》，第574页。

义，援古以证今者也。”[1]周勋初解释说：“‘事类’之内又含两层意思，一是‘略举成辞以徵义’，一是‘全引成辞以明理’，可知‘事类’‘事义’或‘用事’的内容为用典与徵引成语。”[2]并引刘永济论用典：“文家用典，亦修辞之一法。用典之要，不出以少字明多意。其大别有二：一用古事，二用成辞。用古事者，援古事以证今情也；用成辞者，引彼语以明此义也。”[3]台湾学者颜昆阳解释刘勰的用典理论时指出：

> 刘勰所提出有关用典的理论，包含了以下三个概念：（一）用典乃是在文章作品所要表达的意义之外，引用古代的人事或成辞，以收类比或印证的效用；（二）用典大致可区分为“用故事”与“用成辞”二种；（三）用故事，其效用是“举人事以征义”，这是以经验事实印证抽象义理的修辞技巧。用成辞，其效用则是“引成辞以明理”，应该是借用已被认可的权威性观念来解释新提出来的道理。[4]

综上可知，用典并非简单用故事，还包括用成辞，也就是所谓的“事典”和“语典”。

《十二石山斋诗话》中论用典，首先是对个别诗歌中的用典予以评价，如卷九录沈德潜祖沈钦圻《后咏史》二律，梁九图评云：“南渡时事，二诗道尽，运用典切，属对工稳，不减玉溪生咏史诸作。”[5]再如卷三载梁翰之《咏永福陵》：

---

① 周勋初：《文心雕龙解析》，第597页。

② 周勋初：《文心雕龙解析》，第596页。

③ 周勋初：《文心雕龙解析》，第598页。

④ 颜昆阳：《李商隐诗笺释方法论：中国古典诠释学例说》，郑州：河南人民出版社，2018年，第176页。

⑤ ［清］梁九图撰：《十二石山斋诗话》卷九，陈建华主编：《广州大典》影印本，第627页。

> 永福陵在香山县南五十里寿星塘，相传宋马南宝葬端宗于此。诗人题咏甚夥，余最喜族叔介眉日初七律云："乱山何处寿星塘，远隔栖霞寄海疆。践祚不堪三载短，逊荒空续五庚长。生悲白雁来中土，死恨黄龙出外洋。剩有厓门亲骨肉，魂归终在白蘋乡。"[①]

永福陵是南宋景炎皇帝赵昰（庙号端宗，南宋末三帝之一）的陵墓。公元1276年，元军围困南宋都城临安，谢太后带领小皇帝宋恭宗投降。宋恭宗投降后，南宋余部坚持抗元，其中，陆秀夫、张世杰在福州拥立端宗为帝，但端宗的景炎年号只维持了三年。陆秀夫等又立九岁的赵昺为帝，即宋卫王。公元1279年，元军与宋军在厓山（今广东江门新会区南约50里）决战，宋军战败，陆秀夫背着小皇帝跳海。梁翰诗颔联写史事，颈联用典，"白雁来中土"指元朝，"黄龙出外洋"指南宋。梁九图评此诗云："运事典切，结响沉雄，一衬悲凉，直使千秋下泪。"[②]

其次，梁九图对典故的运用提出自己的认识，如卷一载：

> 诗患不典，又患过于用典，故考据家诗每多不佳。江南方子云正澍句云"交广易添离别恨，学荒翻得性灵诗"是也。[③]

典故堆砌，不易使人理解，容易损害诗歌的性情，倒是没有多少才学之人，才能写出性灵诗。

（二）论诗之题材

诗歌史发展越往后，诗歌题材的范围跟着越来越大。梁九图的阅历虽

---

① ［清］梁九图撰：《十二石山斋诗话》卷三，陈建华主编：《广州大典》影印本，第485页。

② ［清］梁九图撰：《十二石山斋诗话》卷三，陈建华主编：《广州大典》影印本，第485页。

③ ［清］梁九图撰：《十二石山斋诗话》卷一，陈建华主编：《广州大典》影印本，第446页。

不够丰富，但我们在前文论析其诗歌内容时，发现他所写题材亦复不少。《十二石山斋诗话》中论及题材很多，举其大者有咏物、咏史、悼亡、送别、题画、禽言等，且都揭示出各种题材的“写法”，或选择一些代表作，作为某些题材的“规范”。我们这里以咏物诗和咏史诗为例。

如卷一载：

> 《两般秋雨庵随笔》谓近时诗家咏物，勾心斗角，有突过前人者，因胪举诸咏评骘。余谓咏物而无寄托，纵极刻画，只如剪纸为花，镂玉作楮，形似是而神已非，殊非大雅所尚。[①]

梁九图所提倡的咏物诗也是要有寄托，“名手能借此自寄性情”[②]。咏史是中国古典诗歌中重要的一类题材。梁九图引袁枚之论云：

> 随园云咏史有三体：一借古人往事抒自己之怀抱，左太冲之《咏史》是也；一为隐括其事，而以咏叹出之，张景阳之咏二疏、卢子谅之咏兰生是也；一取对仗之巧，义山之牵牛对驻马、韦庄之无忌对莫愁是也。

针对袁枚所论第三体，梁九图云：“余谓对仗之巧亦偶然凑泊，未可定为一体，后来涂泽家以此擅长，究不可为典要。若奉为程式，必入魔道矣。”[③]这既可作为论对仗，亦是对袁枚之论作的修正。他如“咏史贵着议论，然议论须令人首肯”[④]，又不同于袁枚之“三体”。

---

① ［清］梁九图撰：《十二石山斋诗话》卷一，陈建华主编：《广州大典》影印本，第452页。

② ［清］梁九图撰：《十二石山斋诗话》卷四，陈建华主编：《广州大典》影印本，第508页。

③ ［清］梁九图撰：《十二石山斋诗话》卷八，陈建华主编：《广州大典》影印本，第596页。

④ ［清］梁九图撰：《十二石山斋诗话》卷三，陈建华主编：《广州大典》影印本，第481页。

（三）论诗之体式

诗歌体式或指诗歌的体裁、类型，或者指特殊的格式。严羽在《沧浪诗话》中特论“诗体”，即诗歌的体式，他指出：“《风》《雅》《颂》既亡，一变而为《离骚》，再变而为西汉五言，三变而为歌行杂体，四变而为沈宋律诗。”[①]风、雅、颂、骚体、五言、歌行、杂体、律诗皆是诗歌的体裁。严羽的“四变”说虽然较简单，但大体描绘了诗歌体裁的发展衍变史。诗歌体式经齐梁到初唐、盛唐，逐渐形成了近体与古体并行的局面。近体格律诗定型、成熟以后，齐梁以前的古体、乐府、骚体等仍不绝于诗坛。盛唐之后的诗体，基本没有出现新的体裁，只是在某种体式的技巧上求新求异。

本书所谓特殊的格式，也即严羽总结的因时、人不同而产生的诗体，如“以时而论，则有建安体、黄初体、正始体、太康体、元嘉体……江西宗派体”。[②]“以人而论，则有苏李体、曹刘体、陶体、谢体……陈简斋体、杨诚斋体。”[③]这种根据时代、人物不同而总结出的体式，一直到现在的诗歌研究中仍有其嗣响。所以，论诗体是所有诗话的重要内容之一，明代时还出现过许学夷《诗源辨体》、吴讷《文章辨体序说》、徐师曾《文体明辨序说》等专门辨析体式的著作。

梁九图对诗体的辨析，继承了钟嵘《诗品》的精神，注重导源各体之“正宗”。如卷一载：“尤悔庵乐府、屈翁山五律、王阮亭七绝、家药亭七古，近代诗人，殆未易方驾。”[④]指出了尤袤、屈大均、王士禛、梁佩兰各人所擅之体。

---

① ［宋］严羽著，郭绍虞校释：《沧浪诗话校释》，北京：人民文学出版社，1961年，第48页。

② ［宋］严羽著，郭绍虞校释：《沧浪诗话校释》，第52—53页。

③ ［宋］严羽著，郭绍虞校释：《沧浪诗话校释》，第58—59页。

④ ［清］梁九图撰：《十二石山斋诗话》卷一，陈建华主编：《广州大典》影印本，第442页。

再如梁九图引赵执信、袁枚、赵翼三家论王士禛："赵秋谷痛诋渔洋，而所作远不逮；袁子才以为一代正宗才力薄；赵云崧谓其不能八面受敌。"梁九图评到："俱非笃论。究之，渔洋七绝自是本朝之王龙标，其余诸体，虽不能讳其肤，然皆唐人正音，迥非宋调。"[①]王渔洋在清初诗坛享有盛誉，一时主盟，尤其倡导的"神韵说"更成为有清一代诗学的重要理论，自然招致一些人的不满。梁九图这里极力推崇王渔洋，把他的七绝定位为唐代的王昌龄，其他诸体也都是"唐人正音"。王昌龄素有"七绝圣手"之称，明人胡应麟曾赞曰："七言绝，太白、江宁为最。"[②]"七言绝，以太白、江宁为主。"[③]江宁即王昌龄。在胡应麟看来，唐代诗人中，作七言绝句最好的，便是李白和王昌龄。梁九图把王士禛等同于王昌龄，足见其对王士禛的尊崇。

卷九载：

> 唐虞以诗教胄子，是诗之来已久，特至周而体格始大备，后人善脱胎者，便成名家。如屈子兼风雅之体，故怨诽而不乱；杜工部雅多而风少，情韵稍逊矣；韩吏部颂多而雅少，往往曲中寓直；白太傅风多雅少，第长于言情。其余诸家又本屈、杜、韩、白而变化之，等于自桧以下矣。[④]

这里梁九图也是将屈、杜、韩、白四人的体式揭示出来，而作为后世的一种标准。他如卷四论沈德潜《田家杂兴》一首，"逼真王、储"[⑤]，指

---

① ［清］梁九图撰：《十二石山斋诗话》卷一，陈建华主编：《广州大典》影印本，第442页。
② ［明］胡应麟撰：《诗薮》内编卷六，第120页。
③ ［明］胡应麟撰：《诗薮》内编卷六，第115页。
④ ［清］梁九图撰：《十二石山斋诗话》卷九，陈建华主编：《广州大典》影印本，第620页。
⑤ ［清］梁九图撰：《十二石山斋诗话》卷四，陈建华主编：《广州大典》影印本，第514页。

出沈德潜的田园诗蕲向王维、储光羲。

梁九图对诗体的辨析，也注意到一些诗体上的新变，如卷二载：

> 刘公㦷云："七律如挽强弓硬弩，古来开到十分满者无几人。"知七律最贵雄健。近有狃于流易一派，动谓雄健者为张拳怒目，岂知一入流易，即失剽滑，贩夫俗竖皆能为之。诗体日卑，何以出入风雅？[①]

由体式上升到该体式应呈现出的风格，亦是确认诗体正宗。再如卷二载"诗有似策者，亦足见经济"，举广杨刘继庄献廷《怀古》为证[②]。

对诗体的发展流变，梁九图也有简单的总结，如卷三载：

> 古诗变而为骚，为乐府，为五言，为七言，为律，为长律，为绝句，降而为词，为北曲，为南曲。吾粤至变为调。调者，亦词曲之类，但求应弦合拍，不如词曲之有谱当填耳。道光初年，文士相竞为之。南海招铭山大令子庸辑而为《粤讴》，其情韵最足感人，然未免愈趋愈下矣。[③]

梁九图在这里所表达的诗体代变（降）的观点，远可溯源于变风变雅

---

① ［清］梁九图撰：《十二石山斋诗话》卷二，陈建华主编：《广州大典》影印本，第463页。

② ［清］梁九图撰：《十二石山斋诗话》卷二，陈建华主编：《广州大典》影印本，第466页。

③ ［清］梁九图撰：《十二石山斋诗话》卷三，陈建华主编：《广州大典》影印本，第480页。

之说，近则受明代胡应麟[①]、许学夷[②]、顾炎武[③]等人的影响。

（四）论诗之风格

自有诗歌开始，便出现了各种风格。钟嵘《诗品》、司空图《二十四诗品》[④]都对诗歌的风格进行了深刻讨论。严羽《沧浪诗话·诗体》提及各种诗体，但其实也多着眼于风格，如柏梁体、玉台体、西昆体、香奁体、宫体等。历来诗话也将风格作为重要内容加以探讨。《十二石山斋诗话》更是继承古代诗学传统，对诗话内所提及诗人及所作诗，基本都予以风格上的阐述。书中所提及的风格太多，如“气象包举”“逸气”“雄健”“苍劲”“跌宕”“潇洒”“恳挚缠绵”“风趣”“风致”“警策”“感慨悲凉”“矫矫不群”“幽峭”……不一而足。

如论风致，卷一录山阴邵梦余无恙《出白门》诗：

> 杏花如雪柳丝轻，渡口濛濛细雨生。惆怅行人过江去，十三楼畔正清明。

---

① 王明辉：《胡应麟“格以代降”说的诗学意义与文化意义》，《文艺理论研究》2016年第2期，第135—143页；冯韵：《关于“格以代降”的考辩》，《湖北社会科学》2008年第1期，第135—137页。

② 汪泓：《许学夷诗体正变论之再评价》，《江西师范大学学报》2003年第5期，第43—47页；杨晖：《许学夷〈诗源辩体〉的正变观念》，《阜阳师范学院学报》2008年第1期，第6—9页。

③ 顾炎武论“诗体代降”云：“《三百篇》之不能不降而《楚辞》，《楚辞》之不能不降而汉、魏，汉、魏之不能不降而六朝，六朝之不能不降而唐也，势也。用一代之体，则必似一代之文，而后为合格。”［清］顾炎武著，张京华校释：《日知录校释》卷二十二，长沙：岳麓书社，2011年，第846页。

④ 尽管陈尚君先生辩驳《二十四诗品》的作者非司空图，但目前提及此书，仍将“著作权”给予司空图。

梁九图评云："颇有风致。"[①]这里的风致应指的是韵味。这首七绝的确写得很精致、轻盈，读来不减唐人。再如卷一载：

> 长洲朱桂泉莅恭美姿容，一时有璧人之目，诗亦跌宕。自喜其《山塘杂咏》，有云："王孙芳草满回溪，油壁香车到未齐。一桁水精簾半卷，宫黄浅额鬓云低。"可以想其风致。[②]

这里的风致应该指的是姿态，通过读这首诗，宛如见了"美姿容"的朱桂泉本人。他如评族兄梁诗拔《对景词》《闺情》《甘滩竹枝词》诸诗"自具机杼，戛戛生新，饶有风致"[③]，评同邑苏汝载《青楼曲》"风致绝佳"[④]，评吴县周以丰《绝句》一首"剧饶风致"[⑤]，评同邑关玨于贡抒写性情的诗"风致亦好"，这些"风致"都等同于韵味。再如评梅湖盛匏仲太镛《访友不值留题》"想见韵人无事不饶风致"，又由诗而兼及诗人品格上的风度。

其他论及较多的还有"警策""新警"等，后文详论。

（五）溯厥师承

中国古人论诗文，必溯源流、明师承，这应该导源于诸子分科，尤其汉人解经，故后世有所谓"文统"之论。自晋挚虞《文章流别论》开始论诗文源流，钟嵘《诗品》每论一人，首明源流。直到晚清民国，桐城末学高步瀛论诗文，仍作《文章源流》。

梁九图论师承，一般是将"近人"（清代以来、嘉道以前）之作，从

① ［清］梁九图撰：《十二石山斋诗话》卷一，陈建华主编：《广州大典》影印本，第443页。
② ［清］梁九图撰：《十二石山斋诗话》卷一，陈建华主编：《广州大典》影印本，第444页。
③ ［清］梁九图撰：《十二石山斋诗话》卷一，陈建华主编：《广州大典》影印本，第451页。
④ ［清］梁九图撰：《十二石山斋诗话》卷二，陈建华主编：《广州大典》影印本，第464页。
⑤ ［清］梁九图撰：《十二石山斋诗话》卷四，陈建华主编：《广州大典》影印本，第520页。

风格、技法等方面向前代诗人找寻源头，但这种溯源是否科学，有待进一步证实。

从梁九图所论可知，清代诗人所学（模仿），主要还是唐人，偶有苏轼、陆游等宋人，至于元、明，则寥寥无几。其他便是对清代诗坛具有重要影响的几个标志性人物，如王士禛、袁枚、赵翼、翁方纲、阮元等。

学唐人、似唐人的，如卷一评同邑谭藎臣七古“有奇气，神似太白”①。卷二录番禺吕石驪《艳词》一首，评云：“风神绝似玉溪生。”②玉溪生指的是李商隐。还有江都程梦星作诗喜学义山③。梁九图认为他的同邑人可接迹黎二樵（简）、胡豸浦（亦常）两位风雅的，要属吴晦亭维彰，录吴《夜泊宝应》《洞庭杂咏》《万松岭》《寄逢石》各一联，梁九图评云：“直摩少陵之垒。”④指出吴学杜甫。梁九图从兄梁邦俊存诗不多，但《十二石山斋诗话》亦偶有录、评。卷三记李萼楼复忆梁邦俊《塞下曲》，九图评云：“似不减唐人。”⑤卷五录三水张雨山大猷《横塘曲》《古别离》二首，梁九图评云：“绝似崔国辅。”⑥又卷五记高要陆春圃树英宰盐城，因水灾，被贬伊犁，所历塞外风景，皆以韵语传之。录其《天山》一律，梁九图评云：“置之昌黎集中，几于神似，非形似矣。”⑦再如录常建极《寄云台山僧》其二及两联佳句，梁九图评云：“亦近晚唐。”⑧

学宋人、似宋人的，如卷一论毛大可（西河）“生平不喜东坡诗，而《西河集》中如‘三月暮春行海畔，两年寒食渡江东’‘皓月近云行过

---

① ［清］梁九图撰：《十二石山斋诗话》卷一，陈建华主编：《广州大典》影印本，第441页。
② ［清］梁九图撰：《十二石山斋诗话》卷二，陈建华主编：《广州大典》影印本，第462页。
③ ［清］梁九图撰：《十二石山斋诗话》卷一，陈建华主编：《广州大典》影印本，第445页。
④ ［清］梁九图撰：《十二石山斋诗话》卷三，陈建华主编：《广州大典》影印本，第483页。
⑤ ［清］梁九图撰：《十二石山斋诗话》卷三，陈建华主编：《广州大典》影印本，第495页。
⑥ ［清］梁九图撰：《十二石山斋诗话》卷五，陈建华主编：《广州大典》影印本，第530页。
⑦ ［清］梁九图撰：《十二石山斋诗话》卷五，陈建华主编：《广州大典》影印本，第531页。
⑧ ［清］梁九图撰：《十二石山斋诗话》卷十，陈建华主编：《广州大典》影印本，第647页。

疾，空栏压水坐来浮’等句，何尝不近苏耶？”[①]蒋寅先生曾论述王士禛早年提倡宋诗，与钱谦益提倡宋诗有很大不同，王士禛“将人们对宋诗的兴趣由苏轼、陆游引向黄庭坚及江西诗派一路硬宋诗，也就是由钱谦益倡导的唐诗之宋引到宋诗之宋上来”[②]。但梁九图却指出王士禛的《谢孙思远送茶笋》七绝“酷似东坡”，王诗云：“斗茶竹坞麦秋寒，烧笋僧楼谷雨阑。寄谢江南老桑苎，也分风味到粗官。”[③]

再如卷三指出高云士所著《额粉庵集》，“于香山、玉局、放翁三家为近”[④]。香山指的是白居易；玉局指的是苏轼，因其曾官玉局观提举；放翁指的是陆游。梁九图认为高云士的诗近白、苏、陆三家。如卷六指出嘉应颜鹤汀崇图诗学放翁，时有神似，并举《别某》《旅夜》《旅感》《秋夜饮纬武阁》各一联为证[⑤]。又卷八指出觉罗文敏公父觉罗恒庆有《怀荆堂诗稿》，直逼香山、放翁，并录五联佳句为证[⑥]。又卷八录梁九图同邑人杨觉亭方教三联佳句，梁九图评云：“俱有放翁笔意。”[⑦]再如评李椒堂《衡阳舟中即目》“雅近宋人”[⑧]等。

学王士禛等人，如评吴江金学诗《石湖秋泛》二绝“风调似出阮亭”[⑨]。如卷一有录袁枚《于忠肃庙碑》，复录桐乡朱绍穆《岳鄂王墓》、黄仲则《岳坟词》，梁九图指出二诗均用袁枚碑文意[⑩]。评善化凌荻舟玉垣

---

① ［清］梁九图撰：《十二石山斋诗话》卷一，陈建华主编：《广州大典》影印本，第442页。
② 蒋寅：《清代诗学史》第一卷，北京：中国社会科学出版社，2012年（2019年重印），第635页。
③ ［清］梁九图撰：《十二石山斋诗话》卷一，陈建华主编：《广州大典》影印本，第448页。
④ ［清］梁九图撰：《十二石山斋诗话》卷三，陈建华主编：《广州大典》影印本，第497页。
⑤ ［清］梁九图撰：《十二石山斋诗话》卷六，陈建华主编：《广州大典》影印本，第556页。
⑥ ［清］梁九图撰：《十二石山斋诗话》卷八，陈建华主编：《广州大典》影印本，第594页。
⑦ ［清］梁九图撰：《十二石山斋诗话》卷八，陈建华主编：《广州大典》影印本，第603页。
⑧ ［清］梁九图撰：《十二石山斋诗话》卷十，陈建华主编：《广州大典》影印本，第642页。
⑨ ［清］梁九图撰：《十二石山斋诗话》卷一，陈建华主编：《广州大典》影印本，第443页。
⑩ ［清］梁九图撰：《十二石山斋诗话》卷一，陈建华主编：《广州大典》影印本，第457页。

七绝《江兴杂诗》“如出阮翁之手”[①]，这里的阮翁指的是阮元（1764—1849），曾官两广总督，对岭南政教影响甚著。再如卷三指出“何竹溪五律喜学屈翁山”[②]，等等。

此外，梁九图溯厥师承还注意论“脱化”，即指出后世诗人诗句的影响来源，如卷一论华亭王九龄诗“世间何物催人老，半是鸡声半马蹄”从晚唐温庭筠《商山早行》“鸡声茅店月，人迹板桥霜”“脱化无痕，而语尤动听”[③]。卷一录元萨天锡《皂林舟中》七绝，又录桐溪陈澐《冶塘棹歌》，九图谓陈诗从萨诗脱化而来[④]。再如卷三载：

> 查查浦《咏瘴云》云：“笑尔浮空偏得气，才从山起便吞山。”徐水乡《咏鹦鹉》云：“怪侬巧弄无多舌，才解人言便骂人。”俱偷李义山《嘲桃》诗“春风为开了，却拟笑春风”之意。[⑤]

九图指出查、徐二人诗句偷李商隐诗意。

再如卷三指出屈翁山（大均）“世乱诗书废，家贫骨肉轻”被厉太鸿（鹗）“仿其意用之《杜少陵祠》，云‘文章羁旅贱，身世腐儒轻’”，九图谓“精于脱化”[⑥]。再如卷五载有一优人辞别其相善者孔生回衡阳，孔生邀众人珠江宴集赋诗，九图同族梁枢参加，梁枢为优人赋诗一首云：“昔自衡阳来，今返衡阳去。风送衡阳舟，目断衡阳树。”句句不离“衡阳”二字。九图指出，梁枢这首诗应该脱胎于番禺王震生所写的《长安道

---

① ［清］梁九图撰：《十二石山斋诗话》卷三，陈建华主编：《广州大典》影印本，第481页。
② ［清］梁九图撰：《十二石山斋诗话》卷三，陈建华主编：《广州大典》影印本，第492页。
③ ［清］梁九图撰：《十二石山斋诗话》卷一，陈建华主编：《广州大典》影印本，第443页。
④ ［清］梁九图撰：《十二石山斋诗话》卷一，陈建华主编：《广州大典》影印本，第457页。
⑤ ［清］梁九图撰：《十二石山斋诗话》卷三，陈建华主编：《广州大典》影印本，第480页。
⑥ ［清］梁九图撰：《十二石山斋诗话》卷三，陈建华主编：《广州大典》影印本，第481页。

所》，诗云："妾本长安儿，生长长安道。生不识长安，梦是长安路。"[①]王诗句句不离"长安"二字。两相对比，的确可看出梁诗的"脱胎"痕迹。但这里有个问题，就是梁枢是否读过王震生的诗，目前无法证明。梁九图之所以能够指出这种脱胎，是因为他读过了两人诗，而看到了这种"脱胎"。

他如卷六记张荼农写潞河杨柳青船诗，九图谓"从雍陶《情尽桥》诗翻出"[②]。卷六录华亭高谡苑《层云故园》一联"浪兼花作雨，愁似草逢春"，九图谓"从老杜'感时花溅泪'化出，虽不及杜之警鍊，却近宋元名句"[③]，等等。书中尚有多条，不复赘引。

诗学源流的溯厥，不仅能够见出诗歌史的发展、前代诗人的影响，也能帮助读者迅速抓住诗人的特色。

（六）旁采故实

欧阳修自题《六一诗话》云："居士退居汝阴而集以资闲谈也。"[④]因此，诗话之撰著，一般是作者闲暇之笔，目的则是资闲谈，故蔡镇楚将这类发源于欧阳修、风格比较轻松的诗话归为"欧派"。欧阳修之后还有司马光《续诗话》、刘攽《中山诗话》、吴伟业《梅村诗话》、顾嗣立《寒厅诗话》等[⑤]。梁九图亦称自己这部诗话是"闲居，喜弄笔墨，辄谈论古今诗人……以自娱"[⑥]。但即使另一派"以诗论为主""风格比较严肃、缜

---

① ［清］梁九图撰：《十二石山斋诗话》卷五，陈建华主编：《广州大典》影印本，第529页。

② ［清］梁九图撰：《十二石山斋诗话》卷六，陈建华主编：《广州大典》影印本，第550页。

③ ［清］梁九图撰：《十二石山斋诗话》卷六，陈建华主编：《广州大典》影印本，第554页。

④ ［宋］欧阳修：《六一诗话》，黄进德编纂：《欧阳修诗话》，吴文治主编：《宋诗话全编》第1册，第211页。

⑤ 蔡镇楚：《中国诗话史》，第17页。

⑥ 梁九图：《十二石山斋诗话自序》，［清］梁九图撰：《十二石山斋诗话》，《广州大典》影印本，第437页。

密”的“钟派”[①]，也多少会涉及诗歌本事。近代清诗研究大家钱仲联先生序《梦苕庵诗话》云：“余撰诗话，与前人诗话不同，重点在于系统详论清代名家与作品，介绍与考订有诗史价值之杰构，而一般诗话之摘句与记述友朋间琐事者，余仅带及之。”[②]所以，采录诗歌本事、乃至一些琐事，是所有诗话的内容。

《十二石山斋诗话》中记录了很多与诗有关的“本事”，不仅能够帮助我们了解诗歌的写作背景，起到“知人论世”之效；本事的熟悉，也能够更好地体会诗歌的艺术特色。如卷六载：

> 詹湘亭大令昵一秦淮女伶曰馨儿，姓姚，色艺冠绝一时。湘亭每哦诗，馨儿即倚歌和之，积诗数十章，曰《扇底新诗》。有云：“秣陵春暖百花香，夹岸疏簾隐曲房。昨夜停舟河上问，桃根桃叶是同乡。”又：“桃花蛛网挂诗瓢，愁煞春江上早潮。竟欲抽帆渡扬子，送郎双屐到金焦。”二绝最为清丽。馨儿与湘亭有终身之约，后旋病卒，年才十九。湘亭葬之吴阊门外桐泾之原，王铁夫为志墓，其夫人曹墨琴书碣。铁夫诗所谓“明霞旧说吴兴墓，凉月重寻菊婢墟。留与千秋作凭吊，铁夫题志墨琴书”是也，亦韵事矣。[③]

设想一下，如果不知道詹湘亭与馨儿之事，对上文所录二绝的理解便隔了一层；而如果不知葬馨儿相关事，也便无法理解王铁夫诗。

《十二石山斋诗话》中还记录了多条某人请梁九图点定诗稿或请九图题字、题画之事，可见梁九图诗名远播，如南海梁澍以《清碧轩稿》属九

① 蔡镇楚：《中国诗话史》，第18页。

② 钱仲联：《梦苕庵诗话》，济南：齐鲁书社，1986年。

③ ［清］梁九图撰：《十二石山斋诗话》卷六，《广州大典》影印本，第553页。

图点定[①]；南海周灵椒子祥以其《眠琴书屋诗草》通过霍香谷嘱托九图点定[②]；李湘筠以便面索梁九图书法，九图为其录《咏古二首》，华荔生文虎见九图所书二诗叹赏不已，便偕湘筠过访，袖其诗请九图点定[③]；灵山张锡封访九图，出《惠州西湖图》索题，九图为题二绝[④]等。

《十二石山斋诗话》所评诗人，有些还是书画家，便顺带记录相关轶事，如卷一载当涂黄钺工书画，伪署其名造假者甚多。某于厂肆得数帧，求黄鉴定真伪，黄答以一律[⑤]。

《十二石山斋诗话》与《紫藤馆杂录》一样，也记录了很多与岭南有关之时事、风俗等，如卷二载：

> 吾粤好为蟋蟀、画眉、鹌鹑诸斗博，注金动以千百。南海冯方山《城北乡杂咏》云："闾阎年少半闲居，几见横经与荷锄。日午榕阴太无赖，画眉声里斗赢输。"

对这些"闾阎年少"的"无赖"行为，梁九图评云："恶薄之俗，主持风化者，宜知所转移也。"[⑥]

再如卷二载：

> 粤中多墟，墟必有期。花县曾晓山照《燕塘趁墟谣》云："燕塘墟，十里余。二五七，趁墟日。沙圩路僻石凹凸，石凹凸，脚欲折。乱草长蛇出复没，市男虽劳不敢歇。冬飚祁寒，夏

① ［清］梁九图撰：《十二石山斋诗话》卷一，陈建华主编：《广州大典》影印本，第451页。
② ［清］梁九图撰：《十二石山斋诗话》卷四，陈建华主编：《广州大典》影印本，第511页。
③ ［清］梁九图撰：《十二石山斋诗话》卷五，陈建华主编：《广州大典》影印本，第542页。
④ ［清］梁九图撰：《十二石山斋诗话》卷三，陈建华主编：《广州大典》影印本，第481页。
⑤ ［清］梁九图撰：《十二石山斋诗话》卷一，陈建华主编：《广州大典》影印本，第458页。
⑥ ［清］梁九图撰：《十二石山斋诗话》卷二，陈建华主编：《广州大典》影印本，第476页。

日炎热，市男担重肩流血，饥寒那复怜皮骨。”

九图评云：“读此觉山市之苦，增人叹息。”①这些都可见梁九图的经世之志。

还有一些地方习俗，如卷二记八排瑶婚俗。八排瑶是对聚居于广东连南瑶族自治县境内排瑶的专称，至今仍有很多族人生活在山上。梁九图记载道：

> 八排瑶，俗岁仲冬十六日，诸瑶至庙为大会，视男女可婚娶者，遣入庙，分曹唱歌达旦。男悦女，不得就女坐；女悦男，则就男坐。媒氏乃将男女衣带度量长短，如相若，则使之挟女归家。越三日，父母乃送妆奁牲酒以成之。沈方舟咏云：“席地分曹唱不休，参媒氏妁各凝眸。问娘乞取罗裙带，结得同心在两头。”②

据清李来章（1654—1721）《连阳八排风土记》所载八排瑶婚俗：“少年男女唱歌山坳。其歌，男炫以富，女詩以巧。相悦订婚，宿于荒野。或会度衫带长短，相同遂为婚。次日告父母，方请媒行定。用红纸包盐十二两，又用茶一包，系以红青麻线。……婚日，新郎避出于外。至夜，卑幼送回成婚。”③梁九图这里所记载的“岁仲冬十六日”的婚俗，可

① ［清］梁九图撰：《十二石山斋诗话》卷二，陈建华主编：《广州大典》影印本，第476页。

② ［清］梁九图撰：《十二石山斋诗话》卷二，陈建华主编：《广州大典》影印本，第472页。按：此段记载及沈用济诗，亦见《纪风七绝》，只字不差。梁九图辑：《纪风七绝》卷十六，陈建华主编：《广州大典》影印本，第163页。

③ ［清］李来章撰：《连阳八排风土记》，《中国方志丛书》广东省第48册，台北：成文出版社，1967年，第103—104页。

补李来章所记。他如卷二记琼州黎女服饰习俗，亦举沈方舟咏此习俗诗[①]，等等。

诸如此类有关诗本事、韵事、趣事、琐事的诗话还有很多，此不赘引，体现出《十二石山斋诗话》的“纪事体”性质。

（七）纯粹录诗

蒋寅先生曾十分锐眼地指出：“人们一向鄙薄明清诗及诗话的多而滥，却没注意到，这是和它们以诗存人、以人存诗，‘评人诗不可恕，录人诗不可不恕’的批评宗旨相关的。”[②]我们读《十二石山斋诗话》，有时候会觉得这不就是一部诗选吗？卷八载：

> 李穆堂尚书云：“凡拾人遗编断句，而代为存之者，比葬暴露之白骨、哺弃路之婴儿功德更大。”顾侠君选元百家诗，梦有古衣冠者数百人，拜而谢焉。吾邑温谦山辑《粤东诗文海》，自汉迄今，千有余家，为书近二百卷。书成，梦古衣冠人千百，为辈持卷，再拜而去。乃知阐微发幽，正深人感佩，后之操选家，勿专慕盛名，而忽略微贱也。[③]

李穆堂这里说的话，同样被袁枚引用了[④]。袁枚的《随园诗话》便多选录名篇佳句、无名之人之断编残句，以实现“代为存之”的目的。他曾说：“近日十三省诗人佳句，余多采录诗话中。惟甘肃一省，路远朋稀，无从搜辑。”[⑤]梁九图编撰《十二石山斋诗话》，也如袁枚一样，不仅多

---

① ［清］梁九图撰：《十二石山斋诗话》卷二，陈建华主编：《广州大典》影印本，第472页。

② 蒋寅：《清代诗学史》第一卷，第18页。

③ ［清］梁九图撰：《十二石山斋诗话》卷八，陈建华主编：《广州大典》影印本，第599页。

④ ［清］袁枚著，顾学颉校点：《随园诗话》卷十三，北京：人民文学出版社，1982年，第429页。

⑤ ［清］袁枚著，顾学颉校点：《随园诗话》卷十六，第544页。

选录有名之人如王士禛、赵翼、袁枚等人的诗作，尤其选录一些未刊稿、无名之人所作。这正如他与吴炳南所编《岭表诗传》一样，采诗以实现“传”的目的。

集中多摘录佳句，有的多至数联，如卷七记钱塘陈云伯有《西泠怀古集》，“上自帝王，下及隐逸方外，凡生长斯土，及宦游流寓者，俱系以古迹，或怀、或吊、或访，至五百余首。其中绘藻相宣，宫商叶应，美不胜收。”梁九图共摘佳句38首38联，并总评到：“觉上下数百年，纵横数千里，凡词人墨客，孝子忠臣，轶事芳踪，皆助此老笔歌墨舞之乐。”[①]再如卷四为论证“诗中说诗，亦甘苦自道之言”，一连举了吴县吴巢松慈鹤、番禺方静园秉仁、合肥高筠村桌、桐城刘盂涂开、舒城阚萝岑、金华方铁船元鹍、许养弼、归安徐雨亭溥、番禺田西畴上珍各一联，嘉善黄退庵凯钧二联，鄂尔泰、归善叶西村适、海宁查初白、满洲高斌、潜山丁星树珠各一联，袁枚二联，汉军蒋临皋龙年、常熟陆秋元、高芙沼其倬各一联，计有19人[②]。

有些则录全诗，且无一字评语，如卷九录屠琴坞《经桃叶渡泛舟入青溪》《访南园遗址》二首、录汪钝翁子汪禹吹衡《渔灯》一绝、录宗正庵谊《子规》、录罗殖庭瑞征《春日马山郊行二首》《郊行》、录何晓峰其晃二律，卷十录满洲毓钟山《舟过静海即景》七律等。这些都是单纯录诗，与传统诗话迥别。

以上择七个方面对《十二石山斋诗话》的内容进行了缕析，也仅是窥一斑，其所富含的内容及价值，有赖更多的挖掘。

---

① ［清］梁九图撰：《十二石山斋诗话》卷七，陈建华主编：《广州大典》影印本，第580页。

② ［清］梁九图撰：《十二石山斋诗话》卷四，陈建华主编：《广州大典》影印本，第506—507页。

第三节 梁九图的诗学思想

前文已经揭示，梁九图所创作的诗话也见于《紫藤馆杂录》中，但《紫藤馆杂录》中的诗话多纪事，关于诗学思想的表达不多，故从略。另外，梁九图的诗学思想也生动地体现在他所编纂的诗歌总集《岭表诗传》和竹枝词集《纪风七绝》中，这些留待后文专论。

一、“论诗以汉魏、盛唐为宗”

蒋寅先生指出《十二石山斋诗话》“论诗以汉魏、盛唐为宗”[①]，概括非常精准。以汉魏、盛唐为宗，这种取向有类明前、后七子。如前七子领袖之一何景明曾论道：“学歌行近体，有取于二家（李白、杜甫），旁及初、盛唐诸人，而古作者必从汉、魏求之。”[②]但我们知道，经过明末清初钱谦益、王士禛等人的纠正，前、后七子的复古诗学已经被扭转。尤其后来沈德潜的格调说、袁枚的性灵说，加上翁方纲督粤，其肌理说带给岭南诗人的影响，早已廓清了七子复古模拟的弊端。因此，梁九图这里的宗法汉魏、盛唐，是一种对理想的诗歌风格的追尚。如卷一载：“长洲许竹隐太守虬《折杨柳歌》云：‘居辽四十年，生儿十岁许。偶听故乡音，问爷此何语。’置之汉魏，岂复能辨？”[③]再如卷五载三水梁广文诗颇具气格，著有《所不能斋诗》，九图爱其《咏岳阳楼》《祀灶》《出门行》三诗，“犹有古音”。并交代梁广文又有《古风》五十余首，“力追汉魏，得其神似”[④]。梁九图自己对七子之复古亦曾批驳到：“前明七子规模汉

---

① 蒋寅：《清诗话考》，第533页。

② ［明］何景明：《海叟诗序》，蔡景康编选：《明代文论选》，北京：人民文学出版社，1993年，第117页。

③ ［清］梁九图撰：《十二石山斋诗话》卷一，陈建华主编：《广州大典》影印本，第438页。

④ ［清］梁九图撰：《十二石山斋诗话》卷五，陈建华主编：《广州大典》影印本，第542页。

魏盛唐，未免太似，转授轻薄者以口实。然变而为抱苏守陆，斯取法愈卑矣。”[①]在梁九图看来，七子之规模汉魏盛唐，失在“太似”，但对于“抱苏（轼）守陆（游）”者，又认为“取法愈卑”，言下之意，他还是主张取法乎上，也就是汉魏、盛唐，只是不要像七子那样“太似”，而应该如许虬、梁广文等“神似”。

清代岭南人论诗宗尚唐音，这是岭南诗学的大潮流，吴承学先生曾分析“有清一代，广东诗话更明显有宗唐抑宋的倾向”，并举李长荣、何曰愈、张其淦、伍崇曜等人之诗论为例，并总结说：“因此众诗话评诗往往以唐人为准绳，如用唐人嗣响、不减唐人、何减唐贤、逼近唐人、唐音、唐味、直接唐人、驰骤开宝、唐人风调、盛唐风格、步武唐人、唐人神韵、唐人三昧、盛唐遗音等措词，着力褒扬粤人学盛唐之诗风，这对广东诗歌宗唐的传统不无巩固作用。”[②]翻开《十二石山斋诗话》，梁九图论诗以唐人为宗的例证亦随手可得，如卷一评阳春谭敬昭《长沙客感》七绝“可以步武唐人”[③]；卷一评戴可亭寄英煦斋诗“恳挚缠绵，尚见唐人风格”[④]；卷一评族伯戢庵先生《始兴江口忆欧子》一首“犹有唐音”[⑤]；卷三评从兄梁邦俊《塞下曲》“似不减唐人”[⑥]；卷九评吴文简襄《秋吟》五绝“殊似唐人”[⑦]等。而上文论《十二石山斋诗话》内容体系之“溯厥师承”时，亦曾揭示梁九图指出清代诗人宗唐之风。

梁九图诗学刘雨湖，而刘雨湖之父刘扶山亦精诗歌创作，伊墨卿在评

---

① ［清］梁九图撰：《十二石山斋诗话》卷一，陈建华主编：《广州大典》影印本，第444页。

② 吴承学、程中山：《岭南诗话与岭南诗学》，陈建华主编：《学术研究》2020年第6期，第149页。

③ ［清］梁九图撰：《十二石山斋诗话》卷一，陈建华主编：《广州大典》影印本，第445页。

④ ［清］梁九图撰：《十二石山斋诗话》卷一，陈建华主编：《广州大典》影印本，第448页。

⑤ ［清］梁九图撰：《十二石山斋诗话》卷一，陈建华主编：《广州大典》影印本，第449页。

⑥ ［清］梁九图撰：《十二石山斋诗话》卷三，陈建华主编：《广州大典》影印本，第495页。

⑦ ［清］梁九图撰：《十二石山斋诗话》卷九，陈建华主编：《广州大典》影印本，第624页。

刘雨湖《双江夜泊》时曾指出："雨湖承其尊人扶山庭训，趋步唐音。顷与宋芷湾登白鹤峰，诵'山气逼人青'句，芷湾疑为钱、刘得意语。"[1]梁九图诗学宗唐，也应与刘雨湖、刘扶山等"趋步唐音"有关。

二、"神韵说"之遗响

神韵说是清初王士禛所构建的诗学理论，是"代表渔洋诗学基本倾向的标志性范畴，并拥有极大的理论包容性和理想主义色彩"，"为诗坛提供了一种可靠的典范性"[2]，在康乾诗坛产生了重大影响，成为一种风靡海内的诗学理论。虽然到了嘉庆以后[3]，影响式微，被继起的沈德潜"格调说"、袁枚"性灵说"、翁方纲"肌理说"等诗学风尚所取代，但其影响深远，在嘉庆以后的诗论中，仍偶见神韵说的影子。梁九图一生足迹所至，最远到湖南，大多时间是在岭南，但其《十二石山斋诗话》却常见神韵说的论调，足见王渔洋神韵说的影响仍在。而此时的诗坛，各种诗学理论纷呈，或许这也可见出岭南人的包容思想。

梁九图对王渔洋很熟悉，在卷五中记到"渔洋生平不喜和韵"，九图则"祖其意，凡索和之作，每不留稿"[4]，足见其喜渔洋。在《十二石山斋诗话》中，梁九图对王渔洋的诗学成就、诗歌创作皆直接表达过尊崇。前文曾引述过赵秋谷（执信）、袁子才（枚）、赵云松（翼）三家论

---

① ［清］梁九图、吴炳南辑：《国朝岭表诗传》卷八，陈建华主编：《广州大典》影印本，第690页。

② 蒋寅：《清代诗学史》（第一卷），第699页。

③ 对于渔洋诗学的消歇，蒋寅引郭绍虞先生说渔洋诗学"虽亦耸动一时，而身后诋祺亦颇不少，生前劲敌遇一秋谷，身后评骘又遇一随园，于是神韵一派在乾、嘉以后，便不闻继响"。蒋寅辩道："严格地说，这里的'乾、嘉以后'如果指嘉庆以后，或许还近乎事实；若包括乾隆在内，便不够准确了。因为渔洋诗学为门弟子辈传播，在乾隆诗坛仍有很大的影响，占有最重要的位置。"蒋寅：《清代诗学史》（第二卷），第36页。

④ ［清］梁九图撰：《十二石山斋诗话》卷五，陈建华主编：《广州大典》影印本，第529页。

王渔洋，梁九图辩驳说“俱非笃论”。并认为渔洋七绝“自是本朝之王龙标”、其他各体“皆唐人正音”。王昌龄之七绝向为人称道，在具有代表性的唐诗选本李攀龙《唐诗选》、沈德潜《唐诗别裁集》中，王昌龄入选的七绝数量均数一数二[①]。梁九图的这种看法是很具只眼的。清人朱庭珍也说：“七绝阮亭最为擅长，时推绝技。集中名作如林，较各体独多佳制。”[②]

神韵究竟何指？自清代袁枚到现在，对神韵这个诗学理论范畴的研究仍未画上句号。蒋寅在《清代诗学史》第一卷第六章中，以翔实的资料，考证了神韵的语源、王渔洋神韵说的形成过程，指出“《唐贤三昧集》标志着神韵论诗学的确立”，并对神韵的理论内涵从审美印象、美学内涵和印象主义倾向三个方面做出了清晰的界定[③]。我们引述一下蒋寅的分析：

> 总结前人的用法，神韵首先是属于风景诗范畴的审美概念，是意味着景物内在品质的一种美感。《四库提要》说“士祯论诗，主于神韵，故所标举，多流连山水、点染风景之词，盖其宗旨如是也”。从王渔洋本人和后人的用例来看，四库馆臣的确抓住了神韵说的核心。神韵在美感类型上更偏向于阴柔之美，所以施补华说“用刚笔则见魄力，用柔笔则出神韵。柔而含蓄之为神韵，柔而摇曳之为风致”。若具体加以分析，则神韵首先是一种生动的魅力，活泼的风趣，虽未必有深厚的蕴涵但不失灵动的神采；神韵有着天生的脱俗气质，自然而然的优雅风度，有时像庄子笔下的姑射神人，有一种不带人间烟火气的超脱品质；又常伴

① 李攀龙《唐诗选》选王昌龄七绝14首，与李白并列第一；沈德潜《唐诗别裁集》选王昌龄七绝11首，位居第一名李白（14首）之后。

② ［清］朱庭珍：《筱园诗话》卷三，转引自蒋寅：《清代诗学史》（第一卷），第654页。

③ 蒋寅：《清代诗学史》（第一卷），第605—676页。

有朦胧淡远的景致，含而不露的愁思，更兼声情宛转，笔调轻倩，令人玩索再三，回味不已。[①]

准此，我们来看一下梁九图所绍承的神韵说。在《十二石山斋诗话》中明确以“神韵”来评诗的共有四则：

（1）吴中两布衣，一为吴县陆子调鼎，一为长洲顾燕谋承。陆隐于画，顾隐于酒。陆著有《梅叶阁诗》，顾著有《素行居诗》，蒋生沐为之合梓。子调《题画》诗云：“莫问前尘与后尘，且教料理苦吟身。买山无计青山笑，却写青山卖与人。”燕谋《登番山亭》诗云：“一丘岁嵷古城隈，榕木阴中曳杖来。海上白云闲似我，随风飞过越王台。”神韵俱好。[②]

（2）梅花神韵最难描写。南海王平水溁“四山雪霁白成水，万树花开香在天”，余邑刘扩之“空山有此夜何寂，隔水对之人自寒”，俱不为疏影、暗香所困。[③]

（3）苏州薛起凤《对雪》云：“天风剪水水争飞，飞上寒山澼石衣。一夜雪深迷磵道，不知何处叩岩扉。”杭州吴飞池《澶州杂咏》云：“晨光黯黯树依微，云带炊烟湿不飞。多少人家秋色里，满天风雪漫柴扉。”二诗神韵正复相似。[④]

（4）截句多从虚字取神韵，亦有实字能运掉者。方子云《宴客揖山楼》云：“葡萄美酒绿盈瓻，尽卷湘簾客正酣。十二红阑楼四面，斜阳西北月西南。”姚姬传《山行》云：“布谷飞飞劝

① 蒋寅：《清代诗学史》（第一卷），第654页。

② ［清］梁九图撰：《十二石山斋诗话》卷四，陈建华主编：《广州大典》影印本，第509页。

③ ［清］梁九图撰：《十二石山斋诗话》卷七，陈建华主编：《广州大典》影印本，第575页。

④ ［清］梁九图撰：《十二石山斋诗话》卷七，陈建华主编：《广州大典》影印本，第583页。

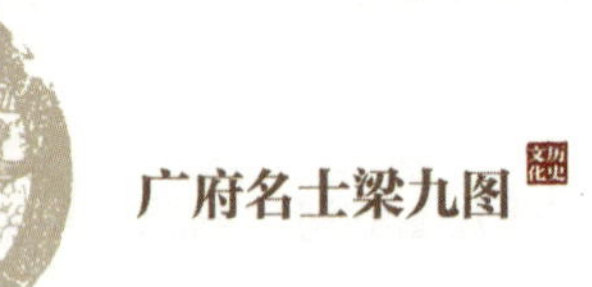

早耕，春锄扑扑趁初晴。千层石树通行路，一带山田放水声。”①

郭绍虞先生说“对景触情而得朦胧的印象，这是神韵”②，这属于意境的范畴。梁九图所评（1）（3）两例吴中两布衣和薛起凤、吴飞池的诗，也正是从整体的意境出发，也即上文蒋寅所谓“阴柔之美”。第（2）例所谓“梅花神韵”，这里的神韵指的是梅花的内在品格。第（4）例则着眼于字法，从具体的用字来呈现整首诗的风格。

蒋寅认为神韵包含如下美学内涵：

> 自汉代以来一直被作伦理化阐释的“风雅”范畴，被从表现手法的意义上作了新的诠解，“风”成了艺术表现上的婉曲含吐，“雅”成了诗歌语言的有典有据。这两方面也正是王渔洋神韵诗风的主导特征，表现的婉曲不露，文辞的典雅有据，再加以声律的优游谐畅，便成就了神韵诗那种含蓄典雅而余味不尽的美学风貌。它没有沉郁顿挫的雄浑，也没有铺张排奡的恣肆，更没有枯瘦奇险的矫激，雅洁脱俗、悠然淡远是它给人的直观印象。由于选景和抒情刻意排除了日常生活中的琐屑情境和世俗念头，它常表现为一种超脱世俗趣味的唯美色彩，在有些批评家眼中就像是刻意修饰的结果。③

我们前文论《十二石山斋诗话》内容体系时，已分析梁九图对诗歌风格的介绍，其中便有“风趣”，其实便是神韵诗的美学风格。在《十二石山斋诗话》中，梁九图评诗最常用的便是：风趣（5例）、意趣（3例）、

---

① ［清］梁九图撰：《十二石山斋诗话》卷八，陈建华主编：《广州大典》影印本，第610页。

② 郭绍虞：《中国文学批评史》，上海：上海古籍出版社，1988年，第542页。

③ 蒋寅：《清代诗学史》（第一卷），第665页。

风致（7例）、意致（4例）、意调（2例）、风味（4例）、浑成（2例）、婉曲（1例）、婉约（3例）、隽永（2例）、淡（高淡、雅淡、恬淡、淡永、淡远、冲淡等10多例）等，均是神韵美学的体现。但蒋寅也指出，翁方纲的《石洲诗话》论诗，也“多以风致、风味、气味、气象、气格、格调等概括性的术语论诗。这或许是诗话写作的乾隆三十三年（1768）前他论诗的路数，也是明清以来诗话写作的主流倾向，格调派、神韵派莫不如此，批评都着眼于整体艺术效果。以此接引后人，类似悬鹄而射，期于中的”[①]。当然，梁九图这里的“概括”是神韵派的概括，只是也需要引起注意。

我们说梁九图是“神韵说”的遗响者，还因为《十二石山斋诗话》中所录诗，基本皆为绝句。这一点也是被蒋寅证明的：“神韵是与短篇体裁较亲和的一种美感特征，或者说短篇体裁更易见神韵。”[②]据笔者不完全统计，《十二石山斋诗话》所录诗的体裁，五绝、七绝（含五言、七言佳句）要超过500首（联），是所录诗的体裁最多的一种，非常符合蒋寅的论断。

三、“性灵说”的继承者

性灵诗学在明代已盛行，然乾隆朝以来由袁枚倡导的性灵说却实现了一种“解构”[③]，并流行开来。清代诗学理论中的神韵说和性灵说看似有相近、相通之处，蒋寅辨析道：“神韵诗学经常是通过环境、景物或两者与人的互动来间接地表现一种美感体验，而性灵诗学则往往直接地表达某种人生体验。写景句在两者的批评中占有截然不同的比重，正是这个缘故。……在王渔洋那里，神韵首先是与景物或环境而非与人的性情有关

---

① 蒋寅：《清代诗学史》（第二卷），第553页。

② 蒋寅：《清代诗学史》（第一卷），第655页。

③ 蒋寅将袁枚的性灵诗学称作解构的诗学，具体参蒋寅：《清代诗学史》（第二卷），第296—343页。

的。由此可以很方便地将神韵说与性灵说区分开来，神韵论是一种基于趣味的诗学，而性灵说则是一种人性论的诗学。”[①]分析《十二石山斋诗话》中的部分条目，及其后来编纂的《岭表诗传》，可以看出他是性灵说的继承者。

梁九图在《十二石山斋诗话》中共提到17次袁枚，除举袁枚论咏史三体、袁枚觅真州萧娘所作饼糕馈某中丞外，其余均采录袁枚诗句以为例证，可以想见梁九图对袁枚诗歌的熟悉。《十二石山斋诗话》中虽未见“性灵”二字，却可见“性情”。梁九图曾论到：

> 诗本性情，自然流露，一日可得数篇，数月转不得一字，其来无端，非可以程期限也。刘子高日课一诗，终是滞相。“文章本天成，妙手偶得之”，放翁道得甘苦出矣。[②]

梁九图这里所谓的“诗本性情，自然流露”，也便是追求诗歌的自然，所谓“为情造文”，而如刘子高辈，则是“为文造情”了，故“终是滞相”。

他还比较过韩愈、白居易诗：“韩诗多哀，白诗多乐，终是性情之偏，然二公能见性情，所以各有千古。”[③]梁九图这里说“二公能见性情”，便是蒋寅所谓的“性灵诗学则往往直接地表达某种人生体验”。

梁九图把这种读其诗而见其性情，称为“诗中有我之旨”，他曾引述汪后来论诗云：

> 诗本性情，读其诗，而其人之性情见矣。故其诗潇洒者，

---

① 蒋寅：《清代诗学史》（第二卷），第343页。

② ［清］梁九图撰：《十二石山斋诗话》卷一，陈建华主编：《广州大典》影印本，第439页。

③ ［清］梁九图撰：《十二石山斋诗话》卷一，陈建华主编：《广州大典》影印本，第438页。

其人必啬遂；其诗庄重者，其人必敦厚；其诗飘逸者，其人必风流；其诗枯瘠者，其人必寒涩；其诗悲壮者，其人必磊落；其诗峻洁者，其人必清修；其诗幽怨者，其人必拂郁。譬如桃柳松柏，望其枝叶，便知其根本。假如未老言老，不贫言贫，无病言病，此老杜之家窃。不饮一盏，而言三百杯；不舍一文，而言散百万，此太白之家窃。皆不足以道性情也。[①]

九图评汪说云："余爱其发诗中有我之旨最透。"也就是诗中所流露出来的情感是作者的真情感，非矫揉造作。而通过体会诗中的情感，从而推见诗人的性情。我们来看梁九图具体以性情评诗的例子：

"欲随父母去，恐别舅姑难"，静斋女史陈广逊诗也。直写性情，有得于风人之旨。[②]

余近购得前明杨龙友《墨兰》一幅，旧为吴忠慜公易所藏，史忠正公可法题二绝云："懒从采佩寄风怀，有美常思物色佳。欲撷清香畏行露，幽花偏傍最危崖。""不剪当门岂好名，且收落叶爱残英。深宫雅务亲贤操，应谱猗兰聆正声。"读之想见公性情之正。[③]

博晰斋博明，满洲人，由编修外任府道，后改兵部郎中。老年颓放，布衫草笠，徙倚城东，醉辄题诗于僧舍酒楼。有叩其姓氏者，答云："八千里外曾观察，三十年前是翰林。"又云："一十五科前进士，八千里外旧监司。"性情可称洒脱。[④]

---

① ［清］梁九图撰：《十二石山斋诗话》卷五，陈建华主编：《广州大典》影印本，第526页。
② ［清］梁九图撰：《十二石山斋诗话》卷一，陈建华主编：《广州大典》影印本，第449页。
③ ［清］梁九图撰：《十二石山斋诗话》卷二，陈建华主编：《广州大典》影印本，第463页。
④ ［清］梁九图撰：《十二石山斋诗话》卷三，陈建华主编：《广州大典》影印本，第479页。

以上三例，都是诗中之情感与作者之品质相符，故可称性情。而写诗并没有反映诗人的真情感，也就是梁九图所反对的“模仿”，他评同邑关珏于贡“好拟古，未免过于模仿，反失面目”，所以“只取其抒写性情者”[①]。

四、折中的诗学思想

翁方纲三任广东学政，故其诗学主张、治学方法等对岭南士人影响深远。与梁九图过从较密的黄培芳，其诗学渊源之一便是翁方纲的肌理说[②]。而嘉道以来，岭南的诗学风习与经学思潮一样，均体现出折中的论调，这一点已经吴承学、蒋寅等揭示出来。[③]吴承学引述了方恒泰、何曰愈、朱次琦、李文泰等人的诗论。其实嘉道以来的这种折中思潮在岭南一直持续到清末。

在蒋寅看来，翁方纲的肌理说是“一种着重在句法层面考察意义表达的意识，使作为诗学概念的肌理既不同于格调、神韵那样的整体性审美要求，也不同于性灵那样的合目的性的审美理想，而只是一个带有浓厚技术色彩的理解和剖析文本构成的角度。因此，肌理说不只是用于指点写作的一种技法，也是引导阅读的一种读法，同时包含本文的内部构成和外部效果两个层面的意义”。[④]道咸时期的梁九图论诗虽也表现出肌理说的论调，如上面分析其诗话内容体系时，已提到他对诗歌的字法、句法、格律等“内部构成”的技法论析；他也曾明白表达过“诗以理气为体，词华为用”[⑤]的主张，与此同时，他也自觉地加入到了折中论的大思潮中。最明显的便是吴炳南在《国朝岭表诗传序》中所表达的：“夫诗以言志，人各有其志，即人各有其诗。然非学问无以培其基，非性灵无以妙其用。语坦易

---

① ［清］梁九图撰：《十二石山斋诗话》卷八，陈建华主编：《广州大典》影印本，第597页。

② 蒋寅：《黄培芳与粤东诗学的发轫》，《中山大学学报》2020年第1期，第21页。

③ 具体参吴承学、程中山：《岭南诗话与岭南诗学》，《学术研究》2020年第6期，第149页；蒋寅：《黄培芳与粤东诗学的发轫》，《中山大学学报》2020年第1期，第24页。

④ 蒋寅：《清代诗学史》（第二卷），第565页。

⑤ ［清］梁九图撰：《十二石山斋诗话》卷二，陈建华主编：《广州大典》影印本，第474页。

者少蕴藉，矜淹博者泥词章，兼学问性灵以言诗，庶乎真诗出矣。”[①]学问便是通晓“理”的途径，“兼”学问与性灵，便是肌理说与性灵说的折中，这是梁九图与吴炳南二人共同的诗学思想。

梁九图等人生活于王士禛、沈德潜、赵翼、袁枚、翁方纲等诗坛耆宿的影响之下，加上岭南偏处天南，故梁九图等人很难提出影响较大的诗学主张，而只能是对王士禛等人或汉魏、盛唐等往哲的一种集成或呼应。梁九图用来建构其诗学思想的方法与大多数士人一样——写诗，撰诗话、笔记，编诗歌选本，因此，我们会在后文论《岭表诗传》和《纪风七绝》时会进一步揭示其诗学思想。

第四节　《十二石山斋诗话》的价值

分析一部诗话的价值，也就是分析其内容所呈现或蕴含的价值。《十二石山斋诗话》继承了袁枚《随园诗话》、李调元《雨村诗话》“以诗存史”的传统，在诗学文献和历史文献两个方面体现出重要的价值。

一、诗学价值

这是《十二石山斋诗话》最大的价值，笔者将它细分为以下四个方面：

1. 清初至道光二十六年（1846）以前[②]诗歌发展史的缩微呈现

通过阅读《十二石山斋诗话》，我们会发现，梁九图所阅读的诗歌已无法计数，他的《十二石山斋诗话》完全可以看作其阅读古今诗人诗歌的札记。也正是这种大范围、大量的阅读，通过诗话这种形式，为今人呈现

① ［清］梁九图、吴炳南辑：《国朝岭表诗传》，《广州大典》影印道光间顺德梁氏紫藤馆刻本，《广州大典》第五十七辑集部总集类，第604页。

② 因《十二石山斋诗话》刻于此年。

了清初至道光二十六年（1846）的诗歌发展史。这种呈现，可以体现在人数、地域及诗学传承上。

据笔者不完全统计，《十二石山斋诗话》所提到并评价的诗人超过840人，而清人则超过800人。其中评述次数最多的是吴兰雪（即吴嵩梁，江西人，17次）和吴炳南（顺德人，16次）。其他如袁枚（12次）、赵翼（8次）、严海珊（7次）、钱载（6次）、朱彝尊（6次）、沈方舟（5次）、吴榖人（5次）、刘雨湖（5次）、沈德潜（5次）、张船山（4次）等。而这800多清人的籍贯遍布大江南北，其中以江南、岭南居多。

《十二石山斋诗话》中还记录了很多诗学传承的材料，如卷二指出吴荷屋女吴尚熹诗“有家法”[①]；鲍桂星诗学吴淡泉，淡泉学桐城刘海峰[②]，等等。

《十二石山斋诗话》所记录的清代诗人的文献，均可作为今人研究清代诗歌的一种“补充”，比如增补邓之诚《清诗纪事初编》、钱仲联《清诗纪事》。以梁邦俊、梁九图为例，钱仲联《清诗纪事》于梁邦俊引张维屏《国朝诗人征略二编》《听松庐文钞》《听松庐诗话》及符保森《国朝正雅集》引《岭表诗传》四条材料[③]，但《十二石山斋诗话》所记4条有关梁邦俊的诗话，《清诗纪事》均未采录。《清诗纪事》于梁九图载潘清《挹翠楼诗话》、张维屏《艺谈录》、符保森《国朝正雅集》引杨霈、黄培芳、《寄心庵诗话》共5条材料，并录梁九图《南汉宫词》《自衡湘返得蜡石十二色因颜余居》《题惠州西湖图》《太湖夜归》4题5首诗，及《挽陈闰娘》诗一联[④]。所引材料虽相对较多，但《十二石山斋诗话》中所记梁九图自己的交游、诗歌、轶事，亦均未采录。以梁九图诗歌为例，梁九图

---

① ［清］梁九图撰：《十二石山斋诗话》卷二，陈建华主编：《广州大典》影印本，第461页。

② ［清］梁九图撰：《十二石山斋诗话》卷二，陈建华主编：《广州大典》影印本，第477页。

③ 钱仲联主编：《清诗纪事·道光朝卷》，第2723—2724页。

④ 钱仲联主编：《清诗纪事·道光朝卷》，第2730—2731页。

传世的诗稿只有《紫藤馆诗钞》一卷，计92首。而笔者据《十二石山斋诗话》中共辑得梁九图诗歌23首、残句7联，这些如果不熟读《十二石山斋诗话》，是发现不了的。

2. 对岭南诗人、尤其是同邑诗人的表彰

梁九图著《十二石山斋诗话》，与王士禛、袁枚，乃至岭南的何曰愈、李文泰等人一样，都着力表彰先贤。《十二石山斋诗话》提到的岭南地域有南海、阳春、香山、阳山、高要、番禺、嘉应、三水、吴川、新会、花县、连平、鹤山、大埔等。尤其是九图同邑顺德诗人，更多予以采录，书中收录同邑人54人次。如果按照佛山籍来算，加上南海（40人次）、三水（5人次），表彰先贤的味道更浓，这与他编纂的《岭表诗传》具有同样的目的。

3. 采录了很多未刊稿诗歌、身世微渺之人的诗歌

以诗话辑录很多未刊稿、身世微渺之人的诗歌，这也是王士禛、袁枚等人作诗话的习惯。这无疑保存了很多诗歌文献，尽管这些诗歌在艺术特色上也许平平，但却是一种“活的精神记录”，只是“死”在了历史的长河里。梁九图等人的这种“习惯”或有意为之，恰为我们研究相关人物提供了一些原始材料。这些人虽然身世微渺，却不无其价值。翻开《十二石山斋诗话》，这样的人实在太多：毕沅母张太夫人、李星沅夫人郭润玉、吴江女士汪玉轸、静斋女史陈广逊、钱塘柴季娴、新城耿华年庭柏母徐氏、德州田雯母张氏、程乡许贞妇、琼山符骆妻黎瑜娘、妾苏薇香、任心斋兆麟女弟子沈蕙孙、香山黄荫芳妻杨如梅、宋婉仙女、宋梅生妹妹宋仕鸣琼、吴县布衣陆子调鼎、长洲布衣顾燕谋承、近时女校书奚茜红、陆调毓、王翘云、高凤卿，等等，这些人不入正史，其所作诗歌不仅志书采录不到，就连号称《全粤诗》等“全”字号的总集也均未收录。

梁九图希望通过《十二石山斋诗话》的这种记录，来达到保存文献的目的。他说：“近人吟稿未梓者，云根蒐罗颇多，时有佳句可录。”对于近人未刊稿，像张云根等也都在有意收录，故梁九图采录了鹤山劳圆浦廷

珠二联、同邑梁勉之佩瑶一联、新会阮竹潭榕龄一联、同邑廖伯雪亮祖一联，以达到跟张云根同样的目的。

梁九图与吴炳南辑有明清两代岭南诗歌总集《岭表诗传》，然仍有很多未及采入的，均在《十二石山斋诗话》中补录，如《十二石山斋诗话》卷三记乙巳七月，有友人送梁九图一卷三水梁华仲伯显诗。梁九图谓："古色幽香，议论气魄俱臻妙境。其诗全未付梓，闻友人云华仲生平作诗凡七八千首，今祇存二百余篇。无一篇不造于古者，不谓二樵诸子后，乃见此公。惜前选《岭表诗》未获见，堪为长叹，兹录二首，俾睹一斑。"① 诸如此类明确表明以《十二石山斋诗话》来补《岭表诗传》未备的还有数条，此不复赘。

4. 记录了很多诗坛掌故、诗人结社或并称情况

《十二石山斋诗话》还记录了很多诗坛掌故，如：

诗有得一篇或一语即能名世者，如郑鹧鸪、崔鸳鸯、谢蝴蝶、袁白燕之类，不胜枚举。近时江南崔不雕孝廉华《舟中送别诸子》云："白蘋江冷人初去，黄叶声多酒不辞。"时目为"崔黄叶"。历城王秋史进士苹有句云："乱泉声里才通屐，黄叶林间自著书。"渔洋亦目为"王黄叶"。钱塘家午楼大令梦善《秋草》云："马散玉关肥苜蓿，月明青冢冷琵琶。"时呼为"梁秋草"。满洲祥药圃观察祥肃《酒帘》云："送客船停枫叶岸，寻春人指杏花楼。"李雨村呼为"祥酒帘"。东莞祈珊洲部曹文友《出郭》云："一夜东风吹雨过，满江新水长鱼虾。"渔洋呼为"祈鱼虾"。余邑张玉洲孝廉锦麟《湖心亭》云："三面青山四围水，藕花香处笛船多。"时目为"张藕花"。管水初一清《春

① ［清］梁九图撰：《十二石山斋诗话》卷三，陈建华主编：《广州大典》影印本，第483页。

日即事》云：“两三点雨逢寒食，廿四番风到杏花。”史文靖公呼为“管杏花”。平湖张铁珊云锦《咏红叶》云：“赐绯不信寒山遍，衣锦还推大树能。”陆陆堂呼为“张红叶”。又《春草》云：“橹摇细绿过芳渚，簾卷遥青入画楼。”方文辀又呼为“张春草”。山阴吴修龄有句云：“雁将秋色去，帆带好山移。”人因呼为“吴好山”。扬州张哲士《咏胭脂》云：“南朝有井君王入，北地无山妇女愁。”人呼为“张胭脂”。何竹溪《漱珠桥题酒家壁》云：“半夜渡江齐打桨，一船明月一船人。”余戏呼为“何一船”。[①]

诸如此类诗坛掌故或轶事还有很多。再如卷七载：

崔颢《黄鹤楼》诗脍炙人口。余在吴荷屋中丞家见其所藏历朝墨揭，有宋太宗御书此诗，首句“黄鹤”作“白云”，六句“芳”作“春”，七句“乡关何处是”作“江山何处在”，未知孰为原稿。意宋去唐不远，大内必多真本，姑录之以俟考古者。[②]

崔颢的诗，至今最通行的版本为：“昔人已乘黄鹤去，此地空余黄鹤楼。黄鹤一去不复返，白云千载空悠悠。晴川历历汉阳树，芳草萋萋鹦鹉洲。日暮乡关何处是？烟波江上使人愁。”[③]按照梁九图所见宋太宗御书的版本应该是：“昔人已乘白云去，此地空余黄鹤楼。黄鹤一去不复返，白

① ［清］梁九图撰：《十二石山斋诗话》卷六，陈建华主编：《广州大典》影印本，第548页。

② ［清］梁九图撰：《十二石山斋诗话》卷七，陈建华主编：《广州大典》影印本，第574页。

③ ［清］沈德潜选注：《唐诗别裁集》卷十三，上海：上海古籍出版社，2013年（2020年重印），第433页。按商伟先生所著《题写名胜：从黄鹤楼到凤凰台》，论崔颢《黄鹤楼》的通行本采用的是金圣叹的《贯华堂选批唐才子诗》，与沈德潜的版本一致。

云千载空悠悠。晴川历历汉阳树，春草萋萋鹦鹉洲。日暮江山何处在？烟波江上使人愁。”梁九图这里指出了崔颢《黄鹤楼》诗的异文情况，而且这些异文对原诗的艺术、意境影响特别大。

商伟先生对《黄鹤楼》诗的异文做过详细考察。他提到唐芮挺章编《国秀集》所收版本差异非常大，连题目都叫《题黄鹤楼》，诗云：“昔人已乘白云去，兹地空余黄鹤楼。黄鹤一去不复返，白云千里空悠悠。晴川历历汉阳树，春草萋萋鹦鹉洲。日暮乡关何处是？烟波江上使人愁。”而其他版本也“略有不同”：

> “兹地”又作“此地”（《河岳英灵集》《才调集》），“空余”又作“空遗”（《河岳英灵集》），一作“空作”（《才调集》），“千里”又作“千载”（《河岳英灵集》《又玄集》《才调集》），“何处是”又作“何处在”（《河岳英灵集》）。敦煌抄本，出入更多：“空余”为“唯余”，“千里”作“千载”，“萋萋”作“青青”，“烟波”作“烟花”。但无论它们之间有何差异，这些唐人的本子与后世的通行本相对比，有两个主要的共同之处，那就是第一句都是“昔人已乘白云去”，无一作“昔人已乘黄鹤去”；再就是“春草萋萋鹦鹉洲”中均为“春草”，而非“芳草”。就重要性而言，显然不如起句的“白云”与“黄鹤”之别了。①

以上商伟先生所提到的选本均是宋以前，而且他所谓的“两个主要的共同之处”，也正合梁九图所见吴荣光所藏宋太宗御书的版本。选本的流传过程中，也许会经人改易，但宋太宗的御书诗则相对可靠。道光十年

---

① 商伟：《题写名胜：从黄鹤楼到凤凰台》，北京：生活·读书·新知三联书店，2020年，第35—36页。

（1830），吴荣光曾将自己所藏宋搨及墨迹编成《筠清馆法帖》，梁九图所见，可能即为此书所收。宋太宗所御书《黄鹤楼》诗见《筠清馆法帖》卷三。《十二石山斋诗话》这条记录正可为探讨崔颢《黄鹤楼》诗的异文提供一条佐证。

商伟先生还梳理了今人对崔诗首句“黄鹤”与“白云”的争论：

> “白云”与“黄鹤”的争论，由来已久。争论的焦点，无非是版本的取舍、情理的推断与艺术高下的评判，但这三者又经常彼此纠结，甚至混为一谈。陈增杰、施蛰存等先生，以及近年来就此发表论文和论著的陈文忠、刘学楷、沈文凡和方胜等学者，都分别做过材料梳理与义理辨析。陈增杰认为在宋人的唐诗选本中已经出现了“昔人已乘黄鹤去”和“芳草萋萋鹦鹉洲”，举的例子是归在王安石名下的《王荆公唐百家诗选》。施蛰存根据元代的《唐诗鼓吹》，主张“白云”改成“黄鹤”发生在金、元之间。方胜核实了现存的版本，得出的结论是，《唐百家诗选》的宋刻残本仍作“白云”“春草”，直到清代康熙年间的刻本，才改成了“黄鹤”，而“春草”仍因其旧。至于《唐诗鼓吹》，也是到了清代康熙二十七年（1688）的刊本，才变成了“昔人已乘黄鹤去”，但仍在“黄鹤”处注曰：“一本作‘白云’。”在我所见的版本中，乾隆二十年（1755）东岳草堂《重订唐诗鼓吹笺注》也依旧在首句“昔人已乘黄鹤去”的“黄鹤”处注曰：“一本作‘白云’。”但是一个更早的通俗坊本——明万历二十年（1592）书林郑氏云斋刻本《新刊唐诗鼓吹注解大全》——却已径作“昔人已乘黄鹤去”了，且无“一本作‘白云’”注。可知“黄鹤”说可以追溯到明代的万历年间，或许稍早一些，但毕竟是相对晚近的事情，直到清初才逐渐流行起来。明末清初的金圣叹（1608—1611）力主“黄鹤”说，在这一转变过程中起到了关

键作用。[①]

商伟的梳理非常细致，但我们看今人争论的焦点，异文的改动已是元、明、清人所为，而非崔颢原本，这更能够说明梁九图所见版本的珍贵。

此外，还有“粤东七子集”之刊刻[②]；“七子诗坛”之燕集[③]；吴荣光弟吴朴园弥光筑别业于禅山古洛，与诸名流唱和[④]；长白达三好吟咏，莅吾粤时，常与博罗何湘文南钰、番禺刘朴石彬华、南海谢澧浦兰生相唱和[⑤]；道光丙戌（1826）二月，陶澍改漕运，作《海运图》，作诗四章纪事，廷臣和者甚多。梁九图录贺耦耕长龄、陈芝楣銮、徐渔庄梦熊、胡夷轩先达、淡星亭春台、朱兰坡珔、孙子潇原湘、董琴南国华、屠琴坞倬、吴巢松慈鹤、阮侯廷文藻各一联和诗，可见此事之文雅及盛况。

记载诗人并称情况，如九图同邑张药房锦芳、同邑黎二樵、黄虚舟、番禺吕石騆称“岭南四家”，张锦芳又与钦州冯鱼山、同邑胡豸浦称“岭南三子”[⑥]等，均可补入相关人的诗歌研究。

二、历史文献价值

任何文献都具有“历史”的价值。《十二石山斋诗话》的历史文献价值体现在它保留了很多民俗、时事的史料文献，为今人回顾曾经的历史、研究地域风俗等提供了鲜活的凭借。

---

① 商伟：《题写名胜：从黄鹤楼到凤凰台》，第37—46页。

② ［清］梁九图撰：《十二石山斋诗话》卷五，陈建华主编：《广州大典》影印本，第541页。

③ ［清］梁九图撰：《十二石山斋诗话》卷五，陈建华主编：《广州大典》影印本，第543页。

④ ［清］梁九图撰：《十二石山斋诗话》卷二，陈建华主编：《广州大典》影印本，第465页。

⑤ ［清］梁九图撰：《十二石山斋诗话》卷四，陈建华主编：《广州大典》影印本，第522页。

⑥ ［清］梁九图撰：《十二石山斋诗话》卷六，陈建华主编：《广州大典》影印本，第564页。

1. 民俗方面的文献

《十二石山斋诗话》中记录了很多粤地风俗，如顺德乡间尚紫姑卜，梁九图记载道：

> 余乡间俗尚紫姑卜，每岁暮及元宵即为之，不许男子窥伺。用筲箕一，被以服，如人形。横一竹，坐其上，两端以童女一人舁之。其神降，则竹重而能摇动。陆放翁集中有《箕卜》诗云："孟春百草灵，古俗迎紫姑。厨中取竹箕，冒以妇裙襦。竖子夹扶持，插笔祝其书。俄若有物凭，对答不须臾。岂必考中否？一笑聊相娱。诗书亦间作，酒食随所须。兴阑忽辞去，谁能执其袪？持箕畀灶婢，弃笔卧墙隅。几席亦已彻，狼藉果与蔬。纷纷竟何益？人鬼均一愚。"乃知其来已久矣。[①]

他如记粤中妇女每于上元后一日入庙拾灯带，以为添丁之兆。若得子，则下年还灯[②]；吾广每岁二月十三日，士女多乘画舫至南海神庙烧香，梁廷枏诗写此风俗[③]；还提到了粤中拐带之害[④]，等等。

除了粤地风俗，还有在《紫藤馆杂录》中提到的台湾风俗。《十二石山斋诗话》卷八详细收录了孙戒庵《泰云堂诗集》中的《番社竹枝词》八首，九图评价说："此数首写番俗较详，可补《番社采风图考》所未备。"这些民俗方面的文献，诚如梁九图所谓"堪资闻见"[⑤]。

---

① ［清］梁九图撰：《十二石山斋诗话》卷五，陈建华主编：《广州大典》影印本，第534页。

② ［清］梁九图撰：《十二石山斋诗话》卷五，陈建华主编：《广州大典》影印本，第538页。

③ ［清］梁九图撰：《十二石山斋诗话》卷十，陈建华主编：《广州大典》影印本，第635页。

④ ［清］梁九图撰：《十二石山斋诗话》卷五，陈建华主编：《广州大典》影印本，第532页。

⑤ ［清］梁九图撰：《十二石山斋诗话》卷八，陈建华主编：《广州大典》影印本，第610—611页。

2. 时事方面的文献

《十二石山斋诗话》中也有记一些当时的时事，如中英第一次鸦片战争，道光二十二年（1842），英船闯入吴淞，陈莲峰化成率军抵抗，宜兴任泰写诗颂之[①]；英夷攻沙角，陈都督连陞殉节，其马为贼所得，但不食英人之饲料，被弃，悲鸣而死，三水欧阳双南锴《义马行》写此马[②]；还有记鸦片之流毒，九图"不解嗜之者何心"[③]。一个会稽商人姚六，到南雄卖绢，被一游伎迷惑丧赀，窜至羊城，嗜鸦片，为人所恶，后亡[④]。诸如此类文献，在今天的鸦片战争史书写中是看不到的。

《十二石山斋诗话》是道光期著名的诗话之一，不仅体现出梁九图日常阅读的兴趣所在，更因其保留了道光朝诸诗人的诗歌，从而对今后清代诗歌的研究具有多方面价值，值得进一步挖掘。

---

① ［清］梁九图撰：《十二石山斋诗话》卷十，陈建华主编：《广州大典》影印本，第637页。

② ［清］梁九图撰：《十二石山斋诗话》卷五，陈建华主编：《广州大典》影印本，第540页。

③ ［清］梁九图撰：《十二石山斋诗话》卷二，陈建华主编：《广州大典》影印本，第475页。

④ ［清］梁九图撰：《十二石山斋诗话》卷十，陈建华主编：《广州大典》影印本，第640页。

第六章

吾粤风骚：《岭表诗传》与地域诗歌总集的编纂

中国古典诗歌源远流长，古往今来，诗歌成为古代人行藏出处的重要寄托和载体。尤其自唐以来，诗歌的创制蔚为大观，《全唐诗》《全宋诗》《全元诗》《明诗综》等总括一代的诗歌总集收罗甚富，《全清诗》尚未纂集完毕。不过，我们细检这些“全”字辈的诗歌总集会发现，粤人的诗歌并不多。黄天骥先生曾说：“千百年诗渊词海，浩浩乎浸润九州；亿万人激吭高吟，袅袅兮金声玉振。雅泽绵绵，迭代传芳；诗国泱泱，寰球无两。惟周秦之世，粤人远处炎方，隅居岭外；汉晋以前，风气未开。徒闻哳嘲之山笛，空负早春之梅柳。汉晋以还，虽初被风教，尚未可以言诗，偶有篇什，亦已尘湮星散。迨唐代张曲江开文献之宗，举风雅之旗，接中土之天声，揽岭表之芳润。于是云山珠水，尽入诗怀；雁声渔火，都成雅调。……遂使岭表骚坛，别辟蹊径，既承中原统绪，亦注百粤宗风，从此艺苑添我新花，诗海渐开一脉。”[①]所以，研究岭南诗歌，一般都从唐代的张九龄开始[②]。

---

① 黄天骥：《全粤诗》（序），中山大学中国古文献研究所编：《全粤诗》，广州：岭南美术出版社，2008年，第1页。

② 陈永正《岭南诗歌研究》论“岭南诗派”分为萌芽期、成长期、成熟期三期，但萌芽期“没有比较杰出的诗人和诗作”，成长期也仅有唐宋时期的张九龄、邵谒、陈陶、余靖、崔与之、李昴英等6人，个中能以诗名世的也只有张九龄、余靖二人而已。岭南诗歌的真正成熟，并逐渐成为一个“派别”，是从元末明初的“南园五子”开始。详参陈永正：《岭南诗歌研究》，广州：中山大学出版社，2008年，第24—41页。有关诸人的诗歌成就，还可细参陈永正主编：《岭南文学史》，广州：广东高等教育出版社，1993年。杨权、陈丕武在文章中也说：“岭南诗歌出现的时间甚为久远，但具有严格意义的岭南诗歌史，应当是从曲江张九龄开始的。这位被唐玄宗誉为‘文场元帅’的一代诗宗，以其杰出的创作活动为岭南诗歌在诗坛争得了一席之地，同时，也开创了粤海的百代诗风。”杨权、陈丕武：《诗派标准与“岭南诗派”》，《学术研究》2012年第3期，第115页。

作为整理、弘扬一代或一个地域诗歌创作实绩的最佳方式，莫过于诗歌总集（或选集）的编纂。作为岭南名士，表彰乡先贤、传扬岭南宗风，是梁九图一生的志愿，这可见于他各种著述中。本章以他及其好友吴炳南共同编纂的《岭表诗传》为中心，来深刻领会他这份弘扬“吾粤风骚”的良苦用心。

第一节　岭南诗歌总集编纂概况

关于总集的含义，《四库全书总目提要》谓：“文籍日兴，散无统纪，于是总集作焉。一则网罗放佚，使零章残什，并有所归。一则删汰繁芜，使莠稗咸除，菁华毕出，是固文章之衡鉴，著作之渊薮矣。”[①]卢盛江先生说：“总集是按照一定的体例，将多家诗文作品收录在一起的图书文献。”[②]夏勇则认为：“总集是与别集相对的概念，即若干作家作品的汇总集成，形式上可以是选集、全集、丛刻等。”[③]不管怎么定义，总集最简单的含义即“汇总”。

早在先秦时，已出现《诗经》《尚书》等诗文总集，不过按照《四库全书总目》的说法，总集是从晋挚虞《文章流别集》开始，后世代有编纂，且种类越演越多，如通代的、断代的、单一文体的、多种文体的、按作者群体的、按地域的等等[④]。地域诗歌总集是地域类总集中的一种。夏勇论道：“所谓地方类诗歌总集，即着眼于某一地区而采收相关作家作品的总集，传统目录学多称为‘地方艺文’或‘郡邑’之属。此类总集往往附

---

① ［清］永瑢等撰：《四库全书总目》卷一百八十六，第1685页。

② 卢盛江：《集部通论》，第165页。

③ 夏勇：《清诗总集通论》，北京：中国社会科学出版社，2016年，第1页。

④ 卢盛江：《集部通论》，第175—193页。

录有关外地作家，但明确以‘寓贤’处之，而立足点则仍在本地；相当一部分更是不同程度辑入土著、‘寓贤’之外的其他与该地区有关之作家作品，有的甚至完全采收外地人士所作与该地有关之作品，但由于编者同样立足于相关地区，故亦可归入地方类之范畴。”①

卢盛江先生追溯地方总集的起源说：“比较早的，如唐殷璠编《丹阳集》一卷，收润州五县包融等十八人诗作……。”②夏勇亦把地方类诗歌总集的编纂溯源至唐代，他说：“我国地方类诗歌总集的编纂至少可以溯源至唐代，宋、明以来编纂渐多；至清代乃臻于鼎盛，出现了前所未有的繁荣景象，取得了逾迈前人的辉煌成就，其编纂风潮直至民国年间亦盛行不衰。”③

岭南的诗歌总集编纂主要产生于清代，明代及民国时虽也有，但不多。骆伟先生所编《广东文献综录》所收岭南诗歌总集超过200种，或佚，或存于图书馆，为人所不知。笔者据《广州大典总目》统计出明代岭南诗歌总集共3种，清代则超过30种④。陈凯玲在其硕士学位论文《广东省级清诗总集研究》中，将罗学鹏辑《广东文献》、王隼辑《岭南三大家诗选》、刘彬华辑《岭南四家诗钞》、盛大士辑《粤东七子诗》、伍元薇辑《粤十三家诗钞》、黄玉阶辑《粤东三子诗钞》等排除在讨论之列⑤。但不管按照卢盛江先生的分析，还是衡诸《广州大典总目》，陈凯玲所排除的均属于总集。

陈凯玲的讨论增加了民国时的三种岭南诗歌总集：何藻翔辑《岭南诗存》［民国十四年（1925）］、黄文宽辑《岭南小雅集》［民国二十五年

① 夏勇：《清诗总集通论》，第125页。

② 卢盛江：《集部通论》，第192页。

③ 夏勇：《清诗总集通论》，第125页。

④ 《广州大典》编纂委员会编：《广州大典总目》，广州：广州出版社，2017年，第152—155页。

⑤ 陈凯玲：《广东省级清诗总集研究》，浙江大学2008年硕士学位论文，第4页。

（1936）]、邬庆时、屈向邦辑《广东诗汇》[民国三十年（1941）][1]。另朱则杰在《六种广东地区清诗总集钩沉》中，对区怀瑞辑《峤雅》[顺治二年（1645）前]，曹溶、朱彝尊辑《岭南诗选》[顺治十四年（1657）]，屈大均辑《岭南诗选》[康熙三年（1664）后]，王隼辑《岭南诗汇》[康熙二十年（1681）前]，陈恭尹辑《广州诗汇》[康熙三十九年（1700）前]及蔡均辑《东莞诗集》[康熙十九年（1680）前]等六种诗歌总集进行了考述。[2]

其实岭南诗歌总集的总量还要超过以上所述。仅据梁九图的记录，其曾与吴朴园、唐冠山、陈云史、廖顾庐、何兰皋、郭仙航、邵心根、罗涧泉、莫鹿宾、吴星侪、张云根于莺冈结觞咏社，分题赋诗，集未刊刻。[3]前文论梁九图著述时，曾提及他曾辑《汾江草庐唱和诗》二卷。

梁九图与吴炳南辑《岭表诗传》，不仅有历史传统，也有乡邦传统。在《岭表诗传》辑成之前，仅佛山一地便出现过五种岭南诗歌总集：

表6-1　佛山人所编岭南诗歌总集[4]

总集名	卷数	纂辑者	版本
《广东诗粹》	12	（清·顺德）梁善长	清乾隆十二年（1755）达朝堂刻本
《广东诗粹补编》	1		

① 陈凯玲：《广东省级清诗总集研究》，浙江大学2008年硕士学位论文，第9页。

② 朱则杰：《六种广东地区清诗总集钩沉》，《五邑大学学报》（社会科学版）2009年第1期，第15—19页。

③ [清]梁九图撰：《十二石山斋诗话》卷三，陈建华主编：《广州大典》影印本，第499—500页。

④ 此表据《广州大典总目》整理。

（续表）

总集名	卷数	纂辑者	版本
《广东文献初集》	18	（清·顺德）罗学鹏	清嘉庆间顺德春晖堂刻本
《广东文献二集》	9		
《广东文献三集》	17		
《广东文献四集》	26		
《粤东诗海》	100	（清·顺德）温汝能	清嘉庆十八年（1813）文畬堂刻本
《粤东诗海补遗》	6		
《岭南鼓吹》	8	（清·南海）曾文锦 （清·南海）陈觐光	清嘉庆二十年（1815）晚香圃刻本
《楚庭耆旧遗诗前集》	21	（清·南海）伍崇曜	清道光二十三年至三十年（1843—1850）南海伍氏刻本
《楚庭耆旧遗诗后集》	21		
《楚庭耆旧遗诗续集》	32		

稍长于梁九图的张维屏所编《国朝诗人徵略》（初编、二编），也具有“总集”的特点，对梁九图辑诗歌总集亦不无影响。

第二节　《岭表诗传》的体例与选诗特点

岭表，也就是岭南，所涵盖的区域比现今的广东省区划要广，除今天的广东省，还包括今天的海南省（琼州）、广西钦州地区。《岭表诗传》分《岭表明诗传》六卷及《国朝岭表诗传》十卷。其中《国朝岭表诗传》前九卷为清初至道光癸卯（1843）[①]时尚在世的诗人，而最后一卷为梁九图与吴炳南的诗歌。

① 因吴炳南所作《国朝岭表诗传》（序）署“道光癸卯”。

一、《岭表诗传》的体例特点

夏勇曾把清诗总集的类型分为全国、地方、宗族、唱和、题咏、课艺、歌谣、闺秀、方外、域外十种。按此，《岭表诗传》属于通代性，也属于地方（地域）性的诗歌总集。

1．通代、地域

《岭表诗传》以时系人，跨越明清两朝，因此，可称为通代诗歌总集。又因其限定于岭表一隅，故又可称地域诗歌总集。

在《岭表诗传》成书之前，温汝能所辑《粤东诗海》已将唐至清［嘉庆十八年（1813）以前］诗人搜罗备至。那么，梁九图和吴炳南二人为何还要辑《岭表诗传》？笔者将《岭表诗传》与《粤东诗海》所收诗人进行了一下对比。其中《岭表明诗传》共收录127名诗人，仅有黎伦、屈绍隆、李英（青衣）3人未见《粤东诗海》。《岭表明诗传》卷六最后，收录了顺德谣三首、高州歌一首、杂谚五章、广州谚二章、韶州谚一章、琼州谚一章，这些均见于《粤东诗海》，而且顺德谣、高州歌后所附评点，亦与《粤东诗海》相同。

《国朝岭表诗传》卷一至卷五收录125名诗人，有32人未见《粤东诗海》。自卷六至卷十所收123名诗人，仅有4人见于《粤东诗海》。因《粤东诗海》刻于嘉庆十八年（1813），而《国朝岭表诗传》刻于道光二十三年（1843），故1813至1843年间的诗人，《粤东诗海》无法收入。

《粤东诗海》所收明清诗人数，均超过《岭表诗传》。《粤东诗海》不仅辑录士人、布衣诗歌，还有闺阁、方外、仙佛、谣谚，而恰恰这些类别在《岭表诗传》中均有。而且就相同诗人来说，《岭表诗传》所录诗的数量远不如《粤东诗海》。两相对比，有时会让我们产生这样一种错觉——《岭表诗传》是《粤东诗海》的“节本”，只是稍有变异而已。比如同是选孙蕡，《岭表明诗传》录孙诗15题，《粤东诗海》录38题，但二者仅有5题相同。女道士罗素月，《岭表明诗传》仅录其一首诗，而《粤东

诗海》则录了四首（包含《岭表明诗传》所录一首）。因此，我们可以断定，梁、吴二人辑《岭表诗传》，应当参考过《粤东诗海》，而并非简单的“节本”。这还可从诗人小传、诗歌评点两种体例上推测。

2. 诗人小传、诗歌评点

总集中编入作者小传，此传统由来已久。傅刚先生分析到：“书名之下系作者小传。在现存的六朝诗文总集《文选》和《玉台新咏》中，都不见这样的体制，另一部佛学总集《弘明集》也没有此例，但是这一体例确为六朝总集所有。”并详细引证了挚虞《文章流别集》、萧统《古今诗苑英华》所附作者小传内容。[①]不过，卢盛江先生则认为：“总集编入作者介绍，始于唐姚合《极玄集》。……有作者介绍的一般是以作者为序排列作品。”[②]夏勇把总集中所附小传分为“完整而独立的单篇传记文”“将众多作者的生平信息汇为一编”“传记信息分散于各个作者名下”三种类型[③]。

今可见温汝适所编《粤东诗海》所收诗人一般附有小传，这一点同样被《岭表诗传》继承，二者属于夏勇所分的第三种类型。《岭表诗传》中除极个别诗人的生平难稽者除外，均附有小传。这些作者小传字数长短不一，但都遵循“字号+籍贯+科举经历+从官经历+著述”的模板，如《岭表明诗传》卷三黎民表的简介为：

> 字惟敬，号瑶石，从化人。嘉靖甲午举人，选授内阁中书，官至河南布政司参议。著有《北游》《瑶石》等集。[④]

---

① 傅刚：《昭明文选研究》，北京：中国社会科学出版社，2000年，第37—41页。

② 卢盛江：《集部通论》，第169页。

③ 夏勇：《清诗总集通论》，第299—300页。

④ ［清］梁九图、吴炳南辑：《岭表明诗传》卷三，陈建华主编：《广州大典》影印本，第556页。

再如《岭表明诗传》卷五陈邦彦的简介：

> 陈邦彦，字会斌，一字会份，顺德人。诸生。福王立南都，以乡举，征拜兵部职方司主事，擢给事中，监广西狼兵援赣。丙戌，王师入粤，邦彦拥兵拒战，退保清远。力困，被执至广州，不屈，死。永历时，追赠兵部尚书，谥忠愍。国朝葆忠，赐谥忠烈。著有《雪声堂集》。①

书中收录了很多诸生、贡生（含岁贡生、拔贡生、廪贡生等）、举人，皆无从官经历，故可能缺少上所谓“模板”中的某个部分，如许炯的小传：

> 字彦韬，新会人。嘉靖辛卯举人。著有《吾野漫笔》。②

《粤东诗海》于许炯亦有传：

> 炯字彦韬，新会人。由儒士领嘉靖辛卯乡荐。究心事务，尝上书当事，指陈利弊。试礼部不第，乃退而著述。才情宕佚，文得韩欧之奥。《新邑志》及《厓山志》皆其手修也。著有《吾野漫笔》。③

---

① ［清］梁九图、吴炳南辑：《岭表明诗传》卷五，陈建华主编：《广州大典》影印本，第585页。

② ［清］梁九图、吴炳南辑：《岭表明诗传》卷三，陈建华主编：《广州大典》影印本，第556页。

③ ［清］温汝能辑：《粤东诗海》卷二十一，陈建华主编：《广州大典》影印清嘉庆十八年文畲堂刻本，《广州大典》集部总集类第五十七辑总第495册，第310页。

从许炯小传上来看，《岭表明诗传》亦似节略《粤东诗海》。

总集中附录有关作者、作品之评论，也渊源甚早。夏勇指出：“就先有史料来看，在唐殷璠辑《河岳英灵集》、高仲武辑《中兴间气集》等总集那里，就已经出现了总集与评论相结合的形式。它经过宋吕祖谦辑《古文关键》、谢枋得辑《文章轨范》等总集的发展，至明代，乃为众多总集编者所采用，从而形成一种风气。”①

《粤东诗海》对个别诗人之艺术特点、人物生平有所评骘、介绍，一般放在诗人小传后，这与张维屏《国朝诗人徵略》一样。如冯敏昌小传后附《蒲褐山房诗话》、翁覃溪（方纲）、钱受之（载）、秦小岘（瀛）、桂芗东五则评价。《岭表诗传》中亦有评点，且对诗句有圈，但却将评点置于了具体诗后。如《粤东诗海》所附翁方纲评点，《国朝岭表诗传》将其附在了《循河行热甚，饮于龙头泉，因登泉上禹祠门楼，望隔河华山》诗末。《岭表诗传》与《粤东诗海》最不同者，乃在于《岭表诗传》中有很多梁九图、吴炳南二人对诗歌的具体评点。评点字数或长或短，短至仅二字，长者过百，对诗歌之对仗、结构、句法、字法、风格、源流等均有涉及，与《十二石山斋诗话》中的语体非常相似，可见二人熟于诗。

《岭表诗传》中还大量引录了前人的评点，笔者统计了一下，《岭表明诗传》中引录的评点者有叶楚元、黄才伯（2次）、徐丰厓（2次）、王元美、沈德潜（4次）、陈秋涛、陈琴轩、赵怀璨、朱锡鬯（4次）、杨用修、陈白沙、陈卧子、檀默斋、文征明、曹能始、钱受之（3次）、黄公补、温谦山（2次）、《广东诗语》、陈集生、邓糸度、王渔洋（6次）、赵秋谷、缪天自、胡南石、陶握山，另梁九图和吴炳南自评79条。《国朝岭表诗传》中引录的评点者有龚芝麓、王渔洋（2次）、汪钝翁、沈德潜（7次）、颜鹤汀、王季重、梁药亭（3次）、杭堇浦、车图南、吴乐园、

① 夏勇：《清诗总集通论》，第303页。

楼思敬、佘语山、温谦山、钱辛楣、翁覃溪、伊墨卿、钮玉樵、吴承云、吴仲山，另梁九图和吴炳南自评146条。

这些评语皆来自各家所著书。如《岭表明诗传》卷一李德《栖云庵》诗后附朱彝尊（锡鬯）评语："长史（李德曾任洛阳长史）诗好效长吉，然其诗实与长吉相远。"[①]此条评语实是节录朱彝尊《明诗综》中所附诗话[②]，后被嘉庆时人扶荔山房姚祖恩整理成《静志居诗话》。再如《国朝岭表诗传》卷一方殿元《前溪歌》后附沈德潜（归愚）评语[③]，实际这条评语乃《清诗别裁集》中沈德潜对方殿元的总评。[④]

对所引录评语，梁九图和吴炳南偶有辩驳，如《岭表明诗传》卷五黎遂球《送何石间先生游韶石因寄禺峡朱叔子》后附温汝能（谦山）评语，温汝能介绍黎遂球的《黄牡丹》诗名动天下，他写的《莲鬚阁集》"屈伸如意，不为格律所拘，而灵光异采，迷离满目，徐巨源谓为太白以后一人，良有以也。"针对温汝能的评语，梁、吴辩驳道："美周（黎遂球字）《黄牡丹》诗一时传诵，而涂丹镂碧，未规大方。"又说："《莲鬚阁集》固多奇肆之作，唯过于秾艳，究伤丰骨，谓为太白后一人，殊非笃论。"[⑤]

总的来说，《岭表诗传》在编纂时应借鉴了《粤东诗海》，具体到评点，则借鉴了朱彝尊、沈德潜、王士禛等人成书。现对《岭表诗传》的体

---

① ［清］梁九图、吴炳南辑：《岭表明诗传》卷一，陈建华主编：《广州大典》影印本，第544页。

② ［清］朱彝尊辑：《明诗综》卷十，早稻田大学藏康熙四十四年（1705）六峰阁藏版。

③ ［清］梁九图、吴炳南辑：《国朝岭表诗传》卷一，陈建华主编：《广州大典》影印本，第613页。

④ ［清］沈德潜编：《清诗别裁集》卷十，中华书局影印乾隆二十五年（1760）教忠堂重订本，北京：中华书局，1975年，第156页上。

⑤ ［清］梁九图、吴炳南辑：《岭表明诗传》卷五，陈建华主编：《广州大典》影印本，第584页。

例特点总结为“诗人+小传+选诗+圈+评点”的模式：（1）以时系人，按时代先后排列，所选诗或多或少，最多者（吴炳南）选诗26首，少则仅1首；（2）每个诗人有小传，即使任何生平都不清楚，也会交代诗人的籍贯；（3）个别诗句有圈，诗后有评点，评点者或为前代诗人，或为当代诗家，如王渔洋、沈德潜、翁方纲、梁佩兰等，更多则是梁九图和吴炳南自评。此外，对于入选诗歌的排序，也遵循体裁上的特点，后文详述。

二、《岭表诗传》的选诗特点

1. 诗人身份

整体上来说，《岭表诗传》中诗人的身份涉及士人（男）、闺阁（含青衣、妓女）、方外（含僧、道）三大类。其中士人又分有科举经历（庠生、诸生、贡生、举人），但未标识从官经历者；有从官经历者；身份不明者（既无科举经历，又无从官经历）三个细类。此外，《岭表明诗传》最后附不知作者的谣谚一类。

总的来看，《岭表明诗传》所选127名诗人中，仅有诸生8人、举人5人、贡生2人、副贡生1人、身份不明2人，其余均有从官经历。从官者占全部入选诗人数的85.8%。《国朝岭表诗传》所选244名诗人中，庠生1人、诸生36人、贡生（拔贡、廪贡、岁贡、副贡）19人、举人27人、进士2人、不明身份者54人、方外7人、闺阁16，合计162人。而有从官经历者82人，占所有入选人数的33.6%。从入选者的数量已经能看出岭南诗人群的庞大。而仅从入选者的身份来看，从官者因有读书、科举的经历，故能文作诗不难理解。而大多没有从官经历，乃至一些闺阁、方外人士也能以诗流传，足见岭南文教之越来越隆。此外，这些名不见经传的人也能够入选，可见梁九图、吴炳南以诗传人的目的。

2. 诗歌数量

《岭表明诗传》共计收录诗人127人，选诗共计463首；《国朝岭表诗传》共计收录诗人244人，选诗共计702首。全辑合计1179首（另含14首谣谚）：

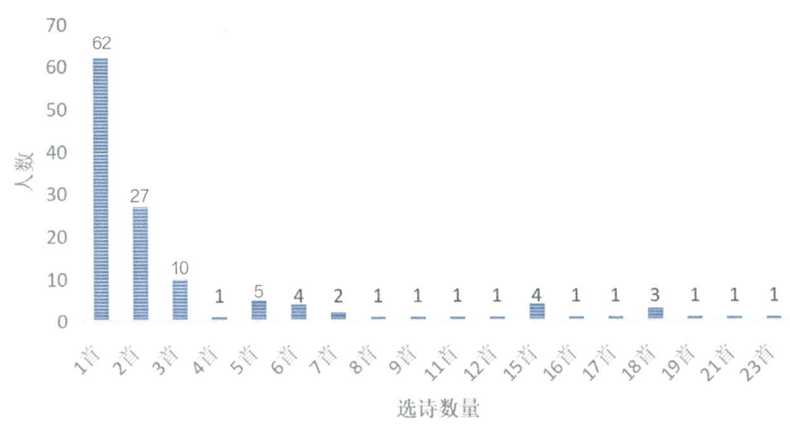

图6-1　《岭表明诗传》选诗统计

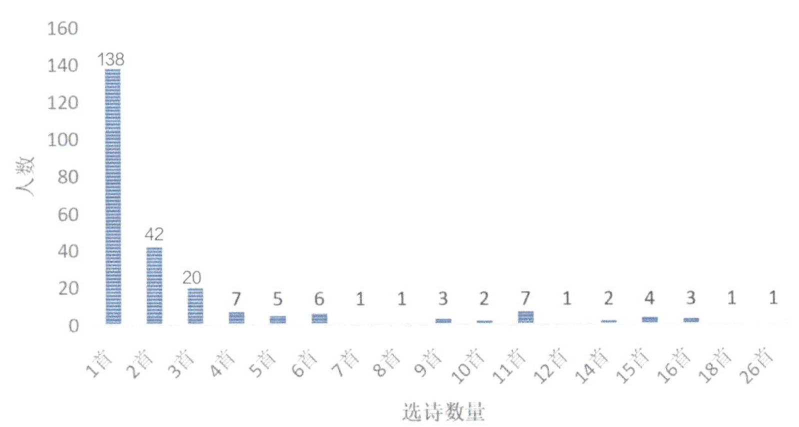

图6-2　《国朝岭表诗传》选诗统计

从上面两个统计图可见，选诗数量在5首以下的占大多数，尤其选1首的人数，《岭表明诗传》中有62人，占所入选诗人数的48.82%；《国朝岭表诗传》中有138人，占所入选诗人数的56.56%。选诗6首以上的诗人分别是：明人孙蕡、王佐、李德、黄哲、陈琏、邱濬、黄佐、黎民表、吴旦、李时行、梁有誉、欧大任、曾仕鉴、区大相、韩上桂、黎遂球、陈邦彦、邝露、屈绍隆、陈恭尹、李英、张乔；清人程可则、梁无枝、方殿元、梁佩兰、薛始亨、许遂、方还、方朝、车腾芳、何梦瑶、罗天尺、刘鹤鸣、

胡亦常、冯敏昌、黎简、刘杰、吴荣光、吴梯、何惠群、吴维彰、梁蔼如、吴奎光、张维屏、凌扬藻、周谊、刘潜蛟、何星垣、陈广逊、愿光、成鹫、梁九图、吴炳南。这些选诗数量多的人，基本同温汝能《粤东诗海》一致，也是今人陈永正先生《岭南诗歌研究》《岭南文学史》的主要论述对象。也就是说，《岭表诗传》通过选本的形式为我们勾勒了元末明初至清道光年间岭南诗歌发展的历史。只是《岭表诗传》所选录的很多人未能成为今天研究岭南诗歌史的对象，比如刘潜蛟、愿光、梁九图、吴炳南等，而这正是梁九图、吴炳南二人纂辑《岭表诗传》的诗心所在及潜在目的了。

3. 诗歌体裁

《岭表诗传》没有提示编纂体例，上文已总结了数条。对于入选诗歌的排序，还可从诗歌体裁的编排上揭示一二。

吴炳南所作两篇序言中交代了对选诗风格上的一些追求，但通过我们分析、归纳，其实在入选诗歌体裁的编排上，是有一定体例上的考虑的，这可以从那些入选诗歌数量较多的人总结出来。

《岭表诗传》入选诗歌的体裁从大的方向分为古体、近体，古体包括四言、柏梁体、杂言、六言、乐府、歌行（五言、七言、杂言）、五言古体、七言古体；近体包括五律、七律、五绝、七绝。我们在前面分析《十二石山斋诗话》时曾指出梁九图特重绝句，尤其是七绝，但这里我们会看到不一样的倾向：

我们看图6-3，古体诗共有149首，占全部选诗的32.18%；近体诗共有314首，占全部选诗的67.82%。近体诗中，律体有238首，占所有近体诗的75.80%；而绝句76首，占所有近体诗的24.20%。再看图6-4，古体诗共有267首，占全部选诗的38.03%；近体诗共有435首，占全部选诗的61.97%。近体诗中，律体有317首，占所有近体诗的72.87%；而绝句118首，占所有近体诗的27.13%。从这个统计及比例分析可以看出，梁九图和吴炳南在选诗时重近体，轻古体；在近体中又重律体，轻绝句。再细看，古体中重五

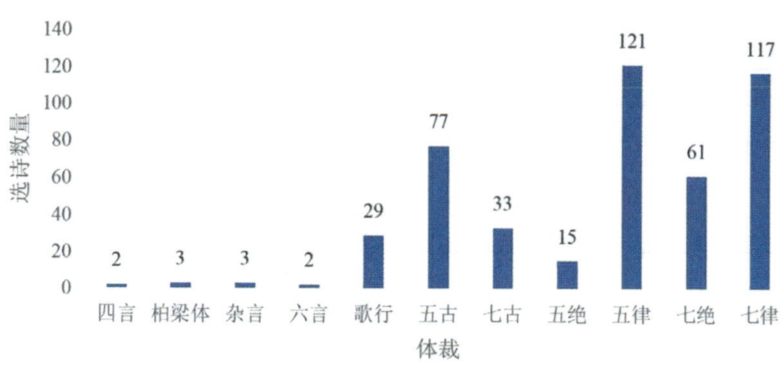

图6-3　《岭表明诗传》体裁统计

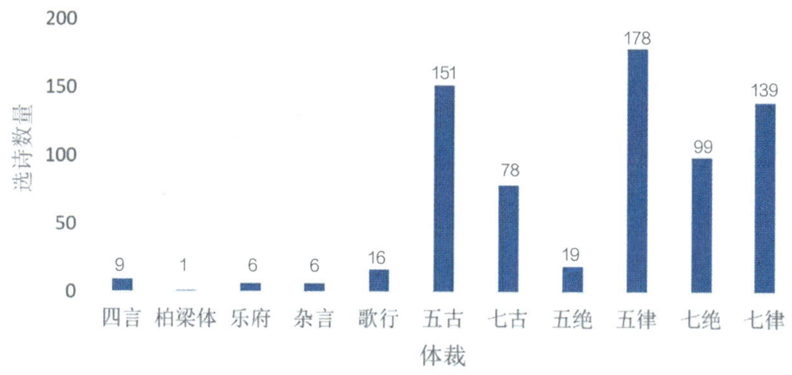

图6-4　《国朝岭表诗传》体裁统计

古，其次为七古；律体中重五律，绝句中重七绝。

在每个入选诗人所选诗歌体裁的排序上，则按照先古体、后近体。具体来说，五古排在七古前，五律排在七律前。如《岭表明诗传》卷一孙蕡入选15首，各首诗体裁依次为五古（1首）、五言歌行（2首）、七言歌行（5首）、五律（1首）、七律（1首）、七绝（5首）。卷二邱濬选诗12首，各首体裁依次为五古（4首）、七古（1首）、五律（3首）、七律（2首）、五绝（1首）、七绝（1首）。再如《国朝岭表诗传》卷一程可则选

诗16首，各首体裁依次为四言（2首）、五古（4首）、七古（3首）、五律（3首）、七律（3首）、七绝（1首）。《国朝岭表诗传》卷二梁佩兰选诗16首，各首体裁依次为五古（1首）、七古（8首）、七绝（4首）、七律（1首）、七绝（2首）。

以上这种体例不只是针对选诗数量多的诗人，一些选诗比较少的，也是遵循古体在前，近体在后；古体中五古在前，七古在后；近体中五律在前，七律在后；律体在绝句前。如《岭表明诗传》卷二戴缙仅选3首，体裁依次为五律（2首）、七绝（1首）。《国朝岭表诗传》卷二梁麟生仅选2首，体裁依次为七古、七律。

4. 诗歌题材

整体来看，《岭表诗传》所选诗以羁旅、寄赠、送别、咏怀、咏史、山水等题材为主。查检《岭表诗传》，仅以“寄”“赠”“送”“别”“游”“宿”“泊”“道中”“客”“经”“过”“发”“怀”“吊”为关键词，可得寄赠诗62首，送别诗84首，羁旅诗130首，咏怀诗82首。咏史题材的诗多写岭南历史名迹，抒发咏史思绪，如咏粤（越）台或越王台（粤王台）有8首，厓门吊古有5首等。山水诗也多写粤中风物，如写道教名山罗浮山的有15首。

集中也有一些题画诗，如王佐《题桑直阁江山胜概图》、李质《题胡将军虞山秋猎图》、程可则《题赵承旨击鞠图并序》、梁佩兰《题张穆之画猕猴挂藤图歌》、何梦瑶《题秋营夜角图》、吴函《题清湘老人芜城烟雨图》、何鹗《题宋徽宗画鹰》、黄丹书《题赵松雪画马图》、刘世馨《过邝斋为陈仰卿题海雪先生小像》、吴荣光《题陈云伯孝廉罗浮仙梦图》、何太青《题管夫人自绘小像并序》、蔡廷榕《题赵松雪画竹》、梁霭如《题古松高士图》、李如蕙《题陈锋亭读书小照》等14首。而且，像何鹗、刘世馨、何太青、蔡廷榕、李如蕙等5人，皆只入选了1首诗，但都是题画诗，足见题画诗在梁九图、吴炳南二人心中的位置。

此外，《岭表诗传》也收录了一些讽刺时事之作，如吴梯的《倾家

葬》《请粜》《捕蝗》，梁九图自己的《飞蝗歌》等，但不多。

5. 诗歌风格

编辑选本，尤能体现出编辑者的主观目的。《岭表诗传》虽可算通代地域诗歌总集，但并非求全式的总集，而是求精的总集，因此，也可从选集的角度视之。吴炳南在序言中特意表达了选诗宗旨。《岭表明诗传》序有云：

> 平浓奇淡，无美不收。唯平而不入于庸，浓而不涉于缛，奇而不失于怪，淡而不流于薄者取焉。而别裁伪体，不敢妄登；严之又严，以防其滥。①

《国朝岭表诗传》序有云：

> 夫诗以言志，人各有其志，即人各有其诗。然非学问无以培其基，非性灵无以妙其用。语坦易者少蕴藉，矜淹博者泥词章，兼学问性灵以言诗，庶乎真诗出矣。②

由以上两序所表明的宗旨，可知梁九图、吴炳南二人选诗标持平浓奇淡、学问与性灵兼备。我们可以持此宗旨来核验所选诸诗。如《国朝岭表诗传》卷四选胡亦常《晚眺怀甘正盘》，诗云：

> 石壁明夕晖，倒入江水平。潋滟播微波，瞥见孤帆征。浮云

---

① ［清］梁九图、吴炳南辑：《岭表明诗传》，陈建华主编：《广州大典》影印本，第537—538页。

② ［清］梁九图、吴炳南辑：《国朝岭表诗传》，陈建华主编：《广州大典》影印本，第604页。

不归山，西去冈州城。下有贤隐忍，长啸鸾凤声。谁与弹素琴，相思空暮情。

诗末有评语云："清微淡远，求之古人，亦难多见。"[①]整首诗有声有色，有景有情，但无用典，无僻字，无雕饰，确可谓之"清微淡远"。再如《国朝岭表诗传》卷七选梁霭如《溪桥》：

平桥断苍烟，日出犹雾露。时闻折树声，独鹤忽飞去。茅屋隐树林，空翠满溪路。花落水流香，幽人在何处？

诗末有评语云："中翰自都中归，闭门静坐，默悟道要，诗之冲淡，适如其人。"[②]这首诗与胡亦常的风格一致，只是把眼前所见、耳中所闻一一描写，无半点感情显露其间，但读完却能让人体会到诗人那种平和的心态。他如评相益的《湖天精舍访禅友不遇》云："超妙淡远，才是僧诗。"[③]

性灵诗学和肌理诗学（含学问）对梁九图等粤中诗人影响非常大，这不仅体现到了他们自己的诗歌创作中，在《岭表诗传》的选诗上亦有生动体现。我们看《国朝岭表诗传》卷五周如山所作《哭姑代家大人作》：

早岁零丁未有家，脊令原上重咨嗟。何当荆树连株尽，春雨还伤姊妹花。

---

① ［清］梁九图、吴炳南辑：《国朝岭表诗传》卷四，陈建华主编：《广州大典》影印本，第643页。

② ［清］梁九图、吴炳南辑：《国朝岭表诗传》卷七，陈建华主编：《广州大典》影印本，第676页。

③ ［清］梁九图、吴炳南辑：《国朝岭表诗传》卷九，陈建华主编：《广州大典》影印本，第703页。

诗末评云："全写真性情，难得如许浑雅。"[①]如此等写真性情的诗，集中还有很多，此不复赘。

总之，从入选诗歌的风格上来说，既有梁九图、吴炳南二人对诗歌美学的追求，也有时代思潮的感染，这正为我们走进当时的岭南诗坛提供了凭借。

第三节　《岭表诗传》的文学意义

蒋寅先生曾总结道："文学史发展到明清时代，一个最大特征就是地域性特别显豁起来，对地域文学传统的意识也清晰地凸显出来。理论上表现为对乡贤代表的地域文学传统的理解和尊崇，创作上体现为对乡先辈作家的接受和模仿，在批评上则呈现为对地域文学特征的自觉意识和强调。以地域文学为对象的文学选本，也许是明清总集类数量最丰富、最引人注目的种群。"[②]因此有关清代地域诗歌研究的成果非常多。《岭表诗传》便是这"种群"之一，它不仅建构了岭南诗史，尤其对佛山一地的诗歌发展进行了系统梳理；附着在诗歌后面的评点文字，则是梁九图与吴炳南诗学思想的体现。这些都是《岭表诗传》所隐含的文学意义，但至今尚无人揭示。

一、《岭表诗传》与岭南诗史的构建

将"岭南诗歌"作为一个整体研究对象，相关成果并不多。明胡应麟总论明朝初年诗歌概况时说："国初吴诗派昉高季迪，越诗派昉刘伯温，

---

① ［清］梁九图、吴炳南辑：《国朝岭表诗传》卷五，陈建华主编：《广州大典》影印本，第651页。

② 蒋寅：《清代诗学史》（第一卷），第37页。

闽诗派昉林子羽，岭南诗派昉于孙蕡仲衍，江右诗派昉于刘崧子高。”[①]总结出全国内五个地域诗派，而岭南占其一，虽胡应麟说这“五家”“格不甚高，体不甚大”[②]，但足见岭南诗派的影响。

晚近民初诗学理论大家汪辟疆在其《近代诗派与地域》中亦特辟“岭南派”，并对岭南诗歌发展进行了梳理，他说：

> 岭南诗派，肇自曲江；昌黎、东坡，以流人习处是邦，流风余韵，久播岭表。宋元而后，沾溉靡穷。迄于明清，邝露、陈恭尹、屈大均、梁佩兰、黎遂球诸家，先后继起，沈雄清丽，蔚为正声。迨王士禛告祭南海，推重独漉；屈大均流转江左，终老金陵；岭表诗人，与中原通气矣。乾嘉之间，黎简、冯敏昌、张维屏、宋湘、李黼平诗尤有名，李氏稍后，卓然名家。而简民所造尤深，今所传之《四百四峰草堂诗钞》，兼昌黎、昌谷之长，工于造境，巧于铸辞。鱼山、南山、芷湾、绣子，典赡奥折，学余于诗，高格独标，清音遂远。洪稚存诗云：“尚得古贤雄直气，岭南今不逊江南。”虽指独漉堂而言，然雄直二字，岭南派诗人当之无愧也。[③]

汪氏此论，向为研究岭南诗歌者所接受与承袭。

1993年，陈永正先生主编的《岭南文学史》出版，其中，分明以前、明代、清代三期，对岭南文学的发展流变进行了系统梳理与勾勒。在“清代文学”部分，第三章专门论述“岭南诗派”，从汉代的杨孚开始，一直

---

① ［明］胡应麟撰：《诗薮》续编卷一，第342页。

② ［明］胡应麟撰：《诗薮》续编卷一，第342页。

③ 汪辟疆撰：《汪辟疆说近代诗·近代诗派与地域》，上海：上海古籍出版社，2001年，第39—40页。

梳理到明末清初的“岭南三大家”，简单勾勒了岭南诗史的发展[①]。刘世南先生在《清诗流派史》中亦特辟“岭南诗派”一章，对岭南诗派的风格特色进行了阐释，并重点分析了屈大均、陈恭尹、释函可三位诗人[②]。不过这并非岭南诗派的全貌。

2008年，陈永正先生又推出专著《岭南诗歌研究》，但这并不是按照“史”的思路撰写，而是选取了一些题材（如山川风物、民生疾苦等），一些与诗歌有关的活动（如结社、教育等），但视域非常广，岭南妇女，港澳及海外，有关中外交流及近代新诗均有涉及。这部专著加深了对岭南诗史的构建。

近年如杨权、陈丕武[③]、潘务正[④]、陈恩维[⑤]、王宏林[⑥]、张纹华[⑦]等，对岭南诗派的标准、源流、风格、个别诗人等均进行了有益的探索，对构建岭南诗史的材料选取、研究方向进行了揭示，循着这些研究成果，再加上近年编纂初版的《全粤诗》，充实一部岭南诗歌史，只是时间的问题了。而《岭表诗传》也应成为这一建构的依据。

---

① 陈永正主编：《岭南文学史》，第348—351页。

② 刘世南：《清诗流派史》，北京：人民文学出版社，2004年，第15—41页。

③ 杨权、陈丕武：《诗派标准与“岭南诗派”》，《学术研究》2012年第3期，第114—123页。杨权：《岭南诗派研究与诗歌文献整理》，《深圳大学学报》2015年第4期，第140—148页。

④ 潘务正：《翁方纲督学广东与岭南诗风的演变》，《文学遗产》2013年第2期，第110—121页。

⑤ 陈恩维：《试论岭南地域诗学传统的构建——以明初“南园五先生”为中心的考察》，《广州大学学报》2014年第5期，第90—96页。陈恩维：《空间、记忆与地域诗学传承——以广州南园和岭南诗歌的互动为例》，《文学遗产》2019年第3期，第105—117页。陈恩维：《“曲江流风”：明清岭南地域诗学传统的构建及其意义》，《苏州大学学报》2020年第3期，第136—145页。

⑥ 王宏林：《乾嘉诗学研究》第二章，南昌：百花洲文艺出版社，2017年，第51—52页。

⑦ 张纹华：《朱次琦与近代岭南诗派——以汪辟疆所论为中心》，《广东广播电视大学学报》2011年第6期，第82—86页。

1. 《岭表诗传》对岭南诗史的建构

夏勇曾总结道："清人对于乡邦文学文化，普遍有一种空前强烈的自觉意识与自豪感。在这种思想意识的支配下，他们高度认同乡邦文学，重视学习并继承乡邦前贤的创作风貌，同时积极揄扬其声名，强调其特征，勾勒其传统，由此更加鲜明地树立起本地文学的旗帜，塑造着当地的文学风气与观念。从某种意义上讲，众多地方类清诗总集也是这一观念的产物。它们的编者往往出于地域认同及在此基础上形成的价值观与荣誉感，同时又出于对地方文学文化之历史的求索，遂以编纂本地人作品的方式来书写并确认传统，使之清晰地浮现于人们眼前，无形中成为当地文学创作、批评的价值尺度，影响着一代代乡里后辈。"[①]梁九图和吴炳南在纂辑《岭表明诗传》时，便确立了构建岭南诗史的目标。吴炳南在《岭表明诗传序》的开篇自问自答，对书名及编纂目的进行了揭示：

> 诗何为云传也？谓庶几足传诸久远而无疑也。何为限乎岭表也？岭表，余父母邦也。岭表传者何必诗？曷云诗传也？传不必诗，亦不必非诗也。何为止录明诗也？吾粤风骚，至明始盛也。汉时声教初暨乎南海，递及魏晋，声诗不传。传者，自张曲江始。曲江奋起唐代，并驱李杜。陈嵩伯、余襄公、崔清献、李忠简、罗希吕诸君子步其后尘，皆能自成一家，空诸依傍。唯由唐而宋、而元，寥寥数子，未极大观。至有明，而坛坫之盛，颉颃中原。孙仲衍、王彦举辈五先生，振响于前，黎唯敬、梁公实辈五先生接迹于后，其中如邱文庄、黄才伯、区海目、邝湛若、黎烈愍、陈忠烈、屈华夫、陈元孝诸公，皆旷世未易之才。三百年间，以一隅之地，僻处天南，而作者代兴，俱无惭乎大雅，可

---

① 夏勇：《清诗总集通论》，第401页。

谓盛矣。况上自缙绅隐逸，下及流妓青衣，悉谱其声歌，裒然成集，可不谓难乎？惜传述无人，不能家弦户诵。间有一二为之编辑者，亦觉采择未精。桑梓中余韵遗风，几莫有从而问焉者，则风流固将销歇矣。①

吴炳南这篇序看似简单，但至少包含以下三层涵义：（1）他解释了什么叫“诗传”以及为什么要以“诗”来“传”。（2）他和梁九图在编这本书时，可能并未想到要继续编《国朝岭表诗传》，因此他特意解释了为何“止录明诗”的原因。而他的解释，实际也便是简单勾勒了唐至明末岭南诗歌发展史。（3）他在这篇序中明确表达了岭南诗歌无以传的焦虑感，而他和梁九图正是本着为传播“桑梓中余韵遗风”而从事这件工作的，因此具有非常重要的意义。

前文已经分析过，《岭表诗传》的纂辑应该借鉴了《粤东诗海》，所以，《岭表诗传》所收录的诗人及诗歌，与当今论述岭南诗歌发展史的相关研究所提到的人物序列，基本一致。以陈永正《岭南文学史》为例。《岭南文学史·明代文学》按照时代顺序共论述孙蕡、赵介、王佐、李德、黄哲、黎贞、陈琏、邓林、罗亨信、邱濬、陈献章、黄佐、区大任、黎民表、梁有誉、李时行、吴旦、区大相、邝露、黎遂球、陈邦彦、陈子壮、张家玉、梁朝钟、屈大均、陈恭尹、张穆、王邦畿、函昰、函可、成鹫、陈子升、何绛、何巩道、张家珍、罗宾王、薛始亨、王鸣雷、岑澂、屈士煌、陶璜等41人，其中仅有张穆、张家珍、屈士煌、陶璜4人未见《岭表明诗传》。何巩道、薛始亨2人见《国朝岭表诗传》。陈永正分析诗人所举诗例，有些也见于《岭表明诗传》。

《岭南文学史·清代文学》按照时代顺序，截至道光时共论述程可

① ［清］梁九图、吴炳南辑：《岭表明诗传》，陈建华主编：《广州大典》影印本，第537页。

则、方殿元父子、陈衍虞、祁文友、姚子庄、廖文英、尹源进、苏楫汝、刘裔炫、陈琔、陈王猷、刘世重、邓廷喆、黄河澄、王隼、易弘、罗宁默、刘祖启、吴文炜、梁无技、陈遇夫、杨锡震、陈阿平、周大樽、陈励、梁佩兰、屈大均、陈恭尹、廖燕、张锦芳、冯敏昌、何梦瑶、罗天尺、林明伦、陈昌齐、胡亦常、吕坚、张锦麟、黄丹书、潘有为、刘步蟾、赵希璜、黎简、宋湘、李黼平、谭敬昭、黄培芳、谢兰生、颜检、钟启韶、林伯桐、黄乔松、黄玉衡、李光昭、李士祯、倪济远、黄钊、陈昙等60人，其中有廖文英、尹源进、刘裔炫、邓廷喆、陈遇夫、陈励、屈大均、林明伦、陈昌齐、潘有为、刘步蟾、颜检、钟启韶、林伯桐、李光昭等15人未见《国朝岭表诗传》。

《岭表诗传》对于岭南诗史的建构，还体现在诗歌评点上。梁九图、吴炳南在对个别诗歌进行评点时[①]，尝能从岭南诗坛的整体走向或特点上予以阐明。如《国朝岭表诗传》卷五选黎简《花手寺一宿赠志师》，诗云：

> 志师老好奇，深目颡见骨。自言独拄杖，五去观日出。青囊裹松子，一去住一月。久吸东海霞，金光入毛发。延我松下石，索我聘画笔。高望云中山，奇怪穷我术。乃为作平远，自愿避屼崪。遂尔破酒戒，高眠共禅室。朝来别堂上，云气湿古佛。[②]

这是一首五古。诗人在罗浮山花手（华首）寺住宿一夜，然后写了这首诗赠给“志师”。诗歌为我们描绘了一个餐霞饮露、偶尔破破酒戒的志师。诗末附梁、吴评语云：“是时诸公亦知肆力汉唐，唯豸浦（胡亦

① 《岭表诗传》所引前人评语均标明所自，但梁九图、吴炳南自评者，并未标明是梁九图还是吴炳南。

② ［清］梁九图、吴炳南辑：《国朝岭表诗传》卷五，陈建华主编：《广州大典》影印本，第654页。

常）得其正，鱼山（冯敏昌）得其大，二樵（黎简）得其奇，屹立三峰，允为屈（大均）梁（佩兰）陈（恭尹）后劲。而与公齐名者，张药房（锦芳）、黄虚舟（丹书）、吕石飘（坚）数人。”[①]对黎简所处时期的岭南诗坛进行了概括，并揭示了黎简等人所处的地位。

再如《国朝岭表诗传》卷六选黄丹书《光孝寺铁塔歌》，这是一首七言歌行，诗末评云：

> 国初诸公，矫王、李、钟、谭之习，一时皆尚苏、陆。百有余年，争趋共慕，率直一派，遂不能免。虚舟喜学苏，此数篇稍归杜、韩者。[②]

指出清初诗坛矫正明王世贞、李攀龙、钟惺、谭元春等人之不足（宗唐），诗学转向苏轼、陆游等宋诗派。而黄丹书（字虚舟）喜学苏轼，但像《光孝寺铁塔歌》这几首诗，却是学习杜甫、韩愈多一点。对岭南诗歌的整体及发展趋势予以揭示。即使引录前人评语，亦尝着眼于岭南诗史的评价，如引王渔洋评伍瑞隆《竹枝词》云：

> 东粤诗自屈、程、梁、陈之外，又有王说作（邦畿）、王震生（鸣雷）、陈乔生（子升）、伍铁山（瑞隆）数人，皆有可传。[③]

再如王渔洋评邝露《江门谒陈文恭祠》云：

---

① ［清］梁九图、吴炳南辑：《国朝岭表诗传》卷五，陈建华主编：《广州大典》影印本，第654页。

② ［清］梁九图、吴炳南辑：《国朝岭表诗传》卷六，陈建华主编：《广州大典》影印本，第660页。

③ ［清］梁九图、吴炳南辑：《岭表明诗传》卷五，陈建华主编：《广州大典》影印本，第581页。

> 粤东诗派，皆宗区海目，而开其先路者，邝湛若（露）也。广州破，抱所宝古琴死，余为赋《抱琴歌》云："峄阳之桐何牂牂，纬以五弦发清商。一弹再鼓仪凤皇。凤皇不来兮我心悲，抱琴而死兮当告谁？吁嗟琴兮当知之。"[①]

虽寥寥数语，却提纲挈领，皆指明岭南诗史。

梁九图和吴炳南在评诗时，除了揭示这些诗人在岭南诗坛的地位外，也常将这些诗人置于整个诗歌发展史中，为他们溯源，以见出诗歌史的流衍。如《岭表明诗传》卷一选李质《题胡将军虞山秋猎图》，诗末评云："意象雄伟，开七子先声。"[②]《岭表明诗传》卷二选林光《石门》，诗末评云："似王右丞《辋川》诸咏。"[③]《岭表明诗传》卷二于黄佐《春兴》《早朝》后评云："《春兴》《早朝》诸作，似唐人应制诗。"[④]《岭表明诗传》卷三选李时行《匡南府夜宴》，诗末引文征明评云："少偕（李时行字）文章法汉魏，古诗法颜、谢，歌行法李、杜，绝律则又取裁于沈、宋、王、孟诸大家，咸超诸人品，信得江山之助。"[⑤]《岭表明诗传》卷三选黎天启《于村路寻得江岸幽处》，诗末评云："似放翁集中生新之作。"[⑥]《岭表明诗传》卷六选屈绍隆《洗象行》，诗末评云："用少陵

---

① ［清］梁九图、吴炳南辑：《岭表明诗传》卷五，陈建华主编：《广州大典》影印本，第590页。

② ［清］梁九图、吴炳南辑：《岭表明诗传》卷一，陈建华主编：《广州大典》影印本，第546页。

③ ［清］梁九图、吴炳南辑：《岭表明诗传》卷二，陈建华主编：《广州大典》影印本，第550页。

④ ［清］梁九图、吴炳南辑：《岭表明诗传》卷二，陈建华主编：《广州大典》影印本，第554页。

⑤ ［清］梁九图、吴炳南辑：《岭表明诗传》卷三，陈建华主编：《广州大典》影印本，第561页。

⑥ ［清］梁九图、吴炳南辑：《岭表明诗传》卷三，陈建华主编：《广州大典》影印本，第561页。

《观公孙大娘舞剑器》之法，令人不觉，良由笔妙。”[①]诸如此等评价甚多，让我们能够在诗史的衍变中去定位明清岭南诗人的价值，也能见出前辈诗人的影响所在。

2.《岭表诗传》对佛山诗史的梳理

《岭表诗传》虽以岭南为选诗范围，但我们细心整理会发现，梁九图、吴炳南二人有意对自己的家乡顺德，进而扩大为整个佛山诗史的梳理。下面先从整体上来看入选诗人的籍贯。

从图6-5、图6-6可清晰看到，不管是明，还是清，番禺、南海、顺德入选人数都在前三，而且所占比例非常大。《岭表明诗传》中番禺、南海、顺德入选人数占总人数的比例分别为16.54%、23.62%、21.26%；《国朝岭表诗传》中番禺、南海、顺德入选人数占总人数的比例分别为16.12%、12.90%、32.25%。

如果我们以佛山市所辖禅城、南海、顺德、高明、三水五区来统计的话，数字更让人感到惊讶。《岭表明诗传》选佛山籍诗人共61人，占入选总人数的48.03%；《国朝岭表诗传》选佛山籍诗人共113人，占入选总人数的45.56%。合计的话，《岭表诗传》共选佛山籍诗人共174人，占入选总人数的46.4%。也就是说，整部《岭表诗传》，有一半诗人是佛山人。这正是吴炳南在《岭表明诗传序》中所要达到的目的："惜传述无人，不能家弦户诵。间有一二为之编辑者，亦觉采择未精。桑梓中余韵遗风，几莫有从而问焉者，则风流固将销歇矣。"[②]

① ［清］梁九图、吴炳南辑：《岭表明诗传》卷六，陈建华主编：《广州大典》影印本，第591页。

② ［清］梁九图、吴炳南辑：《岭表明诗传》，陈建华主编：《广州大典》影印本，第537页。

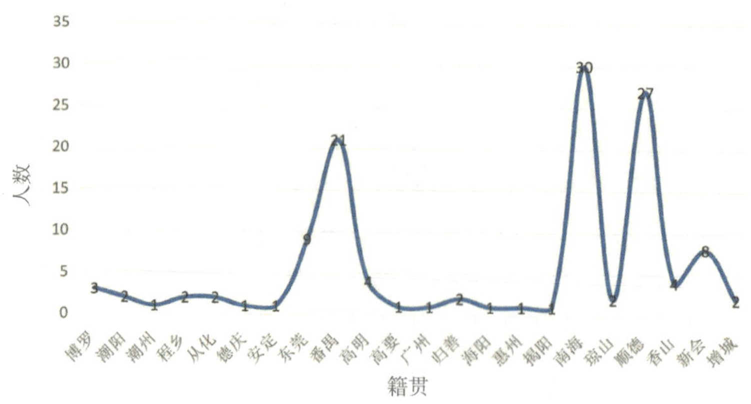

图6-5　《岭表明诗传》诗人籍贯统计

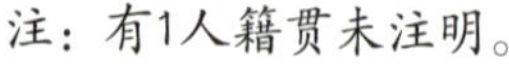
注：有1人籍贯未注明。

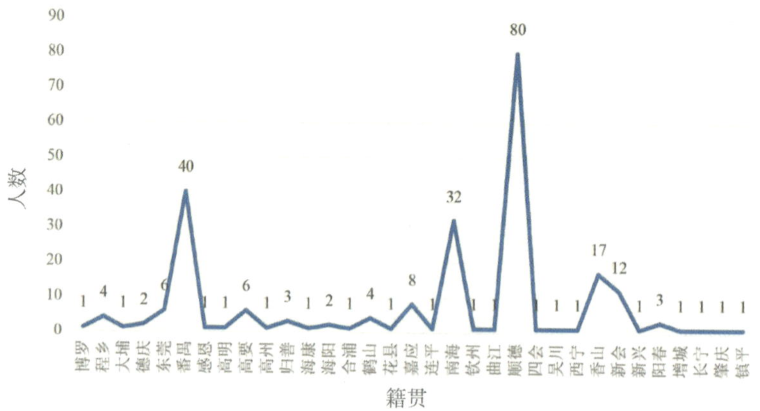

图6-6　《国朝岭表诗传》诗人籍贯统计

注：有2人籍贯不明；有1人驻防广州；有2人先世籍贯非岭南；有1人寓居羊城。

二、《岭表诗传》所蕴含的诗学思想

《岭表诗传》中附有大量评点，这些评点也为我们探析梁九图、吴炳南二人的诗学思想提供了凭借。萧华荣在解释“诗学思想”时说：“诗学思想，从‘诗学’的侧面说，根柢于诗歌创作的实践经验和理论升华，由之体现出其独立发展；从‘思想’的侧面说，它又无以脱离所处时代的文化思想和时代精神，它甚至就是一般社会文化思想的组成部分。质言之，

一定时代的文化思想总是要为该时代的诗学思想提供气候，造成氛围，着上底色，左右着读学思想的风貌、色彩与发展方向。”[①]前文在论述梁九图的诗学思想时已论及，他不仅远绍神韵说，也是性灵说和肌理说的实践者。《岭表明诗传》标持“平浓奇淡”，可看出有意与明代的复古诗学相对；而《国朝岭表诗传》则开宗明义到“兼学问性灵以言诗，庶乎真诗出矣”，则又体现了时代思潮的影响。

《国朝岭表诗传》卷四选刘鹤鸣的《家僮至澧》，诗云：

> 日日望消息，闻声转凄恻。入门不敢问，忧喜看颜色。开缄手战栗，岁久不可测。嗟予衰病侵，心情日逼昃。贫囊似沃焦，望断云间翼。家乡水旱频，童稚尚艰食。老人乏甘旨，寄我何由得？艰难知为谁，穷饿乃其职。[②]

读这样的诗，真如唐代白居易诗之“老妪能解”[③]，又如晋陶渊明诗之“天然”“真淳”[④]。这首诗末评云：“诗到妙处，不过一真字。泛写

---

① 萧华荣：《中国诗学思想的逻辑发展》，萧华荣：《中国诗学思想史》，上海：华东师范大学出版社，1996年，第2页。

② ［清］梁九图、吴炳南辑：《国朝岭表诗传》卷四，陈建华主编：《广州大典》影印本，第640页。

③ ［宋］惠洪《冷斋夜话》卷一载：“白乐天每作诗，令一老妪解之。问曰：‘解否？’妪曰解，则录之；不解，则易之。故唐末之诗近于鄙俚。”［宋］惠洪撰，李保民校点：《冷斋夜话》，上海古籍出版社编：《宋元笔记小说大观》第2册，上海：上海古籍出版社，2001年，第2172页。

④ ［金］元好问《论诗三十首》评陶渊明曰：“一语天然万古新，豪华落尽见真淳。”［金］元好问撰，郭绍虞笺释：《元好问论诗三十首小笺》，北京：人民文学出版社，1978年，第60页。

景色，求得佳句，无当也。”[①]晚清黄遵宪提倡“世界革命”，谓“我手写我口，古岂能拘牵！即今流俗语，我若登简编，五千年后人，惊为古斓斑”[②]，用来评价刘鹤鸣这首诗非常恰当。他如评明陈献章《登飞云》引杨慎评曰：“白沙诗，五言冲淡，有靖节遗意。”[③]评明祁顺《送刘仁甫省亲还蜀》云：“‘知己难为别，思亲不可留’，惟真性情人乃有此真诗。”[④]评明黎遂球《壮游篇》云：“读其诗，不能令千载下如见其人者，必非佳诗。此与《花下歌》等作写冶游处，时露英雄本色。相传美周状若美妇人，而以身死国，日誓雪国耻，以舒郁陶，信不诬也。”[⑤]评明屈绍隆《垂老》曰“真挚”[⑥]，等等，均表明二人对“真”“纯真”之诗的追崇，以及当时的诗学思潮。

第四节　《岭表诗传》的文献价值

谈到诗歌总集的价值，很多人都会着眼于文献价值，如陈凯玲论黄登

---

① ［清］梁九图、吴炳南辑：《国朝岭表诗传》卷四，陈建华主编：《广州大典》影印本，第640页。

② ［清］黄遵宪：《杂感·大块凿混沌》，［清］黄遵宪著，钱仲联笺注：《人境庐诗草笺注》卷一，上海：上海古籍出版，1981年，第42—43页。

③ ［清］梁九图、吴炳南辑：《岭表明诗传》卷一，陈建华主编：《广州大典》影印本，第548页。

④ ［清］梁九图、吴炳南辑：《岭表明诗传》卷二，陈建华主编：《广州大典》影印本，第550页。

⑤ ［清］梁九图、吴炳南辑：《岭表明诗传》卷五，陈建华主编：《广州大典》影印本，第582页。

⑥ ［清］梁九图、吴炳南辑：《岭表明诗传》卷六，陈建华主编：《广州大典》影印本，第591页。

《岭南五朝诗选》[①]，夏勇、刘和文从整体上论述清诗总集的文献价值[②]，卢盛江着眼于全部总集来论文献价值[③]。《岭表诗传》所蕴含的文献价值主要体现在：《岭表诗传》保存了一些未刊稿，或名不见经传诗人的诗歌，进而达到了流传的目的；对今天出版的别集，或如《全粤诗》这样的总集，《岭表诗传》提供了校勘和补遗的文本。

一、保存与流传

编辑总集，来达到保存文献的目的，这是清诗总集编辑者的共同追求，或可谓清诗总集编辑的潮流。夏勇曾总结“清诗总集编者搜集文献之类型与着眼点”，在“发微阐幽”和“关注现当代文献”两方面引人注目。发微阐幽，也就是发掘那些“声誉不彰、功名阙如的中小诗人”；关注现当代文献，与我国历来“厚古薄今”的观念恰相反，注重与编者相近或同时代的人。[④]梁九图与吴炳南编辑《岭表诗传》，也典型地体现了“发微阐幽”和“关注现当代文献”这两个特点。多采录那些中小诗人、多采录一些未刊稿，从而实现保存与流传的目的。

《十二石山斋诗话》记刘杰之子刘雨湖潦倒名场，“日抱太夫子遗稿，以未付梓为憾，余与吴星侪辑《岭表诗传》时为摘录数章，或者不尽湮没耳”。[⑤]查《国朝岭表诗传》，录刘杰诗8题9首。凡作者有别集，《岭表诗传》于每个诗人小传中皆予注明，但这些别集是否均付梓，则有待考证。如刘杰，《岭表诗传》著录有《咏梅集》《蜗寄山房诗草》，《咏梅

---

① 陈凯玲：《论清代地方诗歌总集的文献价值——以黄登〈岭南五朝诗选〉为中心》，《厦门教育学院学报》2011年第1期，第5—7页。

② 夏勇：《清诗总集通论》第四章，浙江大学2011年博士学位论文；刘和文著：《清人选清诗总集研究》第四章，芜湖：安徽师范大学出版社，2016年，第161—195页。

③ 卢盛江：《集部通论》第四章第四节，第210—230页。

④ 夏勇：《清诗总集通论》，第500—507页。

⑤ ［清］梁九图撰：《十二石山斋诗话》卷一，陈建华主编：《广州大典》影印本，第441页。

集》当为《十二石山斋诗话》所言《咏梅》诗三十首，“一时名流入粤者，题咏殆遍”[①]。而《蜗寄山房诗草》是刘雨湖所抱“遗稿”吗？总之刘杰的两部别集均未付梓，其诗也未见《粤东诗海》，若无《岭表诗传》之选录，也就无法流传至今了。

《岭表诗传》的保存价值还体现在保留了很多“经典”，虽然这些诗无法与唐宋诸名家对比，也无法与明清一些大家对比，但却自有其本身的艺术魅力。我们仍以刘杰为例。《国朝岭表诗传》录刘杰《武乡侯》，诗云：

> 纷纷割据策群豪，谁及隆中抱膝高？才压凤雏方管乐，心悬龙种谢孙曹。河山天已三分限，征讨师犹六出劳。一笑史官争帝魏，更将成败短钤韬。[②]

这首七律写诸葛亮一生才干、怀抱、功名、事业，概括精当，用典恰如其分，尤其尾联的议论更见卓识。所以此诗末评语云：“武侯诗，自少陵咏后，唯义山《筹笔驿》、升庵《武侯庙》二诗足称杰作，余不多见也。此首结响高，持议正，裁史论为韵语，笔大如椽。”针对诗中“心悬龙种谢孙曹”一句，梁、吴解释道：“张昭荐亮于孙权，亮不就。人问其故，亮曰：‘孙将军可谓人主，然观其度，能贤亮，不能尽亮。’曹操遣人招之，亮陈不愿仕曹，谢之曰：‘义不使高士辱于污朝。’当三聘未行，孙、曹已各先为招致，先生固不欲事操，岂真虑孙氏之不能尽其才耶？盖帝室之胄，念念不忘也。曰‘心悬龙种谢孙曹’，论古最为有识。”[③]

---

① ［清］梁九图撰：《十二石山斋诗话》卷一，陈建华主编：《广州大典》影印本，第440页。

② ［清］梁九图、吴炳南辑：《国朝岭表诗传》卷五，陈建华主编：《广州大典》影印本，第658页。

③ ［清］梁九图、吴炳南辑：《国朝岭表诗传》卷五，陈建华主编：《广州大典》影印本，第658页。

杜甫一生崇仰诸葛亮，先后写过《八阵图》《诸葛庙》《上卿翁请修武侯庙，遗像缺落，时崔卿权夔州》《咏怀古迹五首》《古柏行》《武侯庙》《夔州歌十绝句》《蜀相》《阁夜》等诗，或直接咏怀诸葛亮，或间及诸葛亮。其中，上面评语中所谓“武侯诗”，应当是《蜀相》：

> 丞相祠堂何处寻？锦官城外柏森森。映阶碧草自春色，隔叶黄鹂空好音。三顾频烦天下计，两朝开济老臣心。出师未捷身先死，长使英雄泪满襟。[①]

为了见出刘杰武侯诗的特色，我们把李商隐的诗也附于此：

> 筹笔驿
>
> 鱼鸟犹疑畏简书，风云长为护储胥。徒令上将挥神笔，终见降王走传车。管乐有才原不忝，关张无命欲何如？他年锦里经祠庙，梁父吟成恨有余。[②]

所谓升庵《武侯庙》诗，其实并非杨慎所作，此见于《升庵诗话》“武侯祠诗”：

> 正德戊寅，予访余方池编修于武侯祠，见壁间有诗云：“剑江春水绿沄沄，五丈原头日又曛。旧业未能归后主，大星先已落前军。南阳祠宇空秋草，西蜀关山阳隔暮云。正统不惭传万古，莫将成败论三分。”后有题云：“此诗始终皆武侯事，子美或未

---

① 萧涤非主编：《杜甫全集校注》卷七，第1930页。

② ［唐］李商隐著，［清］冯浩笺注，蒋凡标点：《玉溪生诗集笺注》卷二，上海：上海古籍出版社，1979年，第463页。

过之。”方池不以为然。予曰：“此亦微显阐幽，不随人观场者也，惜不知其名氏。”[①]

以刘杰诗与杜、李、佚名所作相较，刘杰诗亦“此诗始终皆武侯事”。如此杰作，若非《岭表诗传》选录，则将湮没无闻了。

二、校勘与补遗

《岭表诗传》所录的诗人，很多已有别集刊刻，而《岭表诗传》中的诗恰可作为传世别集的校勘本。如程可则有《海日堂诗文集》七卷，收录于《清代诗文集汇编》。其中卷一五言古体有一首《游曹溪呈大休禅师兼别》，亦为《国朝岭表诗传》收录。其中有一联为：“向平约未期，晨鸡听将旦。”[②]但《清代诗文集汇编》本“向平”作“尚平”，显系因“向”和“尚”形近而讹。向平，指的是东汉高士向长，字子平，隐居不仕。其子女婚嫁后，便开始漫游五岳名山，后不知所终。生平事迹可见《后汉书·逸民列传·向长》。后来虽以“向平”作为子女嫁娶既毕者的典故，但程可则这里应该借向平表示“隐居”的意思。核《粤东诗海》，亦作“尚平”[③]。虽然“向长”亦有可能作“尚长”[④]，但只有向平之典，而无尚平之典。

---

① ［明］杨慎撰：《升庵诗话补遗》卷十三，王云五主编：《丛书集成初编》第2578册，北京：商务印书馆，1936年，第184页。

② 见［清］程可则：《海日堂集》卷一，《清代诗文集汇编》编纂委员会编：《清代诗文集汇编》第90册，上海：上海古籍出版社，2010年，第294页。［清］梁九图、吴炳南辑：《国朝岭表诗传》卷一，陈建华主编：《广州大典》影印本，第607页。

③ ［清］温汝能纂辑，吕永光等整理，李曲斋、陈永正审定：《粤东诗海》卷五十六，广州：中山大学出版社，1999年，第1040页。

④ 《后汉书》：“向长字子平。”唐李贤注引《高士传》：“‘向’字作‘尚’。”［南朝·宋］范晔撰，［唐］李贤等注：《后汉书》，北京：中华书局，1965年，第2759页。

再如释函是（1608—1686），字丽中，别字天然，号丹霞老人。本姓曾，名起莘，号宅师，番禺人。明末为广州光孝寺僧。明亡入清，入番禺雷峰寺，旋转栖贤寺。[①]《岭表明诗传》录函是三首诗，其中有首《庚寅二月雷峰即事》：

野寺疏钟接晚笳，蓟门残雪岭南花。十年征战江云断，三月烽烟山日斜。古洞暮猿凄绝岸，荒原明月照谁家。越王台上悲风急，夜夜哀魂到海涯。[②]

这首诗也为陈永正《岭南文学史》选录，版本为：

野寺疏钟接晚笳，蓟门残雪岭南花。十年征战江云断，二月烽烟山日斜。古洞暮猿凄断岸，荒原明月照谁家。越王台上西风急，夜夜哀魂到海涯。[③]

上面引文字下加着重号的是与《岭表明诗传》有异之字。不知陈永正选录此诗，版本何据，未有说明。从诗题来看，《岭表明诗传》之“三月”不如“二月”。“绝岸”与“断岸”意思相近，但“悲风”与“西风”却相差较远。陈永正分析这首诗说：“诗题的庚寅为顺治七年（1650），是年二月，清军尚可喜所部围攻广州，围城十个月，至十一

---

① 此参陈永正《岭南文学史》，陈书“函是”作“函昰”。陈永正主编：《岭南文学史》，第242页。《粤东诗海》亦作“函是”。［清］温汝能纂辑，吕永光等整理，李曲斋、陈永正审定：《粤东诗海》卷九十八，第1844页。

② ［清］梁九图、吴炳南辑：《岭表明诗传》卷六，陈建华主编：《广州大典》影印本，第601页。

③ 陈永正主编：《岭南文学史》，第242页。

月，城乃破，清军屠城甚为惨酷。这两首诗[①]曲折写出当时的惨状。”[②]从分析来看，“西风”不如“悲风”。西风一般指秋风，而此时乃二月，何谈“秋风”？因屠城而带来的悲痛，连二月之风也染上了悲伤的色彩。

再如《岭表明诗传》录何巩道诗4首，均见于《全粤诗》卷七百一十六、七百一十七。其中《归至芙蓉沙》有“一夜他乡月可怜”[③]，《全粤诗》作“一夜乡心月可怜”[④]。又《送杨髯龙之楚》，本二首，《国朝岭表诗传》录第二首，其中有“一路峡猿惊旅梦”“为买潮田待耦耕”二句[⑤]，《全粤诗》作“一路峡猿哀旅梦”“为买湖田待耦耕”[⑥]。因此诗第二句为“东风吹急暮潮生”，已用“潮”字。加上并无“潮田”之说，故《国朝岭表诗传》版本误。

总之，《岭表诗传》可以为今天从事岭南诗歌的整理提供校勘。而《岭表诗传》所录很多未刊稿，也可补《全粤诗》这样的“全”字辈总集。吴炳南曾说：“国家以实学造士，山陬海澨，文教遐敷。吾粤虽距京师八千里，而遥然食二百年和亲康乐之休。凡学士大夫、山林野老，类能讲求声律，鼓吹生平。唯其地由大庾抵琼海，道里广袤，采访难周，姑就耳目见闻，亟为登录，异日搜辑或备，再梓补遗。”[⑦]《岭表诗传》虽搜辑未备，但就目前成书来看，已为大观，值得今人研究岭南诗歌、岭南文学注目。

---

① 《岭南文学史》另录函是《庚寅除夕》诗一首。

② 陈永正主编：《岭南文学史》，第243页。

③ ［清］梁九图、吴炳南辑：《国朝岭表诗传》卷一，陈建华主编：《广州大典》影印本，第611页。

④ 中山大学中国古文献研究所编：《全粤诗》第二十二册，第168页。

⑤ ［清］梁九图、吴炳南辑：《国朝岭表诗传》卷一，陈建华主编：《广州大典》影印本，第611页。

⑥ 中山大学中国古文献研究所编：《全粤诗》第二十二册，第163页。

⑦ ［清］吴炳南：《国朝岭表诗传序》，［清］梁九图、吴炳南辑：《国朝岭表诗传》，陈建华主编：《广州大典》影印本，第604页。

第七章

阙补輶轩：《纪风七绝》的文化价值探析

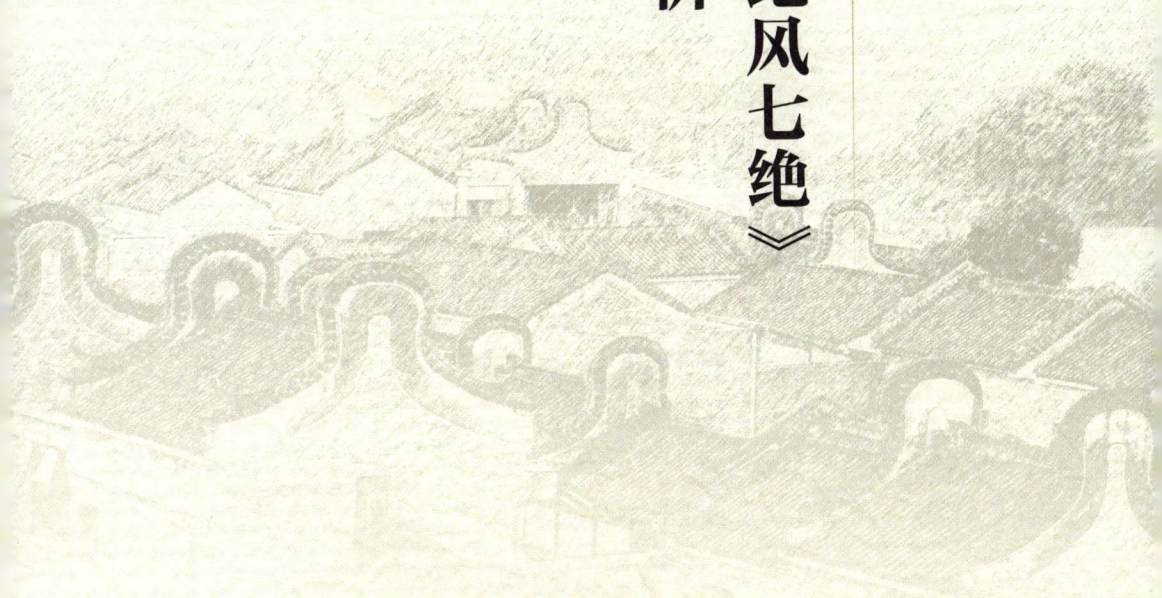

梁九图虽未走上仕途，但他不仅关心民瘼，也有经济之才。他不仅“性耽风雅”[①]，从《紫藤馆杂录》《十二石山斋诗话》到《纪风七绝》，皆可见他对风土民情的关注。汉代应劭谓：“为政之要，辩风正俗，最其上也。”[②]所以，自古而今，不管是执政者，还是普通士人，对风俗均给予了相当的重视。王利器先生曾论道：

> 在中国封建社会时期，任何王朝，无不强调移风易俗之作用，汉代且设有风俗使，常以时分适四方，览观风俗。贾山《至言》曰：“风行俗成，万世之基定。”王吉上疏曰：“《春秋》所以大一统者，六合同风，九州共贯也。唐德宗时，遣黜陟使行天下，陆贽说使者庾何，请以五术省风俗为首务。”楼钥《论风俗纪纲》谓：“国家元气，全在风俗；风俗之本，实系纪纲。”郑晓《论风俗》谓：“夫世之所谓风俗者，施于朝廷，通于天下，贯于人心，关乎气运，不可一旦而无焉者。”黄中坚《论风俗》谓：“天下之事，有视之无关于轻重，而实为安危存亡所寄者，风俗是也。”其视风俗之重也胥若是，盖未尝不以移风易俗为手段，而达其潜移默化之目的，此《春秋井田记》所以有“同风俗”之说也。良以吾华为多民族之国家，幅员广大，人口众多，“百里不同风，千里不共俗”，故尔古之大一统之君，继同

① ［清］梁都唐：《纪风七绝跋》，梁九图辑：《纪风七绝》，陈建华主编：《广州大典》影印本，第206页。

② ［汉］应劭：《风俗通义》（序），［汉］应劭撰，王利器校注：《风俗通义校注》，北京：中华书局，1981年，第8页。

> 轨同文之后，莫不以同风俗为急务也。然则风俗云者，诚为研究封建社会不可或少之课题也。[①]

梁九图纂辑《纪风七绝》，他并非要“为政”，也并非要研究，诚如劳宝胜序所谓“俾览者识先生阙补輶轩，谊存文献”[②]，也就是补充使者（采集民风的官员）之缺，保存有关风俗民情的文献。因此，本章对《纪风七绝》的分析，相关诗歌的艺术特色仅一笔带过，重点则是分析它所含内容体现出的文化价值，最后对其文献价值揭示一二。

第一节　《纪风七绝》的体例及选诗情况

陈开领导发起的“红巾军”起义，战火烧到佛山后，梁家亦受其祸。梁九图第八子梁都唐谓：“咸丰甲寅（1854）之变，避寇转徙，庐舍被焚，所藏书画鼎彝，并旧锓板，付诸一炬。此稿（《纪风七绝》）以随行箧获存。”[③]真是不幸中之幸，所有文物（书画鼎彝）、曾经刊刻的书板都被火烧了，独这部《纪风七绝》因随身携带而保留了下来。晚清民国的高步瀛面对《文选》李善注被后人羼乱点窜，曾慨叹说：“古人著书或不成，成矣或不传。幸成而传且久矣，而为后人羼乱点窜又若此。则夫蓬衡下士，困于衣食奔走，即一书之成否且不可知，又安问茫茫不可知之人与

① 王利器：《风俗通义校注》（叙例），［汉］应劭撰，王利器校注：《风俗通义校注》，第1—2页。

② ［清］梁九图辑：《纪风七绝》，《广州大典》影印本，第100页。

③ ［清］梁都唐：《纪风七绝》（跋），［清］梁九图辑：《纪风七绝》，陈建华主编：《广州大典》影印本，第206页。

不可知之世哉？”[①]《纪风七绝》虽未经人点窜，也因随行得免战火，但至今尚无人问津。《广州大典》虽予以影印收录，为其流传做出了贡献，但对它的体例、特点、所辑录内容的价值等，仍付茫茫。因此，我们首先对它的体例及选诗等情况进行系统梳理，以使今人了解其概貌。

一、《纪风七绝》的体例

梁九图按当时清朝所辖省，分区域辑录相关诗歌。每个区域收录若干人，人系以诗，诗歌体裁均为七绝，所写内容均为地方风土民情。

1. 区域

《纪风七绝》虽刊刻于光绪十九年（1893），但其成书应该在甲寅（1854）之变以前。《纪风七绝》按照区域辑录相关诗歌，共包括京师、盛京、直隶、江苏、安徽、江西、浙江、福建、湖北、湖南、河南、山东、山西、陕西、甘肃、四川、广东、广西、云南、贵州、新疆等21个区域。核《（嘉庆重修）大清一统志》，以及谭其骧主编《中国历史地图集·清时期》“嘉庆全图”，可知梁九图划分区域所依据的正是嘉庆时的清朝版图。具体详下表：

表7-1 《纪风七绝》选诗总体情况统计表

卷次	省份	作者	题目	诗歌数量
卷一	京师	申涵光	《燕京即事》	1
		毛奇龄	《帝京踏灯词》	5
		查慎行	《凤城新年词》	5
		王士正	《都门竹枝词》	1
		韩是升	《南西门外即目》	6
		毕沅	《上元灯市曲》	8

① 高步瀛：《文选李注义疏叙》，高步瀛著，曹道衡、沈玉成点校：《文选李注义疏》，北京：中华书局，1985年，第2页。

（续表）

卷次	省份	作者	题目	诗歌数量
卷一	京师	方文	《京师竹枝词》	1
		黄安涛	《都门踏灯词》	8
		梁序镛	《都门即事》	2
卷二	盛京	胡长龄	《陪都风雅词》	8
		吴炳南	《陪都杂咏》	2
		梁逸	《盛京竹枝词》	3
		胡季堂	《叶赫河至吉林杂咏》	1
		胡承诺	《复州词》	1
		林尧光	《木兰竹枝词》	4
卷三	直隶	尤侗	《通州口号》	1
		王友亮	《热河杂咏》	2
		吴锡麟	《热河杂咏》	8
		赵怀玉	《滦阳杂咏》	4
		李本樟	《天津舟中口占》	1
		杨�	《津门绝句》	1
		吴锡麟	《津门杂咏》	4
		汪沆	《津门杂事》	3
		吴雯	《之葛沽舟中杂咏》	3
		金牛	《直沽眾师歌》	1
		蒋诗	《沽河杂咏》	3
		王右弼	《盐山道上》	1
		程晋芳	《赵北口绝句》	1
		褚廷璋	《自十里铺至赵北口》	2

（续表）

卷次	省份	作者	题目	诗歌数量
卷四	江苏	查慎行	《金陵杂咏》	1
		陈观国	《途中即事》	1
		黄虞稷	《秦淮竹枝词》	1
		刘体仁	《秦淮竹枝词》	1
		王士正	《秦淮杂咏》	1
		曹伟谟	《秦淮竹枝词》	1
		朱骏声	《秦淮杂咏》	1
		汪留阶	《秦淮杂咏》	1
		王鸣盛	《秦淮曲》	1
		郎葆辰	《秦淮竹枝词》	1
		郎葆辰	《秦淮杂咏》	1
		罗世珍	《秦淮竹枝词》	1
		毕沅	《秦淮水榭杂诗》	2
		甘京	《上新河竹枝词》	1
		王友亮	《上新河竹枝词》	9
		王士正	《茅山进香曲》	2
		沈中栋	《秣陵杂咏》	1
		吴山	《姑苏棹歌》	1
		王昊	《竹枝词》	1
		郎葆辰	《姑苏竹枝词》	2
		梁佩兰	《吴中杂咏》	1
		张鹏翀	《东吴棹歌》	1
		李勉	《虎邱竹枝词》	2
		黄任	《虎邱竹枝词》	1
		施闰章	《虎邱偶题》	1
		许遂	《虎邱杂词》	1
		厉鹗	《虎邱清明》	1
		赵翼	《虎邱绝句》	4
		王士正	《邓尉竹枝词》	2

（续表）

卷次	省份	作者	题目	诗歌数量
卷四	江苏	毕沅	《吴淞棹歌》	1
		严燁吉	《淞南杂咏》	2
		陈金浩	《松江衢歌》	22
		李绂	《吴江竹枝词》	1
		李敬	《青溪曲》	1
		王鸣盛	《练祁杂咏》	14
		顾理美	《扬州竹枝词》	1
		郎葆辰	《广陵竹枝词》	2
		冒襄	《小秦淮曲》	1
		陈维崧	《小秦淮曲》	1
		程梦星	《虹桥竹枝词》	1
		郑燮	《由兴化迂曲至高邮》	2
		郎葆辰	《碧浪湖竹枝词》	2
		厉鹗	《小泊阿城镇戏成》	1
卷五	安徽	杨方教	《安徽竹枝词》	1
		姚鼐	《江上竹枝词》	2
		李天馥	《江上竹枝词》	3
		王佩兰	《星江茶话》	4
		郑相如	《泾川竹枝词》	4
		叶居仁	《泾川竹枝词》	1
		周虬	《泾县竹枝词》	4
		赵良澍	《泾川竹枝词》	3
		吴炳南	《泾川上巳词》	1
		赵廷辉	《感坑竹枝词》	1
		黄钺	《于湖竹枝词》	11
		曹贞吉	《芜湖观竞渡》	1
		刘嗣绾	《湖上晚步》	1
		王昶	《灵璧道中》	2
		厉鹗	《乌江竹枝词》	2
		王佩兰	《新安江竞渡词》	2

（续表）

卷次	省份	作者	题目	诗歌数量
卷六	江西	查慎行	《西江棹歌》	3
		何星垣	《豫章竹枝词》	1
		翟金生	《豫章竹枝词》	6
		许遂	《自玉山至南昌道中作》	1
		蒋士铨	《鄱阳竹枝词》	3
		李绂	《信州竹枝词》	1
		黄德峻	《南康竹枝词》	2
		江皋	《江州竹枝词》	1
		施闰章	《临江杂咏》	3
		梁逸	《清江竹枝词》	1
		詹应甲	《沮江棹歌》	10
		陈殿槐	《赣州竹枝词》	1
		梁佩兰	《储潭即事》	1
		周体观	《拨棹杂咏》	1
		赵良澍	《道中书所见》	2
卷七	浙江	厉鹗	《武林踏灯词》	1
		徐溥	《钱塘竹枝词》	1
		张初炜	《西湖竹枝词》	1
		朱炎	《西湖杂咏》	1
		毛奇龄	《西湖竹枝词》	1
		王士禄	《西湖竹枝词》	2
		查慎行	《西湖棹歌》	1
		黄任	《西湖竹枝词》	1
		杨守知	《西湖竹枝词》	7
		郎葆辰	《西湖竹枝词》	1
		厉鹗	《西湖竞渡曲》	1
		厉鹗	《西湖杂诗》	2
		张廷选	《西湖竹枝词》	1

（续表）

卷次	省份	作者	题目	诗歌数量
卷七	浙江	厉鹗	《寒食湖上冶春绝句》	1
		严绳孙	《湖上竹枝词》	1
		蒋士铨	《湖上杂咏》	1
		陈观国	《海昌四时风土词》	11
		韩是升	《江行杂书》	1
		徐干学	《嘉兴竹枝词》	3
		朱彝尊	《鸳鸯湖棹歌》	3
		毛文模	《鸳鸯湖棹歌》	1
		张燕昌	《鸳鸯湖棹歌》	1
		严可均	《莺湖杂咏》	2
		李良年	《吴兴竹枝词》	1
		永福	《吴兴竹枝词》	1
		阮元	《吴兴杂诗》	1
		吴慈鹤	《湖州竹枝词》	2
		陈维崧	《双溪竹枝词》	2
		陆世采	《双溪棹歌》	3
		朱彝尊	《东湖曲》	1
		陆世采	《东湖棹歌》	8
		李嗣业	《鄮东竹枝词》	11
		万斯同	《鄮西竹枝词》	4
		陈庆槐	《舟山竹枝词》	7
		查慎行	《山阴道上》	1
		厉鹗	《泊舟鉴湖》	2
		王衍梅	《镜湖棹歌》	2
		林嗣环	《会稽竹枝词》	1
		陈诗	《南镇春词》	1
		洪颐煊	《灵江竹枝词》	1
		吴嵩梁	《兰溪棹歌》	2

（续表）

卷次	省份	作者	题目	诗歌数量
卷七	浙江	吴锡麟	《江山船曲》	4
		韩是升	《江山船棹歌》	1
		王昶	《桐庐道中》	2
		舒瞻	《桐溪杂咏》	1
		孙尔準	《桐江舟行杂咏》	1
		陈沄	《冶塘棹歌》	1
		袁枚	《温州坐筵词》	4
卷八	福建	严如煜	《闽中杂咏》	3
		查慎行	《建溪棹歌》	6
		杭世骏	《福州竹枝词》	10
		施闰章	《闽酒口号》	2
		周亮工	《闽茶曲》	2
		谢道承	《南台竹枝词》	5
		查慎行	《武夷采茶歌》	3
		郑开禧	《鹭门竹枝词》	7
		孙尔準	《兴化道中杂咏》	2
		夏之芳	《台湾纪巡》	5
		吴廷华	《社寮杂咏》	18
卷九	湖北	徐世溥	《楚谣》	2
		黄安涛	《楚中田家词》	2
		秦松龄	《洞庭湖》	1
		姚鼐	《汉口竹枝词》	1
		赵良澍	《汉镇杂咏》	1
		赵怀玉	《自浔阳至汉口舟中即事》	3
		倪夒	《月湖竹枝词》	3
		倪夒	《后湖竹枝词》	2
		陶澂	《襄阳谣》	1
		李仲素	《襄榜竹枝词》	7

（续表）

卷次	省份	作者	题目	诗歌数量
卷九	湖北	陈造	《房陵杂咏》	8
		王士正	《西陵竹枝词》	4
		钱林	《西陵竹枝词》	2
		钱林	《江陵歌》	1
		钱林	《归州棹歌》	1
		彭淑	《长阳竹枝词》	1
		杨于果	《长阳竹枝词》	1
		张养重	《竹枝词》	1
		钱林	《巴东竹枝》	4
卷十	湖南	梁序镛	《湖南绝句》	1
		凌玉垣	《湘江竹枝词》	2
		谢念功	《湘江杂咏》	2
		郑虎文	《巴陵道中》	1
		周向青	《湖次口占》	1
		张九钺	《昭陵滩竹枝词》	5
		凌玉垣	《沅湘杂诗》	1
		张家榘	《朗江舟中》	1
		田雯	《沅州》	1
		徐振	《郴阳竹枝词》	10
		钱维新	《郴州山行至宜章》	1
卷十一	河南	简荟	《河南踏春词》	4
		汤右曾	《洛中绝句》	2
		孙尔準	《南阳道中》	1
		王日赓	《信阳》	1
		鲍桂星	《信阳》	1
		程晋芳	《光州杂诗》	2

（续表）

卷次	省份	作者	题目	诗歌数量
卷十二	山东	孙尔凖	《齐州道中》	1
		蒋士铨	《大明湖棹歌》	2
		王士禄	《锦秋湖竹枝词》	4
		王士正	《锦秋湖竹枝词》	1
		张实居	《长白竹枝词》	5
		徐贯时	《过平原有见》	2
		胡季堂	《武定滨州杂咏》	2
		赵怀玉	《兖州道中》	1
		吴荣光	《兖州杂咏》	4
		王士正	《峄山即事》	1
		杭世骏	《济宁竹枝词》	3
		吴锡麟	《济宁竹枝词》	2
		张琴	《山东道中杂诗》	1
		周向青	《茌平题壁》	1
		仝尚宪	《初至登州》	1
		冯赓飏	《徐乡竹枝词》	3
		吴梯	《胶州竹枝词》	4
卷十三	山西	吴炳南	《山右四时词》	4
		杨翽羽	《山西竹枝词》	1
		简荃	《晋中少年行》	2
		简荃	《晋汾道中》	1
		陈殿槐	《岢岚竹枝词》	1
		简荃	《岚县竹枝词》	1
		何星垣	《吉州竹枝词》	1
		简荃	《永和道中》	1
		梁九图	《晋中杂诗》	4
卷十四	陕西	赵怀玉	《入秦纪行》	2
		陈勤胜	《陕西竹枝词》	1
		吴炳南	《秦中四时词》	4
		杨青藜	《海东十八郫》	1
		梁九图	《秦中杂咏》	8

（续表）

卷次	省份	作者	题目	诗歌数量
卷十五	甘肃	陈勤胜	《甘肃竹枝词》	4
		何星垣	《甘肃竹枝词》	1
		胡季堂	《岷阶道中杂咏》	8
		陈均	《宁夏杂咏》	3
卷十六	四川	徐士俊	《蜀中竹枝词》	1
		陈勤胜	《四川竹枝词》	1
		杨翩羽	《四川竹枝词》	2
		陈观国	《成都杂咏》	1
		吴省钦	《越嶲道中》	4
		王士正	《棹歌》	1
		吴省钦	《壁山至南充道中作》	2
		翁霪霖	《南广杂咏》	4
		吴省钦	《自新宁境抵达州》	2
		王士正	《汉嘉竹枝词》	1
		王士正	《江阳竹枝词》	1
		钱林	《涪州歌》	1
		钱林	《夔州歌》	4
		郑虎文	《土家竹枝词》	9
		毕沅	《红苗竹枝词》	16
		唐金鉴	《西藏竹枝词》	2
		赵有成	《猺獞竹枝词》	1
卷十七	广东	彭孙遹	《岭南竹枝词》	3
		王士正	《广州竹枝词》	6
		徐乾学	《广州杂兴》	1
		廖燕	《羊城竹枝词》	1
		许遂	《广州竹枝词》	1
		黎简	《广州歌》	1
		劳孝舆	《广州捞蚬竹枝词》	1
		李长荣	《广州竹枝词》	1
		查慎行	《珠江棹歌》	1

（续表）

卷次	省份	作者	题目	诗歌数量
卷十七	广东	何梦瑶	《珠江竹枝词》	1
		杭世骏	《珠江竹枝词》	2
		沈长春	《珠江杂诗》	5
		徐振	《珠江竹枝词》	6
		吴奎光	《珠江竹枝词》	1
		张维屏	《珠江杂咏》	3
		陈木直	《珠江竹枝词》	3
		王玉树	《珠江棹歌》	1
		岑徵	《珠江竹枝词》	1
		李珠	《珠江竹枝词》	1
		梁世杰	《珠江杂咏》	2
		苏廷魁	《河南竹枝词》	2
		黎瑄	《珠江棹歌》	1
		吴嵩梁	《花田》	1
		赵翼	《蜑船曲》	1
		梁序镛	《汾江竹枝词》	1
		岑徵	《汾江杂咏》	1
		梁植荣	《佛山竹枝词》	1
		梁思源	《佛山杂诗》	1
		吕坚	《番禺竹枝词》	1
		何信祥	《番禺竹枝词》	3
		温汝科	《顺德竹枝词》	1
		杭世骏	《陈郫舟行口号》	1
		李德林	《甘竹滩词》	1
		胡亦常	《甘滩竹枝词》	1
		梁诗拔	《甘滩竹枝词》	1
		张琳	《龙江竹枝词》	5
		袁諏	《东莞竹枝词》	1
		李长荣	《三水竹枝词》	1

（续表）

卷次	省份	作者	题目	诗歌数量
卷十七	广东	李长荣	《韶州竹枝词》	3
		朱彝尊	《雄州词》	1
		李长荣	《南雄竹枝词》	1
		朱彝尊	《岭外归舟杂诗》	3
		冯城	《北乡杂咏》	3
		宋湘	《西湖棹歌》	1
		凌扬藻	《丰湖竹枝词》	1
		徐乾学	《潮州杂兴》	2
		武廷选	《潮州竹枝词》	1
		李长荣	《潮州竹枝词》	2
		张某	《潮州杂咏》	2
		陈本直	《潮州杂咏》	14
		龚志清	《澄海竹枝词》	4
		李长荣	《嘉应竹枝词》	1
		谢济经	《端溪竹枝词》	4
		温周翰	《端溪竹枝词》	1
		李长荣	《肇庆竹枝词》	1
		李中素	《廉州竹枝词》	1
		李长荣	《廉州竹枝词》	2
		李长荣	《雷州竹枝词》	3
		任兆麓	《琼海杂咏》	1
		范学经	《琼州竹枝词》	3
		李长荣	《琼州竹枝词》	3
		观瑞	《琼州竹枝词》	5
		李长荣	《感恩竹枝词》	1
		李长荣	《罗定竹枝词》	1
		沈用济	《岭外杂诗》	3
		金冬郎	《澳门夷妇拜庙诗》	7
		梁九图	《广州杂咏》	2

（续表）

卷次	省份	作者	题目	诗歌数量
卷十八	广西	查慎行	《桂江舟行口号》	10
		何梦瑶	《桑江道中杂咏》	4
		杨升元	《柳州杂诗》	1
		岑徵	《贺州竹枝词》	1
		王衍梅	《秋日昭州田家杂兴》	15
		王昶	《滕县所见》	1
		赵翼	《于役养利》	2
		谢天枢	《龙水竹枝词》	6
		赵翼	《下雷道中》	1
		马鼎梅	《邕筦竹枝词》	16
卷十九	云南	吴应枚	《滇南杂咏》	27
		尹继善	《即事口占》	2
		张九钺	《昆明竹枝词》	15
		龚澡身	《种人咏》	100
卷二十	贵州	梁玉绳	《黔中竹枝词》	1
		钟渊映	《闻黔中风景》	1
		查慎行	《黔阳踏灯词》	5
		洪亮吉	《贵阳元夕词》	1
		赵翼	《于役古州途次杂咏》	3
		李绂	《平越道中》	1
		梁玉绳	《播州谣》	3
		梁玉绳	《黔苗词》	8
		简苓	《竹枝词》	1
卷二十一	新疆	福庆	《新疆竹枝词》	20
		洪亮吉	《伊犁纪事诗》	12
		纪昀	《乌鲁木齐杂咏》	20
合计		选诗总数		1085

从上表可以看出，其中，盛京包括今天的黑龙江、吉林、辽宁，还包括河北省的承德市等，《纪风七绝》盛京部分辑有叶赫河、吉林、复州、木兰等地诗歌；直隶包括今天的河北省、天津市及北京市的部分区域，《纪风七绝》直隶部分辑有通州、天津等地诗歌；海南（琼州）包含在广东省内；台湾包含在福建省内；西藏包含在四川省内。

2. 作者

《纪风七绝》中共收录343人次作者，但有重复，其中朱彝尊、周向青、郑虎文、赵翼、赵良澍、赵怀玉、张九钺、姚鼐、杨翩羽、许遂、徐振、徐乾学、吴锡麟、吴嵩梁、吴省钦、吴炳南、王友亮、王衍梅、王士正、王士禄、王佩兰、王鸣盛、王昶、孙尔準、施闰章、钱林、倪夔、毛奇龄、陆世采、凌玉垣、梁玉绳、梁逸、梁序镛、梁佩兰、梁九图、厉鹗、李仲素、李长荣、李绂、郎葆辰、蒋士铨、简苓、黄任、黄安涛、胡季堂、洪亮吉、何星垣、何梦瑶、杭世骏、韩是升、程晋芳、陈维崧、陈勤胜、陈观国、陈殿槐、查慎行、查慎行、岑澂、毕沅等59人均超过2次。

不过有一点需要指出，所谓“某某地区竹枝词”，有很多并非本地人所作，比如梁九图作有《晋中杂诗》《秦中杂咏》。据前文考证，梁九图一生行迹最远也就湖南，不知何以有晋中、秦中之咏。再如陈勤胜、何星垣、吴炳南，皆广东人，也都有秦中竹枝词。

《纪风七绝》所录诗人均为清代诗人，故所录诗均可纳入“清诗”范畴。

3. 体裁

《纪风七绝》所收诗均可称为“风土诗”，但并非全是竹枝词。通检全书我们会发现，除了竹枝词（145题）、踏灯词（4题）、棹歌（23题）这三类具有明显类型标识的诗外，尚有以下五种类型：

（1）有很多关于某一地的“杂咏”“杂诗”，据统计，以“某地+杂咏”命题的诗有49题，以“某地+杂诗”命题的诗有12题；

（2）有就某一地或某一事的“即事”“即目”“口号”之作，据统计，诗题中含“即事”二字的共有7题，诗题中含“即目”二字的共有1题，诗题中含“口号”二字的共有4题；

（3）有旅途中的所见所闻，诗题上均标识“道中”，共有18题；或者无“道中”二字，但也是写途中所见，如“过平原有见”“由兴化迂曲至高邮”；

（4）题目上标识地名，另外加上“绝句”二字，共有6题，如“津门绝句”“赵北口绝句”等；

（5）题目上标识地名，另加“词”或“曲”，有“复州词”“新安江竞渡词”“海昌四时风土词”“南镇春词”“甘竹滩词”“雄州词”“黔苗词”7题，这些也就是竹枝词；题目上加“曲”的，如“秦淮曲”“茅山进香曲”“青溪曲”“上元进香曲”“小秦淮曲”“西湖竞渡曲”“东湖曲”“江山船曲”“闽茶曲”“蜑船曲”，等同于“词”。

二、《纪风七绝》选诗情况

《纪风七绝》按区域系人，按人系诗，共辑21个区域343人次计1085首七绝：

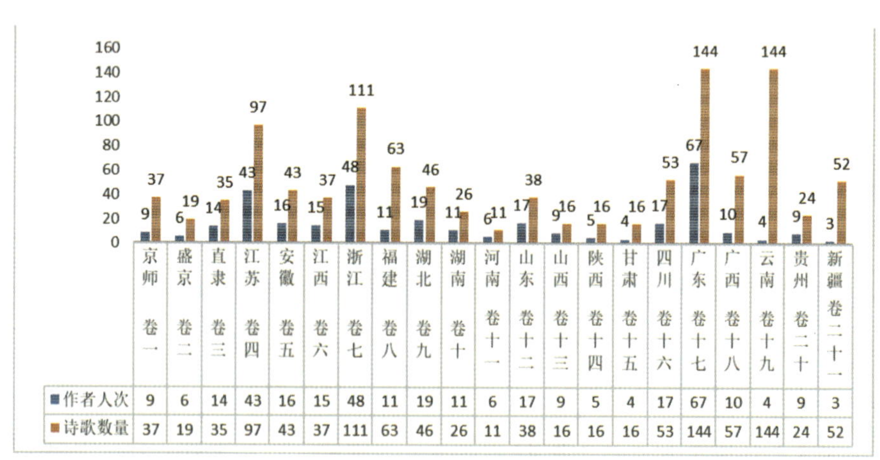

	京师 卷一	盛京 卷二	直隶 卷三	江苏 卷四	安徽 卷五	江西 卷六	浙江 卷七	福建 卷八	湖北 卷九	湖南 卷十	河南 卷十一	山东 卷十二	山西 卷十三	陕西 卷十四	甘肃 卷十五	四川 卷十六	广东 卷十七	广西 卷十八	云南 卷十九	贵州 卷二十	新疆 卷二十一
作者人次	9	6	14	43	16	15	48	11	19	11	6	17	9	5	4	17	67	10	4	9	3
诗歌数量	37	19	35	97	43	37	111	63	46	26	11	38	16	16	16	53	144	57	144	24	52

图7-1 《纪风七绝》选诗统计

从上图可看出，有关江苏（43人次）、浙江（48人次）、广东（67人次）三省竹枝词的作者最多。江浙为人文渊薮，故诗人数量多；广东之所以人多，是因为梁九图熟悉乡里，有意突出乡邦，故多选录。

从诗歌数量上来说，也是江苏（97首）、浙江（111首）、广东（144首）三省居多。云南之所以入选144首，主要是因为龚渫身一人所作《种人咏》便有100首。

《纪风七绝》所收诗未标注底本。有些诗末或中间有双行小字注释，均为解释诗中专有名词，比如"京师"卷黄安涛《都门踏灯词》其四有句云"大酒缸开茶社闹"，诗末注释云："都中酒肆自造烧春，沽售者标曰大酒缸，卖浆者曰茶社。"[①]这些注释性的文字或多或少，但因都是对一些专有名词的解释，故能帮助读者明晓诗意。

第二节　《纪风七绝》的文化价值

《纪风七绝》所收"风土诗"，或描绘江山美景，或叙写民俗风情，或针砭时弊，或怀念先哲，或介绍民间百业，或罗列地域特产，等等，为我们探析各区域历史文化提供了鲜活的载体。

一、节日习俗：传统民风的生动记录

节日是世界各族人民在生产和生活中根据需求而创造的一种民俗文化，反映了人们物质和精神的双重需求。伴随节日的诞生，也产生了很多习俗，这些是我们今天反观先民的生动记录。《纪风七绝》中收录了很多有关节日习俗的诗歌，有些已经消失，有些则传承至今。不同地方的相同

---

① ［清］梁九图辑：《纪风七绝》卷一，陈建华主编：《广州大典》影印本，第103页。

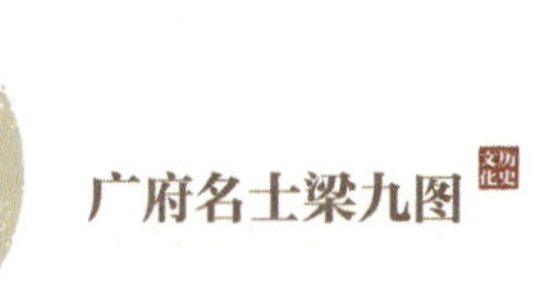

节日，习俗也有同有异。

《纪风七绝》卷四“江苏”卷收陈金浩《松江衢歌》22首。陈金浩作有《松江衢歌》一卷，收录于嘉庆年间吴省兰所辑《艺海珠尘》辛集。《丛书集成新编》据《艺海珠尘》本影印《松江衢歌》。将梁九图《纪风七绝》所收《松江衢歌》22首与《艺海珠尘》本相较，知梁九图抄自《艺海珠尘》。

陈金浩字锦江，江苏华亭（今上海松江）人，恩贡生，官宣城县教谕。据陈金浩自序，他作《松江衢歌》，是为完善《松郡志》。《松江衢歌》等同于“松江竹枝词”。梁九图所录22首，其中有9首从元宵、清明、端午、七夕、中秋、重阳、冬至，一直写到除夕，很有地方特色：

> 元宵踏月闹春街，同走三桥笑堕钗。一路看灯归去晚，却嫌露湿牡丹鞵。元夕小户妇女牵率夜游，有“走三桥”之语。
>
> 清明风急纸钱飞，墓道松楸近翠微。小竹花篮装瓦狗，船梢插柳上坟归。清明祭墓，都标纸钱。辰、奈诸山市集俱戏物。
>
> 龙潭五月聚龙舟，瓶酒随波没鸭头。不及闵行喧夜渡，烧灯荡桨唱吴讴。郡城西北，午日竞渡于此。闵行镇近浦，夜渡尤盛。
>
> 江介砧声夜寂然，绣针不待倚楼穿。谁家肯乞天孙巧，随手拈来巧已传。穿针乞巧久无，惟剪面饵作巧。
>
> 草场浜采小菱来，月饼分尝簾尽开。伏谒嫦娥须下拜，晚妆不为看香台。菱以草场为美，中秋市卖月饼。里巷讲台烧香，名曰香台。
>
> 江城何处可登高，一览凭楼远市嚣。点缀重阳无菊粉，小红旗插白糖糕。九日登高，或近就楼阁一览，楼在超果寺。旧传菊糕，久不复制。
>
> 贺岁从来不贺冬，家家夜祭荐新舂。颇思夏至茭芦糉，箬裹

香菰到口鬆。俗不贺冬，祭皆在至前一夕。夏至以茭箬糉祀先。

除日何曾除旧逋，穷檐聊复换桃符。瘦年不约都从俭，爆竹通宵声有无。城郭近都从俭，度岁亦少繁费，俗谚“肥冬瘦年”。[①]

元宵看灯、清明祭扫、端午竞渡、七夕乞巧、中秋吃月饼、重九登高、至日祭祀、除夕换桃符等，这些是汉民族共同的节日与习俗，但松江一带稍有变异。比如元宵夜游走三桥、七夕剪面饵乞巧、夏至以茭箬糉祭祀先祖、重阳节吃白糖糕、除夕从俭，这些是松江以外地区所没有的。

同样是元宵节，我们看王鸣盛《练祁杂咏》所写：

新春爱嚼米花甘，听闹元宵兴倍酣。高点彩灯千百盏，年年此夕照田蚕。[②]

练祁即今上海市嘉定区所在。这首诗末注云：“正月十四日，以稉米投焦釜爆化花，曰米花。十五日夜击锣鼓，曰闹元宵。以高炬照田中，曰照田蚕。”[③]米花类似于今天的爆米花。“照田蚕”是一项农业民俗，王利华曾分析到：“‘照田蚕’是江浙地区所特有的一种农业岁时民俗。它集除虫杀草、化草为肥、占岁祈年等多重功能目的于一体，具有浓重的巫术色彩；其中心内容是在田野点火焚烧。这一特殊习俗，在南宋时代已流行于江南腹地——吴中，后逐渐传播到江浙两省许多地方，特别是苏锡常、杭嘉湖平原各地乡村；然而也仅流传于江浙（包括上海）地区。因此它的

① ［清］梁九图辑：《纪风七绝》卷四，陈建华主编：《广州大典》影印本，第114—115页。
② ［清］梁九图辑：《纪风七绝》卷四，陈建华主编：《广州大典》影印本，第116页。
③ ［清］梁九图辑：《纪风七绝》卷四，陈建华主编：《广州大典》影印本，第116页。

产生和流传，是与江南地区农业历史发展的独特背景相联系的。”[①]据王利华的考证，举办照田蚕的时间以腊月二十五、正月初一和正月十五这三天居多。周晴也考察过照田蚕这一民俗，认为“‘照田蚕’是明清时期普遍流行于以太湖流域为中心的江南地区的一项岁时习俗，其主要内容是农家在乡间的田野点火。江南各地区之间‘照田蚕’的时间略有先后，大都是在农历十二月二十四日、十二月二十五日、除夕、正月十五日的夜间进行。”[②]从王鸣盛的诗可知，练祁地区的照田蚕活动发生在正月十五日晚上。但并非像王、周二人所谓在田野点火，王鸣盛诗里写的是彩灯高照。或许具有实际行为活动的照田蚕民俗，也演变成了一种具有象征意味的仪式，而不需要再在田野点火。

我们再来看湖北地区的元宵节习俗。《纪风七绝》卷七“湖北”卷收王士正（即王士禛）《西陵竹枝词》4首，其中一首写元宵节云：

荷灯百尺接秋河，犹似秦兵驻绿萝。更说元宵好风景，竹枝歌续采茶歌。

诗末注释道：“土人元夕联袂唱竹枝歌、采茶歌。七夕家家张荷叶灯。取荷叶插蒲烛，灌以油，立高竿门前，名曰荷灯云。昔秦白起伐楚，将烧夷陵，望见城中灯火遂止。泛沿至今也。”[③]西陵为楚地，今湖北省西陵地区，有少数民族聚居。竹枝歌、采茶歌即缘于巴楚等民间山歌。西陵地区的元宵节，土人联袂唱歌，也是一道风景。

纪昀曾因姻亲两淮盐运使卢见曾获罪，被贬乌鲁木齐。他在《乌鲁木

① 王利华：《“照田蚕”试探》，《中国农史》1997年第3期，第66页。

② 周晴：《岁时习俗的生态民俗学考察——以江南“照田蚕”为中心》，《民俗研究》2013年第2期，第79页。

③ ［清］梁九图辑：《纪风七绝》卷九，陈建华主编：《广州大典》影印本，第144页。

齐杂咏》中曾记乌鲁木齐的元宵节：

竹马如迎郭细侯，山童丫角啭清讴。琵琶弹彻明妃曲，一片红灯过彩楼。

诗末注云："元夕，各屯十岁内外小童，群张灯演《昭君琵琶》杂剧，亦颇可观。"[①]元人马致远有杂剧《汉宫秋》写王昭君出塞事，清初戏剧家尤侗有《吊琵琶》杂剧，亦写昭君出塞事。纪晓岚这里提到的杂剧《昭君琵琶》，不知为何剧。而十岁内外小童可演此剧，足见此剧之魅力，也可见异域独特的风情。

还有一些特定的节日，也伴随相关的民俗活动。如三月三上巳节，今人熟知的王羲之等人的兰亭集会便发生在三月三上巳节的山阴。《纪风七绝》中收有多首写上巳节的诗：

王鸣盛《练祁杂咏》：麦蚕簇簇满筐盛，麦饭携来饷耦耕。齐戴荠花新样好，春光遮莫近清明。取未熟麦生食，曰麦蚕。三月三日，男女皆戴荠花。[②]

简苓《河南踏灯词》：大家游赏趁花朝，水榭风亭爱午桥。莫误北邙山上去，汉陵风树暮萧萧。《地舆记》：三月上巳，洛中王公子以下，并至浮桥。士女骈阗车服，烛路午桥。庄在县南，北邙山在县北。[③]

梁九图《秦中杂咏》：油花戏卜绣帷间，忽记重重愿未还。一点心香何处爇，如云齐上翠屏山。上巳日妇女以荠花点油，祝

① ［清］梁九图辑：《纪风七绝》卷二十一，陈建华主编：《广州大典》影印本，第205页。
② ［清］梁九图辑：《纪风七绝》卷四，陈建华主编：《广州大典》影印本，第116页。
③ ［清］梁九图辑：《纪风七绝》卷十一，陈建华主编：《广州大典》影印本，第148页。

> 而洒之水中，若成龙凤花卉则吉，谓之油花卜。是日男女于翠屏山上香如云。[①]

同是上巳节，练祁、河南、秦中又各自不同：练祁的男女戴荠花，洛中的男女则至浮桥，而秦中的男女则到翠屏山上香。

再如三月二十三日，这本来是一个平常日子，但在秦中的白水县却是一个特别的日子。梁九图《秦中杂咏》写到：

> 回首元宵兴不胜，清和时节艳妆凝。衣香扇影倾城动，看罢收灯看放灯。

诗末注释云："三月廿三日，白水倾城士女往百子庙祈嗣，夜复放灯如元宵。"[②]倾城士女，可谓万人空巷，这样的日子在其他地区还未见。

此外如立春、中元、腊八等节日，也可在《纪风七绝》中看到，并可借以了解相关地域的习俗，以窥见人们的精神面貌。

二、地域特产：清代社会的物质享受

在物质资源、运输条件都不够发达的古代，地域特产更能彰显地域特色，也更与人们物质享受与精神建构息息相关。竹枝词等风土诗最常描写的便是地域特产。《纪风七绝》所涉21个地区，即使录诗最少的河南（11首），也写到了"洛鲤伊鲂非俊味，白头韭出客盘中"[③]。洛水的鲤鱼和伊水的鲂鱼都比不上白头韭菜好吃。我们这里选一些有特色、又有意思的特

---

① ［清］梁九图辑：《纪风七绝》卷十四，陈建华主编：《广州大典》影印本，第156页。

② ［清］梁九图辑：《纪风七绝》卷十四，陈建华主编：《广州大典》影印本，第156页。

③ 汤右曾：《洛中绝句》，［清］梁九图辑：《纪风七绝》卷十一，陈建华主编：《广州大典》影印本，第149页。

产介绍，来体味一下清代社会的物质享受。

吴锡麒《热河杂咏》写到了一种“冻梨”：

冻梨含味妙于回，巴榄良尤号果魁。剥出匀圆榛实好，不愁枵腹厕群材。

诗末注云：“杨允孚《滦河杂咏》注：梨子受冻，其坚如铁。以井水浸之，味回可食。又诗‘杏子何如巴榄良’注：杏子、巴榄，皆果名。《元一统志》：榛子，大宁土产，今塞皆有之。俗云‘十榛九空’，惟此处不尔。查慎行诗‘鸡头剥玉差相似，饾饤曾无一颗空’是也。”[①]现今河北唐山、承德等地产有一种酸梨，酸中带甜，色黄绿，秋天成熟。入冬后，可将酸梨置于室外受冻，色变黑，真“坚如铁”。待吃时，须将冻梨置于凉水中，当地俗语称“拔一下”。稍等片刻，冻梨表面即脱落一层冰，而坚如铁的冻梨即可吃了。

陆世埰《双溪棹歌》写到了一种“霜蟹”：

太师桥下棹归航，片片银鱼雪满筐。不及烂溪霜后蟹，桃花醋捣紫芽姜。

诗末注云：“银鱼出太师桥左右数弓之地。蟹出烂溪，霜后者佳。”[②]今人食蟹，品类更多，有名者如中秋前后之阳澄湖大闸蟹。而烂溪的霜蟹，配上桃花醋和紫芽姜（可解蟹的腥味和寒凉），听来都是一道美味。

再如顺德的“鲥鱼”，也是长江特产。温汝科《顺德竹枝词》写到“鲥鱼脍”：

---

① ［清］梁九图辑：《纪风七绝》卷三，陈建华主编：《广州大典》影印本，第107页。

② ［清］梁九图辑：《纪风七绝》卷七，陈建华主编：《广州大典》影印本，第131页。

甘竹滩头滩水声，今时水比旧时清。鲥鱼五月从流上，脍得银丝玉屑轻。①

李德林《甘竹滩词》亦写到这种“鲥鱼脍”：

尺半鲥鱼五月肥，棹随渔艇易忘归。小姑玉手轻如许，片片银丝指下飞。②

唐人食鲙成风，张说、杜甫、贺朝、钱起、王维等人均写过食“鲙”诗，如杜甫的“鲜鲫银丝鲙，香芹碧涧羹”“无声细下飞碎雪，有骨已剁嘴春葱”“饔子左右挥霜刀，脍飞金盘白雪高”③等。温诗“脍得银丝玉屑轻”、李诗“片片银丝”与杜诗所写一样。据唐人杨晔《膳夫经手录》所说：“鲙莫先于鲫鱼，鳊、鲂、鲷、鲈次之，鲚、味、鲶、黄、竹五种为下，其他皆强之尔，不足数也。”唐医学家孟诜从食疗的角度指出：“诸鱼寓火，惟鲫鱼属土，而有补脾胃之功。”④温、李二诗所谓鲥鱼脍，不知何种味道，但令人向往。梁九图在《紫藤馆杂录》中曾记到粤人食鱼生：“吾粤重阳后尚食鱼生。取鱻鱼薄切其肉，和以品味，丝者、屑者、濡者、菹者，香而饵者，捣若屑者，各置诸左右，汇而杂糅之，下以热酒，味逾常珍焉。”⑤与此五月之鲥鱼脍又不同，但可见粤人食脍之习。

---

① ［清］梁九图辑：《纪风七绝》卷十七，陈建华主编：《广州大典》影印本，第168页。

② ［清］梁九图辑：《纪风七绝》卷十七，陈建华主编：《广州大典》影印本，第168—169页。

③ 三联诗分别见于杜甫《陪郑广文游何将军山林十首其二》《阌乡姜七少府设脍戏赠长歌》《观打鱼歌》，萧涤非主编：《杜甫全集校注》，第359、1217、2621页。

④ 转引自徐海荣主编：《中国饮食史》卷三，杭州：杭州出版社，2014年，第317页。

⑤ ［清］梁九图撰：《紫藤馆杂录》卷十三，陈建华主编：《广州大典》影印本，第733页。

其他如陆世埰《东湖棹歌》写的温州柑，陈庆槐《舟山竹枝词》写的碗儿糕、普陀山的莲子，查慎行《建溪棹歌》写的建安腐乳，王昶《桐庐道中》写的西泠香雪酒、枇杷、卢橘、樱桃，杭世骏《福州竹枝词》写的御茶、龙眼、佛手、橘饼，施闰章《闽酒口号》所写的官蓝酒、碧霞酒，吴应枚《滇南杂咏》写的普洱茶、佛手柑，福庆《新疆竹枝词》所写的雪莲，等等，仿似今天的“舌尖上的味道”。

三、异族风情：少数民族的文化建构

清初经过康熙帝的平三藩、收台湾、击败噶尔丹、进军西藏等，奠定了多民族统一的国家。梁九图《纪风七绝》内呈现的便是一个边疆辽阔、腹地广袤的大国。因此，《纪风七绝》内收录了瑶族，台湾的土著，海南的黎族，新疆的回族，广西的蛮人，云贵等地的夷人、猡人、苗人等各族人民，也呈现了诸多异族习俗，让我们了解了少数民族的文化建构与传承。这里我们以龚澡身所写的《种人咏》100首为例。

龚澡身，浙江仁和东城人，与龚敬身、龚禔身（龚自珍祖父）并称“东城三龚”，著有《雪浦诗存》十六卷。因未见此书，故不知《种人咏》是否在《雪浦诗存》内。

《种人咏》100首，可作为云南少数民族的发展史看，所写到的民族族群有僰人、爨蛮、二爨、白猡猡、黑猡猡、撒弥猡猡、妙猡猡、永北猡猡、白脚猡猡、乾猡猡、鲁屋猡猡、撒完猡猡、海倮猡猡、阿蝎猡猡、木察、摩察、摆夷、禄猡、姚夷、葛猡猡、斡泥、么些蛮、力些蛮、土獠、车苏、山苏、侬人、沙人、蒲人、西番、峨昌、缥人、缅人、遮些蛮、苗子、黑乾夷、狆人、罗缅、黑濮、戛喇、卡瓦夷、俅人、大倮黑、小倮黑等。此外，还有居蒙自的、十八寨的、顺宁的、腾越的、元江的、石屏的，等等。这些少数民族的生活、社会组织、语言等各方面习俗，均与汉民族有很大区别。前面举过相关丧礼的，这里再举多其他方面的习俗。

比如特产有槟榔，南方人至今也喜食槟榔。其中写道：

望望槟榔树满山，花能作瘴子华颜。近来夷俗都供客，更喜调和绛色斑。[①]

满山的槟榔树，花可以用来作瘴（毒气），此诗前一首即写夷人喜欢下毒。槟榔子可以“华颜”，大概是用来美容。夷人还喜欢拿槟榔招待客人，但吃法听起来却比较难理解，据此诗末注云：“土产槟榔，种莳之法如农桑，然食时以蒌子、石灰调和，则满口绛色。”[②]蒌子当为《本草纲目》所载“栝蒌”，也是当今湖南永州等地特产之一，可食用。但吃槟榔为何要调以石灰？

少数民族多信巫鬼，其中一首写道：

似是铜棺是马槽，也工农业也工陶。不知鬼乃尸之解，最怕人多笔作刀。

诗末注云：“棺如马槽。农业之外，陶冶是务。其俗信鬼惧讼。”[③]

其他地区的少数民族习俗，也与汉族迥异，如广西邕筦人好养蛊，海南黎女的服饰，广东蛮人信巫觋，有病不吃药，等等，不仅为我们展现了一幅少数民族的生活图谱，也为我们探究少数民族的文化建构提供了依据。

总之，《纪风七绝》为我们选辑了当时全国各地的“风土诗”，让我们能够从纸上“了解”全国风貌。诚如劳宝胜序所谓：“国朝直省暨边徼皆备焉。披览之余，青海朱崖，澜沧鸭绿，龛赭台湾，相距万余里，宛纳

① ［清］梁九图辑：《纪风七绝》卷十九，陈建华主编：《广州大典》影印本，第191页。
② ［清］梁九图辑：《纪风七绝》卷十九，陈建华主编：《广州大典》影印本，第191页。
③ ［清］梁九图辑：《纪风七绝》卷十九，陈建华主编：《广州大典》影印本，第190页。

诸数卷诗中。我朝幅员之广，文教之敷，于此可窥一斑。是又阚骃《十三州志》、李吉甫《元和郡县志》、《前明一统志》所略也。”[①]

第三节　《纪风七绝》的文献价值

《纪风七绝》不仅具有丰富的历史文化价值，也具有重要的文献价值。兹就其大要，略述如下。

一、为辑录全国竹枝词奠定了基础

竹枝词起源于巴渝民歌，唐人如顾况、刘禹锡、白居易等均有创制。绵延至今，竹枝词成了记录地方风物的独特诗体。像《纪风七绝》这样辑录全国地域的风土诗，并以竹枝词、踏灯词等为主，在历史上还是第一次，这为现代人编纂竹枝词总集奠定了基础。

1996年12月，北京古籍出版社出版了由雷梦水、潘超、孙忠铨、钟山编纂的《中华竹枝词》，该书汇集从唐朝至民国初年一千二百多位作者的竹枝词两万一千多首。2007年，北京出版社又出版了丘良壬、潘超、孙忠铨、岳进编纂的《中华竹枝词全编》。这部书始于唐代，止于民国，共录千余年间近五百位诗人所创作的六千篇，近六万首竹枝词。我们看这两部书，题名标“竹枝词”，但也如梁九图一样，收录了踏灯词、杂咏、杂诗等类型，只要是写风土的均收录。两部《中华竹枝词》虽号称繁博，但与《纪风七绝》对比后会发现，《纪风七绝》中有很多诗仍为《中华竹枝词》漏收。仅以北京为例，《纪风七绝》所收申涵光《燕京即事》、韩是升《南西门外即目》、毕沅《上元灯市曲》、黄安涛《都门踏灯词》、梁

① ［清］劳宝胜：《纪风七绝序》，［清］梁九图辑：《纪风七绝》，陈建华主编：《广州大典》影印本，第100页。

序镛《都门即事》5人25首诗，两部《中华竹枝词》均无。毛奇龄《帝京踏灯词》、王士正《都门竹枝词》，1996年版《中华竹枝词》无，2007年版《中华竹枝词》补录。查慎行《凤城新年词》，1996年版《中华竹枝词》收录，2007年版《中华竹枝词》无。方文《京师竹枝词》，两本皆收录。

再如新疆卷，《纪风七绝》收福庆《新疆竹枝词》、洪亮吉《伊犁纪事诗》和纪昀《乌鲁木齐杂咏》，其中洪亮吉诗未见两本《中华竹枝词》收录。其他不一一核对。

总之，《纪风七绝》不仅是全国竹枝词编纂的先行者，也为今天的竹枝词编纂提供了底本，只是目前的两部竹枝词并未注意到此书。

二、为我们保留了清代嘉庆以前的社会风貌

《纪风七绝》收录了一千多首诗，虽然这些诗的口语化色彩较浓，诗歌的艺术特色相对简单，但却也是我们了解清诗的一种资源，尤其它为我们以诗的形式保留了清代嘉庆以前的社会风貌。《中华竹枝词全编序》有谓：

> 清初诗人王士禛总括竹枝词的内容是“泛咏风土”。所谓“风土”，就是指当地的民俗风情，即群众的社会生活方式。凡是有群众生活的地方就有当地的风俗习尚，包括群众的生产劳作、人际交往、爱情婚姻、婚丧嫁娶、喜庆节日、山川景物等等。民俗风情是一种社会文化现象，而以咏风土为内容的竹枝词，正是这一社会文化现象最直接、最真实的记录，具有历史学、方志学、民俗学的意义。[1]

---

[1] 丘良壬等编：《中华竹枝词全编》，北京：北京出版社，2007年，第2页。

我们再以写潮州男女妆饰的两首竹枝词为例。《纪风七绝》收陈本直《潮州杂咏》，其中写道：

广袖宽衣稳称身，茧丝褡褟皂罗巾。潮俗男子多以皂纱束首。不分晴雨穿高屐，潮人无晴雨，皆曳屐，惟士得穿朱履，不业儒者不轻用也。可是风流学晋人。①

潮汕地区穿木屐的历史很早，据唐刘恂撰《岭表录异》载："枹木产江溪中，叶细如桧，身坚类桐，惟根软不胜刀锯。今潮、循多用其根，刳而为履。当未干时，刻削易如割瓜；既干之后，柔韧不可理也。或油画，或漆。其轻如通草，暑月着之，隔卑湿地气，如杉木。今广州宾从、诸郡牧守，初到任，皆有油画枹木履也。"②这里所谓的"枹木履"即木屐。潮汕人喜欢穿的木屐又被称为"拖皮散屐"。清张渠撰《粤东闻见录》记载到："粤地古称裸壤，今则彬彬乎衣冠文物矣。然乡村男妇尚多跣足行路，城镇则喜穿屐。屐以抱木为之。抱木生水松之旁，与松相抱若寄生然。甚香。质柔弱，不胜刀锯。乘湿刳之，易如削瓜；既干而韧，不可理也。土人名为抱香屐。男女多散足着之，无冬夏晴雨皆然。闻士夫亵居亦雅尚此，山县子衿见师长止穿拖屐，习尚然也。良贱至异其制以别之。新会尚朱漆屐，东莞尚花绣屐，潮州尚拖皮散屐，以轻为贵。"③"抱木"，与刘恂所记"枹木"稍别，但易削、有韧性，又相同。张渠这里所记，诚如陈本直所谓"不分晴雨穿高屐"。清李调元撰《南越笔记》亦记载到：

---

① ［清］梁九图辑：《纪风七绝》卷十七，陈建华主编：《广州大典》影印本，第171页。

② ［唐］刘恂撰：《岭表录异》，《笔记小说大观》第17编第1册，台北：新兴书局，1977年，第33—34页。

③ ［清］张渠撰，程明点校：《粤东闻见录》卷下，广州：广东高等教育出版社，1990年，第142页。

“粤中婢媵多着红皮木屐，士大夫亦皆尚屐。沐浴乘凉时，散足著之，名之曰散屐。散屐以潮州所制拖皮为雅。”[①]

三、为当前相关研究提供资料

《纪风七绝》中的“风土诗”内容非常丰富，有些内容可为一些专门研究提供资料，比如福建地区的刻书研究，查慎行《建溪棹歌》写道：

> 西江估客建阳来，不载兰花与药材。点缀溪山真不俗，麻沙村里贩书回。[②]

杭世骏《福州竹枝词》也写道：

> 梨口从来号印筐，百番将乐纸犹光。书棚到处贪翻刻，俗本麻沙遍学堂。[③]

福建建阳自宋代以来就是全国性出版中心之一。麻沙是福建建阳县（今建阳市）所属的一个乡镇，早在宋元时，即以刻书闻名全国。许多外地人都慕名到麻沙购买书籍，因此，“麻沙本”不仅在当地家喻户晓，也成了福建刻书（建本）的代名词。今人黄秋梨曾从资源、社会、文化、地理、经营等五个方面，详细分析了麻沙本何以能够“广泛盛行的特定优势”[④]。所以，像查慎行所写的，到建阳的估客不买兰花，也不买药材，而是到麻沙村里买书，用以“点缀溪山”。不过，历史上关于麻沙本质量较

① ［清］李调元撰：《南越笔记》卷六，《丛书集成初编》第3126册，第95页。

② ［清］梁九图辑：《纪风七绝》卷八，陈建华主编：《广州大典》影印本，第137页。

③ ［清］梁九图辑：《纪风七绝》卷八，陈建华主编：《广州大典》影印本，第137页。

④ 黄秋梨：《千年书香话麻沙本》，《福建省图书馆学会2011年学术年会论文集》，内部资料，第127—129页。

差的诟病也时有出现。尤其是杭世骏诗所谓的“书棚到处贪翻刻”，出版商为了谋利，随意翻刻，以致出现了很多“俗本”“烂本”。

日本学者大木康先生在论述明末刻书地区的变化时，曾引述了周亮工的一段话：

> 故老传闻：罗氏为《水浒传》一百回，各以妖异语引其首。嘉靖时，郭武定重刻其书，削其致语，独存本传。金坛王氏《小品》中亦云：此书每回前各有楔子，今俱不传。予见建阳书坊中所刻诸书，节缩纸板，求其易售，诸书多被刊落。此书亦建阳书坊翻刻时删落者。六十年前，白下、吴门、虎林三地书未盛行，世所传者，独建阳本耳。即今童子所习经书，亦尚是彼地本子，其中错讹颇多。近己亥闱中麟经题讹，至形之白简。宋时场屋中，亦因题目字讹，致士子喧争。皆为建阳书本所误，古今事相同如此。故予谓建阳诸书，尽可焚也。[①]

福建建阳出的书版本较差，故遭到了周亮工的驳难，但我们可以看到，明末时童子所习经书皆建阳所刻，到了杭世骏《福州竹枝词》所写，仍是麻沙本“遍学堂”，足见福建刻书的影响。像查慎行和杭世骏二人的这两首竹枝词，不仅反映出麻沙本的风行，也揭示出麻沙本的一些弊端，可以补福建刻书业的研究，也可以补入地方志。

再如演剧研究，《纪风七绝》中也有多条资料。查慎行《凤城新年词》写道：

> 才了歌场便卖灯，三条五剧一层层。东华旧市名空在，灵佑

---

① 大木康引周亮工《书影》，［日本］大木康著，周保雄译：《明末江南的出版文化》，第18—19页。

宫前另结棚。[①]

这是说演剧的地点从东华门外移到了灵佑宫前。赵翼《虎邱绝句》写道：

旧曲翻新菊部头，动人𩕯段出苏州。近来新曲仍嫌旧，又把元人曲子讴。[②]

这是说演剧曲目的更新。黄钺《于湖竹枝词》写道：

灯船戏罢平安戏，豪竹哀丝处处催。忙煞花间惊蛱蝶，一年强半绕歌台。

诗末注云："上元龙灯，端午竞渡，罢则演剧赛神。至秋又跨街为台，以报秋社，谓之平安戏。"[③]可见此地演剧之盛。同时，演剧与赛神、社事连接在一起，这也是大多数演剧的主要原因。

陈本直《潮州杂咏》写道：

序入新年好景光，乡城妇女总如狂。禳灾处处传傩戏，海阳元旦后五日迎牲以傩，谓之禳灾。度厄家家斗艳妆。上元妇女盛妆，度桥投块，谓之度厄。[④]

傩戏起源甚早，广泛流行于江西、湖北、湖南、四川等地，自2006年

① ［清］梁九图辑：《纪风七绝》卷一，陈建华主编：《广州大典》影印本，第101页。
② ［清］梁九图辑：《纪风七绝》卷四，陈建华主编：《广州大典》影印本，第113页。
③ ［清］梁九图辑：《纪风七绝》卷五，陈建华主编：《广州大典》影印本，第121页。
④ ［清］梁九图辑：《纪风七绝》卷十七，陈建华主编：《广州大典》影印本，第171页。

至2014年，共有武安傩戏、池州傩戏、侗族傩戏、沅陵辰州傩戏、德江傩堂戏、万载开口傩、鹤峰傩戏、恩施傩戏、任庄扇鼓傩戏、德安潘公戏、梅山傩戏、荔波布依族傩戏、临武傩戏、庆坛等14种傩戏相继被列入国家级非物质文化遗产代表性项目名录。而陈本直所谓潮州海阳地区元旦后五日的傩戏，不知是哪一种类。

龚志清《澄海竹枝词》写道：

> 乩童舞蹈向鳌山，彻夜游人去复还。正月花灯二月戏，谚云：正月灯，二月戏。乡风喜唱外江班。[①]

澄海自古便有演剧、歌舞的传统，如潮剧、鳌鱼舞等流传至今。外江班即是广东省外的戏班，自明代时便开始传入岭南，相关研究很多，兹不复赘。

此外如民间祭祀研究、服饰研究等，《纪风七绝》中均有相关记载，可待详论。

① ［清］梁九图辑：《纪风七绝》卷十七，陈建华主编：《广州大典》影印本，第173页。

结语

詹福瑞先生说："经典属于传统，是人类优秀的文化遗产。与其他文化遗产不同的是，经典不是死的标本，它是活在当代、而且有着强大活力、参与到当代文化建构，并影响到人类灵魂的文化遗产。作为文化遗产，经典的最基本的属性，就是有其传世的价值。尽管在不同时代、不同时期，有的经典会退出读者的视野，有的进入读者的视野，出出进进的情况时常有之，但是从整体看，经典是不朽的。"[①]本书围绕梁九图的生平交游、著述，来阐释和建构梁九图的"岭南名士"的形象，最终的目的也是希望将梁九图建构成一个"经典人物"，将他的著述定位其"经典"位置。当然，不管是经典人物，还是经典著述，梁九图都不能与那些驰名宇内的大家相比，但将视域缩小到岭南、缩小到佛山来说，这种经典意义是不容置疑的。

梁九图以其个人魅力聚集了一大批清代道咸时期的文人墨客，共同构筑起一道风雅图景，值得我们回首翘望，并从中感受其人文精神。梁九图的各种著述，不仅有历史无法磨灭的文献价值，更以其丰富的内容，展现了梁九图的生活圈、艺术世界、阅读史、诗学思想、地域诗歌图景与社会价值等，这是今天我们研究相关领域值得借鉴的，也是我们需要进一步加以总结的，这体现在：

（1）《十二石山斋丛录》《紫藤馆杂录》《十二石山斋诗话》所辑录的众多诗人的诗歌，这个总量很大，而关于这些诗歌的价值，仍需要进一步考察；

（2）《紫藤馆杂录》中大量的"笔记小说"，本书只是做了概述，但

① 詹福瑞：《论经典》，北京：人民文学出版社，2016年，第20页。

从小说研究的视域去研究相关艺术特色、思想价值，是需要更深一步的专题研究；

（3）《十二石山斋诗话》作为岭南道光时期一部重要的诗话，本书的分析虽相对全面、深入，但仍觉得需要放置到岭南诗话发展史的长河里来见出其更多的价值。

以上这三点是本书行文至此的一点思考，也许将来可以继续作进一步研究，不然，就只能希望有兴趣者能够予以阐释。但我深信，这一“希望”能够为梁九图、梁园乃至佛山历史文化做出贡献。

附　录

附录一：梁九图诗辑录[①]

（一）《紫藤馆诗钞》所收梁九图诗

题《粤台饯别图》和祁春浦太史年伯寯藻韵

道光乙酉，九图生十龄，仲父青厓以《粤台饯别图》命题。图固仲父寄祁太史作也。太史来诗云："岭草蛮花送客秋，衔杯同醉粤山楼。眼中咫尺能千里，海外传闻更十洲。历历青林围远塔，萧萧黄浦数归舟。与君开口成三笑，何日重来续此游。"末云："壬午九月，青厓、默斋、华林三同年招饮粤秀山，弹指三秋，令人远想慨然，乞青厓为作《粤台饯别图》以纪斯游。"

尺幅江山海国秋，松杉满地客登楼。浓烟湿雨寺旁寺，远塔孤帆洲外洲。稚子十龄惭握管，使臣万里此归舟。京华为语诸同好，退食无妨一卧游。

南汉宫词

笙箫异响彻羊城，妙舞清歌羡两琼。怪底仙湖五百丈，至今犹遍管弦声。
稻田三面水扬波，不解先机奈若何。潘美已兴乘胜甲，群臣还自献嘉禾。
不爱苍生爱比丘，更教方士访神洲。全凭仙佛无穷力，保得君王恩赦侯。

① 诸书复见者不重录。

罗浮

奇峰四百矗烟鬟，铁锁双桥离合间。衡岳屏藩雄五岭，仙人窟宅割三山。稚川胎息凌霄去，神女飚车何日还。拟访芳踪跻绝顶，飞云上界看尘寰。

读史

迂儒读史好论史，我道论史空谈耳。一时褒贬偶错谬，且恐黄泉怨声起。两眼不见古人事，搜寻但得凭故纸。故纸荒唐多我欺，古人贤否那得知？我不论史史仍在，信以传信疑传疑。自留长厚惜墨费，千秋庶免狂妄讥。君不见苍天默默亦无语，古往今来久如许。

送伯兄云裳之官西蜀

此日汾江上，离情酒一樽。几人同折柳，一路听啼猿。欲慰严亲念，难忘圣主恩。前途知叱驭，当不愧王尊。

驱马

驱马复驱马，驱马东西驰。三五结少年，长安轻薄儿。童仆皆丽都，载酒夹道随。芊芊春草坊，灼灼朝华姿。春草日以衰，朝华日以稀。长语告少年，少年亦自知。少年虽知之，饥寒已无依。

晚春送别

一片春帆挂夕晖，离情分付落花飞。缠绵剩有长江水，带尽青山送客归。

题画

渔歌逐浪来，水落海出石。一声□[①]月明，摇破千顷白。

---

① 此处原字被墨汁浸染。

九曜石歌

五羊石青九曜碧，嵯峨对峙南交宅。我来药洲春始半，苔花雨润活翠积。玲珑皱瘦高一丈，初疑星精骇月魄。忆昔南汉鬼斧凿，太湖辇运民汗赤。豔煽阉媚王怠荒，王既爱石石恋王。恋王不得王就虏，羊头二四嗟足伤。昌华五十五年梦，此石应解谈沧桑。顽云倒拜拜不起，后来好事襄阳子。雕镌大字力矫健，龙蛇飞舞盘嵔𡾰。繄余于古有癖嗜，况复石亦我桑梓。仙湖已陆华林隤，降王剩魄来不来。摩挲凭吊复何有，欹歔大醉一石酒。

雪夜过寒香馆与何方流云裳兄同赋

冷逼梅魂夜气严，万花斗雪出重檐。高枝时与月窥阁，落瓣偶随风入帘。对影鹤应怜尔瘦，熏香罏不倩人添。罗浮我有前生梦，翠羽应妨破黑甜。

飞蝗叹

飞蝗飞，农父哭。农父哭声何太哀，大官堂上犹丝竹。近年水患恒苦饥，今岁颇能望秋熟。飞蝗飞蝗蔽日来，散落平畴肆荼毒。杀伤稻麦曷聊生，天本爱民不锡福。炊烟四寂厨灶寒，风雨更来撼破屋。昔时常望儿孙多，今有儿孙难俯畜。商量决绝卖与人，出门老泪洒骨肉。半生抚养得数金，以塞追逋犹不足。天子圣明何怨咨，宣其化者乃尚酷。官吏见惯犬不惊，日日征粮如火速。身披鎖械赴公门，株连兄弟皆归狱。良民且莫逭严刑，焉有仁人不蒿目。

上元夜先太宜人忌日

记得儿时戏，花灯竟夜看。一经萱草谢，此节不成欢。图报心空切，思归魂正寒。茫茫隔黄土，涕泪几阑干。

磐石假山

溪径绝嶙峋，山腰穴一孔。瀑界两山头，道是白云洞。

秋夜登拱北楼

百粤拥雄川，登楼感素秋。台从山上起，珠说海中浮。赤帝终难抗，降王事已休。悲歌凭吊处，明月正当头。

西樵山馆早起

竟夕不成寐，推窗夜正阑。群山浮晓色，有客独凭栏。树影含烟湿，鸡声带月残。通宵无好句，搔首望云端。

淮阴侯

王孙丐食尚能生，饿死差羸走狗烹。一饭却缘来漂母，千秋遗恨等黔彭。

乌石岩

乌石去中峒五里，突起平畴，高插天半，远望疑为土山。石有两岩，阔同广厦。岩内石白理红，尽作圆孔，类太湖。岩外纯黑，略似英德所产。吾粤奇观也，惜地厕幽僻，题咏殆阙焉。

天星夜半坠，化作石黝黑。气欲压群山，屹立中峒北。峰利不可上，剑戟露劖刻。下辟两巨岩，岩中烂五色。摩壁觅前镂，苍碧古苔蚀。疑有真隐君，此地寄偃息。不然齿齿横，胡作琴床式。繄余本石痴，对此忘寝食。饱看近一年，绝未睹游客。嵯峨世所无，而乃处旷域。岂石亦知隐，遗世恣崭崱。遭逢抑不易，所契真赏识。我欲移之归，置我汾江侧。山鬼笑我狂，此石移不得。

春日偕吴卓尔茂才超放舟老鸦江晚抵花埭

桃花两岸各争开，载酒临风快举杯。一片孤帆花外影，满船诗兴渡江来。

天门山

天险何年设，中流拥翠鬟。两山通汉水，半壁锁吴关。帆影金领落，潮声铁瓮还。海门同巩固，急浪自潺潺。

马伏波

将军汉代勒奇功，铜柱高标岭峤中。乱定天南归化日，威腾海外扫蛮风。尺书情重箴兄子，薏苡谗成怨狡童。最是武溪深一曲，至今人唱夕阳红。

丫髻岭同吴星侪茂才炳南张翰生都阃玉堂

岚气上天碧，跻攀到翠微。回头身觉险，招友手频挥。山亦学人语，云常争鸟飞。相看淡尘世，应共采芳薇。

十八滩

庾岭以南石在山，庾岭以北石在水。石得水撼势愈横，水因石激声弥起。储潭以下滩面开，散作十八排乱齿。喧豗日夜走风雷，镡锷纵横截犀兕。汹如万马声沸腾，狂奔一百四十里。滩师理楫有绝技，屈曲支撑疾如矢。舟穿石罅石围舟，坐客袖手不敢指。安得鞭驱石上山，永奠安澜岂不美？

发清远峡

扁舟峡口逐流东，野寺飞来入望中。夹岸青山留不住，大江吹送一帆风。

汉口

白鸥春水渺悠悠，襄汉潆洄此合流。廿里帆樯依曲岸，千家丝竹出歌楼。卖花声过香风远，打桨人回薄霭收。系缆恰当明月夜，二分无赖似扬州。

崔渭生内史瑶马训庭都督有章过紫藤馆夜话

我有紫藤馆，临风三径开。疏篱不碍月，怪石爱生苔。家尚无贫累，

胸徒抱史才。良宵安可负，花下快衔杯。

舟中漫兴

路绕荆门西复东，蓬窗徙倚独临风。酒虽天限常思饮，书怕人求转恨工。时索书者纷扰，移舟避之。碧水暗将归梦断，青山应笑客途穷。莺花到处催灯节，都付烟波放览中。

黄鹤楼

天际挹长风，烟波四望通。江山三楚阔，今古一楼空。我抱诗囊至，兼听玉笛工。李崔魂或在，高唱合争雄。

登滕王阁晚眺

暮色苍然合，登高一览齐。山吞红日入，天压白云低。远水帆樯没，寒烟草树迷。客途行不尽，惆怅大江西。

随雨湖师灯山兄小厓兄登白云山

下望峰卓绝，登峰峰转平。峰平石不让，硉矹时相争。天地有奇气，至此弥纵横。缥缈而氤氲，白云出其端。我枕白云卧，梦魂恬且安。我推白云起，寻幽整衫履。人行重翠中，寺隐万绿里。近则猿鹤迎，吾游亦且止。见佛不礼参，导引呼僧子。昔闻安期翁，丹灶曾在此。古有九节蒲，今见松杉耳。宇宙事多诬，随众且唯唯。求佛与求仙，安得长不死？不如肆行吟，风月足一已。观诗坡翁碑，浣襟濂泉水。兴尽复归来，白云留屐齿。

登五指山怀伯兄云裳仲兄耕云从兄虞臣

一掌擘云中，人间霄汉通。界看九州尽，地控百蛮雄。鬼啸荒山月，鱼吹大海风。登高望兄弟，归思渺何穷。

晚泊甘竹吴星侪邀上滩厓待月观涛

甘滩夏日西潦来，崩崖裂石轰霆雷。吴君好奇夜过我，相约乘兴临滩隈。是时月黑鬼火出，登陂陟陀无疑猜。未至百步魂欲摄，古榕阴森风更颓。须臾跬步踏乱石，抠衣列坐扪苍苔。空闻水声不见水，渔舟那辨往与回。坐久隐约月芽出，微照厓畔流潆洄。云敛天开转瞬事，琉璃世界金银台。滩上汤汤泻千仞，滩下滚滚趋三台。月光荡我三生魄，滩水洗我万斛埃。天地有此大声色，一丘一壑毋徘徊。渔翁得鱼且赊取，佐我深深明月杯。此夕快意世罕有，韵事应自吾辈开。

夜泊珠江与任小韦茂才本皋同赋

秋月秋波照粤城，白鹅潭影接天清。四围画舫环洲泊，万点银灯透水明。铁锁截流凭设险，残钟渡海忽无声。扶胥潮为催诗上，几度谯楼欲五更。

泊赤坭

一曲春波碧似油，茅檐夹岸映寒流。老农冒雪白盈鬓，村女插花红满头。人语乍喧灯市合，渔歌遥歇钓筒收。烟光明灭平沙晚，有客忘机欲狎鸥。

哭从兄小厓

闻凶涕泪一齐零，闾里炊烟尽日停。闻讣日，吾族多为之罢炊。我更伤心难恸哭，老人堂上不能听。

长江

东下岷江急，狂波拍两隄。烟销天堑阔，潮射海门低。魏阙心徒恋，家山梦尚迷。旅怀浑欲绝，更听子规啼。

舟行

一桨破空碧，春光潽欲融。山肩寒蘸水，帆腹饱吞风。远树荒烟外，

归鸦夕照中。客途殊不恶，收取入诗筒。

经废园

似记朱门敝，城南第一家。可堪旧时树，空着两三花。

鄱阳湖

鄱阳湖光三百里，楚尾吴头接江水。匡庐影浸万峰寒，波撼南康城欲圮。汪洋莫辨水天光，帆樯历乱争奔驶。我来吊古首重搔，伪汉屯军地堪指。鏖兵大战儗昆阳，百万貔貅坚壁垒。枭雄顾盼意气豪，自谓舟师足深恃。康郎山畔战书驰，采石矶头杀气起。一朝挫衄走湖中，血蘸波涛变红紫。弟兄负固尚争雄，艟艨旗纛森耸峙。苍黄早战至日晡，全军皆墨兵容毁。大孤山下起悲风，一旦奔逃中流矢。谁欤健者张定边，犹煽余氛辅厥子。岂知在德不在险，区区恃力胡为尔？败则为贼胜则王，天之废兴毋乃是。迩来事隔五百年，尚有悲风啼旧鬼。折戟沉沙认战场，烟波澒洞空翘跂。

春月

春宵花事胜如秋，皓魄当空我自愁。古月应怜今月老，不知照白几人头。

早春舟中与陈虞门孝廉宾选任凤笙广文鸣昌同赋

水长平沙没，烟深夕照微。江声千骑令，春色万峰归。作客身仍健，忧时泪暗挥。谁当新柳外，茅屋掩柴扉。

述怀

十亩田园汾水滨，林泉长此寄闲身。弟兄老死几逾半，朋友论交尚罕新[①]。

---

① 凌药洲谓为阅历真语。［清］梁九图撰：《十二石山斋诗话》卷八，陈建华主编：《广州大典》影印本，第601页。

只有西风催岁暮，更无白屋问诗人。花间且学陶潜醉，买酒提壶日数巡。

禽言

鹁鸪鸪，鹁鸪鸪，晴时夫唤妇，雨时妇别夫。淇水汤汤渐我车，血泪涔涔湿我襦。晴雨无二天，菀枯岂殊途？君心当自转，妾志终不渝。

姑恶姑恶，妇贤姑乐。所忧妇不厚，未信姑皆薄。

不如归去，不如归去，乐行不如苦住，富客不如贫主。人皆恋妻孥，我独困羁旅。言念故乡，泪下如雨。故乡虽敝亦吾庐，他乡信美非吾土。

题龙子嘉殿撰年伯汝言《庐山图》

昔登匡庐山，一宿仙公院。松杉十里暗，烟雨千峰变。今观匡庐图，始识匡庐面。尚忆五老人，招我几登顿。意欲窥绝顶，攀跻腰脚健。瀑布三十丈，陡落耳目眩。晞发归汾江，山灵久不见。披图恣卧游，岩岫郁苍蒨。

石门

石峡锁湖头，潮喧海图秋。偶寻汉旧垒，不觉起新愁。落日追帆影，寒风逼戍楼。遥听沙角外，鼙鼓未全休。

秋声

风雨满边城，萧萧此夜声。那堪万里戍，又听一宵更。书少孤鸿寄，魂真落木惊。铁衣空自拥，迢递故乡情。

铜雀台

凭吊漳河畔，惊沙拂面来。寒烟迷古渡，落日照荒台。歌舞人何在，奸雄迹可哀。只余呜咽水，犹绕太行隈。

南海神庙铜鼓歌

伏波铜鼓中土无，遗制乃在天南隅。连钱络索斑驳遍，盈朒凹凸规模殊。我闻将军讨交趾，冒湿革声沉不起。铸金出号天鼓鸣，逆贼闻之心胆死。功成深瘗镇蛮方，要与铜柱相久长。神威矍铄聚不散，晴虹朱鸟腾英光。节度郑公得其二，祝融之庭供祀事。一雌入海已成沙，浔州滩鼓从后至。大小对设东西楹，仲春高会士女盈。红棉花开优昙实，鼕鼕树底和神听。我来摩挲钦古物，镛涩鼍青映浴日。想见金溪一再挝，征侧就擒征二屈。千秋万禩壮龙宫，海氛永靖扶胥东。

新晴东皋散步

野树挂朝墩，溪烟出隔村。云浓山色淡，雨过润声喧。草湿碍行屐，花飞黏古垣。客来惊睡犬，不断吠柴门。

舟中即目

谁家红袖踏沙行，扇影衣香冉冉轻。一抹斜阳照烟水，恼人春色不分明。

野行

数月不出门，东风绿郊野。野老衣短蓑，曲卧古松下。牧童吹笛来，骑牛当骑马。相呼同早归，今天是春社。

塞下曲

边月照边城，羁人无限情。亲朋书久断，妻子累翻轻。归路万余里，悲笳三两声。风霜休自惜，努力守幽并。

送别李莩楼农部应棠

最恨沿堤柳，丝丝只拂尘。不将长短缕，一系别离人。

过中宿峡

夙负山水志，兹游足怡颜。移舟入清远，瞥见二禺山。侧闻古帝子，栖神于此间。灵洞出霄半，磴道深屈盘。两峰如天门，壁立开云关。寒江濯清漪，逶迤常潺湲。我行初经过，一去何时还。北风散晴岚，日暮安能攀？

夜渡湘江

九转孤帆尚望衡，荆南荆北夜兼程。梦回五岭人千里，月涌三湘雁几声。异地可堪风露冷，故乡空恋弟兄情。英皇已渺谁凭吊，斑竹沿江涕泪横。

三户津

葛公亭北浊漳滨，曾记东兵此渡津。一笑长城空万里，不知三户已亡秦。

由濂泉至白云寺

寻幽尽日此经过，荒径崎岖入薜萝。今夜倦游何处宿，白云深处白云多。

土木怀古

宣府风雷震属车，六军轻出恨何如。从无妇寺能谋国，徒有公卿数上书。瀛辅捐生空忼慨，徽钦覆辙共欷歔。明明祖训悬金鉴，东厂谁人变法初。

送春词

细草池塘涨绿波，杜鹃声里奈愁何。年来送尽春如许，难遣天涯客恨多。

甘滩渔父词

义簑结网乐何如，鹤发萧萧久不梳。红雨半滩滩水长，浪花堆里打鲥鱼。

咏史

旧制更张号令新，商君志本欲强秦。岂知作法翻罗法，无验那堪坐舍人。

欲壮秦关侈远图，尽将豪富徙皇都。可怜户口十二万，博得咸阳一日屠。

不听孙郎计已差，青州北走事堪嗟。一声太息槅床上，悔否当年号仲家。

才名冠世不寻常，望重苍生一出偿。江左废兴聊复尔，驰书翻笑会稽王。

戍卒词

壮岁极边来，西风白发催。年年送征雁，一上望乡台。

即事

泼墨濡毫少暇时，画兰十载已成痴。内人镇日浑无事，也学依临管仲姬。

紫藤馆春日

十二阑干几度凭，年来风味颇堪矜。诗难割爱如妻子，书有清谈即友朋。临沼静看鱼渐上，叩门还喜鹤能应。一阶红日教全隔，先唤园丁引紫藤。

放鸬鹚

昨夜打鱼半滩月，今夜滩头月落迟。趁月摇船滩下去，又吹竹笛放鸬鹚。

三江城凭眺

连天雪色夜登台，白尽群峰粤望开。别有此乡风景好，月明猺子趁墟回。

英州行

四百里山[①]，五百里濑。行十二日，不见平地。一解绝壁俯视，危崖怒盘。欲坠不坠，心怯胆寒。二解滩声鸣雷，滩势撼石。乱篙齐下，得尺则尺。三解上滩孔艰，下滩多患。噫吁嘻哉，暮雨潺潺。四解

---

① 《十二石山斋诗话》作“四百里滩”，［清］梁九图撰：《十二石山斋诗话》卷八，陈建华主编：《广州大典》影印本，第592页。

连州道中

漫说蚕丛险，连州路已难。沿江七百里，三百六重滩。

画不如楼

舟入楞伽纵目初，传来梦得语非虚。千鬟万笏供凭眺，信有青山画不如。

归汾江草庐寄呈吴秋航刺史梯张南山司马维屏

依旧汾流绿一湾，尘衣未许染缁还。科名且付三生定，归计聊安十亩间。多买异书赢置产，饱看怪石当游山。诗朋酒侣携樽过，共醉花前解笑颜。

西溪晓起

晓起西溪立，野烟开四围。乱峰撑日上，一水破云飞。鸟语半天落，人踪隔岸稀。三株两株柳，残梦尚依依。

天车谣

一激一搏，一转一勺。自然循环，水上水落。一解水上上天，水落落田。天有旱干，田无凶年。二解砺我刀镰，刈我禾黍。不见潮田，踏车辛苦。三解

河池

大军乘胜拟防秋，下诏班师不少留。南渡无多收复地，一时甘弃十三州。

韶州道中

经过大庙又浈阳，倒峡东流日夜长。野竹绕堤千亩绿，积沙横海半江黄。山稠客子归思乱，水落舟夫逆挽忙。尚喜沿途多怪石，蓬窗凭眺肆诗狂。

偶感

居家令人烦，辞家令人老。悠悠天地间，何处舒怀抱。富贵终苦人，而况难长保。学仙亦渺茫，几见能成道。毕竟尘世中，惟有醉时好。

连阳江口虞夫人庙

夫人，英德曹寨将配也。唐末，黄巢陷西衡州，寨将殉难，夫人率兵御贼，贼败去，夫人殉节。宋绍兴间，蛮峒相聚谋乱，见夫人红装天际，众遂散，后人立庙祀焉。

黄沙卷地黑风起，欃枪夜光亘千里。贼趋广南陷北鄙，麻寨寨将血战死。寨将夫人奇女子，拔剑割案愤切齿。直入贼营破贼垒，杀贼贼遁贼围解。夫仇已复恨已洗，死愿从夫作贞鬼。英魂毅魄同千载，严装仿佛蛮烟里，古庙年年照江水。

韩侂胄

宗臣远窜南方去，机速房中任指挥。印绶忽膺三省重，头颅仅赎一关归。仓皇举事才偏拙，徼倖成功计已非。缪丑议和君议战，济奸相类迹相违。

远戍

辞家远戍夜郎西，匹马匆匆夕照低。游子自知行不得，鹧鸪休更尽情啼。

蜀道

过得拔蛇山，征夫鬓已斑。不知前夜梦，那解到乡关。

春晴

行装半月雨阴中，着罢冬衣向日烘。一事唤童应记取，曝裘须避柳花风。

朱仙镇

十二金牌仓猝催，英雄无计挽倾隤。黄龙倘痛诸君饮，白雁何缘万里来？一块肉贻厓海葬，两宫车赚朔方回。郾王异代同怀惑，终仗公孤斡济才。

北山题壁

乱石一溪水，空山四草亭。萧萧林里寺，僧懒不闻经。

过故人李瑶林墓

四山黄叶落纷纷，抔土荒凉对夕曛。嗣续无人慈母老，坟前一过一悲君。

浛洭

孤艇泊浛洭，登临夕照黄。神威岳武穆，仙尉米元章。断碣留僧寺，寒烟出女墙。徘徊重怀古，无限感苍茫。

前蜀宫词

柳眉桃脸不胜春，唱罢甘州最怆神。一檄降唐宫妓散，果然沦落在风尘。

太湖夜归

画船朝放碧波间，夜气昏昏打桨还。一片湖心明月上，东风吹出洞庭山。

（二）《十二石山斋丛录》所收梁九图诗

山斋漫成

衡岳归来游兴阑，壶中蓄石当烟鬟。登高腰脚输人健，不看真山看假山。

叠石痴同东海迂，石斋吟啸足清娱。此间旧是诗人宅，二百年前溯石臞。

萧斋四面绕萝垣，近市差堪避俗喧。镇日编诗无个事，藤阴满地不开门。

洗竹浇花与课儿，幽栖偏有外人知。叩门过访多生客，除却求书便寄诗。

（三）《（民国）佛山忠义乡志》所收梁九图诗

汾江草庐春日二首[①]

身闲虚度几年华，辟就林塘日种花。竹屋蕉窗围水石，笔床茶灶足烟霞。每逢得句豪呼酒，独为看山始别家。近忆良朋行万里，也教魂梦逐天涯。

四面繁花覆水湄，柴关长掩日迟迟。香招风过如相约，梦趁[②]春来似有期。垂老弟兄同癖石，忘形叔侄互裁诗。此中幽趣谁窥得，只许闲鸥几个知。

佛山

舟车云集此天涯，半是侨居半故家。福地争雄三大镇，汾江环卫四条沙。衣冠佳气标南海，忠义名乡掩季华。城祖五仙山祖佛，上游遥控更堪夸。

（四）《紫藤馆杂录》所收梁九图诗

迎珠

大沙舦夹大横楼，词唱包心调马头。水自送声风送色，水风无日不夷犹。

沙面

傍水回环矗大寮，教琵琶熟教吹箫。坐灯时节如花貌，一缕魂先荡子销。

---

① 此二首题目当分别为《草庐漫兴》《春日偶成》。

② 《汾江草庐唱和诗》作“逐”，［清］梁九图辑：《汾江草庐唱和诗》，清道光三十年（1850）刊本。

仙女桥二绝

蛮烟瘴雨黯芳魂，断粉飘零三角村。凄绝板桥呜咽水，年年流恨到厓门。
鼙鼓连天逼海疆，叠山书尚缀罗裳。可怜姊妹花零落，化作蘼芜也断肠。

宋主荒淫

中原不念念名姬，作传龙沙费睿思。更有色荒绳祖武，唐安安继李师师。

台湾番戏

番歌歌罢共鸣金，舞翠繁红烛影沉。道是天家恩至渥，赓飏不尽野人心。
大唐礼教久蒸薰，既着长衫且着裙。莫道穷荒少知识，讴歌无语不尊君。
歌声虽未绕梁沉，亦自悠扬载好音。不解喃喃度何曲，惟于含笑验欢心。
竞喜村醪进玉卮，番娘沉醉踏歌迟。相将联臂红灯下，想见天魔夜舞时。
清歌宛转烛花前，舞袖翩跹共比肩。我正惭无宣化术，见渠欢忭亦欣然。

（五）《十二石山斋诗话》所收梁九图诗

南汉宫词[①]

笙箫檀板彻羊城，歌舞当年擅两琼。怪底仙湖五百丈，至今犹遍管弦声。

宫怨

水晶帘外月黄昏，玉管银筝久不闻。倚遍雕栏望双阙，东风徒恋石榴裙。

书《霜红龛集》后

少持气节壮传经，三晋儒宗胜典型。早梦黄冠赐天帝，肯居紫省拜朝廷。

---

① 此首亦见《紫藤馆诗钞》，但个别字有异。

生殊张际心弥痛，死等刘因目不瞑。南有亭林西二曲，草茅著述并遗馨。

杨柳枝词

半萦细雨半萦烟，画出春愁二月天。闲向柳波滦荡桨，不缘话别也缠绵。

早发

声乱一村鸡，平桥晓月低。乡关未了梦，留续佛山西。

初夏口占

风景江乡入夏宜，红棉飞絮柳丝丝。隔江阴雨婆诃叫，正是三黎出水时。

读唐诗

律喜三唐欲问津，声诗取士局原新。如何大笔风骚接，却是春官失意人。

题《惠州西湖图》二绝

镜中十里荡蜻蜓，一匝峰峦绕画屏。为恋波光与山色，无心痴吊六如亭。

湖东游遍又湖西，斗酒双柑惜未携。百啭流莺万条柳，春声春色满苏堤。

登峨眉亭

谪仙仙人已仙去，峨眉山胜峨眉亭。峨眉亭阅几兴废，此山万古浮苍青。

浦城旅怀

千里离家客浦城，思家无日不愁生。相思树上相思鸟，偏搅相思梦后情。

咏素馨花

生移名字结芳缘，死有香魂恋墓田。南汉美人南诏主，千秋一样藉花传。

无题

强从离席饯同乡，扶病裁书费酌量。万种羁愁权阁笔，平安两字慰高堂。

生朝口号

卅年堕地竟何如？花甲光阴半已虚。梦死醉生成底事，得闲且读及时书。

和吴朴园《小莲花》

香风吹上碧窗纱，池馆阴阴锦槛斜。难得新诗题满壁，一时都和小莲花。

咏桃源

水碧山青说避秦，桑麻鸡犬总红尘。桃花亦是人间树，却笑渔翁再问津。

题侍姬画《风兰图》[①]

泼墨挥毫乐不疲，画兰十载已成痴。侍儿也学侬操管，风叶风花仿仲姬。

题黎二樵诗三首

女萝为带戴蓉旗，奇服山阿世所希。火茧冰蚕都不御，仙人只着六铢衣。

呕出心肝太好奇，良材半向爨中遗。谁知古锦囊中句，初写黄庭恰好时。

蝉韵桐音十八篇，玉溪拟罢更樊川。零珠断璧皆怀宝，遗集谁收沉下贤。

游罗浮访载上人迷路遇樵夫

不识延祥寺，罗浮第几峰。言寻诗衲去，偶与老樵逢。为导数林竹，

---

① 《紫藤馆诗钞》中有《即事》一首，与此略有差异。

兼穿万壑松。白云无际处，遥指一声钟。

咏毕秋帆与爱姬

痴女騃牛证旧缘，今生富贵宿神仙。银河千古伤离别，此去应还二万钱。

咏木芙蓉“三日醉”

瓮头雀芋汁才封，止酒年来兴复浓。对此未能三日醉，秋江妒杀木芙蓉。

登西樵与同人杂咏（残句）

七十二峰峦，大科峰最尊。插天一千丈，拔地十三村。

和钱载《宜亭新柳六首》（残句）

一样莺声百样怀。

赠僮（残句）

磨墨催晨起，浇花误晚炊。

《咏婪尾春》（残句）

置身富贵何须早，娱老繁华莫厌迟。

《赠马训庭都督》（残句）

满座宾朋孔北海，四时丝竹谢东山。

句

酒缘多病减，书借好山传。

句

诗债才完字债催。

句

宿雾濛濛飞蚬阵，新雷隐隐汕鱼花。

（六）《国朝正雅集》所收梁九图诗[①]

望西樵

七十二芙蓉，烟开翠万重。中藏无叶井，高压大科峰。红日吠仙犬，白云飞玉龙。缘悭不可即，遥忆几声钟。

（七）《汾江草庐唱和诗》所收梁九图诗

题画册[②]

漆园化后空留迹，凄绝春风二月多。

句[③]

万荷花拥一枝箫。

---

① 《国朝正雅集》收梁九图5首诗，只1首与前面各诗不同。

② 《汾江草庐唱和诗》载梁世杰和诗，其中《次韵春日偶成》尾联后与注："亡室解画蝶，叔父题其遗册，有'漆园化后空留迹，凄绝春风二月多'之句。"

③ 《汾江草庐唱和诗》载梁炽《次韵春日偶成》，其中"荔湾烟景惭难画"下注云："今年夏，张南山司马邀先生同游荔湾，先生得'万荷花拥一枝箫'句，司马击赏，子尤爱之，因为绘图。"

（八）《清诗纪事》所收梁九图诗

挽陈闰娘

今日归来更惆怅，落花风雨更愁余。

（九）《小匡说诗》所收梁九图诗

杂感

风霜催岁暮，儿女逼人食。

自责

酒逢花劝浑添量，书据床看较惬心。

感怀

万事称心曾有几，一生好梦亦无多。

连阳舟中

乱峰擘掌争摩汉，怒壁张牙欲噉舟。

咏贾似道

半壁陆沉多宝阁，一时粉饰福华编。

题纨扇

生涯纸笔古称难，君却吴阊数往还。曾否桃花庵外说，如今人买画中山。

竹枝词

新秧插罢暖风回，汕子蟛蜞遍岸隈。一带春江桃浪长，楝花开处鸭船开。

（十）《纪风七绝》所收梁九图诗

晋中杂诗四首

豌八扁二豇十一，夏至年年见豆花。分种还思当谷雨，也应月令记农家。

杯里人迷是客乡，太原酒熟喜观尝。今年荄子登场早，索妇知先酿索郎。

近报邻州草木摧，飙风硬雨总成灾。街前怪少牙儿闹，怕看生人赴熟来。

大剪子巷剪子少，小剪子巷剪子多。先后今朝进城去，买得剪子裁香罗。

秦中杂咏八首

杂剧忙忙扮乐人，春前官长迎春新。满城传座春盘设，知道谁家先咬春。

油花戏卜绣帷间，忽记重重愿未还。一点心香何处爇，如云齐上翠屏山。

回首元宵兴不胜，清和时节艳妆凝。衣香扇影倾城动，看罢收灯看放灯。

城北城南莺乱啼，丝丝斜拂夕阳西。州民走避春江涨，挈女携男万柳堤。

四月晴明麦上场，外家馈送一时忙。拼教小别愁夫婿，也喜今宵女看娘。

花事阑珊夏气清，仙虫社散碧窗明。无人呼卖青林乐，闲听风蝉一段声。

似闻鬼节鬼呜呜，一挂耕锄事恰无。谷酒才经先墓献，又来烧纸祭麻姑。

猎禽较兽答先芬，荐享牲盘备五荤。齐向馂余斟腊脚，一时回溯惠文君。

广州杂咏

陌头遍起稻花风，挨晚残霞蘸水红。莳脚粼粼潮暗长，明朝尽备买禾虫。

附录二：梁九图传记资料辑录

（一）梁九图传

录自《（民国）顺德县志》卷十七

梁九图字福草，麦村人。父玉成字恕堂。兄弟三人，随父国雄由顺德迁居佛山。弃儒就盐商，业大起。析产时，尽与兄弟均。察族之贫者，按口给粟。婚嫁死亡，皆有佽助。捐资筑麦村外放牛蔨石路，行者称便。道光辛卯，岁大祲。玉成由族而乡而镇，捐粟分赈逾千石，众赖存活。购义地，瘗佛镇吉，祐露骸千数百具。素精岐黄术，辑经验医方二十余卷，曰《良方类钞》，命子九图梓以疗世。及卒，有人率子弟哭于墓甚哀，则尝窃于其家，予以金而改行者也。其隐德多类此。季父进士蔼如，前志有传。可成字怀堂，亦以行义著。

九图承先世德荫，生有夙慧，十岁能诗。曾题《粤台饯别图》和祁相国寯藻韵，极加赏异，目为神童，名遂噪。及长，博学工文。性雅淡，不乐仕进，惟喜山水，凡丘壑名胜，探幽涉险，随地留题。游衡岳归，得石十二，罗列斋前，错杂朱栏绿竹间，仿佛巫峰缥缈。远近名士巨公，方外闺秀，题咏殆遍，因自号十二石山人。复辟汾江草庐为咏觞地，树石花鸟，池馆桥亭，别饶幽致。时与张维屏、黄培芳、吴炳南、岑澂诸公诗酒唱酬，提倡风雅，人又称为汾江先生。自少而老，日手一编，吟咏撰述不辍。看花品石外，时作书画，得寸缣尺素者，珍若拱璧。诗尤推重艺林，江都符孝廉葆森刻入《国朝正雅集》。

生平爱才，以奖引后进为己任。人有片长，辄称道之。且具人伦鉴。同邑李侍郎文田、南海戴枢相鸿慈，少时均为赏识。

乐行善事，如削仰船江乱石，设佛山育婴堂，筑通济桥石路，建高秧地茶亭诸义举，靡不竭力筹资，董成厥事。

著作甚富，其流播海内，大者有关于文献，次亦有裨于见闻，都人士望若山斗。子僧宝、禹甸，别有传。

（二）梁九图传

录自《（民国）佛山忠义乡志》卷十四

梁九图字福草，本籍顺德。生有夙慧，十岁能诗。曾题《粤台饯别图》和祁相国寯藻韵，极加赏异，目为神童，名遂噪。长益耽咏，博学工文。性雅淡，不乐仕进，惟喜山水，凡丘壑名胜，探幽涉险，随地留题。游衡岳归，得石十二，罗列斋前，错杂朱栏绿竹间，仿佛巫峰烟鬟缥缈。远近名士巨公，方外闺秀，题咏殆遍，因自号十二石山人。复辟汾江草庐为觞咏地，树石花鸟，池馆桥亭，别饶幽致。时与张维屏、黄培芳、吴炳南、岑澂诸公诗酒唱酬，提倡风雅，人又称为汾江先生。自少而老，日手一编，吟咏撰述不辍。看花品石外，或作书画，得寸缣尺素者，珍若拱璧。诗则推重艺林，江都符孝廉葆森刻入《国朝正雅集》。

生平爱才，以奖引后进为己任。人有片长，辄称道之。出其门下，多掇巍科，佩金紫。李侍郎文田，以廷对第三供奉南斋，其尤著也。戴枢相鸿慈，少时从其门人伍孝廉兰成游，一见文字，决为远到，妻以兄之孙。其特识多类此，故闻先生之风者，莫不争自濯磨，冀得一登龙门为幸。

最乐行善，如削仰船冈乱石，设佛山育婴堂，筑通济桥石路，建高秧地茶亭诸义举，靡不竭力筹资，董成厥事。此所谓修其天爵者欤！

著作甚富，有《十二石斋诗集、诗话、丛录》《紫藤馆文钞、杂录》《汾江随笔、草庐唱和诗》《岭南琐记》《石圃闲谈》《佛山志余》《笠亭诗拾》《韵桥杂志》《纪风七绝》《岭表诗传》《风鉴证古》《摘句图》等书。流播海内，大者有关于文献，次亦有裨于见闻，都人士望若山斗。洛阳纸贵，良有以也。

子僧宝成进士，入礼曹，兼枢密，转御史，擢鸿胪寺少卿，迁内阁侍读学士。禹甸以战功授花翎，广东水师游击。宏谏，兵部武选司主事。都唐，花翎，盐运使衔，选用道刑部，江苏司员外郎。

诸子既贵，逢国大庆，必加宠锡。初封资政大夫，晋封振威将军、荣禄大夫，随封赏戴花翎。卒年六十有五，学者称福草先生。

（三）清代名士梁九图

录自黄国扬《清代名士梁九图》（《广东史志》1998年第4期）

清代名士梁九图（生卒年不详），字福草，顺德籍，居佛山。刑部司狱。

梁九图是佛山富商梁玉成其妾刘氏所生，在同父异母的兄弟中他是最小的一个。其父富甲佛山，但不忘对子女严格教育，九图的几位兄长个个勤奋好学，写诗著文、书法、绘画颇有成就，成为佛山镇文苑名流、雅士。梁家的富裕和浓厚的文化氛围，使梁九图从小受到良好的熏陶。他自幼聪明过人，喜爱读书，10岁便会写诗，曾著有《粤台饯别图》和祁相国隽藻韵一诗，声誉鹤起，成为当时佛山镇远近闻名的神童。

梁九图博学多才，但他生性淡泊，不热衷入科场博取功名利禄，而是喜欢过文人般的生活。他喜欢写作，自幼到老坚持每日作一首诗或一篇文章的习惯，一生辛勤笔耕著有：《十二石斋诗集》《吟表诗作》《紫藤馆文存》《汾江随笔》《佛山志馀》《岭南琐记》等作品，对于这位创作颇丰的文苑才子，人们尊称他为“汾江先生”。江都举人符葆森将他的诗文刻入清朝《正雅集》。其作品在国内广泛流传。

除了诗文创作，梁九图还善丹青和书法，他是画兰花高手，广州美术馆就藏有他画的《墨兰》二帧。他的作品在民间一直深受欢迎。据载当时人们那怕得到他一小幅字画都视作璧玉一样珍藏起来。

也许是为了搞好创作的需要，梁九图喜欢到大自然中去陶冶性情采集

灵气，游山玩水既是他的一种嗜好，也是一种需要。凡是名山秀水之地，他不怕登高涉险都去探寻。所到之处或题诗或题字以作留念。有一次他游览衡山，路过清远时购得十二块色泽纯黄的奇石，大的高三尺多，小的阔二尺，状似峰峦叠嶂或溪涧瀑布……千姿百态，人见人爱。梁九图将十二块石头运回佛山，布置在书房前的朱栏绿竹之间，顿成幽雅奇景，令人赞叹不已！书斋便取名为十二石斋。

"不看真山看假山"，梁九图确实对十二块奇石着了迷，他自喻"十二石山人"，仿佛要做远离尘嚣的山翁，活得潇洒自在。他写诗赞道："淡竹浇花兴课儿，幽楼偏有外人知。叩门过访多生客，除却求书便寄诗。"十二石斋名声大噪，吸引了众多亲朋好友等前来观瞻，梁九图也一时忙得不亦乐乎！好友张维屏参观后写下了《十二石斋记》，谭元龙写下《十二石斋赋》，罗文俊著了《山斋观石》等等。

梁九图热爱生活、喜求创新，他并不满足仅有的这一片乐园，后来他又开辟了汾江草庐。庐内树木、假山、水榭、花鸟、虫鱼、小桥、凉亭巧置，成为他聚友之地。在这里，梁九图常与张维屏、黄培芳、吴炳南等吟诗作画，陶冶情趣。

梁九图把培育晚辈当作己任，他教子严格，每日天刚亮，就督促孩子去学校学习，回到家中还得温习功课才准休息。他教子有方，使几个孩子长大后有的做了文官，有的做了武将，为梁氏家族增添了不少光彩。梁九图善于慧眼识才，对那些热爱学习和有潜质的穷家子弟，更是乐施援手予以帮助，探花李文田14岁丧父，家境困难，梁九图见其聪颖好学，就将其招至家中和自己的儿子僧宝一起学习，后来考取了进士。军机大臣戴鸿慈，少年跟随梁九图的学生举人伍兰成学习，梁九图一见到戴的文章，就认定此人日后必有大为，便把他哥哥的孙女撮合给了戴鸿慈。凡是拜他为师的晚辈，大多中了科举或做了大官。人们都以能够成为他的弟子或得到他的推荐为荣。

扶贫助残，热心公益是梁家的传统。清道光辛卯年佛山遭水灾，梁九

图协助其父捐资赈灾，向受灾群众送粮送药等；他开设佛山育婴堂，组织人力削平仰船岗山石，筑通济桥石路，建高秧地茶亭等，梁九图轻财好义的善举受到佛山父老乡亲的热情赞颂!

梁九图四个儿子在朝廷里做官，每逢节庆之日，梁九图便会得到朝廷的赏赐、褒扬，先后被封为资政大夫、振威将军等，终年65岁。

参考文献[①]

一、专著

（一）古籍（含古籍整理本）

1. ［清］朱彝尊辑：《明诗综》，早稻田大学藏康熙四十四年（1705）六峰阁藏版。

2. ［明］赵彦复选，［明］汪元范校，清康熙陆廷灿刻本《梁园风雅》。

3. ［清］符葆森辑：《国朝正雅集》，清咸丰六年（1856）京师半亩园刻本。

4. ［清］彭定求等编：《全唐诗》，北京：中华书局，1960年。

5. ［明］唐寅撰：《唐伯虎先生全集》，台北：学生书局，1960年。

6. ［宋］严羽著，郭绍虞校释：《沧浪诗话校释》，北京：人民文学出版社，1961年。

7. ［清］赵翼著，霍松林、胡主佑校点：《瓯北诗话》，北京：人民文学出版社，1963年。

8. ［清］永瑢等撰：《四库全书总目》，北京：中华书局，1965年。

9. ［南朝·宋］范晔撰，［唐］李贤等注：《后汉书》，北京：中华书局，1965年。

10. 《中国方志丛书·广东省》，台北：成文出版社，1967年。

11. ［后晋］刘昫等撰：《旧唐书》，北京：中华书局，1975年。

① 梁九图著作因是本书论述对象，故不列为参考文献；所有参考文献按出版时间排序。

12. ［清］沈德潜编：《清诗别裁集》，中华书局影印乾隆二十五年（1760）教忠堂重订本，北京：中华书局，1975年。

13. 《笔记小说大观》，台北：新兴书局，1977年。

14. ［唐］杜甫著，［清］仇兆鳌注：《杜诗详注》，北京：中华书局，1979年。

15. ［明］胡应麟撰：《诗薮》，上海：上海古籍出版社，1979年。

16. ［唐］李商隐著，［清］冯浩笺注，蒋凡标点：《玉溪生诗集笺注》，上海：上海古籍出版社，1979年。

17. ［清］黄遵宪著，钱仲联笺注：《人境庐诗草笺注》，上海：上海古籍出版，1981年。

18. ［汉］应劭撰，王利器校注：《风俗通义校注》，北京：中华书局，1981年。

19. ［清］袁枚著，顾学颉校点：《随园诗话》，北京：人民文学出版社，1982年。

20. ［清］王士禛撰，靳斯仁点校：《池北偶谈》，北京：中华书局，1982年。

21. ［宋］刘斧撰辑：《青琐高议》，上海：上海古籍出版社，1983年。

22. ［唐］韩愈著，钱仲联集释：《韩昌黎诗系年集释》，上海：上海古籍出版社，1984年。

23. ［清］章学诚著，叶瑛校注：《文史通义校注》，北京：中华书局，1985年。

24. ［宋］计有功撰：《唐诗纪事》，上海：上海古籍出版社，1987年。

25. ［清］王士禛撰，赵伯陶点校：《古夫于亭杂录》，北京：中华书局，1988年。

26. ［唐］王勃著，［清］蒋清翊注：《王子安集注》，上海：上海古籍出版社，1995年。

27. ［唐］王维撰，陈铁民校注：《王维集校注》卷七，北京：中华书局，1997年。

28. 吴文治主编：《宋诗话全编》，南京：江苏古籍出版社，1998年。

29. ［清］温汝能纂辑，吕永光等整理，李曲斋、陈永正审定：《粤东诗海》，广州：中山大学出版社，1999年。

30. ［清］张问陶撰：《船山诗草》，北京：中华书局，2000年。

31. ［宋］苏轼著，［清］冯应榴辑注，黄任轲、朱怀春校点：《苏轼诗集合注》，上海：上海古籍出版社，2001年。

32. 张伯伟编著：《全唐五代诗格汇考》，南京：江苏古籍出版社，2002年。

33. ［清］周之贞、冯葆熙修，［清］周朝槐等纂：《（民国）顺德县志》，南京：江苏古籍出版社，2003年。

34. ［清］舒位著，曹光甫点校：《瓶水斋诗集》，上海：上海古籍出版社，2009年。

35. ［清］顾炎武著，张京华校释：《日知录校释》，长沙：岳麓书社，2011年。

36. 彭玉平撰：《人间词话疏证》，北京：中华书局，2011年。

37. 梁绍壬撰，庄葳校点：《两般秋雨庵随笔》，上海：上海古籍出版社，2012年。

38. ［清］俞樾撰，贞凡、顾馨、徐敏霞点校：《茶香室丛钞》，北京：中华书局，1995年（2012年重印）。

39. 梁绍壬撰，庄葳校点：《两般秋雨庵随笔》，上海：上海古籍出版社，2012年。

40. ［明］唐寅著，周振道、张月尊辑校：《唐寅集》，上海：上海古籍出版社，2013年。

41. ［宋］洪迈著，穆公校点：《（全本精校）容斋随笔·容斋续笔》卷八，上海：上海古籍出版社，2014年。

42. .［唐］杜甫著，谢思炜校注：《杜甫集校注》，上海：上海古籍

出版社，2015年。

43. ［清］沈德潜选注：《唐诗别裁集》，上海：上海古籍出版社，2013年（2020年重印）。

44. 朱洪举、张宇超点校：《清道光朝诗话六种》，长春：吉林大学出版社，2020年。

45. ［清］恽寿平著，吴企明辑校：《恽寿平全集》，北京：人民文学出版社，2020年。

（二）20世纪以来著作

1. 王云五主编：《丛书集成初编》，上海：商务印书馆，1937年。

2. 王力：《汉语诗律学》（增订本），上海：上海教育出版社，1958年。

3. 余嘉锡撰，周祖谟、余淑宜整理：《世说新语笺疏》，北京：中华书局，1983年。

4. 周骏富辑：《清代传记丛刊》，台北：明文书局，1985年。

5. 谢文勇编：《广东画人录》，广州：岭南美术出版社，1985年。

6. 高步瀛著，曹道衡、沈玉成点校：《文选李注义疏》，北京：中华书局，1985年。

7. 钱仲联：《梦苕庵诗话》，济南：齐鲁书社，1986年。

8. 蔡镇楚：《中国诗话史》，长沙：湖南文艺出版社，1988年。

9. 郭绍虞：《中国文学批评史》，上海：上海古籍出版社，1988年。

10. 徐续：《岭南古今录》，广州：广东人民出版社，1992年。

11. 蔡景康编选：《明代文论选》，北京：人民文学出版社，1993年。

12. 陈永正主编：《岭南文学史》，广州：广东高等教育出版社，1993年。

13. 陈永正：《岭南书法史》，广州：广东人民出版社，1994年。

14. 萧华荣：《中国诗学思想史》，上海：华东师范大学出版社，1996年。

15. 鲁迅：《中国小说史略》，上海：上海古籍出版社，1998年。

16. 郑振铎：《郑振铎全集》，石家庄：花山文艺出版社，1998年。

17. 周勋初：《周勋初文集》，南京：江苏古籍出版社，2000年。

18. 《十三经注疏》整理委员会整理：《论语注疏》，北京：北京大学出版社，2000年。

19. 余恕诚：《唐诗风貌》，合肥：安徽大学出版社，2000年。

20. 傅刚：《昭明文选研究》，北京：中国社会科学出版社，2000年。

21. 汪辟疆撰：《汪辟疆说近代诗》，上海：上海古籍出版社，2001年。

22. 顺德市博物馆编：《顺德书画人物录》，广州：中山大学出版社，2001年。

23. 钱钟书：《宋诗选注》，北京：生活·读书·新知三联书店，2002年。

24. 刘叶秋：《历代笔记概述》，北京：北京出版社，2003年。

25. 余英时：《士与中国文化》，上海：上海人民出版社，2003年

26. 陈滢：《岭南花鸟画流变：1368—1949》，上海：上海古籍出版社，2004年。

27. 蒋寅：《金陵生小言》，桂林：广西师范大学出版社，2004年。

28. 傅璇琮等主编：《五代史书汇编》，杭州：杭州出版社，2004年。

29. 钱仲联主编：《清诗纪事》，南京：凤凰出版社，2004年。

30. 刘世南：《清诗流派史》，北京：人民文学出版社，2004年。

31. 江庆柏编著：《清代人物生卒年表》，北京：人民文学出版社，2005年。

32. 吴宏一主编：《清代诗话考述》，台北：中央研究院中国文哲研究所，2006年。

33. 罗志欢：《岭南历史文献》，广州：广东人民出版社，2006年。

34. 王建玲：《梁园》，广州：广东人民出版社，2007年。

35. 丘良壬等编：《中华竹枝词全编》，北京：北京出版社，2007年。

36. 中山大学中国古文献研究所编：《全粤诗》，广州：岭南美术出

版社，2008年。

37. 陈永正：《岭南诗歌研究》，广州：中山大学出版社，2008年。

38. 徐有富：《目录学与学术史》，北京：中华书局，2009年。

39. 陈师曾：《陈师曾讲绘画史》，南京：凤凰出版社，2010年

40. 程中山：《清代广东诗学考论》，广州：广东人民出版社，2012年。

41. 曾大兴：《文学地理学研究·自序》，北京：商务印书馆，2012年。

42. 萧涤非主编：《杜甫全集校注》，北京：人民文学出版社，2013年。

43. 林文月：《山水与古典》，北京：生活·读书·新知三联书店，2013年。

44. 黄宾虹、邓实编：《美术丛书》二集第七辑，杭州：浙江人民美术出版社，2013年。

45. 张寅彭选辑，吴忱、杨焄点校：《清诗话三编》，上海：上海古籍出版社，2014年。

46. 张伟然：《中古文学的地理意象》，北京：中华书局，2014年。

47. 徐海荣主编：《中国饮食史》，杭州：杭州出版社，2014年。

48. 孙绍振、孙艳君：《文学文本解读学》，北京：北京大学出版社，2015年。

49. 刘和文：《清人选清诗总集研究》，芜湖：安徽师范大学出版社，2016年。

50. 李德强编：《清代诗学文献整理与研究》，上海：上海大学出版社，2016年。

51. 骆伟主编：《岭南文献综录》，广州：广东人民出版社，2016年。

52. 夏勇：《清诗总集通论》，北京：中国社会科学出版社，2016年。

53. 詹福瑞：《论经典》，北京：人民文学出版社，2016年第2版。

54. 万伟成编著：《佛山历代诗歌三百首》，广州：广东人民出版社，2017年。

55. 冼宝干纂，佛山市图书馆整理：《（民国）佛山忠义乡志》，长

沙：岳麓书社，2017年。

56. 罗时进：《文学社会学——明清诗文研究的问题与视角》，北京：中华书局，2017年。

57. 葛晓音：《唐诗流变论要》，北京：商务印书馆，2017年。

58. 《广州大典》编纂委员会编：《广州大典总目》，广州：广州出版社，2017年。

59. 王宏林：《乾嘉诗学研究》，南昌：百花洲文艺出版社，2017年。

60. 周勋初：《文心雕龙解析》，南京：凤凰出版社，2015年（2018年重印）。

61. 颜昆阳：《李商隐诗笺释方法论：中国古典诠释学例说》，郑州：河南人民出版社，2018年。

62. 李杰荣：《诗歌与绘画》，广州：暨南大学出版社，2018年。

63. 周裕锴：《宋代诗学通论》，上海：上海古籍出版社，2019年。

64. 蒋寅：《清代诗学史》（第一卷），北京：中国社会科学出版社，2012年（2019年重印）。

65. 蒋寅：《清代诗学史》（第二卷），北京：中国社会科学出版社，2019年。

66. 刘晓军：《中国小说文体古今演变研究》，北京：中华书局，2019年。

67. 卢盛江：《集部通论》，北京：中华书局，2019年。

68. 黄庆林：《明清佛山家风家训研究》，广州：广东人民出版社，2020年。

69. 梁燕编著：《佛山历代状元进士谱》，广州：广东人民出版社，2020年。

70. 吴鹏：《燕闲清赏：晚明士人生活与书法生态》，北京：中华书局，2020年。

71. 陈君：《润色鸿业：〈汉书〉文本的形成与早期传播》，北京：

北京大学出版社，2020年。

72. 陈平原：《现代中国的述学文体》，北京：北京大学出版社，2020年。

73. ［日本］大木康著，周保雄译：《明末江南的出版文化序言》，上海：上海古籍出版社，2020年。

74. 商伟：《题写名胜：从黄鹤楼到凤凰台》，北京：生活·读书·新知三联书店，2020年。

75. 蔡镇楚、张红、谭雯编著：《中国诗话总目要解》，天津：天津教育出版社，2021年。

76. 韦胤宗：《浩荡游丝：何焯与清代的批校文化》，北京：中华书局，2021年。

二、论文（硕博、期刊）

（一）硕博论文

1. 吕青云：《王安石咏物诗研究》，四川大学2006年硕士学位论文。

2. 陈凯玲：《广东省级清诗总集研究》，浙江大学2008年硕士学位论文。

3. 马肖燕：《〈亦复如是〉研究》，河北大学2011年硕士学位论文。

4. 满忠训：《〈退庵诗话〉研究》，暨南大学2011年硕士学位论文。

5. 吴晨晨：《董潮及其诗歌研究》，安徽大学2017年硕士学位论文。

6. 段宗社：《中国诗法论》，四川大学2005年博士学位论文。

7. 夏勇：《清诗总集通论》，浙江大学2011年博士学位论文。

（二）期刊论文

1. 杜韶荣、杜若甫：《宋苏轼记载的一例多乳畸形》，《遗传》1985年第2期。

2. 陆林：《〈志异续编〉——〈亦复如是〉版本考》，《文教资料》1997年第1期。

3. 王利华：《“照田蚕”试探》，《中国农史》1997年第3期。

4. 蒋寅：《至法无法：中国诗学的技巧观》，《文艺研究》2000年第6期。

5. 陶敏、刘再华：《“笔记小说”与笔记研究》，《文学遗产》2003年第2期。

6. 汪泓：《许学夷诗体正变论之再评价》，《江西师范大学学报》2003年第5期。

7. 蒋寅：《清代诗学与地域文学传统的建构》，《中国社会科学》2003年第5期。

8. 蒋寅：《论清代诗文集的类型、特征及文献价值》，《河北师范大学学报》2004年第1期。

9. 赵泽洪：《关于傣族丧葬习俗的特点和释读》，《玉溪师范学院学报》2006年第10期。

10. 罗志欢：《明清广东刻书质量考述》，《文献》2006年第2期。

11. 朱则杰：《清代竹枝词丛考——以〈中华竹枝词〉为中心》，《杭州师范学院学报》2006年第3期。

12. 王金寿：《好奇心理的释放与满足——中国古典小说创作、传播心理动因探微》，《兰州大学学报》2007年第2期。

13. 冯韵：《关于“格以代降”的考辩》，《湖北社会科学》2008年第1期。

14. 吴志凌：《论当代乡土小说丧葬娱尸习俗描写》，《长沙民政职业技术学院学报》2008年第1期。

15. 杨晖：《许学夷〈诗源辩体〉的正变观念》，《阜阳师范学院学报》2008年第1期。

16. 朱则杰：《关于清诗总集的分类》，《甘肃社会科学》2008年第1期。

17. 朱则杰：《六种广东地区清诗总集钩沉》，《五邑大学学报（社

会科学版）》2009年第1期。

18. 朱则杰：《关于清诗总集的选人与选诗》，《甘肃社会科学》2009年第1期。

19. 程中山：《岭南人文图说之七十三——李长荣》，《学术研究》2010年第1期。

20. 陈凯玲：《论清代地方诗歌总集的文献价值——以黄登〈岭南五朝诗选〉为中心》，《厦门教育学院学报》2011年第1期。

21. 张纹华：《朱次琦与近代岭南诗派——以汪辟疆所论为中心》，《广东广播电视大学学报》2011年第6期。

22. 罗时进：《基层写作：明清地域性文学社团考察》，《苏州大学学报》2012年第1期。

23. 杨权、陈丕武：《诗派标准与“岭南诗派”》，《学术研究》2012年第3期。

24. 周晴：《岁时习俗的生态民俗学考察——以江南“照田蚕”为中心》，《民俗研究》2013年第2期。

25. 潘务正：《翁方纲督学广东与岭南诗风的演变》，《文学遗产》2013年第2期。

26. 陈恩维：《试论岭南地域诗学传统的构建——以明初“南园五先生”为中心的考察》，《广州大学学报》2014年第5期。

27. 杨权：《岭南诗派研究与诗歌文献整理》，《深圳大学学报》2015年第4期。

28. 王明辉：《胡应麟“格以代降”说的诗学意义与文化意义》，《文艺理论研究》2016年第2期。

29. 李遇春：《现存广东最早自订书画润格实例之“十二石山斋笔单”》，《岭南文史》2016年第2期。

30. 董芬芬：《〈春秋〉的文本性质及记事原则》，《文学遗产》2016年第6期。

31. 谷卿：《论元代雅集品题的内涵特质——以作为雅集物证的书画原迹为中心》，《文学评论》2017年第1期。

32. 叶笛：《西南少数民族丧葬舞蹈的功能与文化研究》，《宁夏社会科学》2017年第2期。

33. 郑克祥：《一枝藏雪影 清白写芳心——梁九章生平考略及其〈墨梅图〉赏析》，《文物鉴定与鉴赏》2017年第3期。

34. 盛翔：《梁九图山水诗研究》，《肇庆学院学报》2017年第6期。

35. 徐舒桐：《从起笔方式再探战国文字与隶变的关系》，《中国书法》2018年第12期。

36. 刘守昌：《从周家台秦简略论隶变的特征、成因及影响》，《中国书法》2019年第13期。

37. 刘娟：《岭南诗评文献及其价值》，《图书馆论坛》2019年第2期。

38. 刘和文：《符葆森〈国朝正雅集〉考论》，《西华师范大学学报（哲学社会科学版）》2018年第5期。

39. 陈恩维：《空间、记忆与地域诗学传承——以广州南园和岭南诗歌的互动为例》，《文学遗产》2019年第3期。

40. 李辉等：《仪式与文本之间——论<诗经>的经典化及相关问题》，《温州大学学报》2020年第1期。

41. 蒋寅：《黄培芳与粤东诗学的发轫》，《中山大学学报》2020年第1期。

42. 戚世隽：《〈张协状元〉的文本性质——兼谈〈张协状元〉的时代断限问题》，《戏剧艺术》2020年第3期。

43. 陈恩维：《“曲江流风”：明清岭南地域诗学传统的构建及其意义》，《苏州大学学报》2020年第3期。

44. 蒋寅：《绝望与觉悟的隐喻——杜甫一组咏枯病树诗论析》，《文史哲》2020年第4期。

45. 蒋寅：《生活在别处——清诗的写作困境及其应对策略》，《文学评论》2020年第5期。

46. 吴承学、程中山：《岭南诗话与岭南诗学》，《学术研究》2020年第6期。

后　记

我开始接触岭南文献，是读博士一年级（2014年）上学期。得学兄马国华博士介绍，《广州大典》有个博士论文资助计划。于是根据自己的兴趣，围绕“地域文学视角下的岭南诗学研究”搜集相关资料，填写了一份申报书。但后来考虑到读博计划，以及博导徐老师的研究兴趣，遂放弃了申报。

读博期间虽选定了高步瀛笺注的历代文章选本为学位论题，但我一直做杜诗学的研究题目。偶然的一次机会，发现了广东省立中山图书馆所藏的吴梯《读杜姑妄》，竟是岭南人给杜甫全集作的校注。而吴梯正是顺德人，于是我填报了申报书“吴梯《读杜姑妄》点校与研究”，但此后石沉大海。博士毕业后，我以《读杜姑妄》为题连续申报了两次《广州大典》研究项目，2019年幸运立项。

2018年，我又在网上看到了“佛山历史文化丛书”的征集公告。自2017年博士毕业后，我一直在负责“《广州大典》集部书志”的撰写工作，于是便又搜集资料，打算再报一次丛书。搜集过程中，便发现我所撰写的书志中，“梁九图”这个名字出现的频率最高。梁九图不仅有著述传世，还是佛山梁园的主要建设者之一。通过查访资料，更发现梁九图是当时的一位名士。于是便报了“梁园园主梁九图研究”（这是丛书中的指定题目）。结果，申报书提交过去不久，便收到了丛书编辑部的邀请，要我到佛山日报社（丛书编委会办公地点）商谈选题。

梁九图的研究自2018年6月签订协议后便开始资料收集。2019年，因手头另一件工作亟待完成，便将梁九图研究书稿搁置，只利用2019年一整年的时间间隙，断续把梁九图的著述通览了一遍。2019年下半年，我所在工作单位广东开放大学文化传播与设计学院组织召开了一次“岭南文化与

文学学术研讨会”，会上我汇报了梁九图编纂的《岭表诗传》与岭南诗歌史的建构。2020年全民抗疫，除了在线教学之外，便从4月开始着手撰写书稿。一直到2021年元旦期间，书稿初稿基本告罄，但原先设想的研究计划，仍有三分之一未完成。

古代历史上有太多人在其生时声名远播，乃至身后英名长存，但限于各种条件，仍有太多人湮没在历史的黄卷与尘埃中——梁九图便是这样一位。尽管今天有很多人会到梁园游赏，但对于梁九图其实比较陌生。历史文化名人带给今人的是一种精神启迪和人文熏陶，所以，我们非常有义务为这些历史文化名人树碑立传。

不过，限于笔者的学识以及学术积累，没能够以史的形式来构建梁九图。从本科一直到博士，十年求学，皆以文学为研究内容。“文史哲不分家”“打通文史哲界域”的治学训诫与学术实践，是往哲的境界，对于现代大学教育与学术培养体制下的我辈来说，只能是一种理想与奋斗目标；实际研究过程中也只能偶一为之。当然，尽管现代学术培养机制很难培养出“通人”，但依然有很多学术大家能够在打通文史哲的道路上比我这样的薄学陋识者走得要更远，令人佩服。所以，我这部书稿，仅为读者呈现了梁九图作为读书人所达到的文学成就；或者也可以说，通过他流传至今的几部著述构建了一个“名士梁九图”。至于梁九图及梁氏家族成员在佛山顺德、在清代历史版图中所建构的家族史书写，我心有余而力不足。

书稿写作过程中也遇到一些困难。比如梁九图编纂的《汾江草庐唱和诗》，只国家图书馆有收藏。梁九图的诗在当时即被江都人符葆森编入《国朝正雅集》中，这部书国家图书馆也有收藏。我几次都想进京访书，但恰赶上疫情防控，再加上工作上的一些琐事，总未能如愿。2020年下半年，有次到天津参加培训，故向学院多请了2天假，准备到国图访书，可最后得在国图工作的马学良学友告知，国图周一休馆，又只得作罢。

梁九图传世的这几部书，广东省立中山图书馆都有收藏。2019年我去探访过一次，但馆内工作者告知：被《广州大典》收录的，原书不给看。

写作过程中，有很多相关参考书，开放大学的图书馆很少有购置的，而自疫情防控以来，母校暨南大学图书馆也不太方便进入了。

…………

尽管遇到诸多困难，但得益于各位师友帮助，终使得这本小书诞生了。它的学术分量也许不高，但每每看到电脑里收集的参考资料、撰写过程中保存的草稿，于心总是一种慰藉，于人生又何尝不是一种补偿！所以，我要感谢促成这本书的各位师友。

感谢我的博导徐国荣教授。前两年出版《八代诗汇评》和《高步瀛历代文举要研究》，徐老师都欣然赐序。这次梁九图书稿完成后，我还是首先想到了徐老师。倒并非要借老师名声来提高声价，是为了以此告知老师，我没有停止读书。徐老师谦虚说自己对梁九图不熟悉，但写的序仍能深入我心。

感谢蒋寅教授。书稿拟进入撰写阶段前，我冒昧拨通了蒋寅教授的语音通话，向他请益梁九图的研究。蒋老师谆谆教诲，特提及梁九图的《十二石山斋诗话》和梁邦俊的《小厓说诗》。

感谢梁园博物馆的韩健师兄。师兄与我同乡，因在梁园博物馆工作，所以，他也向丛书编委会递交了梁九图的研究申报书。这次，我的书稿先成，他慨然赐序，并提供多幅珍贵插图。

感谢好友马国华博士。自开始向丛书报梁九图的选题，到写作过程中，老马都给予了关注，也曾将他写的梁九图《紫藤馆诗钞》的书志发来供我参考。

感谢妻儿和岳母。当年写博士论文时，老婆恰有孕在身，而我却未能予以太多关心；如今我写梁九图，工作量不在博士论文之下，而我们又迎来了二胎，又因不停码字而忽略了对老婆的照顾。平时除了上班，有时还要到外地开会、培训，所以，家里一应日常皆由岳母操劳，从而给我留足了时间。就连小儿丁丁看到我坐在电脑前，都不拉我陪他玩耍，而我也未能教他识字、看书。所以，感谢妻儿和岳母的付出。

感谢数字人文时代带给今人的研究便利。最近两年，得益于数字人文时代带来的便利，通过书格、鸠摩搜书、国学大师、国学导航、殆知阁等电子图书网站，搜集到了很多古籍；更通过微信群里各种电子书群提供的电子书资源，使我足不出户，建立起了一个超过10T存量的“电子图书馆”。以前写硕士论文、博士论文时，常常因为在暨大图书馆找一本书而往返四楼、五楼、七楼，如今省却了很多麻烦，使我能够顺利完成写作。

最后，还要感谢好友谷卿、陈磊对书稿写作进度的关心。感谢李俊师姐的鼓励。还有很多虽未谋面、却也予以帮助的人。国家图书馆的马学良学兄，经常被我叨扰；给我提供《国朝正雅集》电子书的“子牛”、提供《汾江草庐唱和诗》的彭健博士。

顾炎武在《日知录》中曾说：“人之为学，不可自小，又不可自大。……自小，少也；自大，亦少也。”“自大”不用说，我根本没那个实力。但说实在的，我常常为自己的这点学识感到“自小”，写出来的这些章节，甚至都达不到“述”的高度，更别说“作”了。所以，诚心希望方家指正，以使梁九图的名声传得更远。

当然，更要感谢佛山历史文化丛书编委会的抬爱，使得这本关于梁九图的“著述”能够面世。

2021年3月27日

刘晓亮　于广州金燕花苑微注室

补　记

2021年岁末，利用在外家大埔休假的机会，我对书稿又进行了全面增订，增补字数超过两万字。2022年2月10日回到广州，迎接小儿幼儿园开学。利用他上学后的清闲时间，又增补了近两万字。但事有不测，2月21日凌晨，小偷爬上三楼，从窗户潜入我家，盗走了我的电脑。报警、录口供、勘查现场，忙活了半天。那几天天特别冷，又加上电脑被盗，更主要是增补后的书稿没有备份，所以心情十分沮丧。好在警察很快破案，追回了电脑，但已经被小偷格式化，所有材料烟消云散。后来从网上查到一款数据恢复软件，果真用它把我的书稿给找了回来。

写到这里，又想起了吴梯。当年他写的《读杜姑妄》，刊刻了一半，赶上红巾军起义肆虐顺德，又遇上盗贼闹事，仓皇转徙，除了未刻完的半部书稿，什么也没带，这部书也就因此被保留而流传了下来。还有梁九图，也赶上了红巾军起义。他家是当地豪族，所以梁园被洗劫一空，包括之前自刻的多部书稿的底版。而今我竟也遭遇了盗贼之苦，所幸现代科技发达，书稿终得完璧，也不枉我对梁九图“研究”了四年之久。

虽然这部书稿前后经历了四年，但学识浅陋如我，也仅仅是做了些基本的阐述工作，希望顺德先贤和各位专家不吝赐教。

2022年3月3日，刘晓亮补记于微注室

“佛山历史文化丛书”已出版书目

第一辑

01 《佛山状元文化》
02 《佛山古村落》
03 《佛山商道文化》
04 《佛山家训》
05 《佛山中医药文化》
06 《佛山明清冶铸》
07 《佛山历史人物录》
08 《佛山传统建筑》
09 《佛山祖庙》
10 《佛山粤剧》

第二辑

01 《西樵山与岭南理学的传承》
02 《佛山北帝文化与社会》
03 《佛山历代诗歌三百首》
04 《明清佛山地方治理研究》
05 《石湾窑研究》
06 《佛山木版年画历史与文化》
07 《佛山彩灯》
08 《佛山纺织史》
09 《佛山武术史略》
10 《佛山古今桥梁掠影》

第三辑

01 《詹天佑：从南海幼童到中国铁路之父》
02 《陈启沅传》
03 《骆秉章传》
04 《冼冠生和冠生园》
05 《佛山古代铸造工匠技艺》
06 《李待问传》
07 《佛山龙舟文化》
08 《大绅与通儒：李文田传》
09 《中国机械名师温子绍》
10 《吴趼人评传》

第四辑

01 《南粤黎明——佛山一九四九年前后》
02 《佛山桑基鱼塘史》
03 《佛 山历代著者辑要》
04 《佛山酒文化史》
05 《石湾陶塑史》
06 《佛山词征》
07 《黄节文选》
08 《鸿胜馆史略》
09 《佛山照明灯具产业史》
10 《梁储传》

第五辑

01《珠江三角洲农业志》
02《明代佛山社会经济》
03《清代佛山社会经济》
04《佛山历代状元进士谱》
05《明清佛山家风家训研究》
06《庞嵩评传》
07《李氏骨伤流派与李广海》
08《佛山古镇老街巷》
09《佛山铜凿剪纸》
10《佛山惠门四子与岭南文化》

第六辑

01《南粤星火——中共佛山早期党组织的创建和革命活动》
02《佛山先秦考古与岭南文明》
03《明清南海县志研究》
04《佛山桑园围史》
05《广三铁路史稿》
06《佛山『铺』历史研究》
07《顺德自梳女历史足迹》
08《佛山华侨华人史》
09《三水红头巾史略》
10《佛山石头霍氏研究》

第七辑